浙江省文化研究工程指导委员会

浙江文化名人传记精选修订丛书

原 主 编：万 斌

执行主编：卢敦基

画之大者

黄宾虹传

吴晶 著

浙江人民出版社

图书在版编目（CIP）数据

画之大者 ：黄宾虹传 / 吴晶著. -- 杭州 ：浙江人民出版社，2024. 12. -- ISBN 978-7-213-11789-3

Ⅰ. K825. 72

中国国家版本馆CIP数据核字第2024FP5220号

画之大者：黄宾虹传

HUA ZHI DA ZHE HUANG BINHONG ZHUAN

吴 晶 著

出版发行 浙江人民出版社（杭州市环城北路177号 邮编 310006）
市场部电话:(0571)85061682 85176516
责任编辑 周思逸 赖 甜
助理编辑 王婷楠
责任校对 何培玉
责任印务 程 琳
封面设计 王 芸
电脑制版 杭州天一图文制作有限公司
印 刷 浙江新华数码印务有限公司
开 本 710毫米×1000毫米 1/16
印 张 22
字 数 334千字
插 页 6
版 次 2024年12月第1版
印 次 2024年12月第1次印刷
书 号 ISBN 978-7-213-11789-3
定 价 88.00元

“浙江文化研究工程成果文库”总序

有人将文化比作一条来自老祖宗而又流向未来的河，这是说文化的传统，通过纵向传承和横向传递，生生不息地影响和引领着人们的生存与发展；有人说文化是人类的思想、智慧、信仰、情感和生活的载体、方式和方法，这是将文化作为人们代代相传的生活方式的整体。我们说，文化为群体生活提供规范、方式与环境，文化通过传承为社会进步发挥基础作用，文化会促进或制约经济乃至整个社会的发展。文化的力量，已经深深熔铸在民族的生命力、创造力和凝聚力之中。

在人类文化演化的进程中，各种文化都在其内部生成众多的元素、层次与类型，由此决定了文化的多样性与复杂性。

中国文化的博大精深，来源于其内部生成的多姿多彩；中国文化的历久弥新，取决于其变迁过程中各种元素、层次、类型在内容和结构上通过碰撞、解构、融合而产生的革故鼎新的强大动力。

中国土地广袤、疆域辽阔，不同区域间因自然环境、经济环境、社会环境等诸多方面的差异，建构了不同的区域文化。区域文化如同百川归海，共同汇聚成中国文化的大传统，这种大传统如同春风化雨，渗透于各种区域文化之中。在这个过程中，区域文化如同清溪山泉潺潺不息，在中国文化的共同价值取向下，以自己的独特个性支撑着、引领着本地经济社会的发展。

从区域文化入手，对一地文化的历史与现状展开全面、系统、扎实、有序的研究，一方面可以借此梳理和弘扬当地的历史传统和文化资源，繁荣和丰富当代的先进文化建设活动，规划和指导未来的文化发展蓝图，增强文化软实力，为全面建设小康社会、加快推进社会主义现代化提供思想保证、精神动力、智力支持和舆论力量；另一方面，这也是深入了解中国文化、研究中国文化、发展中国文化、创新中国文化的重要途径之一。如今，区域文化研究日益受到各地重视，成为我国文化研究走向深入的一个重要标志。我们今天实施浙江文化研究工程，其目的和意义也在于此。

千百年来，浙江人民积淀和传承了一个底蕴深厚的文化传统。这种文化传统的独特性，正在于它令人惊叹的富于创造力的智慧和力量。

浙江文化中富于创造力的基因，早早地出现在其历史的源头。在浙江新石器时代最为著名的跨湖桥、河姆渡、马家浜和良渚的考古文化中，浙江先民们都以不同凡响的作为，在中华民族的文明之源留下了创造和进步的印记。

浙江人民在与时俱进的历史轨迹上一路走来，秉承富于创造力的文化传统，这深深地融汇在一代代浙江人民的血液中，体现在浙江人民的行为上，也在浙江历史上众多杰出人物身上得到充分展示。从大禹的因势利导、敬业治水，到勾践的卧薪尝胆、励精图治；从钱氏的保境安民、纳土归宋，到胡则的为官一任、造福一方；从岳飞、于谦的精忠报国、清白一生，到方孝孺、张苍水的刚正不阿、以身殉国；从沈括的博学多识、精研深究，到竺可桢的科学救国、求是一生；无论是陈亮、叶适的经世致用，还是黄宗羲的工商皆本；无论是王充、王阳明的批判、自觉，还是龚自珍、蔡元培的开明、开放，等等，都展示了浙江深厚的文化底蕴，凝聚了浙江人民求真务实的创造精神。

代代相传的文化创造的作为和精神，从观念、态度、行为方式和价值取向上，孕育、形成和发展了渊源有自的浙江地域文化传统和与时俱进的浙江文化精神，她滋育着浙江的生命力、催生着浙江的凝聚力、激发着浙江的创造力、培植着浙江的竞争力，激励着浙江人民永不自满、永不停息，在各个不同的历史时期不断地超越自我、创业奋进。

悠久深厚、意韵丰富的浙江文化传统，是历史赐予我们的宝贵财富，也是我们开拓未来的丰富资源和不竭动力。党的十六大以来推进浙江新发展的实践，使我们越来越深刻地认识到，与国家实施改革开放大政方针相伴随的浙江经济社会持续快速健康发展的深层原因，就在于浙江深厚的文化底蕴和文化传统与当今时代精神的有机结合，就在于发展先进生产力与发展先进文化的有机结合。今后一个时期浙江能否在全面建设小康社会、加快社会主义现代化建设进程中继续走在前列，很大程度上取决于我们对文化力量的深刻认识、对发展先进文化的高度自觉和对加快建设文化大省的工作力度。我们应该看到，文化的力量最终可以转化为物质的力量，文化的软实力最终可以转化为经济的硬实力。文化要素是综合竞争力的核心要素，文化资源是经济社会发展的重要资源，文化素质是领导者和劳动者的首要素质。因此，研究浙江文化的历史与现状，增强文化软实力，为浙江的现代化建设服务，是浙江人民的共同事业，也是浙江各级党委、政府的重要使命和责任。

2005年7月召开的中共浙江省委十一届八次全会，作出《关于加快建设文化大省的决定》，提出要从增强先进文化凝聚力、解放和发展生产力、增强社会公共服务能力入手，大力实施文明素质工程、文化精品工程、文化研究工程、文化保护工程、文化产业促进工程、文化阵地工程、文化传播工程、文化人才工程等“八项工程”，实施科教兴国和人才强国战略，加快建设教育、科技、卫生、体育等“四个强省”。作为文化建设“八项工程”之一的文化研究工程，其任务就是系统研究浙江文化的历史成就和当代发展，深入挖掘浙江文化底蕴、研究浙江现象、总结浙江经验、指导浙江未来的发展。

浙江文化研究工程将重点研究“今、古、人、文”四个方面，即围绕浙江当代发展问题研究、浙江历史文化专题研究、浙江名人研究、浙江历史文献整理四大板块，开展系统研究，出版系列丛书。在研究内容上，深入挖掘浙江文化底蕴，系统梳理和分析浙江历史文化的内部结构、变化规律和地域特色，坚持和发展浙江精神；研究浙江文化与其他地域文化的异同，厘清浙江文化在中国文化中的地位和相互影响的关系；围绕浙江生动的当代实践，深入解读浙江现象，总结浙江经验，指导浙江发展。在研究力量上，通过课题组织、出版资助、重点研究基地建设、加强省内外大院名校合作、整合各地各部门力量等途径，形成上下联动、学界互动的整体合力。在成果运用上，注重研究成果的学术价值和应用价值，充分发挥其认识世界、传承文明、创新理论、咨政育人、服务社会的重要作用。

我们希望通过实施浙江文化研究工程，努力用浙江历史教育浙江人民、用浙江文化熏陶浙江人民、用浙江精神鼓舞浙江人民、用浙江经验引领浙江人民，进一步激发浙江人民的无穷智慧和伟大创造能力，推动浙江实现又快又好发展。

今天，我们踏着来自历史的河流，受着一方百姓的期许，理应负起使命，至诚奉献，让我们的文化绵延不绝，让我们的创造生生不息。

2006年5月30日于杭州

目录

楔 子

如果说书画金石的创作与研究是中国传统文化学术中重要且不可或缺的一部分，那么以经史考证学、文字学、金石学为学术根基，并将之引入画学、画史研究的黄宾虹（1865—1955），无疑就是近代国学学人中的重要一员，和青壮年时代与他结交的章太炎、沈曾植、刘师培、王国维、李瑞清等学人同在清末民初学术传承的大家行列里。他还和与他同一家族的清代徽州歙县经学前贤黄生（白山）、黄曰瑚（确夫）、黄吕（凤六）、黄承吉（春谷）同在皖派地域文化重要学者系列中，并与汪宗沂、许承尧等人同为皖学徽学歙故[1]的近代传承接续者。黄宾虹写于1943年的《自叙》（也称《八十自叙》）开首就将自己定位为“学人”，这个身份在今天也为学术界公认。他能成为绘画大家，首先因为他是学人。清初学者顾炎武说，学而有所悟是为学人，黄宾虹无愧于这个称号。从这个角度看他的一生，也是合适的传记视角。

黄宾虹的一生多半在乱世中，他对国学、中国画的总结和传承发展有着深刻的文化责任感。正如他的老师汪宗沂曾以数术占卜说“礼乐文章八百年”，黄宾虹也深信中华几千年传统文化绝不会烟消云散，狂风骤雨之后，必有和煦晴曦。他的人生、艺术的显晦无不投射着时代变迁、国学复兴的痕迹，这种镜像般的联系也丰富了他的人生与艺术的底色。

---

① 黄宾虹一生宣扬的“歙故”（宣歙文化），大致可理解为徽学，指具有徽州地域性的一切学术，也称新安之学。

曾有前人这样评说：黄宾虹假使在70岁谢世，也许只能在画史上传个名；假使在50岁谢世，也许连个名也不一定能传下去。当然这只是一个历史假设，一个随机感触，但黄宾虹的确属于晚成画家，70岁前不断学习践行融通，没有故步自封，于是大器晚成，80岁后更为法备气完，甚至90岁后还有一次重要蜕变，可谓20世纪中国绘画史的奇观。以画家的角度来看待他的人生，这是很特别的。

但如果拿黄宾虹的生平印证中国近代文化史上学人群体的追求，他的人生又成为具有普遍性的文化现象：他的精神气质囿于中国旧文化传统，但他一生不懈地积累融通画学等，因为高寿和不衰的创作力，也因为屡次被特定时代际遇激发灵感，终于创造出超越传统框架的艺术，并滋养、指向更多的可能性，不自觉间成为保守画风的终结者和新风气的开创者，以传统形式承载、包孕了时代气息和现代精神。可以说，黄宾虹因为坚持，因为长寿，也相对圆满地完成了很多同时代英年早逝的学人或半途因故放弃学术的学者未能完成的学术理想。即使他的成就主要集中在一度被边缘化的书画金石方面，但他的学术根基是正宗清代经学，他的成功带有让清代学术回归元典、以复古求发展的理想主义色彩，所以他的成就有了较多的典范意义。从这个角度看，他的人生又奇中见正。

正因如此，不出意外地，到了21世纪之初的今天，黄宾虹的人生和他的绘画表现、画学思想还有背后的学术底蕴、文化思想在长期不为世人所重后，也得以和许多清末民初的学人、学术一起被重新认识和解读。他的成就早就在文化人圈子里受到高度评价，虽然从他逝世起到今天，他在大众视野里仍没有完全获得与他实际成就相匹配的名声，但其艺术、学术的高度和厚度已经能越来越多地被具有慧眼的传统文化爱好者发现与激赏。这不是黄宾虹个人的幸运，而是时代的必然，这迟到的荣耀是他应得的。

黄宾虹一生可大致以1912年前后为界分为两个阶段。他前半生做过科举者、私塾先生、乡绅、报人、出版工作者，参加过社会改良和民主革命，后半生主要从事绘画、学术著述、美术教育，弘扬国学、启蒙救亡。他能融通古典逸民心态、文化救国思想于一身，一生中对文化理想的追求始终未变。

黄宾虹青少年时代受江南的古浙东金华和徽州古歙（歙县）乡土隐逸文化和先贤逸士气质的濡染很深，并没有因为中年后寓居上海30年，浸淫于早期市民文化而改变太多。当然，他少年时代从学的老师，如汪宗沂等人给予的浙东学派思想和皖派经学思想教诲也都落足于求是实学。作为清代学术正流的皖派学者（徽商多迁居扬州等地，扬州学派也可归源于皖派），受地域文化影响，往往出入醇儒和商贾、融通术学之间，讲究经世致用、笃实通艺，不崇尚迂阔之学，往往兼通水利、音韵、名物等学问，对书画金石等也都兼长。黄宾虹的两个故里，还有徽商父亲、多位少年师长对他的影响是深刻的。

所以黄宾虹能始终以家乡家族前辈黄白山、僧人渐江等明末清初遗民学人画家为人生与学术典范，一直试图借山水、金石古文字等传统文化典型元素来寄托人生感悟和历史文化感想。作为一个有忧患意识和终极关怀的传统通儒型学人，他又能将儒家“知其不可而为之”的执着与道家的柔韧不屈熔铸一处，固执甚至有点迂阔而不合时宜地信奉“致治以文”[①]的“艺术救国论”，就像杜甫说的“再使风俗淳”，将表现健康、朴茂、淳厚“内美”[②]的艺术作为救赎世道人心的“特健药”[③]。黄宾虹早年的《致治以文说》一文就提出，有道德、学问，善诗文的历代大家如杜甫、韩愈、苏轼等都懂画。因为坚信“致治以文”，黄宾虹加入过反清爱国进步革命社团南社，也主编过研究国学、保存国粹、有复兴古学倾向的杂志《国粹学报》，还参加过新文化运动，一生虽然没有留过学、写过白话文，却也能内心自洽，最终在时代助力下成长为美术的变法者和新型知识分子。

黄宾虹与许多清末民初学人，如章太炎、刘师培、罗振玉、王国维、谭嗣同、康有为、沈曾植等，都有过交往。他和这些学人一样秉承了清同治光绪年间求是致知的治学风气，并以清乾嘉道咸年间浙东、皖南两地的经学、金石考

① 指通过文化启蒙、文艺科普等方式达到政通人和的人文理想。

② 黄宾虹画学的重要内涵，他常在著作和题画辞、诗中提及。原指内在的美好德性，出自屈原的《楚辞·离骚》，黄宾虹用来指依托笔墨“外美”存在的“浑厚华滋”的绘画内在精神内涵，如他常说的“内美静中参”。

③ 元代书画家的书画常用语，黄宾虹及同时期画家用得较多，大意指好的书画能抚慰人心、拯救世道。

据传统为学术基础，还上溯至明末清初遗民学人兼重实学和气节义理的风范骨气，并力图复兴在历史上一直占据学术正统和元典地位的东周六国[①]诸子学说，包括周易、儒家、老庄学说等，最终回归致敬清道光咸丰年间的经学复兴和其所带来的书画金石艺术复兴。他没有逸出学术正流，始终在其中。

清代经学分吴学、皖学，扬州作为徽商云集之地，扬州学派和皖学关系更紧密。梁启超和章太炎都认为皖学能真正代表清学。章太炎作为清末汉学殿军和古文经学的代表人物，曾扬皖抑吴，认为前者是作者、求是，胜于后者的述者、求古。章太炎师从俞樾，俞樾治经学就以皖派的通经致用精神、回归元典门径为依归。刘师培出身扬州仪征刘氏，曾师从黄宾虹的老师汪宗沂，自认是皖学余脉。所以章太炎、刘师培与黄宾虹有交往时，他们在治学上也多有共鸣。黄宾虹的画学研究更与皖派经学研究的重返元典、以复古为创新的理念契合，他的画史理论也与皖派追求的"为往圣继绝学"相通，还有他追求画学的"民学"也和章太炎主张的求是务实、民众意识相投。

曾留过学、兼重中西学术的王国维也推崇乾嘉学术，认为世间学问既无新旧，也无中西。1917—1918年，黄宾虹与通过《国粹学报》结交的王国维在沪上有会晤或书信来往，切磋商榷金石学。王国维《观堂集林》就提到黄宾虹家族所藏先秦古玺印（古钵印）的文字。

黄宾虹恪守同辈学人秉承的"以文字学治经史"的学术路径，也认同王国维提倡的"二重证据法"研究方法，以古代金石器物和经史典籍互证，由金石古玺印上的原始印记图形入手，图文并重，潜心研究书画尚未分化时的上古艺术，将中国书画艺术源起和中华文明起源时期的远古神话意象、国族图腾标志、洛书河图、太极画卦和传统文化元典如《周易》《老子》《庄子》等联系起来，追索探求其中坚实可信的历史文化痕迹，也感受理解其间的诗意浪漫艺术想象。如他就曾有诗："丹青重钩勒，笔有迹可寻。夸父勇逐日，一杖化邓林。"[②]该诗

---

① 黄宾虹论历史时代，着眼于文化史延续、学术影响的时间段，而非准确的朝代更替、王朝纪年，这里的东周六国大概相当于春秋战国诸子时代，他也将其惯称为"周秦"。

② 上海书画出版社、浙江省博物馆编：《黄宾虹文集·诗词编·论画四首》，上海书画出版社1999年版，第140页。

说古代绘画（丹青）绚烂美丽，但骨子里重视线条笔意，从学术角度看就是原始图腾（绘画缘起）和古文字（书法起源）的演化，如果浪漫地想象一下，也许就是著名古代神话故事夸父追日里夸父生命最后扔掉的那根手杖（代表线条）幻化出的千里桃林（山水人文诗意美景）。黄宾虹山水画里的那些组成山水实景、虚灵诗境的线条（点、短皴）都是由夸父的“一杖”而化来的，也是太极图的最初两笔所化。

黄宾虹较为独到且最在意的学术贡献和画学成就基础，是他的古玺印古陶文字考证，尤其是春秋战国的文字考证，以及关于歙故的研究。他关于画史和画学的研究也是师造化、师古人并重，恪守国粹主义，从笔墨为本的实学起步，而以道艺相成、民族性、民学（与君学相对，指中国山水画的隐逸性、民众情怀）和“浑厚华滋”[1]、和静“内美”等画学理念为终极理想，并努力想促使已日渐成为专门技艺的绘画重归文化主流，重新成为国学的一部分。在西学东渐的大潮流里，黄宾虹也经历过坚持传承复兴国学的迷惘和求索。把他放在同时代的许多画家中看，他似乎落落寡合；但把他放到学人群体中看，他却并不显特殊。他致力于国故之学中相对边缘的文化门类，但也是一种拾遗补阙，他的绘画成就和同时期国学其他门类的成就应该是相辅相成的。如果认定国画是国学中不可或缺的一部分，他就是一位重要的近代国学学人。

黄宾虹正是秉承他提倡的“溯古哲之精神，抒一己之怀抱”的治学精神，以前贤和时代的研究成果（博取古文献精华和考古新发现）为基础，辅以丰富的人生经历，有机会从容自在地深耕细研，在画学、金石文字、歙故等方面开创一番自得天地。

黄宾虹晚年成熟风格的绘画作品就是他的国学成就、画学思想和人生积淀、时代际遇交汇后的浑融体现。如他绘画的章法笔法墨色，大多繁复厚重、沉郁蕴藉，呈现圆融和谐、不过于奇崛的面貌，仿佛印证他貌似简单平淡又不寻常的生平与思想，也投射出清末民国以来文化变易又恒定、世事纷乱繁复的时代

① 黄宾虹画学的最高审美理想、美学旨趣，意思是淳朴厚重华美润泽，体现了他对传统画学民族性、雅正气象的极致追求。此词源自明代画家董其昌《画旨》引元人评黄公望的“峰峦浑厚，草木华滋”语，黄宾虹题画多用此语并在画山水时践行。

底色。所以他的绘画貌似古旧老拙，又不失生机活力，这都是他真实心象的外现。尤其他去世前在眼睛失明又复明的情况下创作的画作，水墨色点线错落交织，近看不明所状，远看豁然成形，色墨堆积种种，竟似乎有和印象派野兽派的表现主义、立体派的现代主义绘画的抽象意味相通的意趣，有与西画造型相似的特点，但细细品味又全是五代北宋、元明清山水，浓艳活泼与古雅拙朴并存，厚重雅正与深邃灵动兼备，简单天真又耐人寻味。他是自然而然、从心所欲地走到这一步的，在众多可能性里寻寻觅觅终于找到了最后的可能性。所以他曾将自己学画师古人、师造化，由勉强、融合、变易而自然的过程比作蝶的作茧蜕化，从传统文化宛如大山的深重茧房里突围而出。他将上古时代从自然山水中抽象出的笔墨线条完璧归赵，让其回归历史与自然，使一度分离的形与意再次契合无间。这个意义上，他并非学西画，而是在民族化的道路上与西画追求现实自然的现代发展殊途同归。

所以黄宾虹的山水画看似很写实自然，又不乏虚灵诗意，既摆脱了以往一些山水画过于落实和匠气的特点，又不流于以往主流山水画过度文人化、程式化的“诗画不分”、飘浮失真。他晚年有数十年每天“写画”①，包括临摹古画和山水实景写生练就的扎实笔墨基本功，笔法是点、线条（综合传统各种皴法）层层交错勾勒轮廓，形成建筑般的结构肌理，墨法是墨色点染晕染堆积厚度，形成雕塑般的色块质地，笔墨表达真实自然得连草木、泥土、岩石的细节几乎都能触及。但他的画中艺术终不同于西画的写真或变形，仍有中国绘画传统的水墨氤氲、空灵留白造就令人遐想的诗意空间。黄宾虹的山水、花卉是造型艺术，也是富有审美、超逸现实的诗意意象，似真似幻，虚实恰恰合度。

古代学人苏轼有“诗中有画，画中有诗”之论；近代学人中对美术很有创见的黄宾虹友人蔡元培也曾说中国画近似文学（诗），西洋画近似建筑。这说法有其合理性，可以融通多种艺术的共同点达到更开阔通达的境界，影响也很深远。但这种说法也容易过犹不及，过度谈艺术共性容易泯灭某一艺术，如绘画

---

① 黄宾虹因为“书画同源”的思想一直习惯将“作画”称为“写画”，也因为视绘画为文化的一部分而一直称“看画”为“读画”。

的特点，南宋以后文人画讲求诗画合一，趋于过于精妙的同时也渐成窠臼，不免有造型失真且程式化、面貌苍白无活力的流弊，甚至隐隐阻碍了绘画的发展。黄宾虹也追求山水画诗画如一的境界，致力于以笔墨水润写画中山水营造烟岚雾露的微妙光影，以刻意的留白为画面构建虚灵之美，但他以五代北宋绘画（他有时通称为“北宋画”[①]，甚至简称“宋画”）为典范而非只看南宋明清绘画，没有简单地将诗画相互等同，而是注重绘画在造型方面的独立发展，不局限于王维、苏轼等人提倡的，后又被文人画家发挥到极致的，日益狭隘、难以为继的传统文人画格局。黄宾虹虽然赞成践行书画金石相通的技法，但对保持绘画艺术的独特性始终有清醒的认识。

除了超越诗画合一理论，黄宾虹还突破了因为过于追求简易而容易陷于机械刻板的太极图思维。他也提倡中国上古经典图式、中华元典《周易》演绎的太极图是书画秘诀，认为这个阴阳互含、变幻无穷的圆蕴含着画学真谛。太极图浓缩了中国传统文化以不变应万变的思维，这是一种容易被理解化用但也容易被简单化的思维模式，如《周易》所说的“变易”指一阴一阳交错推荡形成变化，但容易在被理解的过程中缺失变易过程和底层逻辑，陷入循环复制的单薄怪圈，和真正科学的进化思想貌合神离。太极图思维包孕一切的特点使得它具有浩渺内涵，但也容易使信奉者和应用者忽视省略了真实、丰富、细微的各种变化和可能性，放在绘画方面反而限制了中国画学的丰富深刻，使学者容易流于非白即黑的两极思维，在绘画中形成不断重复模仿、沦于程式化、不能生发新意的模式，在某种程度上限制了中国画本身的发展。黄宾虹最终靠自己长久以来的学习研究实践思考，丰富的生命体验，超越了太极图思维的局限。他的画读来总是自然的，就是因为具有真实深邃、有机变化的内在逻辑，才能又写实又富有诗意。

黄宾虹也认同是老庄学说和道释杂糅的魏晋玄学孕育了中国绘画的重要形式——山水画（还有中国文学的重要形式——山水诗），所以崇尚自然山水、认同隐逸情怀是中国绘画的精魂所在。山水诗画的描写对象山水是中国传统隐逸

---

① 包括晚唐五代的荆浩、关仝、董源、巨然等画家的作品。

文化的重要缩影、典型象征，标示着与世俗生活的疏离，不过仍蕴含着现实的痕迹。黄宾虹有时自称世籍江南省[1]，他认同为精神家园的故土安徽徽州歙县和黄山，他现实人生的起点、出生地浙江金华和定居的杭州西湖，还有他寓居30年的上海，大多属于广义上的传统江南，有着最美的山水，也是宋元以后的文化昌盛地，这是他创作山水画的精神根源和文化因缘。传统山水画特别适合表现水汽氤氲的山光水色，其正宗如黄宾虹很推重的五代画家董源、巨然，宋代“二米”父子米芾、米友仁和元末四家黄公望、王蒙、倪瓒、吴镇都爱写江南山水。黄宾虹甚至将北方浑厚的山水都画成了他心目中的精神家园江南的草木华滋，他以为，山水没有定型而有定理，精神本是一致的。黄宾虹的山水画也不只是单薄纤细的清幽隐逸山水，虽然他也多写幽人隐士，人间烟火气并不重，但笔意深刻、墨色深沉意境悠远，包孕沉郁苦涩的现实投影，也不乏蓬勃欲发的自然生机，努力破除山水画在元代以后唯清雅为宗却不免内涵单薄贫乏的风气。也许黄宾虹的画以现代绘画标准来看，精神力表现略有不足，也仍有雷同之嫌，但他以为如果过强的个性、风格打破雅正中和的绘画格局，过犹不及，像石涛、八大山人的一些画反而有容易流于狂野、江湖气之弊。他的画追求恰好雅正和静，能体现传统文化的持中不过度、蕴藉不逾矩的审美理想。

黄宾虹一生出入百家，集其大成，也在其间不断开拓新疆域，从而成为传统中国画的解构者和重建者。虽然他的开创性比较克制、不太明晰，看似仍只在笔墨方寸、章法咫尺之间回旋，其实已走了很远，甚至与现代艺术不谋而合。他曾以明人董其昌为潜意识里的对手，也已从某一角度超越了这个离他最近的画学之集大成者，虽然用了太漫长的时光，而且他的成功也似乎较多倚仗了“徒手熟耳”的积累和不自觉，依靠的是毕生不倦的苦学勤研和高寿，或许还有眼睛失明又复明这个不可复制的契机。这让人看到他所走道路的持守中正，也让人看到其中的艰难与难以企及。他是绘画史上的一座难以逾越的丰碑，也是

① 黄宾虹生活过的歙县、杭州还有上海都曾属于清初短暂存在过，但废除后民间还沿用、认可的江南省。江南省范围包括今江苏省、上海市、安徽省及浙江省北部、江西省婺源县、湖北省英山县等地。清顺治十八年（1661）江南省分为“江南右”与“江南左”，后者大致就是后来的安徽。所以黄宾虹一直以文化意义上的江南人自许。

一个警示和标志，指出了另一种道路的可能性。

由于绘画风格的晚熟和不为俗世所喜，黄宾虹对自己的画有过笃定的自信，也有过自我疑惧，所以他格外珍惜难得的知己，如他在给现代评论家傅雷的信中就说："拙画当有知音，自可保存。"[①]他也常说起"元四家"之一的吴镇与同时代画家盛子昭对门而居，因为画风脱俗，盛家门庭若市，吴家门可罗雀，面对家人的诘问，吴镇笑言二十年后不复如此。黄宾虹也坚信"人纵厄其才于生前，天将昌其学于后世"[②]，还说"姚惜抱之论诗文，必其人五十年后，方有真评。以一时之恩怨而毁誉随之者，实不足凭。至五十年后，私交泯灭，论古者莫不实事求是，无少回护。惟画亦然"[③]。这应该就是世人传说的黄宾虹说五十年后才会有人懂他的画的来源了吧。画了一辈子山山水水终于画出了心中理想山水的黄宾虹，说这些话时不无自负，也道出无限寂寞。他逝世时是1955年，在人们更多频频回顾传统的今天，黄宾虹与他的画也越来越多地在大众的视野中聚焦。黄宾虹晚年曾写信给弟子苏乾英，表达了对自己画作的期许："他时遇好而有力者同嗜此，或荷传播，胜大痴哥[④]待五百年后期赏音也。一笑。"[⑤]这一笑，穿过历史长空，当有回响。

本书是较早的一本黄宾虹完整的人生传记。黄宾虹给许多古代画家写过传记，方法是"举个人生平、家学、师承、友人、门徒、环境之造就，或编年，或分类"[⑥]。他还曾主张对现存画人史料要在信古疑古间持中："前人鉴别书画，信古疑古，各有偏毗，载籍固未可全信为实，疑之太苛，亦伤忠厚；存大醇小

---

① 上海书画出版社、浙江省博物馆编：《黄宾虹文集·书信编·与傅雷》，上海书画出版社1999年版，第206页。

② 上海书画出版社、浙江省博物馆编：《黄宾虹文集·书画编（下）·垢道人佚事》，上海书画出版社1999年版，第332页。

③ 上海书画出版社、浙江省博物馆编：《黄宾虹文集·书画编（上）·宾虹画语》，上海书画出版社1999年版，第145页。

④ 即黄公望。

⑤ 上海书画出版社、浙江省博物馆编：《黄宾虹文集·书信编·与苏乾英书》，上海书画出版社1999年版，第371页。

⑥ 上海书画出版社、浙江省博物馆编：《黄宾虹文集·书信编·与卞孝萱书》，上海书画出版社1999年版，第8页。

疵，断不能无，惟不可不纠正之。”[①]1962年，黄宾虹的生前至交傅雷为此时已去世数年的黄宾虹编年谱，曾指出要参照历来各家年谱的体例，再参照世界艺术史和艺术家传记格式，并以突出他的人品、学问为主，可惜未成。这些观点都给今天为黄宾虹立传提供了启示与指导。

黄宾虹曾自信地说自己以古玺印治文字的学问不逊于罗振玉、王国维，因为后来者所见更多，这话是有道理的。时至今天，虽然系统的《黄宾虹传》尚未问世（截至2001年），但已有大量黄宾虹年谱、语录、回忆录、论文、文集、画册行世，其中，他的画册在所有近现代中国画画家中属数量最多之列，而20世纪末收录他主要书画论述、译述、鉴藏、诗词、画作题跋、金石、杂著、书信等著作的《黄宾虹文集》六册（2019年王中秀先生又增补为全集七册）面世。21世纪开始，随着中外文化艺术交流增多，艺术与人物批评的范围也有所扩展。所以，借鉴前贤积累日丰的研究成果而写一本较为准确详尽的黄宾虹传，在今天有了更多可能。

最后，笔者之所以将这本传记定名为“画之大者”，是因为“大”不仅是大画家之意，也指向黄宾虹一生力倡也是他自我期许的“数百年不世出”的“大家画”境界，还取黄宾虹画学追求的“集大成者”之意。《孟子·尽心下》说，充实之谓美，充实而有光辉之谓大，充实而有光辉就是“浑厚华滋”，黄宾虹绘画浑厚华滋的面目的确能给人“大哉”的印象。和黄宾虹并列为近代中国画大家的浙江画家潘天寿也曾赞美黄宾虹说：“孟轲云：‘五百年，其间必有名世者。’吾于先生之画学有焉。”“集大成”一词也本出自儒家典籍，《孟子·万章下》说，孔子之谓集大成，集大成也者，金声而玉振也。所以，本书取名“画之大者”，是希望能使读者对传主其人自然地产生“为国为民”的联想，黄宾虹不只是画家，他的生平作为、“致治以文”的文化理想、绘画和学术实践都始终配得一个“大”字。

抛砖引玉，期待看到更多关于黄宾虹生平、画学的研究。

---

① 上海书画出版社、浙江省博物馆编：《黄宾虹文集·杂著编·九十杂述》，上海书画出版社1999年版，第576页。

到21世纪20年代中叶，黄宾虹画学已有更多爱好者和传播者。研究领域中，《黄宾虹的世界意义：中国现代艺术史研究文集》等著作不但深化了对黄宾虹的研究，也印证了黄宾虹生前对中国绘画乃至中国文化、自己创作研究能与世界艺术并立相望的高远期许，期待对黄宾虹其人其画其学术的研究会有更多的“五十年”乃至“五百年”的发展。

第一章　吾乡吾土

清光绪二年（1876），黄元吉因为要回原籍参加科举应童生试，第一次回到祖籍所在地、黄山南麓的徽州歙县潭渡村（今属安徽省黄山市）。此年岁末，当他正要辞别潭渡返回他从小生活的浙江金华时，回望村庄，映入他眼帘的是村口高高的函成台，台上悬挂着“丰溪甲秀”的匾额。村前的丰乐溪迂回澄澈，孕翠曳烟，从远处的黄山逶迤而来。溪南的滨虹亭是村中景致最胜处。这些山水文化景观和作为背景的萧瑟村居群一同被笼罩在苍茫迷离的冬日暮色中，呈现出亦真亦幻的光影美感和感伤诗意，和清初潭渡黄氏家族前贤、新安画派画家、滨虹亭题字者黄吕在《潭滨杂志》里写的“当日车欲坠，回瞻我里，暮烟霭杳，树色苍茫，绛气丹霞，水天一色，返照之景，此为最胜”[①]契合无间，也和少年黄宾虹心中的乡愁等各种复杂情感融合无际。多年后，重返潭渡隐居的昔日少年以滨虹为自己画室命名，名之为“虹庐”，所成印集名为《滨虹集印存》。后来他又离开故土前往上海，在上海以滨虹之名在报纸上发表画论、印论和故乡回忆，如《滨虹孱抹·叙摹印》《滨虹论画》《滨虹杂著》等，后又改字宾虹，并以这个字行世，他就是近现代中国山水画大师黄宾虹。

① 转引自赵志钧编著：《画家黄宾虹年谱》，人民美术出版社1992年版，第43页。

浙东乡居

1865年1月27日凌晨二时许，黄宾虹降生在浙江省金华府城西的铁岭头。当时的金华府下辖金华、兰溪、东阳、义乌、永康、武义、浦江、汤溪八县，有八婺之称，府治在金华县。那是清同治四年（1865）乙丑年农历正月初一子时（前一年甲子年是闰年，所以他阴历生日未过立春，生肖为鼠，按民间旧俗，他出生就算虚岁两岁），黄宾虹对自己这个特殊的生日（甲子初一子时）是很重视和自豪的，后来八十寿辰时写《八十感言》诗时开首还用《离骚》似的自叙身世史诗的笔法写道："吾降乙丑年，蓂算犹甲子。受天知春迟，堕地得岁始。"①

黄宾虹是在很大的期盼中出生的，因为他的父亲黄定华此时已36岁，膝下犹虚。黄定华对长子恰好生于农历新年第一天这个吉兆倍感欣喜，给他起了一个吉祥而有纪念意义的名字元吉，一直到20多岁，黄宾虹用的都是这个名字。黄宾虹早年还有个按黄氏族谱辈分排行取的名——懋质，后来曾去掉行辈"懋"字单名质，旧时人名、字的意思或相近或相反，他还曾就质的意思取字朴存，因为质、朴同义。他又曾号滨虹，在潭渡的画室名虹庐（滨虹草堂），后又改字宾虹，也作同音或谐音的宾鸿、宾禩、冰禩、宾弘、冰鸿、濒虹等，而帝弓（中国古代神话里虹为天帝之弓）、弓、滨虹生、滨虹散人、虹若、虹庐、虹叟、滨公、宾公、宾翁等别号也是由此而来。此外，他还有十几个别号、笔名，如予向、大千、元同、芸人、伯咸、檗琴、景彦、盎然，另朴丞、朴岑、朴人是由朴存谐音化出的，颀厂散人等是由质的繁体字"質"而来的，片石、片石居士、同芝、铜芝是由他画室的另一个名字石芝室而来的，元初、元一、元启、元起、原启等笔名和元吉有关。另如籀庐、荀瘘的别号和他嗜好金石古印有关。竹北簃、蝶居士、冰上鸿飞馆是晚年在北平时的别号。

① 上海书画出版社、浙江省博物馆编：《黄宾虹文集·诗词编·八十感言》，上海书画出版社1999年版，第134页。

黄宾虹常说自己生于浙东婺州。他也一直自称黄山山中人、古歙宾虹、潭（潭渡）上滨虹、天都（黄山主峰）黄宾虹。这在旧时是寻常情况，如南宋诗人陆游自幼生长、晚年隐居的地方在浙江绍兴，陆游常自称山阴（绍兴古称）陆某，但因为陆氏郡望是苏州，他也常自称笠泽陆某、甫里陆某务观，认为苏州是他的另一个精神故乡。作为生活过的地方，徽州、婺州两地对黄宾虹都极为重要。潭渡村的丰乐溪和滨虹亭，歙县的黄山，新安画派、皖派金石代表人物渐江和程邃、李流芳等明末清初歙籍遗民书画金石家或诗人，黄氏宗族历史、先祖的耕读理想和诗礼传家传统，黄生和黄吕父子、黄曰瑚、黄承吉等族贤经术画学的家学渊源，都构成了黄宾虹心中的故土和精神家园。身为徽商的父亲更为少儿黄宾虹营造了一个徽州小环境，所以他少时长在金华，日后却操着一口浓重的徽州口音。而黄宾虹度过童年、青少年大部分时光的金华现实家园，他的父亲、家庭与婺州人文历史氛围、多位金华师长给予的启蒙教育，也是他人生和绘画生涯的扎实起点。黄宾虹有时也说自己世籍江南省，江南省是个清代地名，和今天民间普遍认可的江南概念有部分重叠，黄宾虹以江南人自居。

渐江（1610—1663或1664），俗名江韬，字六奇，僧号弘仁，号渐江、渐江学人、梅花古衲等，徽州歙县人，诗书画皆长，是明末清初新安画派开创者、新安四家之一、明末遗民四画僧之一，也是黄宾虹最推崇的明末遗民士夫画家，黄宾虹在题画、画论中常常提及渐江。渐江师法宋元画家，尤其多学倪瓒等元四家。他隐居黄山，多写山水，也是黄山画派成员。新安画派是明末清初山水画派，代表画家有查士标、孙逸、汪之瑞、渐江等，他们的出生地徽州古代属新安郡，所以有“新安四家”之称。四画僧是指活跃于明末画坛的，四位出家为僧的遗民画家渐江、髡残（号石溪）、朱耷（八大山人）、石涛。黄宾虹认为渐江成名最早，其画尤其高逸。黄宾虹日后也被认为是新安画派的殿军、集大成者，与渐江在艺术和精神的历史方面有呼应。

程邃（1607—1692），字穆倩，号青溪、垢道人，原籍歙县，侨居松江华亭（今属上海），明末清初金石书画家。他兼长诗文、书画、金石，画学“元四家”之一的黄公望，中年后善用渴笔焦墨，黄宾虹赞赏他是“干裂秋风”“润含春雨”。程邃的金石篆印学秦汉，以古玺印为师，开清初皖派金石门户，也称歙派。

李流芳（1575—1629），字长蘅，号檀园，晚明诗人书画家，原籍歙县，侨居嘉定（今属上海）。黄宾虹以为其笔墨功力最得天趣。

这些画家都是黄宾虹仰慕学习的对象，经常出现在他的题画语和画论中，他们的绘画技法和思想精髓更无处不在地存在于黄宾虹的绘画和画学中。

黄宾虹的祖父作为徽商的一员，曾来到金华经商，晚年弃商归歙耕读。他的儿子，除黄宾虹的二伯耕田事亲、终身不出歙县外，黄宾虹的父亲黄定华和其他叔伯也都承父业来金华习商营生，并以金华为第二故乡。后来黄定华因商场失意回歙隐居，黄宾虹四兄弟也只有二弟在家务农，其余几人都经商或考科举。自由出入儒、农、商之间，来往家乡与从商地之间，是徽州人宋代以来世代重复的生活轨迹。黄宾虹后来借时代风云，改变了乡人的宿命，但他身上仍留有许多徽州地域文化、族贤精神的影响。近代学者钱穆就曾说，徽人生在群山中，需要为了生活走四方经商。即使是徽州学者，也大都因为家族文化影响，很多人少时曾从商，多经历体味人间疾苦，而先治生后治学的生平使得他们的学风往往笃实而融通术、艺，讲求经世致用。这种说法对黄宾虹家族前辈和他自己的生平经历都适用。

黄定华（1829—1894）在兄弟里排行第三，字定三，号鞠如。他自幼经历家境艰难，却能“忍饥励学”①，好学上进。歙县一位教书先生认为这个孩子志气不凡，将来必能出人头地，就把爱女许配给他，她就是黄定华的原配汪氏。汪、黄都是歙县大姓。黄定华14岁就随父亲和兄长到金华学做生意，20多岁就能自立经营、独当一面，以集资来往金华、苏州贩布起家。他重诚信承诺，在吴、越一带经商很受到人们信任。清咸丰年间太平天国定都南京，太平军由安徽绕道入浙进攻杭州，浙皖交通几乎断绝。黄定华在战火中花了很多钱财和周折从潭渡村接出母亲和已故伯父留下的两位未成年堂弟，为避战乱，合家迁徙到金华东南的里郑村定居下来。其间，汪氏去世，没有留下孩子。战乱过后，金华受破坏较轻，经济迅速复兴繁荣起来。黄定华借助时势，凭着才智和积累

① 上海书画出版社、浙江省博物馆编：《黄宾虹文集・杂著编・歙潭渡黄氏先德录》，上海书画出版社1999年版，第463页。

的经验、声望，经营很有起色，家境渐渐富裕。他赡养母亲和抚养堂弟成人，又续娶了继配方氏。方氏是金华当地大族之女，比他小十多岁，后来两人生四子、三女，长子就是黄宾虹。所以黄宾虹有一半浙东金华人的血脉。黄家其他几个孩子，次子懋赓（元昌），清同治五年（1866）生，后改名为赓，字仲方。三子懋贡（元清），清同治九年生，号廉叔。四子懋赞（元秀），清同治十年生，字晋新。长女早殇。二女乃耐，嫁金华里郑村郑氏。三女嫁金华金氏。

黄定华受家族影响，是读过书的，他的前岳父就是教书先生。他有无参加过科举不可考，一些记载含糊地说他是太学生，应是虚指、美言他的诸生身份。不过他的确始终没失去儒生本色，喜爱读书、吟咏诗文，常手不释卷，自己也能做诗，他的朋友把他比作50岁才登第名满天下的唐朝大诗人高适。他还继承家族传统，经商之暇嗜好收藏书籍字画。他喜欢结交能文之士、宦游名公，常与他们一起交游、书信来往，在交往中敞开襟怀、交流思想，探讨今古学问的高下，多获见识，虽是商人，却不孤陋寡闻。黄定华工于擘窠大字，晚年弃商回歙后更喜作画，尤善写梅竹，常整日沉湎于翰墨中，一画就是几十张，把书簏堆积得满满的，只是从来不示人，自娱而已。他还曾自比元代画墨梅的有气节的王冕。他的儿子多继承了他的绘画才能，除黄宾虹外，次子能画竹，四子能画梅、竹。

在黄宾虹眼里，父亲多才智、善决断，性情耿直，重朋友交谊，对人心口如一，凡是需要仗义疏财或周济他人时他无不慷慨大度。黄定华有徽商的传统德行，关心家乡事务，在金华和歙县都有很好的口碑。黄宾虹和弟妹身上，都可见父亲人格性情的影响。黄宾虹继承了父亲的多才多艺，思想开通平和，为人正直富有豪侠气、交游广阔。

黄宾虹出生的年份，正处于第二次鸦片战争（1856—1860）结束后的清朝末年。他出生前一年的夏天，南京失守，绵延十多年的战事初平，江南各地流亡他乡的百姓重回故土、重入都市，黄家也从里郑村迁居县城旁的铁岭头长仙门外。因为这里有双溪（义乌江和武义江）环城合流而为婺江，婺江流至兰溪江入瀫水（衢江），黄定华把家宅取名为“瀫玉堂”，这里就是黄宾虹的降生之地。晚年黄宾虹曾得到一纽古玉印，上面恰好有“瀫”字，他还作《释瀫篇》，算是对诞生地的回顾怀念。此前的战争，黄宾虹虽没有亲身经历，但家人、乡里父老的言谈和传闻，嫡母死于战乱间的惨痛往事，给他的童年留下了深刻印记。后来他也常在画论中提及清咸丰年间那场江南各地无数书籍名画被毁的战乱。

黄宾虹诞生之时也是日本向西方开放门户的明治维新前夕，西方美术界也正酝酿一场大变革，印象派（兴起于19世纪60年代）画家们崭露头角。不过此时国内画坛主流风格却依然保守，笼罩在清初“四王”（王时敏、王鉴、王原祁、王翚）之后虞山、娄东（太仓）、姑熟、苏松等画派崇古仿古的高度程式化画风中，明末清初一度复兴的中国画优秀传统渐被人淡忘。此时，黄宾虹尊崇的画含内美的画家如明末的恽向（1586—1655，号香山）、渐江都已逝世两百年了，而后来和他共同探求中国画复兴的画家，吴昌硕（1844—1927）已21岁，齐白石（1864—1957）才1岁。和画坛情况相似，清末社会的死水微澜中正孕育着一个大变革时代，黄宾虹出生后，戊戌变法的殉道者谭嗣同（1865—1898）出生，后来两人有短暂而深刻的交往。这个年代诞生的人都注定要背负救亡家国、复兴文化的重任。

黄宾虹出生后的几年里，黄定华这样的中小商人的日子还算比较顺遂。早期民族工业发展的大背景是这时清廷改良派想借西为中用来变法，垂垂老矣的清朝有了一点中兴样子，民间商业也有起色。黄定华开设了一家广达布总号。在黄宾虹幼年的记忆里，布号有几十间房子，很宽敞气派，呈现蒸蒸日上的气象。黄家此时因为家境渐渐变好，不但从城外迁居城内，还几易其居，住过铁岭头、玉泉庵后兴让坊（尊贤坊巷西蒋氏宅前通街）等地，邻居和交往的朋友都是些生意人，如开广和庄的程诗赓等人。

很快，黄宾虹就不是家里唯一的孩子了，二弟出生了。但由于他是长子，自小身体又较弱，他还是得到很多的关注和照顾。他常随父母到父亲朋友家，和许多年纪相近的孩子玩耍。父亲的一位朋友有个女儿叫蒋莲芝，比他大一岁，后来两家大人还想给他们议婚，但还没有议定，这个女孩就生病死了，年仅10岁。16岁时他还和蒋莲芝弟弟蒋莲僧同在金华丽正书院念书，因为都爱好绘画而成为密友，延续家族交谊。1926年，他在沪上组织艺观学会，蒋也成为会员。蒋莲僧（1865—1943），名瑞麟，号莲道人，金华人，别号鹿田老庄、赤松山民，生平致力于金石书画。由此可见黄宾虹小时候，金华的书画氛围还是蛮浓厚的。

黄宾虹母亲方氏的娘家在金华老城中心即古子城西边的酒坊巷，对面是著名的星君楼，即八咏楼，他小时常和一帮表兄弟在上面玩耍。金华古称婺州，因为按照古代星野[①]理论，金华位于天上金星与婺女星的分野，金华、婺州的名字都源自这个说法。所以金华建有星君楼供奉婺州的“分野之神”宝婺星君，保佑一地平安。

黄宾虹小时候还曾随父母到雅岩村一里外的华藏寺礼佛，这是座创建于唐朝的古寺，周围竹林荫翳，景色清幽。童年的他看着父亲在佛幢下拜佛，母亲在佛前献花，为多病的他祈祷安康，感受着他们的爱。时光荏苒，1917年，岁已过知天命之年的黄宾虹在沪上作了一幅《金华雅岩村山水图》，题跋里不无惆怅地写道，现今的华藏寺竹林虽仍蓊郁，但佛像颓塌，早非往昔情景，父亲谢世已23年了，母亲仙逝也已7年。世相变幻无常，往事如同泡影，任谁也避不开佛家说的生离死别之苦。旧事虽历历在目、深印心中，但即使以黄宾虹的生花妙笔来画影图形，也难以留住流逝的童年温暖时光和父母慈爱的音容笑貌。

这些都是家乡金华在黄宾虹心里、画中留下的种种难忘的温馨记忆。

初濡翰墨

黄宾虹识字很早，父亲闲暇时就边用糕饼逗他，边教他认一些常见的字。幼年的他颇为早慧，对中国文字由点与线构成形的特点、形与意之间的联系尤为敏感。有一年冬天，还只识得一些简单常见字的他指着“掌”字问父亲，父亲笑着说这个字笔画太多，你现在还很难认得。黄宾虹想了想，却由“掌”的偏旁是“手”悟出门道，对父亲说这个字一定和手有关。黄定华对儿子的颖悟

① 中国古代天文学名词，指将天上天象中十二星辰的位置和地上的国、州地界一一对应，天文学上称为分星，地理学上称为分野。

喜出望外，决定亲自为他讲授《说文解字》中的象形、会意、指事等六书之学。

黄宾虹在晚年的《自撰年谱稿片断》里说：“余三岁，受庭诏。”庭诏即庭训，指父亲给予的教诲。听父亲教他认字，就是黄宾虹最初受的教育，这给他带来的印象极深刻，让他至老不忘。他80岁左右写的《识字一首》有“曩余秉庭诏，爪掌识会意。赐赍襁负中，嬉笑得饼饵”句，也回忆他这个文字学家人生中最早的识字经历。黄宾虹和日后成为他画学和其他学术根基、影响滋养他至深的文字学的缘分就始于此时，几乎和他的生命一样漫长。

汉代学者许慎在《说文解字》里把汉字的构造和使用方式归纳为六种类型，包括象形、指事、会意、形声、转注、假借，即六书，使《说文解字》成为最早的系统分析字形和考究字源的字书。清代朴学兴盛，以文字学治经学是学术主流。《说文解字》六书之学既便于蒙童识字，又是文字学经典，清乾嘉年间以来兴盛的以出土金石古物考证经史的金石学，清道咸年间以来兴起的考证商周铜器的金文学，清光绪年间兴起的甲骨文研究，都离不开文字学考据。文字学对清代中后期书法、绘画、篆刻金石变革产生了深远影响。包括黄宾虹的许多清末学人书画家也都得益于童年时学《说文解字》。

在黄宾虹小时候的社会环境中，科举依然是最佳的人生上升途径。徽商家庭特别重视孩子的教育。所以他五六岁时父亲就聘请了一位60多岁、教学经验丰富、工诗善书画的金华汤溪老经师邵赋清为蒙师，在家塾教儿子们读“四书”，即科举需要学的儒家基础经典《大学》《中庸》《论语》《孟子》，黄定华得暇时还继续亲自督教《说文解字》六书之学。于是黄宾虹很快就能自己翻检阅读家塾所藏的《字汇》。《字汇》是明代安徽宣城学者梅膺祚编纂的大型字典，简化了《说文解字》的部首，学起来更方便。通过学习，黄宾虹对文字的形、声、义有了更多心得，识字也大有进展，到7岁已识字千余个。

黄宾虹五六岁时，两位近代史、文化史上的重要人物余杭章太炎（1869—1936）和绍兴蔡元培（1868—1940）也在浙江出生，也受到相似的幼年教育，后来分别成为古文经学大师、民主革命家和民主革命家、教育家。黄宾虹后来在上海和他们都有交往、学术交流。章太炎与黄宾虹在保存国粹方面声气相投。蔡元培主张教育救国、美育代宗教，和黄宾虹的“致治以文”相通。

清同治十年（1871），黄宾虹见到了一位对他少年时代颇有影响的名士族贤——来金华探望亲友的潭渡族人黄崇惺。黄崇惺，原名崇姓，字麐士，号茨孙，又号次孙。清同治十年这一年，黄山丰乐溪流域十里内出了四位进士，黄茨孙是其中之一，他是殿试二甲进士第一百〇七名，赐进士出身，为庶吉士，所以黄宾虹尊称他为“茨孙太史”。黄崇惺和黄定华属潭渡黄氏同一支裔，两家更有世交之谊。有至亲贵客来访，黄定华热情相待，还让儿子们出来拜见，游金华著名胜迹八咏楼时也让兄弟几个随侍在旁。八咏楼为1300多年前的南朝大诗人沈约在此为官时所建，名玄畅楼，沈约还登临作《登玄畅楼诗》，后又作诗并将诗中八句各自写成一首诗，成为《八咏》诗，所以此楼后以“八咏楼”著称。历史上有很多诗人名家留下吟咏。

黄崇惺诗文雅健，有《二江草堂诗集》《集虚斋赋存》《草心楼读画诗》《凤山笔记》《劝学赘言》等著作。他还是画论家，说画者一定要胸中有一股苍凉盘郁之气，才能画山水，也即写山水画应该写出画家的忧患沉郁情怀才好。这段话对黄宾虹影响很深。他还是鉴赏家，收藏画作多幅。

八咏楼的确是金华一地天地灵气凝聚、呼应人间文华之所在地。它占据金华古城的制高点，北有北山（金华山、赤松山等山的合称），南可见括苍诸峰，西边有义乌江和武义江在楼下汇合为婺江，沈约《登玄畅楼诗》就描写了八咏楼的地貌“危峰带北阜，高顶出南岑。中有陵风榭，回望川之阴。……水流本三派，台高乃四临”，说高高的台榭乘风而立，四面可望山水。难怪沈约登临此地眺望远方会发人生及怀古幽思，探求自然山水和生长其间仁人智者的关系。南宋初南渡来此暂居的女词人李清照也写有《题八咏楼》，说此楼千古风流。八咏楼山水灵秀，风景如画，历代登楼作画的画家和诗人一样多，元代大书画家赵孟頫《东阳八咏楼》诗云“西流二水玻璃合，南去千峰紫翠围”，说楼下西边江水合流，水色明亮如玻璃，南边群峰如屏风，山岚光色变幻。身为诗人、爱好书画的黄崇惺登上高楼，极目远眺婺江、龙山，也不觉襟怀爽朗。时当秋日，他见远处树林红叶满目，就顺手一指问身旁的黄氏兄弟这是什么，黄宾虹从容地以唐人杜牧诗句“霜叶红于二月花”相答。黄崇惺又以林间鸣叫的草虫问之，黄宾虹回答说是蚱蜢。黄崇惺笑着再问为何蚱蜢和舴艋（形似蚱蜢的小船）谐音，黄宾虹不假思索地回答说舴艋是一种小舟，取这个名字是因为样子像蚱蜢，就是六书里的象形之意。黄崇惺欣然大笑，很喜欢这个颖悟的孩子，后来还不忘推荐歙县一位很有经验的名经师程健行来为黄氏兄弟讲授“四书五经”。程先生教学历时五年，到黄宾虹童生试第一关县试考中后才离去。八咏楼之游次年，黄崇惺实授福建知县（他历任福建归化、福清知县，署汀州同知，有政声），赴任途中再次经过金华，还来到黄家家塾为黄宾虹兄弟规划课程，此后在闽中还多次邮来自己的著作《劝学赘言》和祖先黄吕写家族家乡历史的《潭滨杂志》等书给黄家兄弟。当时的社会风气是，家中父辈、族里长辈都要以藏书供子弟研读，结交学者名儒会面晤谈时让子弟在末座陪同聆听以增长见闻，如子弟能被名家赏识，传授学问或给予机缘则更佳，还要为子弟延请经验丰富的经师，以期他们的学业早日有成。徽商也崇尚奉行这种风气。黄定华对黄宾虹好学上进很是欣喜，希望他能以黄崇惺为榜样，将来学业有成，振兴家族。他应该不会料到，日后社会剧变，而儿子会以士夫文人的余事雅韵书画为自己的正式职业。

黄宾虹后来曾说自己平生无一日不作画，日日与笔墨为友。这不是夸张。他记忆里和笔墨的第一次真正亲密接触应该是在他4岁时。那天黄定华正在作画，画到惬意处，抬眼看到儿子正在一旁认真地盯着纸上梅花竹叶的繁枝丛萼，就乘兴抱过他，把着他的小手，让他握着毛笔在纸上画。黄宾虹握着他以后握了一辈子的毛笔，似有夙缘，在纸上点点画画，很有小画家的样子。看着儿子涂得满纸墨水淋漓，黄定华笑着对旁边的亲友说：“此儿有悟性，可以习绘事。”意思是孩子有天分，可以学书画。知子莫若父，他没有看错。

自宋元明以来江南文化尤其兴盛，文士、书画家多出于江南各地。清末的金华虽非江南中心，但自秦朝建置已有两千年历史，有小邹鲁之称，虽没有像吴门（苏州）、扬州、徽州等地形成著名书画流派，不过中晚唐时有写过《渔歌子》词并将之画成画的山水画家张志和，五代时有善画梵相罗汉的画僧贯休。北宋四大书法家、书画理论家黄庭坚祖籍也在金华，元代有黄庭坚族人、书画家黄溍，明朝有名臣、书法家宋濂，明清之际有工篆刻的心越禅师，清初有主编《芥子园画谱》（又称《芥子园画传》）的李渔，这些人多是诗文书画兼长的学问中人，得山水形胜之助，形成厚重的山水人文书画传统。除了父亲善书画，黄宾虹童年的老师中也不乏像邵赋清这样学问深厚兼善画山水兰竹的人，这些人都给他教益。黄宾虹六七岁时还得以拜金华通儒黄济川为师，习举业的“四书五经”外也从之学画艺。黄济川（1835—1909），字梅溪，号墨涛、莳竹主人，诗书画皆精，尤善墨梅。他早年成为秀才后多年科举不顺，因家贫而以授徒为生，门下教出几代金华名人，后到清光绪二年（1876）才中举人，清光绪十二年中进士。黄济川中举人就是在黄宾虹应童生试县试那年，从六七岁到十几岁的十来年中，黄宾虹都受教于他及其弟子——另一位金华文士赵宗忭。

在这样的地域和家庭氛围里，黄宾虹对绘画有了天性般的痴迷。他在家塾读书之暇，见到图画卷轴，总是久久注视，恋恋不忍离去，还自行仿效所见字画的样子描画涂抹，很小的年纪就临摹了家藏清代宣城画家沈廷瑞的山水画册，很得老师亲友的赞许。沈廷瑞，字兆符，号顽仙，宣城人，一生为布衣。能为诗文，山水笔意疏落，有明代大画家沈周风范，尤工画松。黄定华喜欢收藏古今字画，常有朋友来家塾观摩谈论，这时他总让黄宾虹侍立一旁。黄宾虹常侧耳倾听大人们闲谈书画，牢记心中。除了问父亲，遇上能书善画者，就拿平时记着想着却还不明白的问题来问他们，并有追问不休、穷究到底的习惯。

此时对黄宾虹绘画影响较多的是倪谦甫（名炳烈）、逸甫（一作易甫）兄弟，两人是侨居金华的萧山人氏，都已年近六旬，住在黄家邻近，与黄定华交好，常与黄家来往。兄长谦甫善书法。弟弟逸甫是画家，工吟诗，善篆刻，黄宾虹出生那年，黄定华就曾请他来家作《松菊图》以庆祝家族人丁日渐繁盛。倪逸甫还常携儿子倪淦（1864—？）来黄家拜访。倪淦比黄宾虹大1岁，7岁（一说10岁）已能画花鸟人物和山水，是个有些名气的小画家。

倪氏兄弟常来黄家观摩古画，还和黄定华谈论些画理和技法，也常即兴画两笔，请黄定华品评他们的画作。黄宾虹在一旁看两人作画，心中对他们下笔不假思索、一挥而就的本事很是羡慕，却也有些不以为然和疑惑，觉得作画不应如此容易，是否太过粗率。他聆听倪逸甫高谈阔论如何作画的玄机时，也常在肚里窃思，以为这个老先生未免有装模作样、虚张声势之嫌。

一次，倪逸甫说起作画在下笔之先，要把画纸张挂墙上，静静地对着细看多时，如此多日，直到感觉纸上似乎出现了画的形迹，然后才可落墨。这其实就是南宋邓椿的画学著作《画继》里写的被宋人恢复的古人“张素败壁”法。在一旁的黄宾虹心里正诧异把白纸挂在墙壁上有什么可看的，父亲大约是觉察到了他的想法，就提醒他说：你知道王勃写《滕王阁序》打腹稿，下笔一气呵成、文不加点的典故吗？黄宾虹这才醍醐灌顶般地领悟到，古人作文章书画，都求胸有成竹，而不是枝枝节节、描头画角地完成的，这样作文才有文气，画也有气韵。自此，他初步知晓了作画要重视构建章法的奥秘，要先勾勒草稿的道理。所以次日倪逸甫又来时，黄宾虹一改前态，毕恭毕敬地叩问他有关作画之法的事。倪逸甫开始不愿回答，后来耐不住他一再追问，才说了作画“当如作字法，笔笔宜分明，方不至为画匠也”①。这句话虽然简略，其实很有概括力，明确清晰地指出了作画用笔不能描画和涂抹，要每一笔都按写书法的笔法清楚分明地书写，最重要的是给年幼的黄宾虹科普了士夫画和画工画匠壁垒分明的不同。此时的黄宾虹即使还没有深刻领悟士夫画的精髓和高妙，但已经在心底默默确立了对雅正士夫画是作画正途的向往和追求。这一启蒙的影响很是深远。

黄宾虹也向倪谦甫请教过书法。倪让他在宣纸上写了一个“大”字，然后把纸反转过来一看，摇头说不行，指出在纸背上只看见“大”字起笔的三个点，说这就是用力不均的缘故，要他一定要注意笔笔平均，要力透纸背。黄宾虹又学到了正确的握笔和用笔方法。之后黄宾虹再叩问作书之法时，倪翁大概有些后悔已流露太多的不传之秘，颇有难色。黄宾虹却有一股不达目的不罢休的钻劲和韧劲，倪翁无奈又加了一些指点，黄宾虹听了虽觉明昧参半、不甚了然，仍认真揣摩研求，丝毫不敢懈怠。

后来两位倪翁年纪大了不常来黄家，黄宾虹就奉父命在课余再三临摹倪逸甫的得意之作《松菊图》。他还借助倪淦的帮助，在倪家抄了《逸甫画论》，对以书法作画有了更多了解。倪淦，字泌泉，号颠道人、沈宋山房后人。他后来

---

① 上海书画出版社、浙江省博物馆编：《黄宾虹文集·杂著编·自叙》，上海书画出版社1999年版，第560页。

曾和黄宾虹、蒋莲僧一起在金华丽正书院求学，还承家学继续从父亲学画，并长期临摹宋、元、明名家画法，善于描画花鸟、山水、人物，尤以花鸟虫鱼写生最出色。他仿金华画家杜鳌、姜岱的画最逼真。姜岱，字仰山，乾隆时金华人，工于书法、诗歌，擅长指画，尤以画八哥最著名。可惜倪淦年纪较轻（一说年未三十）就去世了，未成大名，但对后来的金华画家如张书旂等已有影响。很多年后黄宾虹在画论《虹庐画谈》里提及这个小时就喜画、才华惊艳却宛如流星的天才画家，颇多感慨。

黄宾虹此时除了学倪氏的画，还常取家藏的碑帖拓本、名家书画观赏领悟，以古人真迹为师。其中他尤为喜欢“明四家”之一、吴门画派开创者沈周的山水画册，因为他直觉沈的笔法很符合倪翁说的笔笔分明，他以前临摹过的沈廷瑞的山水画法，这就是学沈周的。黄宾虹临摹沈周山水数年不间断，体会颇多。日后沈周也一直是他最喜爱的画家之一。沈周趣味高雅而为人平易近人，贩夫走卒之辈都向他来索画甚至拿他的赝品画来求题跋，他也从无难色。这一点黄宾虹很是敬爱，他自己成名后别人索画也很少拒绝，就颇有沈周风范。

金华书画家倪氏兄弟说的“如作字法、笔笔分明”和“万毫齐力、用力平均”对黄宾虹这个髫龄画童来说，是一种绘画、书法的启蒙，起点颇高也很雅正，使他不致误入旁门左道，也让他一生受用。后来黄宾虹一直都在以摹写古代书画真迹的笔法练习和游历写生得到的实践领悟来丰富深化这几句话。黄宾虹聆听倪氏兄弟教诲后不久，偶然地看到金华一位老画师教徒弟用杵在大乳钵里把铅粉和清水和起来。初习此事的徒弟不免急躁，气浮力猛，钵中之物四处飞溢，老画师就指点他要徐徐研之，以磨炼耐性。不久弟子没了力气，生出惰性，老画师又勉励他坚持。最有意思的是，一般画师平素研墨多是右旋，画师却让徒弟左旋，这样费力很多，徒弟一不留意，仍向右旋，就遭到老画师斥责。黄宾虹在旁看着，一开始觉得有点可笑，继而有些疑惑，又想了很久才悟得向左旋的道理就是练习书画的逆笔法（逆锋），而在乳钵里和东西必须悬腕，要做到不疾不徐、手腕圆转，没有半年工夫不能做到，老画师要看到徒弟腕力已经练习得调和才开始教他执笔，这其实都是在训练用笔之法。讲求笔法要先有腕力，这是黄宾虹日后宏大画学体系最基本也最坚实的基础，此时他已有最初的源自实践的切实领悟。

清同治十二年（1873），黄宾虹随父亲游览了杭州，这是他第一次出远门。西湖秀美如画的湖光山色让他目不暇接，这个用功的孩子时时不忘拿出手册对着山水勾勒写生。边旅行边写生后来成为他终身的习惯，这也是他的画贴近真实山水的重要原因。在杭州，他还在父亲朋友应芷宾处第一次见到了“元四家”之一王蒙的山水画作，大开眼界，对之临摹不倦。日后他多见王蒙画作，渐渐体味出其佳处是在似隶书的笔法，并在晚年将王蒙喜用的一波三折的解索皴法作为自己变革程式化繁琐板滞皴法的主要手段，使得画作更显自然而富有内美。黄宾虹留在杭州应芷宾处读书问业了一段时间，课余多游览西湖湖山，并将景色写真纳入书囊。少年时代逸出日常生活的新奇经验总是令人难忘，会留下格外深刻的记忆，正如此时西湖山水和王蒙画作浓艳用色和超逸构图日后对他的影响。黄宾虹后来还多次重游西湖，晚年更选择定居此间，也是因为之前在这里埋下了山水因缘。

清同治十三年（1874）黄宾虹仍在家塾里勤于读书摹画，并开始较多接触篆刻。他早先已跟从倪氏兄弟初学篆刻。黄定华收藏有清代乾嘉时著名印人包括皖派篆刻创始人邓石如与浙派篆刻开山祖师、“西泠八家”之一丁敬等人的印集，因黄宾虹还小，以为他不懂，只给他看了下就放回了书箱。一次父亲外出办事，黄宾虹把印集偷偷取了出来，细加揣摩，以自己的六书知识，对照父亲藏书中潭渡黄氏族贤、明末遗民学者黄生研究文字声义的著作《字诂》，以此为基础学习篆刻，花了一个多月，就临刻了邓石如的篆印10多方。父亲回家后，发现了这些临刻，很是惊异，直到亲见黄宾虹奏刀自如，才相信确是儿子摹刻的。黄宾虹学篆刻和学绘画书法一样，并非无师自通，而是不拘一格综合众家，还融通书法绘画篆刻文字学并加以思考体悟。此时已可见他以后学习研究书画篆刻方式的雏形。

黄生（1622—1696?），原名琯、起溟，字扶孟，号白山等。明庠生。博学多识，善诗文，也工书画篆刻。入清后隐居，一意治学著作。多与当时遗民名士来往，如诗人学者屈大均，与浙江有来往的歙县学者王炜（王艮），还有遗民画家龚贤。屈大均的《答黄扶孟》诗二首“新安耆旧在人间，不住黄山住白山。

司马已能千赋熟，大春那得五经闲”“太白狂歌人欲杀，少陵儒雅自能师”，就赞美黄白山可比西汉辞赋家司马相如、东汉经学家井丹（大春）和唐代诗人李白、杜甫。黄生有《唐诗评》《杜诗说》等诗文著作。文字学造诣很深，著作《字诂》《义府》开清代徽州乾嘉朴学考据学的先河，是音韵训诂的先导，博大至精，列入《四库全书》。他著作很多，可惜本人诗集《一木堂集》因为遗民思想被列入禁书书目而遭销毁，其他著作也多散佚。黄宾虹后来曾收藏他的《杜诗说》十二卷。梁启超的《饮冰室文集·近代学风之地理的分布》里就说歙县自昔多学者，清初有黄扶孟治文字学，专从发音上研究训诂。黄生的《义府》，章太炎极为推崇。

此时黄宾虹还学习了另一位族贤黄承吉的《梦陔堂文说》《经说》。黄承吉（1771—1842），侨居江苏江都，字谦牧，号春谷。清嘉庆三年（1798）乡试解元，清嘉庆十年进士。任广西兴安、岑溪等地知县，为官多善政。一说罢官归后治盐务致富。也是徽州典型的出入儒、官、商之间的奇才。黄承吉工诗、古文，通史，治经宗汉儒，是扬州学派大儒阮元的弟子，与学派名家焦循、李钟泗、江藩等交往并切磋经义，当时并称“江焦黄李”。他有《梦陔堂文说》《字诂义府合按》及《字义起于右旁之声说》，发扬族祖黄生的音韵训诂学问。后来黄宾虹的同门师弟刘师培将他的学说衍为《字义源于字音说》。黄春谷还精于数学，通历法，能辨中西历法的异同。

黄宾虹的很多族中前贤都有超逸时代的思想和学术，令他向往不已。他自己后来也成为这样的人。

到清光绪元年（1875），他学习完了儒家经典“五经”，即《诗经》《尚书》《礼记》《周易》《春秋》。自此，参加科举考试必须要掌握的基础“四书五经”，他都已学毕。数年间，他除了先后跟从金华名师邵赋清、黄济川、赵宗忭和歙县名师程健行勤勉学习儒家经典和汉儒宋人的文字训诂学问外，也跟从多才多艺的老师们兼习文人的必要技艺和雅趣，如诗书画印。

黄宾虹还曾追随过金华名儒李国柽、李国棠兄弟读书。李国柽，一作国蛏，字灼先。李国棠，字咏棠。两兄弟为金华罗店人，都博学且多才。李国柽后于清光绪十一年（1885）中光绪乙酉科拔贡。一说黄宾虹是很早就从学于李氏昆仲。清同治八年（1869），黄宾虹正遇金华一地有乱不靖，他随父亲和家人到北山金华山避乱，暂居罗店，父亲为他延请了李氏兄弟为启蒙师，主要也是让他习举业。课读之暇，黄宾虹还开始跟从李氏昆仲学习作诗。因为李国棠善画山水也从之学习。在金华山中苦读并习书画诗歌，很快黄宾虹就能作五言诗歌。日后他常以诗自题山水画轴，多写江南山水和隐逸情怀，有南朝江南诗人二谢（谢灵运和谢朓）、南宋浙东诗人永嘉四灵（徐照、徐玑、翁卷、赵师秀）的韵味，或绮丽，或朴拙，这些风格就是他在这时打下的基础。

黄宾虹还从学于金华的赵宗忭等老师，也在“五经”之外兼习诗文书画。赵宗忭就是黄济川的高足。赵宗忭（1852—1920），字经田，人品闻名金华，曾编纂清光绪《金华县志》，多才多艺，精于书法，金华人文景点和大商号招牌匾额多出其手笔，会弹琴，还会画山水、兰竹。

黄宾虹曾在杭州向父亲友人应芷宾问学，应家多收藏，应芷宾还曾与寓沪卖画的南京画家徐林（1879—1928，字竹贤）交往，徐林学明末画家陈洪绶，工人物、飞鸟、走兽，画虎尤神妙，笔法绝俗超尘。黄宾虹还有一位老师名叫应芹生，不知该人与应芷宾有无关系，是否为一人。应芹生曾与嘉兴画家潘振节有交往。潘振节（1858—1923），字叔龢，号颂声，和兄长潘振镛都工书画，他工人物，学恽南田，尤擅仕女，取法费丹旭，亦擅花卉，山水也有清气。由此可知，应芹生也是多才艺之人。

由此可见，黄宾虹从六七岁开始启蒙到十几岁去应童生试第一关县试前的时间里，因为家族家庭和父亲对教育的重视，得以跟从金华、歙县等地诸多学问深、教学好的业师学习举业及诗书画印等文人四艺，两地学术文艺都对他很有影响，他不但得闻徽州学者的文字训诂学，也深深地受到浙东先哲儒学学术思想的濡染。黄宾虹后来在晚年的《自述》《自述稿》及1953年赠恩师李国柽孙子的画跋里都提及自己幼时习闻金华宋元儒学前贤的性理之学。清代乾嘉汉学兴起，着重以朴学考证经史，和宋明以来讲求义理心性的学问似乎针锋相对，但其实明末清初浙东学派遗民学者如黄宗羲等人只反对空谈性理，在以史学为根基的经世务实外也兼重民族气节、心性义理。后来黄宾虹青年时期回归歙县，又再次受教于以清代学者江永、戴震等为代表的兼重义理和实证考据、主张通文字再通于道的徽州学术。所以黄宾虹的学术底子是兼重汉宋学术的，正如他在《九十自叙》里说的那样："非汉儒无以见古圣之制作，非宋儒格致无以识先贤之身心。"①他认为实事求是和经世致用是相通的。由于徽州学术和浙东学派思想的共同影响，黄宾虹治学在重实学外兼重义理，这也极大地影响了他的画学面貌，使其形成了重史实和追求理想境界并重的特色，最终也影响他的绘画，呈现既重写真写实也重诗意审美意境的虚实并取的面貌。

12岁左右时的黄宾虹，面临科举的压力，平时除了紧张地习举业、读书外，依然把空余时间投入个人兴趣浓厚的书画金石研究和实践中。此时经过多年的笔法线条练习，他已能作各种时事画、插图、速写，为日后写生打下了扎实的功底。这时他还得到清初画家张庚的画论《国朝画征录》，对书里谈及的绘画名家和画理画法倾心研求，不忍释卷。张庚（1681？—1756?），秀水（今嘉兴）人，字浦山，号瓜田逸史。他善诗文，精研经史，精鉴别，善画，尤擅山水，曾遍游南北，师造化兼师古人，看真实山水之余也探访绘画名品，经历10多年。当时是清初，时代变迁，世家没落，很多精雅藏品进入民间，可以供大家观摩临摹。张庚所见既多，习之既久，领略益深，受益也多，所绘山水，渐渐能出入山水画大家董源、巨然和黄公望之间，笔墨气韵过人。画艺大进之外，他还基于所见所悟写成了评论清代画家的《国朝画征录》《画征录续录》。《国朝画征录》中张庚汲取融通前贤见解再加以阐发的画论，如山岚秀发、草木华滋和有笔无墨等观点，还有对湿笔即墨内必含水（墨法）的重视，这些观点都对黄宾虹日后形成对画学正宗和笔法墨法的理解影响很深。

黄宾虹童年时对汉字字形特点、形义联系的颖悟，时代地域文化氛围和家族前贤对六书之学的重视，都触发了他对文字的两种具体表现形式书法与篆刻的兴趣爱好，并触类旁通地影响了他的画学。六书之学之首就是象形，可与绘画相通。日后他在画理上的研求和他的整个画学体系都是由援书（书法）入画这一点生发开来。黄宾虹终由恪守汉字空间法则及书画相通的士夫画传统，进

① 上海书画出版社、浙江省博物馆编：《黄宾虹文集·杂著编·九十杂述之二》，上海书画出版社1999年版，第577页。

入中国书画的雅正轨道。这个早慧有灵性和勤奋刻苦兼备（这两点也就是他晚年常说的天资和学力）的孩子，此时其个性、作为中已经显示出既不盲从也不固执、有韧劲和毅力的特点，到成年后也没有改变，这就是他画学大成的根本。

梦里乡土

清光绪二年（1876）春，已为科举读书多年的黄宾虹跟随父亲返回原籍歙县应童生试的第一关县试。寄籍外省的士子须回原籍应试。这应该是他第一次回到原籍地。

清朝科举制度，读书人先经县试、府试、院试，成为生员（秀才）后才能进入科举的下一步，再参与乡试、会试、殿试。县试是科举的开端，是科举预备考试的第一步。县试每年一次，按各县人口、田赋确定一定名额，只许本县籍儒生应试。考期多在每年的阴历二月，要连考五次。县试虽只是科举的第一步、第一关，却也难度不低。

黄宾虹多年苦读的考核结果是名列前茅地通过了县试，获得参加府试的资格。县试虽是科举万里的第一关，其实并不简单，很多名人都有失败经历，黄宾虹高分通过是很难得的。

黄宾虹此行除了得中的兴奋，也有初回故土的新鲜感与喜悦。黄宾虹一生都未曾忘掉自己的血脉和文化之根在徽州。徽州处于万山深处，土地肥沃，物产富庶，还有新安江、黄山、齐云山（白岳）的山水风光，在历史上被视为避战乱的桃花源，在诸多战乱之世不断有中原世族辗转南渡迁居于此，到南宋徽州已成“东南小邹鲁”，至明代更成江南文华富足之地。新安理学、新安医学、新安版刻、新安商人、徽州民居、徽州民风及徽墨、歙砚、宣纸等元素构成徽学，继续滋养当地人文发展。歙县是徽州府治，位于徽州盆地中部。潭渡在县城外十里，被称为徽州的中原，人文历来久远厚重，是文化重镇。潭渡又处于皖、浙、赣三省交界处，交通相对便利，依村而流的丰乐溪出自黄山，渐江的上源也出自黄山、流过歙县，与丰乐溪相合，又汇合于练水（新安江支流）进入浙江地域。潭渡就位于丰乐、渐江二水流域。而新安江、黄山更横跨沟通浙、皖，黄宾虹的两个故乡金华、潭渡就被这一江一山连在一起，身为徽商的黄宾虹祖父、父亲才会沿着一江一山和前人轨迹来到金华。

潭渡黄氏一族原居湖北，黄宾虹《歙潭渡黄氏先德录》里说潭渡家谱溯源江夏（今属武汉）就指这个。黄积在晋朝时来新安为太守，爱此地山水清美，卒后葬在这里，他的儿子建庐守墓，从此定居于此，子孙繁衍。到了唐朝聚族迁徙歙县西面九里的黄屯（今潭渡隔壁的黄潭源），后在中唐贞元年间又因庐墓守孝渡水迁到丰乐溪北面，逐渐定居，因当地土音“屯”“潭”谐音（一说旧时村头有深潭），而村子的形状类似一只渡船，所以将此地命名为潭渡。唐朝以来黄氏家族一直在潭渡聚族而居，到黄宾虹这一辈已是三十七世孙。其间，家族人数渐多，后分为八门，黄宾虹属春晖堂一支，人数最多。到了清初，春晖堂一支的学者黄曰瑚因读书交友遭遇祸事，其后人流寓经济发达的大都市扬州而不能归乡，这一支中的人也多弃儒从商，这就是徽州人、黄氏族人顺应时代变迁，在文字狱阴影和经济压力下作出历史性选择的例子。不过徽商多出于各种原因在晚年弃商归乡、叶落归根，外出经商的潭渡黄氏族人也多如此，在金华经商过的黄宾虹祖父就因生意不顺而在晚年弃商归歙，靠着几十亩田地力耕而食。此时的潭渡祖居，只有黄宾虹二伯居住守家。这次黄宾虹和父亲回乡就住在二伯家。

徽州人素重宗族文化，潭渡黄氏族谱也详尽记载了家族绵延的历史，多孝子、义士、异人、学者、才子、儒商、士绅、名宦、烈女、贤妇。黄氏属耕读传家的故家旧族，有家学渊源，明、清时家族中学者隽彦之士更多。明末清初的三十一世子孙黄生、三十二世子孙黄吕曾被誉为里中第一等人，他们也都是黄宾虹的楷模，黄宾虹在金华学过黄生的文字学著作《字诂》、黄吕的地域家族史《潭滨杂志》。又有清初师从颜李学派实学的黄氏三十一世子孙、黄宾虹高叔祖黄曰瑚，曾跟从哲学家教育家李塨、刘献廷问学，黄曰瑚还在刘献廷去世后将其遗著辑录为《广阳杂记》。当时浙东学派史学家全祖望曾说没见过黄曰瑚是憾事。后来清末学人梁启超《饮冰室文集·近代学风之地理的分布》也说颜李学派实学入皖始自歙县黄曰瑚。黄生和黄曰瑚的反清思想都对黄宾虹影响很深。还有游学于扬州学派大儒阮元门下、擅长汉儒经术的黄氏三十五世子孙、黄宾虹叔祖黄承吉，黄宾虹在金华已读过他的经学著作《梦陔堂文说》《经说》。另一位黄氏三十三世子孙、黄承吉的祖父黄修溥（字伊在，号寄亭）也是学者、藏书家，曾筑黄山楼，贮书万卷，并无私馈赠学者，供人研学，格局阔大，他自己也著有《礼经要义》等。黄宾虹是黄氏三十七世子孙。黄氏春晖堂派裔自清初三十一世开始排行是“泰玉修其德，崧懋映高怀，传道斯达本”，黄承吉和黄宾虹祖父谱名应为德字辈，黄宾虹父亲的谱名应为崧字辈，而黄宾虹谱名是懋质，属懋字辈，黄宾虹的子女则是映字辈。

潭渡黄氏子弟中的书画金石传统尤为深厚。徽州一地山水形胜最盛处黄山的东南方就是徽州的中心歙县，这里山川钟灵毓秀，人文斐然，历代画者辈出不竭。唐代后这一带的画学已渐兴起，元末至明末清初画家最盛，不出百里有几十人，形成新安画派。黄山美景更勾留明清众多画家流连山水间，又有黄山画派。历史上的新安画派和黄山画派在人员上难以断然分开，黄山画派包含更广，包括著名画家石涛等非新安（徽州）本土画家。黄山、新安画派中歙籍画家尤其多，潭渡元明之后就出了几十位士夫画家，多是画派佼佼者。黄宾虹的《籀庐画谈》等画论里就多次说潭渡黄氏多画师，可惜他们多是遗民逸士，不以绘画为主要事业，作品也少，留存真迹更罕见，所以其名不著。后来黄宾虹于1915年夏还在他写的《潭上胜景》画上题写题识感慨道：“我族潭滨之上，襟江枕山，颇饶胜景。高人逸士，寄情绘事。自碧峰公后，如凤六、柳溪诸贤，尤其卓卓表著。近今真迹亦罕觏矣，写此不禁兴怀仰止之憾。”说黄氏家族世居丰乐溪旁的潭渡，此地背靠黄山，一衣带水，风光高远。所以族中的高人逸士濡染山水，多以绘画寄托情怀，其中黄柱、黄吕、黄绮等族贤都是画坛高手。可惜岁月荏苒，到当下他们的绘画真迹不太看得到，所以自己在画了这幅潭渡山水美景的作品后不由想起这些画家族贤，心怀仰慕之外不禁有些遗憾。1944年黄宾虹友人、歙县许承尧还在《潭上胜景》画上题“潭上多画家，宾虹最后起。地灵发悟后，邈然得其理”①，也指出潭渡黄氏多画家，都由灵秀山水胜迹而得悟作画的高妙哲理，黄宾虹是其中的后起之秀，他成为大画家得益于地域

① 抄录自原画，下文同。

文化和家族传统。

当然黄氏前贤在家乡留下的真迹还是有的。黄宾虹这次回乡就亲眼见到潭渡村对岸圣僧庵明万历年间的佛像、壁画，包括两庑的渡海十八罗汉像、后壁侧坐的观音像还有《碧柏图》等，是他的族祖黄柱留下的真迹。黄柱，字子立，号碧峰、又痴、黄山老人。他工音律，精于绘画，翎毛花卉、人物佛像俱妙，尤擅长梓刻，能临摹得惟妙惟肖，也体现在圣僧庵的佛像上。他的圣僧庵壁画采用水墨设色，栩栩如生，所以世人都称赞他是画圣吴道子复生，他的壁画也因此闻名世间。他的壁画至今尚存潭渡村，是珍贵文保。

黄柱之后，黄氏家族较著名的画家还有清代的黄吕、黄绮、黄熙等。

黄吕是黄生的儿子，字次黄，号凤六山人。他幼承家学，博学多才，诗书画印都精通，每幅画完成都要题诗并钤自制印章，人称“兼具四美”。书法宗晋唐，尤擅隶书八分书。篆刻少时遒劲秀丽，晚年有秦汉遗风，风格朴茂，即颇有朴实浑厚之韵。绘画山水花卉、鸟兽虫鱼皆长。山水初学五代的董源、巨然和元代的王蒙等人，晚年学明末新安大家渐江等人，并融合王蒙笔力清劲、层峦茂密的清茂秀逸风格和新安画风的渴笔（枯笔少墨）法勾勒。除了师法古代画家，他也师法自然。他不但熟谙家乡山水，后又有机缘游山水独特的广西等地。于是以天下山水为临摹样本，将摹古和写真融合，脱逸新安画派的山水画风，形成自己沉郁秾古的绘画特色。黄吕描画花卉也很出色，兼有明代苏州花鸟画名家沈周没骨小写意和周之冕勾花点叶之长，工、写结合，灵韵自在。由此可见，他对黄宾虹的影响很全面。黄宾虹日后的绘画追求都带有对黄吕等家族前贤的追慕向往，学习轨迹多重叠。黄宾虹后来还曾有缘见到黄吕的《黄凤六村居山水》手卷，为之题写小传，其中特别提及黄吕画山水学王蒙，他自己也喜欢并学习王蒙。

新安画派画家黄绮，字守愚，号柳溪，善山水，学清代“四王”中的王原祁。

黄熙（一作曦），字真民，是茨孙太史黄崇惺的祖父，黄崇惺《草心楼读画集》提到祖父绘画重传神、求气韵的画学理论，对黄宾虹也有影响。

潭渡和金华一样也是人文教化深厚地。江浙虽是明清文艺学术中心，但在清咸同年间战争里典籍文物被毁最严重，反而是歙县因在群山之中保存了较多书画古籍，故家旧族还多收藏保存有古人真迹中的佳品。而且徽商和寄籍扬州等通都大邑的徽州人喜好结交当代学人通儒，就像黄宾虹父亲一样，为了为家族子弟打开文化眼界打下文化根基，留下许多佳话，其间，也产生一些见证交往的诗书画印珍贵真迹。黄宾虹就曾在家乡听闻了明朝画学集大成者、松江华亭人董其昌来到歙县与溪南吴氏交往的故事，歙人为明末大画家、江苏武进人邹之麟（号衣白）建“待邹亭”的佚闻，特别是他还见到了他推崇的画家白石翁沈周为黄氏族人画的椿树大轴和黄崇惺在上面题的古风长诗。黄崇惺说曾听家族前辈提及沈周因故来到潭渡，黄氏家族族长对沈周非常尊重，沈周为表感激为黄氏诸人画了作品。黄宾虹看到沈周真迹时，这幅400年前的墨迹依然光华辉耀，诗画一起见证了画家与潭渡黄氏的交谊。曾被誉为明代画手第一的杭州画家戴进也曾为潭渡黄家写了《春晖堂图》画和《长江万里图》长卷，前者就是为黄宾虹所属春晖堂这一支所写，春晖堂族人每逢年节都要将此画悬挂祠堂。

所以嗜画的少年黄宾虹在歙如入宝山，在得见的众多珍贵名迹里，他尤为喜爱董其昌和新安四家之一、诗书画皆长的查士标（1615—1698，字二瞻，号梅壑散人、懒老）的画作。黄宾虹晚年画作以墨法取胜，他曾认为明画失之枯硬就是因为此时古人墨法湮没，他指出，虽然明代名家里沈周的笔意圆润，值得学习，董其昌更曾重倡墨法，文徵明等人晚年也从元人吴镇及北宋诸家画里学习墨法，但毕竟墨法已失不全。这些见解都有此时的基础，少年黄宾虹已近乎直觉董、查二人画作的墨法温润可改善，弥补以前自己学的一些明清画枯硬的不足，所以对真迹爱不释手，不但借来临摹，后来还以自己的临摹画稿学习领悟数年。拿摹拟古画或写生的画稿不断练习、修改，这在后来成了黄宾虹一生的习惯。

还有，黄宾虹后来的绘画实践和画学研究都显示，走出徽州后的他襟怀和视野并不狭隘，在晚年不但融通家乡的新安画派画风，还将画派地域扩大到黄山、新安江延伸开去的一片江南山水，让这一脉山水及这一脉山水的绘画成为他心目中江南（东南）画系的中心和正宗。这一画学体系建构、这些继承前贤又自成一格的思考最初开始于潭渡黄氏画家们的创作、画学，也来自他对黄氏家族画家和历代画坛大家交往的思考。潭渡和金华一样都是他画学的重要起点。

黄宾虹初回故里，对这个房屋棋布、川流萦带，仿佛古画里江南平远山水的古朴村落却有着天生的亲切感，不久，对于潭渡的山阜、江流、溪湖、塘堨、道路、亭台、坊墓、宗祠、支祠、园圃、屋宇，他都能如数家珍了。村里有潭渡八景，其中丰乐溪南岸的滨虹亭在他看来是村中景致的最佳处。村口的函成台，左溪右冈，气势开阔，登上高台，视野开阔，远眺可将百里外的黄山天都、莲花等诸峰出没云海的奇秀胜景尽收眼底；近处则可见环村的凤山等山群峰竞秀，呈现平旷清幽的山水之美，这些景象无不令人欣然神往。直到后来迁回故土居住多年然后又离开潭渡，他才慢慢了解、清醒感知秀美风光下村落的破败落后、村民的保守愚弱。潭渡村自清嘉庆年间后已渐衰败，咸同年间遭遇战乱后更加衰落，富室多败落倾覆或迁徙异域，村中多不能安居乐业的游民。到了黄宾虹生活其中的19世纪末，由于乱世飘零和经济萧条，潭渡历史上曾有过的淳厚耕读礼教遗风、安逸民俗人情美德和黄家先人故庐一样慢慢凋敝衰微，文华兴盛的流金岁月早已不复存在，只存于前人的诗画中。黄宾虹后来在《潭上老屋》题画诗中说："我族丰溪上，潭滨旧卜居。亭台留界画，卷轴散楹书。朴讷民风古，萧条兵燹余。敝庐原可葺，争奈迫饥驱。"黄氏家族世代居住在丰乐溪边的潭渡，向来民风淳朴，但经历战争后村落萧条凋零，到了黄宾虹回到潭渡又离开的年代，更是颓象呈现，许多老宅虽然可以修葺但无奈居住者多因饥寒外出谋生，所以只能渐渐破败，父辈称道的华丽亭台楼阁都消失了，只存在于画里，"楹书"有遗存的书之意，意思是世家大族所收藏的珍贵书画书籍也渐次散落或被卖，诗中道出多少无奈。黄宾虹日后对潭渡故里的感情是非常复杂的，带着那一代士人对乡土"怒其不争哀其不幸"的特殊情绪。但此时，这位少年对故乡亭台如画、藏书众多、民风淳朴的特质还是感到新奇喜爱的。

此次逗留潭渡期间，黄宾虹去过族祖修筑的课耕楼，这里已成族里教学所在地。所以当他来到楼里看到族祖惟贞公撰写的楹联"教子迟眠，数卷读残窗外月。呼童早起，一犁耕破陇头云"时，觉察这一联正暗藏"课耕"二字，也是历史上黄氏一族努力读书耕田、以里居为乐的生活形态的象征性概括，这两字给他留下了深刻印象。尽管黄宾虹在潭渡隐居多年后又离开家乡去往更广阔的人生舞台，但和成长于传统社会的同代士夫一样，课耕、山水幽居始终都是他心里的恒久理想，也因此成为他山水画的恒定题材，他不但画印象中的潭上风光和记忆里的课耕楼，后来还在很多画里借异地山水和虚构建筑来营造亦真亦幻的“潭上风光”和梦幻诗意的“课耕楼”。现实里他也曾在安徽池阳、北平陋巷、西湖栖霞岭筑造隐居之所来寄托“课耕”之思，读书、笔耕不辍。这都是家族文化毕生熏陶濡染的结果。

清光绪二年（1876），黄宾虹在潭渡读书、研读书画，待到岁末才回金华过年。清光绪三年春，他又奉父命与已到科举年龄的二弟懋庚等人再赴歙县应试，他参与府试，二弟应是参与县试。这一次没有父亲陪同，呼应黄定华当年离开家乡远行习商，隐约可见黄氏家族锻炼子弟的苦心。自此黄宾虹开始经常独自出行，探索陌生天地。

府试是童生试的第二场，由已考过县试的学子参加，试期多在四月。先前的县试在各县进行，由知县主持。府试则由知府（直隶州知州）主持。学子通过府试之后才获得童生的身份，此后还要再通过由各省学政或学道主持的院试（三年中的两次考试，包括岁试和科试）而且成绩合格才能顺利成为生员，不然仍是童生。成为童生也是很不容易的。府考需要连考三次。府考后黄宾虹和歙县西溪的汪福熙都文列高等，两个聪慧少年不免惺惺相惜，汪福熙就是他后来的业师、徽州大儒汪宗沂的长子，善于书法。后来汪福熙和弟弟汪律本都成为黄宾虹的好友，而黄宾虹又成为福熙长子、画家汪孔祁的启蒙老师，两家成为世交。

汪宗沂（1837—1906），字仲伊、咏村，号弢（韬）庐、韬庐处士。他少时好经世之学，曾入翁同龢门下，翁同龢认为他是命世之才，也就是顺应天命降世的人才，对他寄予厚望。太平天国起义时，他还曾被曾国藩聘为两江忠义局编纂，又被任直隶总督的李鸿章聘为幕僚，后感觉不能舒展才华而辞归。清光绪六年（1880）进士。汪宗沂精研《礼经》，曾学汉学于扬州仪征刘文淇，学宋学于桐城方宗诚，汉宋兼通，著述颇丰，是徽派朴学后期重要学者，在徽学寂寥数十年后又将之重归朴学正流中，不愧江南大儒之誉。学生刘师培（刘文淇曾孙）为他撰了《汪仲伊先生传》，说他能秉承徽州同乡前贤婺源江永、休宁戴震的经学正统，推学于用方面能上法清初颜元、李塨颜李学派的实学，也与晚清泾县包世臣学说相似，评价得当。汪宗沂与近代浙江籍重要学人袁昶、俞樾等有交往。曾主讲安庆敬敷书院、芜湖中江书院、歙县紫阳书院，又曾居家设馆授徒，弟子有刘师培、许承尧、黄宾虹等人。

汪福熙（1860—1943），原名行本，又名复本，字吉修，号芙蓉屋主，汪宗沂长子。善诗能文，尤工书法，真（楷）、草、隶、篆四体皆长。

汪宗沂五个儿子里最颖悟的是次子汪律本（1867—1931），字鞠卣、鞠友，号巨游，晚年更号旧游。曾中光绪举人。后被毕业于上海龙门书院、主张中西学术并举的名臣袁昶赏识，放弃科举，接受西方教育，去南京学习科学。又帮助教育家、书法家李瑞清创办两江师范学堂，任多年总教习。他还是辛亥革命前驱，同盟会会员、强国会会员，曾治新军于九江。歙县的反清革命，多由他领导。辛亥革命胜利后，他还参与反对袁世凯称帝，后因不满军阀混战，1917年隐居池州乌渡湖畔，黄宾虹也曾来此隐居，两人为邻居。后病逝于上海。汪律本幼承家学，擅诗词书画，山水、花竹尤有逸致。他与黄宾虹在学术、画学上都是一生知交。

由汪氏三父子的人生，我们可侧面感知近代学术、科举制度的剧变。清光绪三年（1877）前后，黄宾虹、汪福熙等少年还在参照家族前贤人生轨迹参加旧式考试，而清同治六年（1867）新式书院龙门书院于上海开张，由金华永康人应宝时创建，而清廷也已于清同治十一年开始派遣赴美、英、德、法、俄、日的留学生。比黄宾虹小两岁的汪律本虽然才华出众却并不适应科举，多次考试不顺，清光绪十二年才成为秀才，比兄长和友人黄宾虹晚了将近10年，清光绪二十年才中举人，后因会试失败而终于放弃科举，转而兴办新式教育。这一转型是艰难曲折的，对个人来说是如此，对士人群体来说更是如此。

再如此后和黄宾虹同为汪宗沂学生的歙县唐模许承尧（1874—1946），比黄宾虹小近10岁，字际唐、霁塘，号疑庵，晚号芚公、疑翁。文采渊雅，善诗。楷书学唐人，隶书学伊秉绶。废科举前的清光绪三十年（1904）中进士，为翰林院庶吉士。次年就弃官返歙县创办新安中学堂、紫阳师范学堂（由紫阳学院改制而来）并任监督，又在故里唐模创办敬宗小学、端则女学，开徽州歙县新教育风气。此时黄宾虹也曾参与办新学。许承尧还与黄宾虹一起组织革命社团“黄社”。

不过，少年黄宾虹和他的老师、同学都还暂时没感受到科举将废的趋势。他府试又得隽等（高等、一等）也是不容易的喜事。

黄宾虹这次回乡遵父亲意思和二弟仍住在二伯家，也再次在家乡逗留了较长时间。他此时和黄崇惺的一位堂弟有交往，此人承祖父黄熙的画学渊源，善写山水，用笔简洁似倪瓒，两人虽有辈分差别却有共同爱好，所以黄宾虹常去他家一起读书并看画习画。黄宾虹还在晚间和二伯的儿子一起跟从族人练习拳术，练习得很用心努力，很迟才回家，这也是潭渡黄氏家族对子弟能文能武期待的体现，勤勉练武术的确使得黄宾虹这个自小病弱小书生的身体强健了很多。

第二年，黄宾虹才和弟弟再次离开潭渡，走的水路，由练水入浙江，再入新安江转往金华。这一脉水路此后是他常来往的路线，一路水色山光是他少年生活里熟悉的底色，水光潋滟、青绿氤氲是他潜意识里抹不去的江南山水印象，在晚年画作里仍时时浮现。

清光绪四年（1878），黄定华为庆寿特别请了当时已70多岁的工于人物写真的义乌画师朋友陈春帆来家中做客，陈春帆画了张全家福，名为“家庆图”。他用中国画传统勾勒笔法，画了黄家家宅庭院（应该位于兴让坊）样貌以及八位家庭成员面貌：父母、兄弟四人、姐妹二人。这幅《家庆图》体现了黄定华的洒脱的文人审美和睦的家庭氛围，没有寻常全家福模板比较规整呆板的模样，没有画父母在厅堂居中而坐、子女侍立两旁的情景。《家庆图》的背景是黄家院子，黄定华坐在青石上，背后有翠竹，他位居画的中央，显示了家主地位，样貌清瘦，身着长袍，有士人气息。他的左边是两个男孩，其中，个子最高的靠近他的应该就是长子黄宾虹，再左边的应该是三子。画面往左，还有两个男孩站在房屋之旁。再向左是房子，房内圆窗里站着三位女性，即黄宾虹的母亲方氏和黄宾虹的两个妹妹，含蓄地点明了男女内外有别，也显现了均衡的构图。画的最左边有绿树青石，而中间两个男孩的身后是一间书房，藏书丰富、园林清雅，都彰显了黄家此时的富足闲雅安宁。画里每人都形貌逼真，画作设色明丽而不失淡雅，浓淡得当，父亲和男孩衣着素淡有书卷气，母亲的蓝色领子和小女儿的红衣点染出了世俗的温馨和喜气。这是黄家极盛时期美好生活的生动见证，无限真实地留住了画上人的韶华风采。所以黄宾虹后来一直随身珍藏这幅画，在几十年南北迁移的颠沛流离之中，始终保护如头目，不能舍弃，而且每年春节前都要把画拿出来悬挂一次，供家人瞻仰。他晚岁困居北平时，思亲怀乡情切，曾题诗其上以表纪念。到他90岁时，这幅画作已经有70多年历史，仍光洁如新。黄宾虹逝世时，这幅画上的其他七位亲人都已先他而去。《家庆图》今藏于浙江省博物馆。

少年游

清光绪五年（1879），黄宾虹考取了金华丽正、长山两书院值课，入书院读书。中国古代书院一直是官方学校的重要民间补充，清末时也仍是这样，以当地硕儒为师资，讲学较自由，没有固定课程，也不分班，课程一般有经史、八股文和应试诗，学生重自学。其中有不重科举时务、专讲国故之学的，也有以考课举业为主的。此时全国已是旧式书院、中西合璧书院和新式学堂并存，历史悠久的书院也不得不直面变革。

书院每年有课赏（值课费），即奖学金千余文，黄宾虹有钱买纸笔墨颜料，习画更勤勉。在书院里他和蒋莲僧兴趣相投，过从甚密，一起学山水画，朝夕研讨。这时他还自学《芥子园画谱》（后简称《画谱》）。《画谱》是清初以来习画者常用的一种画谱，分山水、梅兰竹菊、草虫花鸟、人物四函，对民间画者裨益很大，影响至今尚存。它的成书问世与清初名士、金华兰溪人李渔大有渊源，是在李渔协助下，由其女婿沈心友精刻出版，以李渔金陵别墅芥子园命名。第一函是山水，是清初画家王槩根据沈心友所藏歙县画家李流芳的43页课徒画稿整理增编而成，详尽清晰地介绍了山水画各种技法，还附临摹古人各色山水40幅。《画谱》虽有程式化的问题，但自成体系，在画者的启蒙阶段有重要作用。黄宾虹后来在画论里对《画谱》评价普遍不高，但主要是针对清代文人画家好高骛远的江湖习气而发，认为《画谱》一出，引发的最大弊端是很多不学无术之人仅浏览临摹一些技法，粗知章法，没有师承名家笔墨、画理秘诀，也不在笔墨上下苦功就随意涂抹，自觉貌似便自鸣得意，以为可媲美大家。黄宾虹一向对画法和画理极感兴趣，此时就反复详加临摹、研求《画谱》上的画法浅说、图例说明、各家图谱介绍的技法，尤其是他倾慕的李流芳写的山水，开始踏入技法之门。也在这时，他开始以善画出名，有小画家之誉，由此，我们也可见《画谱》的影响。

此时的黄宾虹虽醉心绘画，举业仍是重点。他在几岁至十几岁时一直向金华名士黄济川及其弟子赵宗忭问学。清光绪六年（1880）春，黄宾虹再次回歙县应院试中的岁试，又顺利获隽。院试是由各省学政或学道主持的考试。清朝院试是三年两试，一为岁试，一为科试，凡逢辰、戌、丑、未年举行岁试，逢寅、申、巳、亥年举行科试。通过院试的岁试，黄宾虹可以进入所在地的府、州、县学为生员，也就是成为民间说的秀才，成为有功名的人，正式进入士大夫阶层。这是功名的起点，在清末是很不易的事，尤其黄宾虹每次考试都获隽，可见他学问很好。而且这次岁试又得一等的他，具备第二年通过科试成为廪生（生员里的优等生）的资格。

成为秀才本是喜事，却不料惹出一场麻烦，让黄宾虹初感人性莫测。本来黄宾虹的功名要写入黄氏族谱，而此前他在家和书院都只用黄元吉这个名字，这时黄氏族众中却有人嫉妒，以他的名字犯黄氏新安十世祖元吉名讳为理由，坚决不许他的功名写入族谱，还要他改名。但报喜吏役又因为生员的名字已上报并张榜公告，便乘机索取大笔贿赂和费用。这事的结果是黄宾虹没有改名，也未能将功名写入族谱。

就在此时，金华黄家又发生大变故，所以这次黄宾虹没在老家逗留多久就回了金华。

黄定华先前是做布业生意的，前几年又开设了一家成昌钱号，但事务不熟，加之时局也大不如前，结果被人侵蚀连累，生意上亏空得很厉害。精明强干的黄定华虽使出浑身解数极力支撑，但资金周转不灵、左右支绌，钱号、布业竟然同时休业。生意的困顿很快影响到家庭境况，黄家从一个殷实之家迅速滑入窘境，不久就黯然告别了《家庆图》里的那处宅院，迁居金华城东的三元坊。

面对突然而来的生活压力，一直过着康乐日子的黄家人一时茫然无措。当家人黄定华毕竟是在生意场上翻过筋斗的人物，开始冷静地对将来作出安排。对他来说，最难也是最必要的就是，为几个对现实变化还有些懵懂的孩子的前途作出抉择。黄定华是个理智也不失慈爱的父亲，他考虑了家庭整体利益，也顾及了孩子们的个性、年龄等情况，四个男孩里，三个弟弟都辍学去学做生意，和黄定华当年自己因为家庭而从商的年纪差不多。只有黄宾虹因为成绩优秀已考上秀才，而且是长子，父亲对他能重振家庭有所期待，也许还因为他自幼身体较弱，能够继续读书。

在这次家庭变故中，黄宾虹很幸运，是家中所有孩子的人生轨迹受影响较小的一个。由于父亲的荫庇，他得以继续留在书斋里学习。外面生活的艰辛，他要再过些时候才会有更真切的感受，这对他成年后形成较为稳定乐观的性格不无影响。不过父亲也对他寄予了更迫切的希望，让他加紧习业，力争尽快在科举方面更上一层楼。17岁至19岁左右，黄宾虹又跟从黄济川弟弟黄秉钧继续习举业。此外还继续跟从长于诗画的李国柽、李国棠兄弟学习。黄秉钧（1841—1902），字子旋，号芸阁，在金华城中设帐教书10多年，和兄长一样学生众多。一说他也善画梅，书法长于融合隶书汉碑和唐帖。

黄宾虹此时压力虽大，但仍没放弃书画，在学习之暇尽可能维系自己的爱好。他从书院一个朋友处借得此人祖上在云南为官时得到的明画家山水画册及画家生平事迹考等书，日夜钻研，还模仿五代画家荆浩画论《笔法记》的体裁，写了《笔法散记》，拿去请丽正书院师长陈钦甫业师审正修改，可见他已开始研究画法。这本小册子可以说是他日后大山汪洋般的画学理论著作的起步和雏形，可惜这一卷稿子在他游学扬州时遗失了，无法与他后来的著作比较来看他画学思想成长变化的轨迹。荆浩和关仝、董源、巨然合称五代四大山水画家，他的《笔法记》是古代山水画理论的经典，提出气、韵、景、思、笔、墨的绘景“六要”，主张写山水要笔墨并重、形神兼备、情景交融，这对黄宾虹日后的画论影响很深。

清光绪七年（1881），陈春帆再次来到黄家为黄定华画像。黄定华虽然希望长子致力于学业，但因为自己和儿子同样的爱好，还有地域文化、家族风气传统的濡染，也许还有对儿子未来生计的深远考量，毕竟正如古人说的“父母之爱子，则为之计深远”，所以他并不反对儿子爱好绘画，还让他师从陈春帆学人物画。陈春帆回义乌时黄宾虹还跟从他一起回去住了一段时间。其间，陈春帆教他画理，指教详细，黄宾虹学到了陈师的严谨家法，打下了写真功底，这也使得他后来论画既注重神似也不忘形似，真正领悟绘画虚实兼备的必要性。

黄宾虹此时学画应该也和之前跟从多位金华诗画兼长的老师学习一样，没有正式拜师过，他学画一直是自学，也是师今人亦师古人的转益多师，许多古今优秀画家也都是他的老师。他晚年总结师传经验，以为师古人重在鉴别，学今人则重在口诀相传。他少年时向异代老师如元明的王蒙、沈周、董其昌、查士标等学习，通过《芥子园画谱》学习李流芳，这些人都是符合他雅正画风审美取向的画家。而他亲炙的今人画家除了金华的倪逸甫、李国棠等人外，较正式从学过的就是同为浙东人的陈春帆，此后还有未来几年他会遇到的擅写花卉的扬州画家陈炤和安徽山水名家郑珊。黄宾虹晚年多次说过学绘画要先练习描绘人物，因为人物有形体标准，可通过素描来学，是学画的基础。然后可以学画花鸟，因为花卉讲求趣味和精神，是学画的进阶。而山水是最难的，因为综合融会最多，也最能表现中国画内美精神，是最高阶的。他的学画际遇使得他的学画过程很幸运地符合这一顺序规律。此时的黄宾虹在命运的推动下，已渐渐开启成为专业画家的人生轨迹，开始偏离执着科举、视绘画为余事自娱的传统之路。虽然他自己还没有明确意识到这一点。

黄宾虹跟从陈春帆学人物画是清光绪七年（1881），这一年西方近现代最伟大的画者之一毕加索出生于西班牙，毕加索复杂丰富的一生里绘画风格经历了从古典主义到立体主义的多次蜕变。黄宾虹的一生里绘画也有过多次变法。还有，就像毕加索关注东方艺术一样，黄宾虹也在坚持中国画特色的前提下能不狭隘地以西画为参照，还明确指出画无中西之分，并富有前瞻性地指出东西方绘画将会融通交汇的前景。黄宾虹希望让绘画回归本原，在自然和原始处找到绘画的真意及中西方绘画的契合点。除了对绘画未来的共同高远展望，在绘画笔法和意象的丰富、抽象、隐喻意义等方面，他和毕加索都有大画家的追求与境界。

还有，此前的清光绪二年（1876），坚持传统文人画价值的画家陈师曾出生。清光绪五年，主张融合中西的“折中画派”（新中国画派）主将高剑父诞生。日后他们都和黄宾虹成为朋友，并以传承、改革、融会等看似不同方向、实则殊途同归的画学见解主张，共同形成近现代中国画史的丰富内涵。

黄宾虹此时除了继续多读画多写画、常悟画理外，还多有机缘游历山水，多见真山水，与画上山水相验证，对他的绘画有所助益。他日后以山水画著称于世，和他一生多入名山游是大有关系的。这一时期黄宾虹多游历金华和附近的浙闽山水形胜，把这些东西作为绘画素材。

黄宾虹晚年还回忆说“金华予季居，邱壑颇清美”[①]，对金华山水的清幽优美念念不忘。中秀才后的黄宾虹曾随老师、金华罗店人李国柽、李国棠兄弟游览金华北山，此时已初步具备画家素养的他有了和常人不同的眼光，在北山这种以往看惯的典型浙中山形里看出了新意，觉得远看如覆盖着的锅子，平缓而没有起伏，似乎平淡无奇，近看却能发现丘壑很多都幽藏其中，不失深邃丰茂，也不逊色于徽州的奇崛山形，值得观察品味。后来黄宾虹看见宋画里的阴面山，即画里背光不朝阳的暗面山，粗看似乎黑乎乎的一片，细看丘壑毕现，应该就联想到这次游历所见，以为北宋画作实则极得天然真趣。之后他很喜欢摹写北宋画里山顶皆浓黑的午时山、用阴面山法画的夜山，觉得山色繁复浓厚，也和此时领悟有关。

这次黄宾虹还随老师去了北山山间的双龙、冰壶、朝真三洞，三洞又名“金华洞元洞天”，是道教第三十六小洞天。他还去了在金华山南麓的江南名刹智者寺，该寺是南朝梁武帝时所建的千年古刹。晚上他就住在李师在当时位于金华城西郊十五里狮子山麓的读书处“憩园”，此地旧有罗石听松楼、琴儿、梅窝等胜景，当时遗址尚存。黄宾虹小时候也在这里住过，这次又浏览了李师收藏的兵、农方面古籍，因为符合他的实学志趣。黄宾虹对两位李师的教诲之恩、在憩园读书的日子印象深刻，一直念念不忘。1953年，他在杭州市第一人民医

① 上海书画出版社、浙江省博物馆编：《黄宾虹文集·诗词编·八十感言》，上海书画出版社1999年版，第134页。

院做白内障手术，医院副院长恰是李国梃孙子李挺宜，不由让他感慨良多。做完手术视力恢复后，黄宾虹画了一幅《狮山图》送给恩师之孙，画了当年憩园旁的狮子山，还在题跋中回忆当年的游山读书之乐。

清光绪八年（1882），黄宾虹和也爱绘画的同学蒋莲僧再次把臂同游金华山，又再次拜访了憩园。两位少年游历了附近的狮子山，饱览林壑鲜妍、一峰昂首的景致，看到当地乡人多以栽种兰花、蕙草、佛手为业。他们还从赤松宫登上北山，游览了赤松山和金华山。赤松宫是上古神农时代雨师赤松子的飞升之地，赤松子也是葛洪《神仙传》的皇（黄）初平即黄大仙。赤松宫北宋时名宝积观，是江南道宫之冠，仙道文化底蕴浓厚。两人先来到“叱羊成石”处，就是黄初平成道之地，饶有兴趣地品味着苏轼《题顾恺之画黄初平牧羊图赞》的“先生养生如养羊，放之无何有之乡。止者自止行者行，先生超然坐其旁。挟策读书羊不亡，化而为石起复僵”诗句，对黄大仙故事、东晋画圣顾恺之的画、苏轼的诗都很有感触，对“叱羊成石”的故事、李师憩园之“憩”所体现的“超然”情怀都深表向往。他们又再循山麓而行，经过智者寺，这里曾藏有中国历史上另一位画圣、唐代画圣吴道子游智者寺画的三幅佛像的刻石勒碑，他们还细细观摩了名列南宋四大诗人、四大书家之一的陆游书写的自作诗文石刻碑《重修智者寺广福禅寺记》。然后还来到鹿田村再探三洞奇景。这些经历让黄宾虹记忆深刻，他晚年在杭州还写文回忆，《九十杂述》也清晰地回忆了金华三洞之游。金华山水的“清美”风貌、浓郁文化气息、隐逸诗意都给少年黄宾虹和他的山水画留下印痕。

清光绪八年（1882）春，黄宾虹还随方家舅舅游历了金华附近的括苍山水，如永康方岩，他看到方岩重叠如贯钱就像是把方孔的铜钱穿成一串，上下俱方，不由感叹，不到实地不知其奇秀。日后，在浙江现代散文家郁达夫写《方岩纪静》提及看到方岩之前，以为中国画里的奇岩绝壁、皴法皱叠已苍劲雄伟到不可思议的地步；到了实地才知道，中国画无论南宗还是北派的画山点石，都还有未到之处。构思再巧妙、画笔再传神也难以完全捕捉自然山水的微妙之处，黄宾虹也应有同感吧。读书岩上有建于宋代的五峰书院，南宋理学家陈亮、朱熹等曾在此著书立说，环境清幽，周遭奇峰峭拔迂回、溪涧潺湲、悬瀑千尺。

黄宾虹对这次山水游历的印象应该也是很深刻的，到他去世前一年时还有一幅《方岩悬溜》画作回忆少年游迹，写了方岩的飞瀑奇景。方岩松林稠密，所以此地村舍多由松木建造。黄宾虹从父老乡亲处知道此地民间有“白蚁不食永康松”的歌谣，还听说此处曾经历雷暴，山林发生火灾，他放眼看去，果然见附近许多高松虬枝都是赤黄枯干的，连地上的细草都变得焦灼，百姓称这一景象为“麒麟赶龙”，他听了觉得很有意思。黄宾虹对景物细节的细致观察，对不同地域山水特色的入微体察都有利于他的山水画创作。

这年秋天，黄宾虹又携同学游缙云，还奉父命赴福建汀州探望生病的黄崇惺，一览闽地风物。黄宾虹年纪渐长，他喜游山水，虽受经济、时间限制多是近处和短途游历，但每次都写生山水实景并记文而归，也算是畅游。他此时的画作虽今已不存，但从文字记录中，我们仍依稀可见他作为一个画者对各地瀑布、树木、岩石、溪水、洞穴等景致的细致观察、敏锐感触，对细节的出色描写，还有身为人文爱好者对人文典故、民俗和传说的喜好，显现了满满的好奇心和浓浓的山水兴致。黄宾虹虽是个书斋里长大的孩子，但生长于江南山水间，和自然美并没有隔膜，日后他就是从历年游历的各处山水里感受领悟了画法画理。自南宋后，画家所写江南风景多属平远景，没有大的丘壑变化，比较平淡单一。黄宾虹在无数次游历中，渐渐真切感受到各地的山水有许多超出画家构思和旧有程式化章法皴法之外的美，他才决心上溯五代北宋山水较写实、较厚重深邃的风格来丰富日益平庸的画风，这也加深了他注重写生记录真山实水的习惯。

清光绪九年（1883）是癸未年，为岁试年，已届弱冠的黄宾虹为应试又回到了潭渡，仍住二伯家中。两年前清光绪七年是辛巳年，为科试年，他应已通过科试，获得廪生和乡试资格。这次科试，他应是未得优等，还未能成为贡生。在故乡除了研读乡人家里收藏的大量书籍外，他还到处求观当地世家保存的古书画真迹，虽跋涉远道，但心有所寄，所以不惮劳瘁。他前次来潭渡就看到了许多黄吕的书画，很是喜爱，觉得他的山水画深厚秾古，能直登董源、巨然之堂。这次他还见到黄吕的《黄山异卉画册》，黄山奇秀甲天下，一花一卉也与尘世迥异，黄的画是设色折枝花卉，每帧画花数种，美秀异常，对后来黄宾虹花卉创作的雅致风格也有影响。

黄宾虹这次来歙最大的收获是在附近虬村汪家看到其珍藏的石涛《黄山图》真迹，但见纸上峰峦雄浑、烟云变幻，笔姿夭矫而不悍，设色浓重而弥清。黄宾虹自早到晚把卷细玩，到天色晚了仍不忍释手，他想借画回家临摹，但主人不同意，他只得怏怏而归。回家后仍念念不能舍，也许是精诚所至，此夜他竟有梦，见石涛和此画入梦而来。第二天一早他醒后，还来不及洗漱就取来笔墨，画成一幅石涛画像，并默写出《黄山图》。他还在画上题诗说“寂寂黄山觅隐沦，百年僧济忽翻身。愿君三六峰头影，莫浣红飞十丈尘”，寄托了对黄山画派前贤隐逸山水、不染红尘的人生取向的向往。黄宾虹对画史中许多画家的评价往往是多重而具体的，他对石涛的态度也比较复杂。他提倡雅正画风，反对“四王”末流的因袭画风，也并不赞同对平庸模仿画风矫枉过正的石涛、八大山人及其继承者“扬州八怪”的江湖气一脉。但就个体而言，他对石涛的画和许多画论见解是钦佩赞许的。这是一个美术史家应有的科学严谨的学术态度。

黄山旧称黟山，自从唐代诗人李白、贾岛赋诗赞美黄山后，知黄山者渐多，明清时写黄山的诗人、画家尤其多，除了新安派各名家如渐江、程邃、李流芳等以地利之故善写黄山外，其他大家如文徵明、董其昌也都以黄山山水为天下大观而无不写之。石涛平生最爱黄山奇秀，早年与宣城籍新安画家梅清交往，两人互相影响，同有黄山派巨子之称。石涛更常游黄山得画意，搜尽奇峰打草稿，以奇秀超逸笔墨写出他心底的黄山之美。他还曾为自己写的《黄山图》书写题跋，说黄山自然山水是他的老师，自己也视黄山山水为心灵呼应的友人。

这次来潭渡，黄宾虹不但亲眼见到石涛的《黄山图》，还在梦里卧游了石涛笔下的黄山，而且他自己也亲身游历了神往已久的黄山，领略了造化和绘画艺术各有千秋的美。他与黄山的缘分应该就是从此开始的。他曾自言平生九上黄山，其实他一生有很长时间是住在潭渡，与黄山相邻而居，举头即可悠然见黄山的三十六峰，此间他几乎每年都要兴之所至，或和朋友一道，或独自一人，以骑马、乘篮舆（竹轿）等形式去游黄山。九次应该是泛指多次，尤其指几次游览时间较长并在山上过夜、自己印象很深且收获写生画稿很多的畅游，如后来清光绪二十六年（1900），即庚子年的那次壮游。

而清光绪九年（1883），黄宾虹初谒黄山，他正如行山阴道上的前贤，峰、松、石、云、泉纷至沓来，令他目不暇接。他觉得黄山之景最奇在松石，一松一石，无不可入画。他游兴方浓，却在狮林精舍突遇山雨，不过雨中的灵窟奇峰，在氤氲的水汽云烟萦绕中更显苍润，使黄山别有风致。于是他在避雨之暇还不忘拿出随身携带的写生手册，看过刚才沿途勾勒的山水松石写生草稿，又看平时临摹查士标画中黄山的摹古稿，并在纸上摹写当日所见黄山。游鸣弦泉归来的那天晚上，同行者都已倦极入睡，黄宾虹却还在灯下默写日间所见景色。夜半时分，月色入窗，更逗引他出户看山，还坐在一处大岩石上画夜景。等到同行者去找他，已快天亮。实地写生，也不忘参照前贤画中山水，这就是他此后数十年绘画实践的主要形态，也是他画学根基坚实的重要原因。

徽州多名山，不久黄宾虹还游览了休宁附近的齐云山。因最高峰一石插天、与云并齐而得名，有“江南第一名山”的美名，和黄山齐名，景色也不逊于黄山，如紫霄岩的秀，西天门的险，独耸冈的幽，还有著名的五老峰和三姑峰，五老浴日餐霞，三姑烟云萦绕，山水苍翠欲滴，光影多变。黄宾虹还在夜间游了珠帘洞，月光下山与水都如冰壶般一片空明澄澈，静坐山间自可领会空山无人的诗境。黄宾虹后来爱写夜山，趣味此时已略见端倪。

和前几次回乡一样，黄宾虹读书摹画、游览山水之余还跟从族人练习拳术，并学会了骑马。这时从少年过渡到青年的他已是身材颀长，经过多年锻炼，身体好了很多，比起以前的瘦弱多病，精力也充沛了，常在乡间策马飞驰。以后的很多时候他都是以马代步，这给喜欢游赏的他带来更多方便。但他在潭渡沉醉学术书画山水的日子并不长，父亲的生意自前次失利后，日益举步维艰，家境也每况愈下，黄宾虹此时科举事业暂时停滞不前，功名一时还未能成就，作为长子，家庭的责任总要承担，自己的生计也需要谋划。就在此年，他暂时中断科举之路，前往扬州这个徽商多寄籍经商的商业繁华地投奔黄氏族人，离开金华和潭渡两个熟悉之地，踏上外出游学兼求职的人生历程。比起他父亲、弟弟等典型徽商家庭少年十多岁就谋生的人生，他已经幸运地在书斋里停留了更久，濡染了更多书卷气，这经历也影响了他日后独特的人生取向。黄宾虹《八十自叙》里说自己家庭遭坎坷中落，肄业金陵（南京）、扬州，这里的“肄业”

是指“修习课业”，就是在南京、扬州等地游学。他在给汪福熙信里也说自己此时是“馆谷”扬州、南京，馆谷的意思是居其馆、食其谷，指以寄居寄食亲友故旧或富贵之家为生，一般指受聘到别人家坐馆授徒、在私塾做西席任教，或作幕宾（也称幕友、幕客，为顾问、助手），拿塾师束脩或幕客酬金，所以可以说他此时是游学兼教书谋生。

清光绪十年（1884）春，黄宾虹又一次告别了潭渡，这次是先走两天的陆路去长江边，再由当时安徽的重要长江港口城市安庆经长江水路周转去往扬州。在徽州古道途中，这条由前辈徽商、科举者走过的百里崎岖山路上，他在箬岭顶上停下脚步，四下眺望，正如当地民谚说的“箬岭迢迢”，回顾来时曲折的山路尽头，白云深处、飞鸟去处早已不见了潭渡旧庐的影子，他不由有些惆怅茫然。他虽早有远游的经验，但生活的压力、复兴家业的沉重责任感却使得这次行程有些不同。有感于辞家离乡的孤寂，这次途中他曾作山水画《过新岭图》并题诗一抒怅然之情：“百里行程两日余，敢辞负米路崎岖？白云不隔乡关回，岭上行人望旧庐。”“负米”是指外出谋生求取钱财等物质来孝养父母，这是他不可回避的前路，所以他要反问自己“敢辞”，就是不敢推辞这次游学。此画一说是黄宾虹现存可见最早的画作。

黄宾虹是在烟花三月来到扬州，所以分外感受到它与歙县、金华迥然不同的通都大邑繁华气息。扬州之盛，始于隋朝开凿运河，此后扬州一直是南北交通要塞，从运河北上可直达北京，溯长江可西入四川，也可下江浙，由此成为天下经济中心。明清以来扬州更是盐商汇集地，其间颇多徽商。徽商发迹多在扬州。扬州也是历来文人墨客的汇聚地，明清以来更是人才荟萃，明末清初新安画派大家程邃、查士标流寓扬州，清乾嘉年间以山水著称的方士庶（小师道人）、以人物出名的罗聘（“扬州八怪”有多个版本，有的版本罗聘也列入其中）也都是寄居扬州的歙籍画家。

不过在黄宾虹初到扬州的清光绪十年（1884），扬州已过了它最繁盛的时期。经明末战乱，扬州已渐趋萧索。到清道咸年间，外国势力侵入，海运兴起，铁路修建，香港、上海、天津先后成为商埠、通商口岸，扬州更渐渐失去它的地位。此后正如黄宾虹在《新安货殖谈》一文里痛切总结的：清嘉庆道光年间盐章改法，加之洋务又来，盐商一败涂地，扬州商业更加衰退。中间又经清咸同年间战乱，扬州徽商因而没落，与扬州有着千丝万缕关系的新安之地也渐渐由盛入衰，文化也随经济衰落。这就是中国在近代历史变迁中的一个无奈侧影。

黄宾虹初来扬州，客居于一何姓姻戚处。当时黄氏家族寄籍扬州的人很多，如黄宾虹的族兄黄昌辅（字虎卿），生于金华，咸丰举人，清同治七年（1868）曾任武昌府知府，有主持重建黄鹤楼等善政，后任职扬州。身在官场，却工诗善画，和当世的书画名家如金石大书家何绍基（字子贞，1799—1873）都有交往，并多招集书画名家在他官署。他性情慷慨，歙县、扬州的族人及亲戚故旧得他相助的人颇多，黄宾虹后来也投奔寄居过他处。清代学术空气浓厚，各地官员多以文人为幕僚，网罗名士，吸引后进少年，使这些文人生计无忧，自己也在交往中增长了学识与名声。富裕商人也多爱慕风雅，家中竞相蓄藏书画图器，并请文士住在家中观摩鉴定，给以优厚待遇。何家主人卸任转运使后，宦隐侨居扬州，家中收藏颇多，元明诸贤的画卷都能尽出任黄宾虹观览，黄宾虹还都临摹成帙。

此外黄宾虹还到处访求扬州民间的当代画家画作，他早闻扬州多文人和画家，文人有近3000人，700多人以画为业。此时游观市肆，果然见到书铺里多是自刻丛书，裱画店里的画也以时下当地名家的山水花卉为主，黄宾虹此时眼光已颇高，以为这些画多下笔轻率、功力不足，失之习气浓厚、俯就时趋。他较为心折扬州名家陈炤、吴熙载的作品，两人都是以书法金石出名或以书法金石入画的。吴熙载（1799—1870）少年时摹刻秦汉印，后来书画、篆印承皖派包世臣的衣钵，开篆刻新风。可惜此时已去世。当时扬州论画都推陈炤是第一人。黄宾虹来扬州后听说陈已有狂疾，不多画，不过作画索值却仍是扬州画家里最高的。两人此时还缘悭一面，好在几年后他终于有机会从陈学画。

此年岁终，黄宾虹由南京转芜湖回歙县过年。和以后中国名画大量流失域外相比，这时宋画甚至唐画在民间还是可得一见的，明清人临摹的“唐宋画”就更多了，也有一定价值。黄宾虹在扬州见到真唐宋画、明清“唐宋画”都会不拘一格找来看，他豁达地以为即使不是真虎，但虎贲郎中，赝品也能得原画气韵之一二，都是古画，聊胜于无，都值得学习。整个冬天，他都蜷伏潭渡老屋楼上，难得出门，专心研究带回来的古画的画法，觉滋味无穷，以至寝食俱废。到第二年春，他仍去扬州，谋生游学之余仍致力求观名画，加以临摹。

就在黄宾虹初到扬州的这一年，绍兴有画人赵之谦（1829—1884）逝去，他承皖派金石邓石如路子，援篆隶书法入画，再溯上古，开创一代海上新画风，影响了吴昌硕等大家。此年诞生的人则有苏曼殊、刘师培，他们都是黄宾虹日后南社、《国粹学报》的同好、友人，刘师培还是他的同门。历史是一个旋转不停的舞台，一扇连绵不断的屏风，旧的人隐去了，新的人接着出现登场，新旧间流转传承不断。

从黄宾虹第一次去扬州，到10年后他因父亲去世回乡守礼并彻底放弃举业，这10年间他过的是一种寄居异乡游学兼教书谋生的生活。每年的春、冬，他都携带行箧书箱独自来往于歙县与扬州之间。从歙县经安庆或芜湖过南京到扬州，或从歙县出新安江经杭州、苏州再过南京到扬州，是青年黄宾虹游学时常走的两条路线。当时人们出行多走水路，因为比较便宜、舒适。除了从安庆、芜湖等长江港口经长江航行之外，黄宾虹也多在春天由浙江入新安江到淳安、严州，再经富春江到杭州，年终再由同样的路线回家。春、冬时节，舟行清澈江水上，一路上两岸或是春山绿树，或是赭山红叶，仿佛一色的青绿或浅绛山水，每时每刻都像是在画中游。更处处可见清流见底，奇峰怪石参错倒映水中。有的地方两岸山崖高峻，江水窄如一束白练或青绸，只可见头顶的流云红日。而舟行曲折的江上，有时好似已山穷水尽，忽而又见前方开阔无际。黄宾虹坐在船头，但觉山水扑入眼帘，景色无处不佳，眼中一片清亮明丽，他忙着用笔把秀美山水写景成册。很多次江上往返所见所感，他都一一记录纸上。这是元末黄公望写《富春山居图》的地方，黄大痴的画虽难见，但明末清初画家龚贤说学黄画的画家中，明末善墨法、出入宋元山水的恽向为升堂，善用笔的邹之麟为入室。这两家都和新安画派交往甚密，也是黄宾虹喜爱的画家。黄宾虹外出客装轻简，行箧里随身携带的摹写古人真迹画稿画册却不少，其中也有摹写这两人笔墨真迹的摹古画稿来印证眼前的真山水。后来他甚至觉得江上风光是五代宋代画家董源、巨然、“二米”父子家法荟萃一堂，元明的黄公望、邹之麟、恽向的画都是从他们的画而来。旅途是枯燥寂寞辛苦的，黄宾虹有时却希望行舟不要太快，停棹时能饱看一回江上风景，多写些写生稿。这是一条充盈着诗情画意的江流。黄昏停舟夜泊，但见荒江水阔、烟树远村，江上蒲草在风中摇曳，碧水澄澈，月亮浸在水里，完全是唐人诗意。江上石壁处处都有苔藓侵蚀的旧时题诗，而江流沿途的淳安三国贺庙、桐庐东汉严子陵祠和钓鱼台则传诵着深远的隐逸传统。这些经历都沉淀在黄宾虹的生命里，给他的画作以古典沉静精神气质的重重濡染。

这一时期，黄宾虹的人生重心是求功名和谋生，但他的真正兴趣仍更多地集中在学习绘画和游历上，对山水和艺术的热忱不倦多少消解了一些他科举不顺、奔波流离、寄人篱下、现实受挫的辛酸苦楚。他屡屡来往于南京、扬州等文华毓秀之地，观摩临摹大量公私收藏的今人、古人作品，还游览了处处可入画的江南各地山水名胜，使得他对自然美和艺术高妙更加兼收并蓄并了然于心。这时他在笔法上还是坚持“援书入画师古人”，仍追求笔笔分明，已具备了更强烈而清醒的“笔墨即线条”意识。而对于“虚实”的画法玄机，他也进行了持续的探求和思考，由明清入手，渐渐上窥宋元、唐五代，并结合写生实践，领略更多。此时已可由他的行迹、作为，隐约捕捉到他日后习画从今人到近古，再追溯到远古，最后回归自然的求索路径。

第二章　务实之年

入其门

清光绪十二年（1886）春，黄宾虹又由扬州返回歙县应岁试，此年是丙戌年。他继续着被家变、谋生等变故打乱放缓的科举进程。为避免上次被族人攻击的尴尬和麻烦，他不再用元吉之名，而将在族谱上的名“懋质”改为“质”，并因质朴之意取字朴存，以黄质这个名字参加考试，应该是又得一等，所以顺利补为廪贡生。

清代的生员指通过县试、府试、院试三次考试，得以在府学、州学、县学读书的人，之后有参加乡试考举人的资格。生员分廪生（廪膳生员）、增生、附生三等。黄宾虹是第一等，成绩最好的那等。廪生指生员通过岁考和科试两个考试且居一等前列成绩优异者，可按时自公家领取廪米廪银津贴（生活费）。廪生定额很严，每年都要考列三等，通过考试得一等才能保有食廪资格，是诸生（生员）之首。贡生则指挑选府、州、县秀才中成绩或资历优异者，升入京师的国子监读书，意思是以人才献给朝廷，一般也指成绩优秀者。贡生具有了做七品及以下品级官的资格。贡生和举人一样被视为正途。黄宾虹为廪贡生，指以廪生资格而被选拔为贡生。由此可见他成绩优秀，得到政府廪银赞助，有进一步科举的希望，而且有了做低级官职的可能性。

黄宾虹的另一人生大事婚事也在此时完成。几年前黄宾虹去福建探视黄崇惺后不久，黄崇惺就卒于任所，他的夫人仍住在歙县，看着这个丈夫器重的少年渐渐长成，也念着与黄定华的乡人之谊，便为黄宾虹做媒，聘定黄崇惺的故交、同县洪坑村洪莶臣的长女四果（四姑）。和黄氏、汪氏一样，洪氏也是当地大族。黄宾虹后来多次提到妻子是北江之族裔，就是说她是清乾嘉年间榜眼、著名经学家文学家洪亮吉一族。洪亮吉（1746—1809），字稚存，别号北江，祖籍歙县，生长在江苏阳湖（今常州）。清乾隆五十五年（1790）科举高中榜眼，授编修。黄宾虹其实与岳家人早已相识，早几年他曾拜见过岳父。院试期间他还认识了一同参试的洪秋潭，后又见到了其弟洪印潭，就是他的两个妻舅。

考试完毕后，黄宾虹把父母从金华接回歙县主持婚礼。此年洪夫人比他小4岁，嫁入黄家后，孝敬公婆，很得他们喜爱。这时黄家已家道中落，在歙县暂住在老宅的数间旧屋里，老屋年代已久，敝旧不堪，到夏日天气炎热时一家人只得租住在族人的怀德堂。婆婆方氏性情严谨，一切粗细家务都由自己操劳，家里也没有用人仆役。幸得洪夫人性情爽朗宽厚，能节俭持家，做事勤快，谨慎仔细，从早到晚都没有惰容。她也不像一些乡间妇女喜欢艳饰游观、沉湎于赌博游戏。婚后没多久，黄宾虹的大妹病故，黄家家境困难，是洪夫人拿出自己的嫁妆，从医治到丧葬，殚尽心力。接着是二弟、三弟娶亲，也多是洪夫人在操心。后来黄定华病逝时，黄宾虹正在扬州，事生送死，洪夫人也恪尽礼节。她是老式妇女，没受过新式教育，后来生育了四子二女，不幸多夭亡，只有长女、三子成年。他们的婚姻是典型的旧式婚姻，和同时代许多结发夫妻的相处模式一样，双方没有多少共同语言，而操持一个大家又极不容易，尤其黄宾虹并不善于经世之务，家中经济不免时常拮据，所以夫妻俩在家庭琐事上难免有分歧。但无论此时在歙县还是日后在上海，洪夫人都辛勤持家，对丈夫的生活照顾颇多。尤其是黄宾虹退耕故乡歙县的近10年里，他除了忙于外出办学修竭外，就是居家潜心研究书画金石，无一日间断，无论寒暑都难得下楼出门，不与世俗交往，家里杂务，小到柴米油盐，大到置房产添田地，一切都托付给妻子，妻子都处理得井井有条。后来家里添了人口，几间老屋尤显狭小，艰辛蓄资购买怀德堂作为住宅和黄宾虹画室，也主要是洪夫人在谋划操持。

此年举业、婚事一并顺利完成后，父亲又命黄宾虹问业于西溪汪宗沂，希望他可以在学业上更进一步。黄宾虹早先就曾在歙县紫阳书院从汪师学。徽州自宋代以来群贤辈兴、才人代出，学术上承朱熹紫阳道学遗绪，以绩学著称于世。汪宗沂作为徽州当世名儒，归隐家乡，开经馆授徒讲学。此时黄宾虹的同学中还有邻村唐模许承尧，比他小近10岁，后来成为他的终身挚友。此次拜师问业，因为西溪与潭渡毗邻，黄宾虹日日能聆听汪师教诲。此间，黄宾虹除了跟随老师研究学术，学问有所进步之外，他还随汪学习弹琴、习剑，身体得到更多锻炼，艺术审美也得到提高。

黄宾虹后来赞誉汪师是近代国学巨子，“平生于国学无所不窥”[①]，而且不拘泥于前辈师法，能成一家之言。汪著述甚富，对“五经”中的《礼记》《周易》都有研究，著有《周易学统》。还能诗，并精通音律，著有《乐谱》。

汪宗沂还倾心于道家，懂得数术，对《黄庭经》《参同契》《灵枢》《素问》等道教典籍、医学著作都曾加以注解。他能将道家学说运用到日常生活中，注重养生，笃好身行（只身行走），每日服用朱砂，兼习易筋经，所以70多岁仍须发未白、容颜红润，还能日行百里，身担几十斤，健壮过于少年，所以自号天都老少年。

汪宗沂和黄氏家族族人一样喜好锻炼身体，但他的好锻炼不只为了自己的长寿，更为了一雪国人的体弱之耻，忧心国家命运，可见他的雄才大略、高远襟怀。他好剑术，曾在古书中求得剑术写成剑谱，还有缘得到一柄三尺多长的古剑，终身不离。他还尤其好兵家言论，曾采辑佚书中诸葛亮等人兵法，对中国古代兵法的数术、权谋、形势都有涉猎。他以武术为国宝，以为是国人立身与救国之本，每见文弱少年，就以强身规劝，还常说国家将有外祸，如不教育民众习武，国族必致灭亡。还因《红楼梦》对国民人心影响巨大，就摹写了八十回，借林黛玉化身男子练习高强武艺建立国家的故事讽喻国事。这一言论在甲午战争前多遭人嗤笑，无人悟其为至理名言。汪师在教学中处处提倡尚武，并授学生以剑术，这对黄宾虹从病弱少年变成挺拔书生、高寿学者有着深远

① 上海书画出版社、浙江省博物馆编：《黄宾虹文集·杂著编·汪仲伊先生小传》，上海书画出版社1999年版，第500页。

影响。

当然，汪宗沂对黄宾虹更多的影响是在学问上。在汪师指教下，这时黄宾虹开始读两位乡贤学者汪中的《述学》、洪亮吉的《更生斋》诸集，并学作两位前贤擅长的四六骈文。汪中（1744—1794），字容甫，祖籍歙县，寓居江都（今属扬州），清乾嘉扬州学派学者。黄宾虹后来曾自谓写文章受益于此二人至深，他善写骈文，风格圆熟清丽，就是此时打下的根基。其中，妻子一族前贤洪亮吉关注国事、朴实勤勉的学风对他影响尤深。黄宾虹临终前病中作诗，还引用两人著述。

汪宗沂在国故之学中特别注重家乡的徽学，如清乾嘉年间怀宁籍学人戴震以文字学为依托上溯先秦哲理，另一位清乾嘉怀宁学者邓石如的金石篆刻研究，清咸同年间安吴（今安徽泾县）学人包世臣主张经世致用的《安吴四种》和他对后世书法画学影响深远的《艺舟双楫》。这些学说对黄宾虹都有深刻影响，奠定了他醇正厚重的学术基础。除此之外，黄宾虹此时不但更多接触、观摩了新安画家和其他明清大家董其昌、石涛、石溪等人的画，还读了清乾嘉歙县乡贤、徽州朴学学者程瑶田的《通艺录》，还有董其昌的《画禅室随笔》及清初书画家笪重光的《画筌》《书筏》等重要书画理论著作。再则，他前几年在紫阳学堂就受汪师启迪注意到清乾隆年间歙县藏印家汪启淑，此时又因汪师引荐，和得到汪启淑一些藏印的西溪汪氏族人有了接触，亲眼一窥汪启淑的古印与印谱真貌，并因为有了学习《通艺录》阐述古印的基础，开始对古玺印源流考证有了入门的兴趣。

程瑶田（1725—1814），安徽歙县人。学者江永的弟子，徽派朴学代表人物。他生平还致力于古器物鉴别，是近代金石考证之学的先驱。重要著作名《通艺录》，收书二十余种，书名用“通艺”，可见他对道艺（学问、人生修养和艺术、技能）能相通的认可。徽派朴学的实学特色和雅正风格给黄宾虹的金石考证追求以榜样与信心。

可以说，此时的黄宾虹开始在汪师影响下潜心研究徽州学术，尤其关注徽州前贤邓石如、包世臣以经学和古文字学等为根基、依托的皖派金石研究，并以实物与理论为参考，以乡贤汪启淑为楷模，开始收藏古玺印，从此确立了一生金石朴学的学问根底。

黄宾虹此时还根据学习研究心得撰写了《印述》《画谈》等文，是继他早年作《笔法散记》后对画理、篆印的进一步深入探求，增加更多自己的见解。日后黄宾虹最早发表的杂文是清光绪三十三年（1907）连载于《国粹学报》上的《滨虹羼抹・叙摹印》，论画文是清光绪三十四年发表于《国粹学报》上的《滨虹论画》，而两文的初稿从此时就开始积累了。

此年，从西方象征主义运动开始，印象派转向后期，渐渐向现代艺术过渡，是一个时代的开始，也是一个时代的结束。但这些日后进入他视线、牵动他关心的域外之事，青年黄宾虹还暂时一无所知。

在青年时师从汪宗沂是黄宾虹一生中很重要的事，他不但获得国学包括歙故的丰富而完整的知识体系，得其门而入，而且学到剑术、奏琴等实用国学技艺，更主要的是从汪先生游，受到老师人品、气质、性情、学养及关切国事和国故绝学情怀的濡染。而且他以后的一些文化界人脉也与汪师有关。这一时期，黄宾虹强健了体魄，开拓了视野，承父亲而来的豪侠气质得到发扬，主张经世求知的思想得到明晰和确立。强健的体力、开阔的眼界，对黄宾虹作画的笔法、构图的画意也都有裨益。

清光绪十三年（1887）春，因已成家要独立养家，黄宾虹再赴扬州谋生计。他这次是赴任两淮盐运使司衙署的录事（幕友），是担任扬州一地重要官署里协助办理文案、刑名、钱谷等事务的人员。因为黄宾虹是廪生，所以具备做低级官职的机会。当时的两淮盐运使程桓生（1819—1897），字尚斋，歙县人，是汪宗沂的同学友人，黄宾虹由于乡谊和老师推荐，一说因为和程的三子程夔交好，得在署中办理文书的工作。程桓生也喜好书画收藏，在当时名重一时。程夔此时也在父亲幕中，他性情不羁，才华出众，也雅好书画，因为黄宾虹善书画，常约他同去扬州的收藏家处欣赏书画，两人很投缘。

程夔（1846—1890），字咏琴，号午坡，清咸丰十一年（1861），也即辛酉年拔贡，清光绪三年（1877）进士，授翰林院庶吉士。

盐运使程桓生看重黄宾虹笃实好学，有意栽培他，署内琐碎公事都派遣别的人去做，他数日不到官署也无人过问。但到这年冬天，黄宾虹就因故辞了职。

在所写的《述怀》诗中，黄宾虹回忆说“扬州小录事，拂袖归去来”，这里用了陶渊明的“归去来”典故，这并不是自我的溢美之词，他的辞职确实体现了傲骨意气。据说当时一个大盐商因犯官司到盐运使署打通关节，署中官员陆佥司向盐商索要名画，盐商就从扬州书画铺买了一幅董其昌山水送他。黄宾虹见到这幅画，不知底里的他直言这是赝品。陆佥司便向盐商索要了更多财物，事后他因黄宾虹在此事上有“功劳”，备了礼物给黄。黄宾虹却看不惯这种官场暗黑，坚拒了礼物。陆佥司于是生了猜忌，到处散布谗言诽谤黄。黄宾虹不胜愤慨，也深感官场多是非，毅然决定辞幕回乡。这虽然只是个偶然事件，但年轻耿介、书生气十足的黄宾虹的确不适应官场生涯。他自此也放弃了进入仕途的努力。

但黄宾虹这次来扬州并非无功而返。此时怀宁老画家郑珊也在扬州，在族兄黄昌辅的盐法道署里。黄宾虹拜见了老画家并从之学山水。郑交往广阔，曾拜“四王”王时敏的来孙、王原祁的曾孙、名列“小四王”、山水学元人黄公望的清末画家王蓬心为师，还在扬州与书法家何绍基等清末名家扬榷书画，见多识广，对黄宾虹影响是多方位的。

郑珊（1810—1897后），字雪湖，号埜桥，安徽怀宁人。郑珊作画师法清代“四王”，上及元代黄公望、倪瓒等，工山水，笔力坚凝，笔意苍劲厚重，设色静雅，风格秀拔雄健。偶尔画花卉也很有韵致。晚年尤喜欢画梅，繁枝密蕊，枝条畅发，满纸生机，与当时画梅者的好写程式化无生气病梅不同。清同治年间一度寓居上海卖画。他的绘画也受到黄山、新安画派的影响，盎然有古意。尤其他的山水画深得明末画家龚贤的积墨手法真传，对黄宾虹多有影响。

这时候，黄宾虹还终于有机会被引荐给此时已有疯疾的扬州画家陈炤，从之学花卉。陈炤学陈淳（号白阳山人）的疏简淡逸画风对黄宾虹的花卉绘画影响尤深。

陈炤（1838或1839—1896），字崇光，后改字若木，号扫垢山民。他早年经历太平天国起义，在太平天国王府画过壁画。他广师前贤，综合各家长处成就自己风格，花鸟、人物、草虫、山水都工整，笔力沉古。晚年虽不幸沾染疯症，但仍能多作山水，挥洒自如。黄宾虹早就听说过他颇有传奇色彩的身世，喜爱他学陈淳的双勾花卉，以为他有真画者之风，极欲一见他。

陈炤通经史，善诗文，平生志高气盛，无奈身世太坎坷，最终妨碍了他的绘画发展。他出身世家，但童年就遇战乱成为孤儿。妻子和他感情很好，却难产死了。再娶妻妹，她却患了疯病。他抑郁之下也有了狂疾，自此意气颓丧，最终抑郁而死。黄宾虹后来曾用“数奇”，即运气不好来概括陈炤不幸的一生。

陈炤早年作画，颇自矜重，稍不惬意就撕了扔掉。不过他为人重义气而轻钱财，寒士贫民甚至用人保姆求画，无论识与不识，都有求必应、欣然命笔，富商显宦则不应。这很有沈周风范，很合黄宾虹胃口。陈炤患狂病后，作画则常信笔为之，草草若不经意，一抒胸中块垒而已，但精到处不减当初，超逸之气反而过之。黄宾虹感慨说不知是天借痴狂成就他的画艺，或是他的狂中自有不狂处。黄宾虹见到时的陈炤因疾病已不多作书画，但索画的人仍接踵而至，几乎门户为穿，依旧苦于被人追着求画。一天，陈炤看见求画的纸张绢素堆积几案间，高达尺余，突然奋力振腕作画，一气呵成画了十几幅，画兴未阑而构思已枯竭，搜索枯肠也无所得。这时家人刚好拿进一碗菜羹，他边搁笔沉思边喝羹汤，等汤只剩一点时忽然大声叫道：“得之矣！”他一下子把剩汤倒在纸上，只见一片狼藉，旁观者无不大惊，他却徐徐援笔挥洒而成败荷。画中之荷被风霜摧残之态形神俱备，工细之处几可媲美五代的花卉大家徐熙、黄筌。

黄宾虹后来评价陈炤虽无师授，但幼承家学，并多取法前人，壮年时曾在名门大族饱览收藏，临摹了很多宋元名迹，如人物学明人陈洪绶，花卉学陈淳，山水设色学王原祁，墨笔学石涛，所以他晚年的怪癖和狂状之下是多年的苦功和深思，以此为底蕴才有庄子说的“解衣般礴”真画者的自由境界，不然就只是欺人可笑的江湖把戏。在跟从陈炤学画过程中，他更了解到陈炤的狂态既是出于他的激越个性对精神痛苦的防御，也是因一生坎坷、老境蹇涩，无以自遣才激而为此，以狂废自放。陈炤这一畸零士人画者的形象、他笔下的残荷其实也是此时渐渐走向没落的文艺之都扬州的缩影。多年后黄宾虹收藏有陈炤的《猫蝶黄菊图》《梅花》《花卉》《渔翁》等画，并在画史著作《古画微》《近数十年画者评》里都提及他，以为“近百年中，陈若木之学识超众，狂疾亦可悯，佚事可传尚多”[①]，希望可以给这个不幸画家写个传使他传名千古。黄宾虹日后师今人师古人师自然，在失明又复明之间绘画创作进入自由境地，也可谓和昔日老师殊途同归，是历史的巧合，也印证画人的必经之路。

至此，黄宾虹在人物、山水、花鸟画上有机缘分别得到陈春帆、郑珊、陈炤三位老师的不同家法，他却并没有因此囿于一家、自得自足，仍不忘广泛自学古画以“师古人”。他来到扬州的另一大收获是以低廉价格购得古书画近300件，以明画居多，当时扬州古书画价格远比日后低。像倪瓒、石涛画的价格也很低廉。这些画成为黄宾虹日后临写的范本，其中一些他珍藏终身，较普通的后来出让换了唐宋真迹与金石古器，也让他在许多艰难时期能换钱渡过难关，这些都源自此时的扬州际遇。黄宾虹一生爱画若渴，常节衣缩食甚至卖衣购买心仪之画，就像他说自己“平生信而好古，求睹一古人真迹，不远秦楚之路，或力不能购者，虽典质衣履而为之售”[②]，但他收藏的目的始终是求知学习而非转卖盈利或囤积占有，是学者心态。

岁终，黄宾虹携带书画真迹满载归乡。此时他应该已有终身为画者的心愿，只是还没有明确放弃举业，也许是怕父亲失望。此外他结婚数载，因四下奔波，膝下犹虚。此年汪福熙长子汪孔祁出生了，朋友已为人父，面对社会、宗族、父母，作为长子的黄宾虹也承受功名未成和生计外的另一种压力。但他还是没停下游历求学的脚步，第二年依旧去往扬州。

清光绪十四年（1888）这次，黄宾虹是和族人一起出的新安江，到扬州后还应邀在平山堂一起饮酒游览。黄宾虹平时不是忙于教书、写文书，就是在公务之暇潜心俯首画学，此时登临平山堂这一历史人文宝地一览胜景，不由得心旷神怡，流连至日暮才离去。平山堂是山上平旷处的数间厅堂，是北宋时扬州父母官和文坛领袖欧阳修昔日读书地。在堂上眺望，远山近水的楚楚之致都可入画。堂右边是有名的禅智寺，附近亭中有口深井就是“天下第五泉”。堂左边

① 上海书画出版社、浙江省博物馆编：《黄宾虹文集·书信编·与卞孝萱》，上海书画出版社1999年版，第8页。

② 上海书画出版社、浙江省博物馆编：《黄宾虹文集·书信编·与朱砚英》，上海书画出版社1999年版，第15页。

有山蜿蜒屈曲耸起如龙脊，就是蜀冈。黄宾虹从《扬州画舫录》等书籍上获知，也曾听扬州故老说起，旧日全盛时期的扬州，走出天宁门外，可见满目花木扶疏、亭台掩映，瘦西湖两岸叠石为假山，突兀嶙峋，千态万状，一如真的峰峦冈岭，而其间高楼深阁，曲沼横塘，竹径沙堤，花香鸟语，风景四时宜人，是士女游玩的绝佳去处。但此时的扬州，已经历多次战火，黄宾虹凭栏远望，是荒烟蔓草，一片平芜，中间尚存数处零乱碎石，让人想起这里曾是繁华地的旧址。昔日名园，早已面目全非，令人对战乱带来文化浩劫感慨颇多。

这几年黄宾虹来往的扬州、南京等大城市吸引他的不只是山水古迹，还有在旅行沿途和寄居都市期间可拜谒、结交到许多师友，包括一些各学术领域的一时之贤。他从这些方家身上学得许多，见闻渐广，反而越发感到自己的浅陋不足，于是学之愈勤。其间，黄宾虹去过南京的钟山、敬业书院听课，从两书院的主讲处听闻了汉代经学和古文今文经学分歧，对清代中后期复兴的以公羊学为中坚力量、鼓吹革新变法的今文经学源流有了较深的了解。他还拜会了晚年归隐南京、刻经弘佛法的安徽石埭人杨文会。杨文会（1837—1911），字仁山，晚清著名居士佛学家、出版家，后来谭嗣同就从学于他研求佛学。杨当时正在南京的金陵刻经处监督刻印佛经及图像，黄宾虹以一贯的好学得到前辈垂青，两人成为忘年交，他由此知晓佛学和地理学。

佛学、道家思想，两者在魏晋时杂糅而成的玄学是中国山水画的精神根源，学佛学对黄宾虹后来的山水画精神的表现也有所助益。他到晚年仍喜欢谈论“书画禅”，有方外之交如家乡歙县岑山小南海的释理岩禅师，弟子黄居素也以佛理通画理。此外，黄宾虹自小受重视史学的浙东学术影响，也受洪亮吉等人的舆地学的影响，他后来游历天下，对各地地理、人文风俗有了更切实的了解，还坚持在实地游历前读地理书和地图，以求让书上知识和实地所见互相参照。博学兼通、触类旁通，是黄宾虹画学的源头活水。

黄宾虹少时受族贤黄崇惺的启示，又在金华家中藏书里见到族贤黄生的《字诂》《义府》和黄承吉的《梦陔堂文说》《经说》并学习，和家族前贤学术有了最初接触，后来在潭渡更感受到家族学术的博大精深，又从学于金华、歙县多位学者，受时代治学主流和氛围感召濡染，对治经学、文字学产生持续真正的兴趣。

此时黄宾虹在扬州还得以深入了解了族贤黄曰瑚及其师承的颜李学派实学思想，并与自己所学浙东实学融通。他一生坚持求是致知的经世治学路数，从书籍真迹中求实学，也从游历等实行中求真知，反对虚泛浮夸的学风，这些行为都有迹可循。如他以“扬州八怪”等人的文人习气为江湖，就和颜元（号习斋）将自娱、自我陶醉的诗文书画斥为“画家四蠹”出于一脉。日后，黄宾虹在家乡身体力行地垦荒、兴修水利、造福乡里，这也是受颜李学派以垦荒、均田、兴水利七字富天下，田宜天地间人共享之等思想的影响。这些学问和他的画学思想、创作是不可分的。深厚坚实的学术境界，广大宽和的视野襟怀，是黄宾虹最终成就广博阔大学人画境界的根本。

在扬州，黄宾虹还更多见到流传到此地的新安派画家及黄山诸家的出色画作，于是对新安画派的钟爱更为根深蒂固，他后来多有对画派加以整理总结的著述，并大力弘扬这些著述，新安画派在数百年后重新得以扬名天下多有赖于他这一异代知己。黄宾虹指出，新安画者多有喜好壮游者，他们常常遍历寰宇名胜后归老黄山，然后将黄山的松石烟云尽揽为胸中丘壑，借万千笔墨淋漓表现出来，是黄山山水，也不限于黄山山水，所以并不狭隘。再则，当时的新安画者还多与同时苏州、松江等文艺兴盛地的骚人墨客交往论艺，此时的新安望族还多收藏宋元明书画真迹，他们能多见精品，所以他们的眼光技法能够日益高逸。黄宾虹还认识到，新安书画之所以能独于吴门、云间、娄东各派外卓然自立，是因为新安一地多性情高洁绝俗的逸士遗民，他们在明末乱世里，推崇学习五代董、巨、荆、关等人和元末倪、黄等人画里的黍离麦秀之感，将历史情怀和个人情志寄托于缣素楮墨之间，尽情抒写胸中的萧疏野逸之趣，所以能笔墨高秀，取境高远，造诣渐高，到僧渐江之后渐渐自成一派。黄宾虹与新安画派的牵绊是深沉悠长的，在他漫长的求学传统过程中，一直特别注重师法新安前辈查士标、李流芳、程邃、渐江等大家，深受新安画派疏淡清逸画风影响，所以他的早年作品有“白宾虹”之称。在渐江等人远去很久后，以黄宾虹为中心，徽州、歙县出生的画家如汪孔祁等以他为师，又成一近代的新安画派，是难得的历史因缘。

新安画派多明末文化遗民如程嘉燧、渐江、程邃、黄吕等，反清思想在清朝成立后成为潜流，但通过著述、绘画绵延不绝，到清末光绪、宣统年间又随民主革命潮流澎湃而起，黄宾虹后参与反清活动也是由于地域、家族先哲的感召。

黄宾虹考取廪贡生并成婚，踏入成年自立门槛。此时的他在学业上问业于汪宗沂，逐渐确立了学术雏形。在绘画上则师从郑珊、陈炤，广博萃取，也深入接受新安画派的影响，开始得画学之门而入。

返　歙

黄定华于清光绪十三年（1887）返回金华清理亏损店务，黄宾虹在次年秋后由扬州回金华探望双亲时，才知父亲因为去年浙江水患严重又遭受新亏累，家庭生计更窘迫。黄定华从屡次失败中看清大局，知道当此时世也难以重振商业，便下决心急流勇退，开始结束在金华的所有业务。他早有回歙县老家的打算，此时对子女做了一些安排，把三子送入金华一家染坊学业，四子也做了学徒习商。他自己当年就是这样起步的，他希望两个孩子以后可以有一技之长，自食其力。两个女儿则被安排给两个金华人家做童养媳，因为金华的生活比歙县好些，也是为照管祖母在金华的坟墓。其余人迁回潭渡，毕竟老家有根基在，生活成本也低廉些。黄宾虹因为已在歙县娶亲，也还寄希望他能考取功名，加之长子、次子两人在家道中落时已是十几岁的少年，读了许多书，不太适宜再学从商，黄定华就没有把他们留在金华。世道艰难，时势无情，父亲作为大家长，他为孩子们规划的人生虽然不能尽如人意，却也是顾及大局的较优安排。

这一年黄宾虹大部分时间在金华协助父亲清理账务。他在为父亲办事来往附近各地时顺利游览绍兴的兰亭和青藤书屋，面对书圣王羲之遗迹和大画家徐渭故居，多有感慨。除了赋诗作画记游外，他还得到徐渭书、画各一件，反复临摹。黄宾虹后来对于八大山人、石涛都曾有微词，说他们有江湖气，唯独称许这位性情狂傲的青藤先生，以为他的笔墨是300年难得一见的，书法、花卉、人物俱佳，只可惜不太作山水。

此年黄宾虹长女映宝出生在歙县，这个女婴在家族命运纷繁杂乱的变局中诞生，不知是否给黄宾虹带来一些初为人父的欢乐？映宝的“映”来自潭渡黄氏春晖堂家族标注辈分的“泰玉修其德，崧懋映高怀，传道斯达本”。

黄定华多年布局在金华，待到店务分割清楚，安排好一切，已是清光绪十五年（1889）暮春。在春末落花时节感伤寂寥的气氛里，他只带着妻子、长子、次子等少数家人告别金华，乘船悄然返回了歙县。黄宾虹摸着行箧里的《家庆图》，想起留在金华的弟、妹，不由神伤。

迁回潭渡故居后，黄宾虹和洪夫人侍奉二老，加上小女儿，一家人三代同堂勤俭度日。只是祖居老屋破败狭小，家中人口渐多不能容纳，只得又租居在怀德堂。黄定华离家奋斗了45年，回家还是一如往昔，只是乡音未改鬓毛已衰，心里不能没有感慨辛酸。他的失败其实是当时以徽商为代表的传统商业受外来经济冲击而败落的缩影，是个人无法把握的，但对于头脑清醒而有雄心的黄定华来说，企图力挽狂澜却无力回天是无奈悲凉的。所幸他性情豁达，渐渐习惯了乡居的安静，每天写几个擘窠大字，画几幅梅竹，还在家研究制墨法，聊以消遣。

徽州自古人文艺事兴盛，笔墨纸砚都有出色特产，如宣纸、歙砚、徽墨。黄定华研求的易水制墨法是徽墨鼻祖五代南唐李廷珪的制墨法，因所制之墨坚如玉、纹如犀深得李后主欣赏。黄宾虹为协助父亲制墨，也看了《墨史》《墨怀谱》《墨林》《墨苑》等书，能分辨油烟墨、松煤墨与石墨的古近优劣，还了解了当时的歙县制墨名家曹素功、程君房、方于鲁的情况，后来将他们都写入了《叙造墨》等文。黄宾虹日后作画，不甚重笔和纸，喜用旧笔秃笔、旧宣纸，但最重用墨。他以为古墨中唐墨最佳，能充分体现墨法的神采深湛，古画经千百年仍墨色如新，都是用古墨之故，求其次他也会用明代陈墨。他后来对墨分五彩能敏锐分辨感觉和写就，就与此时的经历、认识有关。

全家回歙后，为了生计，黄宾虹仍来往各地谋生。他于清光绪十七年（1891）始任汪师孙子、当时4岁的汪孔祁的启蒙师，教“四书”与书画，三代师友情谊可谓佳话。因为汪孔祁的叔父汪律本当时在南京，黄宾虹后来说自己清光绪十八年左右曾到南京坐馆教书，也许是一件事。

汪孔祁（1887—1940），字采伯、采白，号澹庵，别号洗桐居士，歙县西溪南人。从叔父汪律本习国画。清宣统二年（1910）毕业于南京两江师范国画手工科，多写生黄山，多临摹古画。后从事美术教育，历任中央大学国画系主任、北平艺术专科学校国画系教授等。他的画守新安画派清逸家法，兼法宋元。胡适曾为其《黄海卧游集》作序。他个性清高，有世家子弟风范，爱护学生，不以书画结交权贵，喜爱陈墨古砚旧纸，也都与老师黄宾虹爱好相似。他和黄宾虹都是新安画派当代名家。

清光绪二十年（1894）春，黄宾虹再赴扬州以塾师等为业。十多年了还在熟悉的路上忙碌奔走，时间如转睫，他已悄然进入壮年，岁月凋敝了衣衫与容颜，简朴行箧里依然装满书籍书画，他对书画学问的兴趣热情依然未改。生活乏善，也似乎不能指向明确前景，黄宾虹自己也没意识到正是这样一次次的客游、积累，会成就他日后的大成。对生活的磨砺安之若素，是黄宾虹大器晚成人生的最沉稳底色。

清光绪二十年（1894）夏，在外地的黄宾虹得到家信，惊悉父亲病逝，匆匆赶回歙县奔丧，和二弟安排了丧事。黄定华终年65岁，黄宾虹总觉得是骨子里的抑郁缩短了父亲的生命。还有父亲对自己的立业期待没有实现，也是黄宾虹很大的遗憾。把父亲葬在葛塘寺前之后，黄宾虹遵照当时的礼仪习俗，在家居丧三年（一般是27个月），其间不能出远门也不能参与科举。此时年未30岁的黄宾虹除了在家读《礼记》并做读书写字作画的日课外，还搜罗编辑家族先辈的遗闻旧著，并调查潭渡黄氏的义田情况。他小时得到黄崇惺寄赠的黄白山父子所写、讲述祖先故事的《潭滨杂志》，对黄氏家族历史已产生最初的兴趣。此时在乡不出的日子里，因为父亲去世，黄宾虹有了更多寻找家族文化之根的动力，他的《歙潭渡黄氏先德录》就是在这时开始编写的。这是黄宾虹真正专注考证著述的开始，由此对汪师教诲的徽故、歙故注入更多精力，也是他致力整理国故（徽故、歙故是国故的一部分）的开端。

也是此时，经过数年努力，黄家终于购买了怀德堂的房屋。怀德堂是黄宾虹一位在外为盐商、晚岁衣锦还乡的族祖在清康熙五十七年（1718）所建，日月流逝，到此时怀德堂已无后继者。黄宾虹买下后对它重建修葺，到清光绪二十四年（1898）夏天迁居其中，此年上溯建造之岁恰好是整整三个甲子180年。怀德堂的历史就是清代潭渡黄氏盛衰的见证和缩影。

二女映班约于清光绪二十二年（1896）出生，得到怀德堂那年长子映烽出生，接着是次子映灼和三子映容（用明）。接连诞生的孩子增加了家庭用度，谋生的事迫在眉睫。黄宾虹应县城士绅许氏的邀请教授其子弟经史、文字学。他日后以画家名世，但一生中很长时间是以教书为生的，教书生涯始于扬州和南京，他也颇以教书为得自己本性。后来他还曾在上海、四川、北平等地教国学、书画，晚年还在杭州教书。徽州文化历来追求耕读传家，重视教育，近代大教育家陶行知的故里黄潭源就是黄氏祖居地黄屯，与潭渡仅隔一条丰乐溪。黄宾虹致力于书画教育，这也是徽州子弟本色。

此时在歙县，除了外出任塾师、在家办私塾，黄宾虹还于清光绪三十二年（1906）在自家前厅尝试创办新式小学，自任校长，更可见他作为徽州子弟对教育的重视。此事也与友人约他往日本留学而他因故未赴有些关联。甲午战争后，中国遭遇内忧外患，举国震动，维新变法开始成为大众的呼声，有志热血青年在变法思潮感召下掀起留学热潮。戊戌变法和庚子之乱后，青年学子更是留学成风，当时南方青年多留学毗邻岛国日本。在这样的时代氛围里，黄宾虹也并非无动于衷，但当世交戚友的青年子弟纷纷出国、招他同行时，他却选择留了下来。后来他见村众贫乏，儿童失学，就在家里腾出位置，聘请同乡的师范毕业生创立了敦愫初等小学堂，位置就在怀德堂大厅，厅后是他的私塾授徒之地。

黄宾虹没有留下他为何放弃留学的清晰答案或线索。是为父守丧、屈从于传统礼仪道德与乡俗的力量？是由于执掌祠务的宗族职责和作为长子的家族责任？还是因为年纪大、子女多的家庭拖累？也可能是旧学底子太深，以至影响了他对留学的意义判断、价值取舍。

黄宾虹一辈子没有留过学、出过国。与他同辈的士人里，很多都有留学或进过新式学校的经历而成为学贯中西的学者，而在清光绪二十九年（1903）到1911年的出国潮里，比他稍小的一些画家也大都出过洋，归来后以西画改造国画。不能在旧学深厚外通晓西学，在追求西学东学融合的时代也许是一种缺憾，也许是另一种成就学问的机缘。黄宾虹中年之前曾有两次想“出走”家乡而未成的经历。另一次是清光绪二十六年想北上游学却适逢庚子之乱只能归乡。此后到清光绪三十三年黄宾虹才得以真正意义上离开闭塞的乡土社会来到现代大都市和市民文化中心上海。这样的经历可以解释他的很多见解包括他的独特画学思想，尤其是其中关于中西绘画的观点。

金石膏肓

黄宾虹从金华返歙后仍从学问业于汪师。汪宗沂长子汪福熙善书，次子汪律本作诗词幽异深婉，画山水花竹翕然有逸致。黄宾虹和汪氏昆仲年纪相仿、意气相投，常一起研求书画技法。汪福熙虽和黄宾虹认识在前，但汪律本丰神飒爽，性情刚直过人，思想不同凡俗，和黄宾虹尤其莫逆。黄宾虹此时作画主要是摹拟元人浅绛山水和查士标等新安画家的山水，花卉学陈淳清逸画风。清光绪十六年（1890），他和汪律本合作绢本《梅竹图》床额一幅，并题诗。《梅竹图》是他较早的有纪年的诗画作品。

黄崇惺去世后，有许多字画书籍留在歙县。黄宾虹以前与黄崇惺的堂弟交往时见识过一些。当黄崇惺家人来请黄宾虹整理编目这些大多是黄崇惺祖父黄熙收藏的书画古书时，他欣然答应。黄熙旧居画室名“画舫斋”，他居其中读书，还常含毫吮墨写画自娱，因精鉴赏多蓄名画，所以每一下笔就与古人意会。黄熙还以为于画不可拘泥南北宗派，当出己意，作山水要得天趣。黄宾虹深以此为然。

黄宾虹于新安诸家最爱渐江，以为他的清逸萧散画风是新安特色，兼具北宋风骨、元人气韵。此时整理黄熙收藏时发现其中有两帧渐江真迹。一幅是渐江晚年仿“元四家”之二的吴镇和倪瓒的长卷，墨韵淡雅，意境高远。另一幅是枯木竹石立轴，两尺许纸本，上题唐诗“古木鸣寒鸟，深山闻夜猿”（应为魏微的《述怀》诗，一作“古木鸣寒鸟，空山啼夜猿”），颇有空远寥廓岑寂之意。此外，还有很多黄熙的工笔山水。黄宾虹在画舫斋里待了许多天，凡自己喜爱的真迹，都细细临摹，积稿堆满了书箧。后来这些书画因为黄家后人不珍惜，很快遗失殆尽。黄宾虹知道后很是伤感，所幸的是他得到了那幅枯木立轴，日后四方奔走，这幅渐江真迹一直在行箧里与他朝夕相依，被他反复摩挲不断摹写。

黄宾虹一直希望能造屋种树，营造一方如画舫斋般的自在所在。此时他也终于如愿有了自己的画室。他在怀德堂侧院辟出一方天地“虹庐”，在此挥洒作画。潭渡村旧有一高两尺多的白石，玲珑古雅，状若灵芝，人称石芝，是黄氏祖先遗物，族人正想把它卖掉，黄宾虹素爱奇石，就购来立在画室花坛旁，旁植形似兰草的吉祥草（又名松寿兰），又名画室为“石芝室”或“石芝阁”。

闲居乡间时，黄宾虹始终沉醉于作画和研求画法、画理，不理俗务，几近废寝忘食。他的一些爱画痴迂逸事一直在潭渡流传。“有一次他去洪坑岳父村看画，并借到了一幅元画，带回临摹，因天色已晚，策马急驰，过潭渡桥时，马不能止，猛冲到桥头一间小屋的墙壁上，将墙撞倒，人马俱伤。回家后洪夫人给他包扎好受伤的左臂后，他忍着剧痛吊起一只手臂，一只手画起来，三天临摹完毕，如期将原画送还。”①

此时黄宾虹已开启一生的古印缘。清光绪十五年（1889）他就向汪师学大篆古籀，一两年内就以扎实的古文字基础开始致力于收集古玺印。清光绪二十年之前的某年年底，黄宾虹奉当时还在世的父亲之命外出收钱，经过与潭渡相邻的歙县郑村时，他看见一套古印，不忍释手，竟把收来准备过年的钱买了古印。清光绪二十年春他经新安江赴扬州，经过杭州，遇到当时的篆刻名家赵穆，还请他为自己刻“黄质之印”“朴丞”“朴丞翰墨”等印章。可见此时他还是以黄质为名。

赵穆（1845—1894），字穆父，号牧园，常州人。早年受业于邓石如弟子、篆刻书画家吴让之门下，又上追秦、汉，尤工篆刻，刀法圆健，既浑朴又虚灵，从师从关系看，他也算皖派金石一脉。他们相遇的此年是赵穆生命的最后一年，日后他的篆刻艺术风格能留在黄宾虹画中，也是相得益彰。

到清光绪二十四年（1898）前后，此时古文字功底已较深厚的黄宾虹又机缘巧合陆续得到“印癖”先生汪启淑所藏秦汉古印印谱和印谱里的一部分印，

---

① 据黄宾虹侄子黄警吾回忆，转引自赵志钧编著：《画家黄宾虹年谱》，人民美术出版社1992年版，第64页。

这是一个有深远象征意味的事件，标志他此前古印收集的小有所成，更是他此后几十年不倦古印研究著述的开端。黄宾虹曾说自己得到汪启淑所有之印，这“所有”应该指汪拥有的而不是他全部的印。

黄宾虹早年就从汪师处知道歙县这位清乾嘉年间的藏书家、收藏家、金石学家汪启淑。他回归故里后，与西溪汪宅衡宇相望，渐渐多结识汪氏族中士夫，并得见得获汪启淑所藏印谱与古印。汪启淑（1728—1799），字秀峰，号讱庵，自称“印癖先生”。他性不偕俗，好古成癖，曾侨居杭州从事盐业，后入仕。他好交游，与杭州诗人厉鹗、杭世骏等结南屏诗社，还广交印人，又遍游通都大邑，不惜重资，获汉铜印千百纽，他的藏印所在名“飞鸿堂”，收集古印之多一时无出其右，还辑成多种印谱和印人传。他是歙县人，但多在杭州，所以对皖派、浙派印学都有影响。

汪启淑歙县飞鸿堂故址距潭渡只有六七十里，黄宾虹很早就对之不胜向往，只是尚无缘得见。他每次乘船游历扬州、南京等地，都需要途经汪启淑故居附近，怀想先贤遗风，常徘徊瞻望。终于有一次乘船回乡有时间去飞鸿堂，他在机缘巧合下见到各种印谱，询问印章，被告知汪的藏印在他死后迭经水火之灾，清道咸年间曾易主归西溪汪氏，保存还较为完整，可惜清咸同年间战乱后丧失几尽，除被外地藏家收去千百枚，其他多散落在本地。黄宾虹听闻后低回不已，自此更是念念不能去怀，游学一年一归乡，前后十来年里，都注意在乡间收集。也许是心诚则灵，也许是缘分不浅，前后颇有收获。

一次，一位家乡的汪姓朋友把自己印箧里的“鹰扬将军”印给黄宾虹看，此印涂银龟纽，青绿斑驳，篆文深细急就，古意盎然，这就是汪启淑遗物。黄宾虹把玩得爱不释手，朋友慨然相赠。黄宾虹把此印藏行箧中随身携带，游历南京、扬州时有人以一位明末遗民新安派画家的山水画册求交换，他忍痛换了。几年后，一次黄宾虹从扬州回乡，听西溪另一位汪氏族人说起家里以前藏汪印很多，战火后毁弃殆尽，他们从废墟里捡回十几纽，但一半都卖掉了，黄宾虹急问剩余的在哪里，得到“大医司马”等两纽印，印文秀整深厚。此后黄宾虹客居扬州、南京时，出入都带着这两方印，搜求也更用力，还很后悔以前的换印之举。又过了几年，一次年底回家，这位朋友已去世，他弟弟就把遗留下的一些印卖给了黄宾虹。

这些年黄宾虹每年收入盈余，都拿来购买古印书画。一次他看见汉铜私印六枚，青紫斑驳，知道这些是汪启淑印谱中物，就力谋得到。另一次又得到刀币私印数纽。一次还用一只年窑大花樽换来一枚古印。黄宾虹爱铜印的名声传遍歙中一带，拿着古物来卖的人更多了。他陆续得到许多古印，大都是汪启淑曾藏的，如他后来用于画上的“烟霞散人”铜印，就是购到的汪印中的一方。黄宾虹还在“虹庐”后院开辟一处收藏、研究古印的修学之所，名为“鸿飞馆”，以纪念汪启淑的“飞鸿堂”，也寓意自己的别号宾鸿。

古物的得与失，是与古代艺术的遇合缘分。每一件古印的得来都有一段故事，而它们之前的来历、流传、归属、易主更是或流传有序，或曲折离奇，或隐秘不知的文化学术传奇，细思令人回肠荡气。黄宾虹潜心收藏、研求古玺印多年，对印上的古文字和玺印源流产生了更多的深入关注。清光绪二十七年至三十三年（1901—1907），他在歙县庆丰堨及附近垦荒，闲暇时便研究古玺印上的上古文字，并将其中浑朴刚健的古意风格引入自己篆刻的刀法和书法绘画的笔法及金石书画构图中。黄宾虹日后学术研究中很重要的金石考证，确切的可纪年的发端就始于此，清光绪二十九年所编的《滨虹集印存》是迄今所见他最早的关于印学的文字，可谓证据。他为《印存》作序，署名黄贽。

黄宾虹生活在一个见证篆刻复兴崛起并成为独立艺术和学问的时代。篆刻是中国独特的艺术，源于书法，通于绘画、文字学，以金文大篆、秦汉小篆为主，篆法（笔法）、刀法外还重章法，抱阴负阳，讲求虚实朱白，很好地体现中国传统哲学的阴阳互变、道艺一体。篆刻起源很早，历史上的传说时代就已有印章痕迹，晋以后一度中落，明中叶后复兴，沈周、文徵明承元人的刻印章入书画，更变秦汉实用的印为兼具实用和美学意义的书画印。清乾嘉年间之后金石学兴盛，有金文之学，清光绪末年发现甲骨文，民国初年有甲骨学。借由文字学的兴起，清代的篆刻也大盛，并由书画附庸衍变为独立艺术，并成为大雅学问。西泠印社成立是一个重要标志。黄宾虹是印社最早的成员之一。

篆刻有流派是从明代浙派、皖派开始的。明末清初歙县程邃以三代古印的钟鼎文（金文）入印，可谓新安印学祖师，与程邃齐名的“歙派四子”的另一位巴慰祖（字予藉）致力于秦汉古印，此后休宁邓石如开皖派金石，安吴包世臣再传扬州吴熙载。而浙派始于杭州丁敬。绍兴赵之谦初师浙派，转宗邓石如，上溯秦汉，又兼采古币、古镜和六朝造像文字，合流浙皖两派之长，影响了湖州吴昌硕等人。两派各有所长。

清末篆刻大盛是皖派、浙派两派融合的结果。而且清代篆刻一直持续发展到民国，还有文字学和文化思想的多重深层支撑，清乾嘉朴学推动了文字学、考古学的发展，促进了清末金石学的兴盛。再则，清代中后期社会文化尊奉以金石之刚健浑厚救书法画学乃至文化的日趋柔靡，这也是金石学长盛不衰、广受推崇的重要原因。篆刻家多有学者，凭借扎实的文字学功底和丰厚的金石学知识，形成印学正统，也复兴弘扬传统文化古朴宏大醇正浑厚的神韵气息，与时代氛围相呼应。书画家都讲求诗书画印四艺兼备，到清末成为潮流标杆。如吴昌硕纳石鼓文等古文字入书画篆刻自成一家，齐白石篆刻取径魏晋六朝古砖文字，黄宾虹则超逸秦汉更上溯周秦上古三代，将周秦古玺印、古陶器文字引入印学研究和篆刻书画创作。

黄宾虹自幼初学摹印，曾专习皖派，向巴予藉学习过，尤推重程邃，还接族贤黄吕的衣钵，治印取径于秦汉古印的遒劲苍秀朴茂的风格，他收藏的“高蹈独往，萧然自得”白文印就是黄吕印作。清末篆刻名家中，祖籍安徽黟县、客游粤西的黄士陵（1849—1908）也是大家，字牧甫，后以字行于世。黄宾虹清末初到上海时曾以治印闻名，还有人误以为他就是黄牧甫，后来还一直有人错认他的籍贯是黟县。黄宾虹和黄牧甫也曾有一面之缘，消了同代异地不相逢的遗憾。那是清光绪二十六年（1900）庚子年北方动乱，安徽也有回应，歙县的邻县黟县告警，黄宾虹前去协同其乡人守卫，正好黄牧甫回乡，两人一见如故。黄宾虹得见黄牧甫治印，以为其印法不失古法矩矱，很受这位乡贤的启发。黄宾虹曾说篆刻之学新安胜于他地，原因在于徽派治印之学不但得三代秦汉古玺印的面目和遗意，更有由艺成而道成的优秀传统，清乾嘉年间以来徽学治经兴盛，以经学通于治印，所以大雅宏达，胜于以篆印为技艺的派别。这可以作为他对浙派、皖派的基本评价。

黄宾虹平生以山水画最知名，但自有人最爱他的花鸟画，而他后来的两位浙江籍至交最推重他的金文大篆书法。寓居杭州的衢州人、书画家余绍宋以为黄宾虹的金文真能得神理，为近数百年无双。杭州人陈叔通也以黄宾虹的大篆为天下第一。黄宾虹也认为自己的书法胜过绘画。张大千也以为黄宾虹是书法排第一。黄宾虹的金文、古籀的确自成一大家，很有自己的特色，也是得益于能多见古印并多年摹写，得益于有收藏周秦古印的习惯。

清光绪二十一年（1895），画家徐悲鸿出生，清光绪二十二年，画家溥心畬、刘海粟出生。清光绪二十三年，画家潘天寿出生。清光绪二十五年张大千出生。清光绪二十六年林风眠出生。清光绪三十年傅抱石出生。在19世纪末至20世纪初出生的近现代画家群体里，早学晚熟的黄宾虹无疑是其中很经得起推敲的一位，是学养颇丰的一位，是相当注重笔墨技法的一位。他的绘画成就和他在金石书法上，尤其是古玺印文字上的研求分不开，书法的造诣，还有以文字学训诂古文字取得真知的学养是他绘画的坚实根基。他对古玺印的兴趣持续了一生，这是他一生学术很要紧的一部分。

汉代大学问家扬雄曾说过，壮夫不为雕虫小技，有志之士无不想留下铭勒燕然的大业。黄宾虹在乱世里退居故乡田园，摩挲金石，并非感于碌碌无为，而是承汪师教诲，希望能与清代学者、家族前贤一样，在金石笔墨里通达古今，有补于世。他也渴望在现实里有一番作为。这时，他的生命与近代人杰谭嗣同有所交会，这段交往成为他一生难忘的回忆。

识 谭

黄宾虹早已明白自己的兴趣不在举业仕途，清光绪十八年（1892）前后就有意放弃举业。父亲去世后他在家居丧，同年友人汪律本乡试中举人，黄宾虹此时已卸去为家族争光的心理重负，放弃了举业，日后他说自己从此“力垦荒，嗜金石书画，好游山水”[①]就表明了心意。当时他正届而立之年，这似乎预示着

① 上海书画出版社、浙江省博物馆编：《黄宾虹文集·杂著编·九十杂述之二》，上海书画出版社1999年版，第575页。

他以后要像他崇敬的新安遗民画家和潭渡族贤，做个隐逸之士，走上耕读道路，以爱好书画的乡绅身份终老故乡。但潭渡也不是安乐的世外桃源，此时的徽州和全国各地一般满目疮痍，百姓困苦。中国历史在19世纪最后的岁月里扬起的波澜壮阔的变革，在黄宾虹的潭渡村居生活里也激荡了痕迹，世界已风云变幻、斗转星移，命运给他指示了另一种选择。

认识谭嗣同的日子虽短暂，却是黄宾虹人生里难得的激情时光，谭嗣同非凡的人格性情在他的生命里留下了深刻印痕，至老弥深。1948年是谭嗣同殉难50周年，黄宾虹仍深切回忆："复生的出生，迟我五十天，而别我已五十年，复生洒尽苌弘血，虽不能复生，而复生之名，便是五百年后，仍然活在世人的心中。"[①]在黄宾虹去世前时而昏迷、时而清醒的状态中，他还和探视者谈起谭嗣同的牺牲，并喃喃吟咏自己当年为挚友写的挽诗。谭嗣同（1865—1898），字复生，号壮飞，湖南浏阳人，是明末清初思想家王夫之的同乡后学，在思想上深受被章太炎誉为民族光复之源的王夫之的影响。他著有主旨可归结为"世界主义"的维新著作《仁学》，体现了超越时代的开阔眼界和襟怀。梁启超在《清代学术概论》里称33岁遇害的谭嗣同是晚清思想界的彗星，认为他见解高卓超远、不同凡俗，若能假以年寿，在思想和学术上的成就不可限量。

清末，南方一些沿海、沿江交通便利的城市开始受到变革思想的较多影响。黄宾虹在扬州、南京等地游学时，也与一些思想开通的人士交往，受到改良派变法思想的濡染。和所有爱国有志青年一样，他深爱这个国家，和朋友交流对国家前途的看法时，深感不能不变法。他的朋友中有一位湖南人萧辰和康有为及弟子梁启超有来往，黄宾虹常和他探讨康的思想，还抄了康有为当时已完成的《人类公理》（《大同书》初稿）研读。康有为今文学派学说里鼓吹变革的公羊三世说、世界大同说，充满新鲜魅力，使他们激动不已。

清光绪二十年（1894）发生中日甲午战争，次年4月《马关条约》签订，康有为公车上书，请清廷和光绪皇帝变法强国。黄宾虹在居丧中得到消息，致函康、梁，抒述政见，支持变法，认为"政事不图革新，国家将有灭亡之祸"。

---

① 赵志钧编著：《画家黄宾虹年谱》，人民美术出版社1992年版，第167页。

夏日，黄宾虹接到萧辰的信，说将和同乡谭嗣同赴上海，要经过安徽贵池，约黄宾虹一晤。黄宾虹得信后赶赴贵池，在一家旅社见到了谭嗣同。黄宾虹到晚年仍对这难忘一夜的点点滴滴保持清晰记忆：

> 那时我们都年青，当晚，我三人在一起吃饭，萧辰平素无多话，爱喝酒，他只闷着头顾自己吃。而复生呢？说是肠胃不好，既不喝酒，也不开口，只有我一个人边饮边谈。复生听着，不反对，不附和，也没有表情，我谈了个把小时，简直做独角戏，以为复生高傲，感到没趣，也就不谈下去了。谁知酒饭完毕，复生把眼一闭，站了起来，出我意料，他开口了，声音很洪亮，发言时，旁若无人。他说：朴存兄说的对，对有野心的列强要伸出拳头去打，可是兄亦知道，举国上下，五个指头都合不拢，请问，力量焉在？接着，他就滔滔不绝地谈下去。那晚谈话的一个重要内容是光绪十年间的中法战争，对李鸿章的卖国行径，大家着实骂了一番。后来谈到清廷顽固派的闭关政策和盲目排外，复生说：我们出生的前一年，奕䜣还算识时务，请设西学，倭仁就上疏反对，胡言天下之大，不患无才，何必师事夷人。倭仁盲目自大，是保守派中的顽固分子。吾国天下虽大，然而不学，人才如何得来。西学东传，势在必行，如何可阻。他日吾国发达，东学亦可西传。科学取之于天地间，用之于普天下，西人既用，吾人为何不能用，如倭仁之类，简直是一堆废物。最后，他说到图强的根本在变法，把嗓子提高到像对千人演讲，他说：不变法，无以利天下。此时更鼓声再一次闻到，夜点吃过，复生还出示他的《莽苍苍斋诗草》，读了几首；不知怎的，我们把话题一转，转到了妇女的缠足。一提到缠足，复生又把声音加大了。他还风趣地说："国要开关，女要放足，只要关开，足放，吾国不强而强。……"这位复生兄是个豪侠之士，不怕天，不怕地，见义勇为，维新爱国，以至不惜头颅，可敬可佩。"[①]

① 转引自王伯敏：《黄宾虹二三事》，载于中国人民政治协商会议浙江省委员会、文史资料研究委员会编：《浙江文史资料选辑（第十一辑）》（内部发行），第28—29页。

这个晚上的确是一场独角戏，却是谭嗣同的舞台。黄宾虹虽与谭嗣同同龄，但阅历相对简单使他看问题比较浅近，而谭嗣同能切中当时中国顽症的根本，他的远见卓识令黄宾虹深为钦佩叹服。谭嗣同说的“我们出生的前一年”就是指清同治三年（1864）。黄宾虹在后来漫长的生涯里邂逅了许多领域的一流人物，但谭嗣同在此时出现在他生命里却有着特别的意义，在他平淡庸常、茫然苦闷的生活中宛若一道虹彩霞光，激起了他身上被隐逸情怀掩盖的热情豪气。而谭嗣同思想里的一些因素多年后仍不曾过时，熠熠生辉。黄宾虹后来的一些通达积极的画学思想都和谭所主张的“他日吾国发达，东学亦可西行”等相契合。谭嗣同认为国人最紧要的是改变思想、扭转观念的看法，对黄宾虹后来致力于文艺文化启蒙也有很大影响。黄、谭都是理想主义者，性格都正直、执着、热忱，所以两人虽然只是一面之缘和日后书信往来，却是倾盖如故、肝胆相照。这两位同龄人，一人早逝，一人享高寿，思想和追求却有相似处。

清光绪二十年（1894）是维新派与顽固派针锋相对、激烈对抗的一年，全国各地的各种爱国救亡团体、学会、报纸相继兴起，新生的革命派也加入思想交锋。自订交后，黄、谭保持书信联系，比如，谭曾就反对阴阳五行谶纬之说与黄宾虹通信讨论。黄宾虹还化名撰文投寄给梁启超在上海创办的维新报纸《时务报》。

清光绪二十三年（1897）5月，黄宾虹服孝期满了。秋天，安庆敬敷书院新校舍落成，他作为地方上的高材生被推荐就读。书院虽是官方赞助的，也有汪宗沂等名师，但体制因循守旧，奖学金也微薄，难以糊口，后来很多学友都不来了，满怀维新理想的黄宾虹也觉得此处难以久留。他返歙是在过年前后，途经宛陵（宣城）游历了南朝诗人谢朓、唐代诗人李白在诗里赞美过的山水胜迹敬亭山。黄宾虹诗歌学小谢，这次游历也是致敬。接着道经齐云山山麓时，正好大雪初霁，黄宾虹兴致勃勃地登山，再次一穷雪中三姑五老诸峰之胜。这些山水和诗意都是他日后绘画的丰富素材与灵感。

这次在安庆，黄宾虹还曾到怀宁天柱山（又名潜山、皖山、皖公山）拜谒了此时已80多岁的老画家郑珊。他早年在扬州曾师从郑珊学山水，此时又以随身携带的自作山水画向老人请教。郑珊对他的进步热情赞赏，并不藏私，慨然以“实处易，虚处难”六字画诀相授，说这是他昔日受法于老师、“小四王”中的王蓬心，希望黄宾虹能谨记之。王宸（1720—1797），字子凝（薪），号蓬心，清末江苏太仓人，山水宗“元四家”，深得黄公望之法，枯笔重墨，时而作浅绛设色，超脱形似，韵味荒古。

黄宾虹初听到“实处易，虚处难”这六字还有些不太在意，以为虚实仅指绘画章法（布局、经营位置）的诀窍，虽然此后也遍求唐宋古画加以临摹，探求章法之妙，但并未很快领会老画家、他的老师王蓬心综合毕生绘画经历归纳出的绘画真诀。到黄宾虹沉潜绘画间不觉几十年光阴过去了，才渐渐从现实山水、古画真迹里真切深刻地体味出这六字的“其中有真意”。这是王蓬心、郑珊的真心传授、苦心教诲，是历代画人代代相传的画学真谛，但只能经过生命践行才能意会，不能轻易由他人告知就获得。黄宾虹到中年之后，经多年的苦学实践，才终于豁然领悟“虚实”确是画法大旨。晚年他给两位弟子顾飞和王伯敏传授画理时，还有和知交傅雷论画时都提到老子说的“知白守黑”，太极图的黑白就是“虚实”，兼得“虚实”才能气韵生动、有真内美。书画的实处如笔法墨法虽然不易为，但还是可以通过苦练苦思得到，但虚、空白是一种不确定性，只能通过技艺精深后的触类旁通，体验厚积后的顿悟和灵光乍现得到，所以说“虚处难”。黄宾虹后来一生反复强调这六字诀，通过他的画作和文章传给无数后学青年。从这六字诀中我们也可见中国绘画历史传承、画者苦心孤诣的缩影，窥见画学传承的不易。这么看，怀宁会晤负载了重要意义。

黄宾虹回到家乡，看望了两位乡绅朋友洪佩泉、汪佐臣。两人都文武兼备，在清光绪二十五年（1899）中武举末科的武举人、武秀才。清朝是光绪三十一年才全面废除传统科举的，但武举制度废除较早，洪、汪两人参与的光绪二十四年戊戌科武举考试就是武举末科了。清光绪二十三年，黄宾虹和洪、汪两人商议的是利用农闲聚徒教练拳术之事。习拳术是潭渡历来的民风，黄宾虹曾跟从族人练习拳术用来健体，他还曾追随恩师汪宗沂练武术剑术。这次，黄宾虹他们借这个比较隐蔽且不容易引起注意的本土传统习俗，名义上是带领乡人锻炼、增强体质，其实另有更远大的意图，不但想雪东亚病夫之耻，而且希望能在国家危难之际积蓄民间力量，以图大举。清光绪二十四年夏，乡人们常见黄宾虹等人在潭渡岳营滩驰马试剑的身影。受谭嗣同等人影响，他摆脱了前些年埋首书斋的暮气，焕发出青春和豪侠之气，想在乡村改良方面有所实际作为。岳营滩相传是南宋英雄岳飞扎营练兵之地，历史的巧合在这里留下了奇妙的叠影。

但夏日的热情很快就被秋日的寒潮取代。清光绪二十四年（1898）发生了戊戌变法（百日维新）这一政治改革运动和随后的政变，康、梁流亡国外，谭嗣同等“六君子”同日殉难，变法失败。京城的这场大变，在霜降后才传到闭塞的潭渡，黄宾虹听闻谭嗣同以身殉道、舍生取义，悲愤莫名，无所宣泄，只有大哭一场以为心祭。心中的痛惜和激愤在许久后才化为两句挽诗：“千年蒿里颂，不愧道中人！”《蒿里》是西汉的挽歌，黄宾虹表达了对千里之外故人殉道的追思悲悼，对谭嗣同这个与自己志趣相投、可以一起谋事的诤友的景仰和认同。

在偏僻小村潭渡，黄宾虹虽然已很谨慎，但他的积极作为还是很惹人注目。清光绪二十五年（1899）春，在各地都清算变法派的风潮里，他被人以维新派同谋者、有叛国和革命嫌疑为由密告到省城。幸而有内线，他事先得知，连夜出走避祸，经杭州赴上海，还去了开封。避难途中他回过金华，当时他和家乡已睽违整整十载，人事巨变，一些昔日朋友已异世为人，此时又值有家不能归之际，心情更郁郁不乐。腊冬时节黄宾虹才潜回歙县。

归园田居

清光绪二十六年（1900），岁值庚子，黄宾虹已不愿再滞留保守闭塞的潭渡，想北上远游，学习倡导变革的今文学派公羊学，希望一抒志向、再图前程。

黄宾虹和一位家住黄山汤口的朋友相约，准备同出铜陵大通去长江边的港口芜湖，从这里北上。农历三月初一他从潭渡出发后，朋友却因有事耽搁，请黄宾虹缓行等他。黄宾虹在即将远行的兴奋中，难以静等，决定入黄山一游。黄宾虹在汤口遇到这位朋友的堂弟，便邀请他同登黄山，此人有些顾虑山路险峻、不易行走，经黄宾虹鼓励才欣然允诺。两人结为游山之伴。

黄山自古奇险，即使是黄山山脚下人，也很少有人可以轻易到达文殊院，都视登黄山之路为畏途。初五日，两人随一位常来往于山谷间、对路径颇熟的本地人入山。他们一路而行，经逍遥亭、紫石峰、汤池桥，到了温泉池。池中暖气氤氲，黄宾虹就其清浅处濯足，对温泉很感兴趣。接着他们又经紫云庵、白龙潭，到了慈光寺，然后过石鼓洞、老人峰，又过了天门坎、云巢洞，远望仙人指路等峰，山益奇，松益古，摩崖石刻令人目不暇接。走过小心坡，迎面就是奇峰天都峰，从山壑中拔地而起，无所依傍，峰上棵棵古松宛如古画里的点苔技法，真景与画法难分。走近文殊洞，可见著名的迎客松，枝干矢矫如虬龙蟠飞。再上一线天，两峰如壁立，人行石缝中，见夕阳斜斜照入，山岩成了赭石色，天上微云忽被风吹来遮住阳光，山石又成翠黛色，变幻无穷，正如得到过苏轼赞美的诗人画家王维在《终南山》一诗中说的“阴晴众壑殊”，不身临其境真的不能道此言。黄山山水的确兼具自然之美和画意之美。无怪黄宾虹和历史上的新安画派大家都特别喜爱黄山山水。而黄宾虹黄山题材画的笔墨光影，无不自然真切而又有虚灵之韵，这些都是他亲眼所见又能以头脑心灵化之写之，写出亦真亦幻、非常真实又比真实更美的理想山水。

黄宾虹他们终于到达黄山前海的文殊院。这是高僧普门大师所建，院中有五间房子，云房在旁边。黄宾虹觉得寺僧与炊夫都性僻不谐俗，有世外高人之相。他在附近看了摩崖石刻后，晚风渐紧，便闲步文殊台上，左望天都，右见莲花，见山麓积雪如堆盐。这时虽已是暮春，山上还像严冬，夜寒尤甚，他夜里就住宿在文殊院，吃的是干蔬菜、陈米。次日晨起想看云，却不料下起雨来，黄宾虹在文殊院闷坐一天，到夜静时听山僧谈黄山掌故，倒也兴味盎然。初七日雨停了，他想下莲花沟，不巧又遇上大雾，云气袭人，衣袂尽湿，只好返回文殊院。这时他已体力不支，也有些意兴索然，就沿原路下山，期望日后再游。他经过普门和尚塔，还绕道寻觅汪宗沂在桃花峰下所买的地，只觉此处清旷怡然，颇饶幽致。之后再经桃花源、桃源洞等地回到汤口。

黄宾虹近年先是离乡日久，后来又居父丧，对黄山仍多向往，但苦乏间隙，这次有机会再次得遂游山之愿。这次黄山游，在山中三日，算是深度畅游，尤其因天气多变，黄山的昼、夜、昏、晓、晴、雨、雾、阴，都一并入目并化为心中笔下烟云。他一直以为黄山之胜，奇莫过于松石，这是黄山的实处。这次他发现黄山美态更在缥缈灵动的云海，这就是虚处。山中多雨，“山含湿翠活云多”①，山是元气浑厚，云更是变幻万千。云彩常如走马，上下澎湃，忽然平坦，加以日光映照，一如海面，群峰凸起插入云际，尤为奇观。

初六清晨黄宾虹为了看云，先于云起，他披衣出门时四下还是一片黝黑。慢慢地天际露出缥瓷色的霞光，下面是千重峰峦、松树，还有远处平野上的村落。突然白云乘风犹如钱塘江潮水般涌出，山峰变成了浮动的青色瑶玉，松石得云全活了，犹如烟鬟雾髻试新妆的少女。他在后来的游记里还有一段这次早起看云海遇雷雨的描述：

> 早风更紧，拂拂西南来，薄雾中含有阳光，熹微透漏，照于松枝之上，松鬣撑空，罗罗可数。俄而云气渐浓，日影愈淡，松叶亦下垂，积露成珠，敛翠欲滴，阶础俱湿。立文殊台望天都、莲华，忽近忽远，若有若无，变灭万状，至杳冥中，近且数武，皆凄迷莫辨。……
>
> 少顷，天都峰忽露顶，四山逐次开朗，云气渐收，天色远处放晴，一抹拖蓝，有越窑瓷色，不得而拟议之者。既而山椒云卷如絮，洁白轻厚，浮动空际，微明有影，涌现银光，万顷一白，群峰露颠，大如瑶屿，小若青螺，不知方壶圆峤，海山缥渺，视此为何如！正欲叫绝不已，未几云气四合，不可复睹，雷雨大作，电光闪烁，恒在山隈林麓间，轰轰之声，起于足底。②

黄宾虹不愧是学过汪中、洪亮吉骈文的人，文字华美，和他的画一样能写出黄山云海奇景的光影色彩动静变幻之美。山椒是山顶的意思。

到了初七，天晴了，他又见到不同面貌的云海奇观：

---

①摘自黄宾虹《松谷云舫图》上的题画诗。

②上海书画出版社、浙江省博物馆编：《黄宾虹文集·杂著编·黄山前海纪游》，上海书画出版社1999年版，第497—498页。

> 日出甚早，天气转暖，白云漫漫，舒卷倏忽。远望高峰缺处，微露白点，列阵而来，渐趋渐近。又有起势滃勃，横度前山，杳忽不见，随峰屈曲，飞越迅速，状若万马奔腾，回行峻坂，又如群鹤振翮，盘旋碧霄，移步换形……①

这就是黄山云海不可复制的天造之美。无怪山僧说山中传说昔日有天马凌空而下，毛色纯白，往来驰骋山脊数周，天都峰就是它出没的地方。又说曾有两只白猿从峰顶越过，徐徐而行，上绝顶而去。宇宙之大，造化无穷，真是神奇无所不有。

从以上游记、诗歌都可见黄宾虹作为一名画者对变幻不定景致细致入微的观察，尤其对光影色彩明灭、虚处空际微妙处的敏锐感触和准确把握。黄山前海是明清之际新安画派大师石涛、梅清、程邃、渐江等人临山摹水、流连写生之处。黄宾虹不知已临摹了前贤的黄山图多少次了，他痴迷于追索那些线条构成的形态与空间，但身临其境，更是别有一番感受，觉得比起写生手册中前人的纸上山水，真实景致的形态光色之美无疑更丰富，何况还有难言难写的画外之美、灵动的诗情画意。

在游记中，黄宾虹还写到夜宿文殊院看夜山的感受：

> 卧宿云房，衾寒若铁，风号振屋，覆瓦大可数尺，飘动欲飞。披衣启户，月色朦胧，朔气凛冽，恍疑大千世界，都在惊涛骇浪中。天都、莲华，宛然若失，不知其在云际也。②

晚上，黄宾虹住在由松树和石头搭成的山寺僧舍里，由于寒冷不能入眠，他拥衣默坐，透过窗子，是“仰看月正明”，打开大门，则“启户众山失”。夜

① 上海书画出版社、浙江省博物馆编：《黄宾虹文集·杂著编·黄山前海纪游》，上海书画出版社1999年版，第497—498页。

② 上海书画出版社、浙江省博物馆编：《黄宾虹文集·杂著编·黄山前海纪游》，上海书画出版社1999年版，第497页。

山缺失是因为深青黛色的千山万壑被月光浸成一片银白世界，宛如消失，黑白虚实间给人无限的遐想。此时他是否又想起郑珊说的“实处易，虚处难”了呢？黄宾虹喜爱夜山深冥空灵的景致，以为和阳光下的阳面山相比，夜山还有雨山、晨山、雾山、暮山另有深邃含蓄之美，更耐看耐读耐写。夜山寂静清空，也适合人入定、沉思与自省，最能得中国画的“静”“和”意境。看夜山、画夜山后来成为他独特的审美取向和绘画特色。

从黄山下来后，黄宾虹只到了芜湖和南京，没能继续北上。因为这时他遥遥地听说北方乱作，天下不太平，只得郁郁而归。回程他顺道游历了池州的九华山，夜宿拜经台，在山间优游数日，聊以排遣心境。九华山有九峰，旧名九子峰，李白以为山峰如莲花（莲华），因而得名。此时已是初夏，九华山花放馥，林鸟唤雏，黄宾虹对山容水貌，勾勒了几十张，还是觉得不能尽括其貌。但见山中古松浓于绿色古玉，碧芙蓉般的山峰精蓝如玉，可与黄山一比灵秀。古刹化城寺地势高远，回香阁云气深重。鹤立峰让黄宾虹想起了昔日仙人丁令威化鹤翩跹飞去的传说。他这次本也想到展翅飞往远方，他一直视黄山为心灵故乡，离乡前再游黄山是他和栖息山水的乡居生活进行告别的一个仪式，不料又是一次出走不成。时势弄人，他游览了汪师在黄山山脚的隐居之地及桃花源，反而成了另一种象征，预示着他之后一段时间的隐居乡间生活模式。

清光绪二十六年（1900）8月，八国联军攻陷北京。黄宾虹忧时感世伤乱，国事却愈不可问，他无奈只能退居江南山乡水村间，这一停留又是八载。时代的大手再次将他推向弃儒归农、耕读终身的岔路。回想几年间进取与归隐的大起大落，像一场轰轰烈烈后归于寂寥的大梦。在近30年后的1926年，黄宾虹将黄山之旅的所见所感加上下面这个结尾发表于自己创办的《艺观》杂志第一期上：

是行也，得画稿三十余纸，杂体诗十余首，今置行箧中。日月不居，转眴垂三十年，人事变迁，类于白云苍狗者，夫复何恨！而川渟岳峙，终古常新。斯记亦自检故纸堆中，录之以志鸿泥之感。[①]

多年后回首，世事变迁如秋鸿雪泥，唯有山水才是真实永存的，就像黄宾虹在这次黄山游历中记录的30多幅画稿和10多首诗。所以此后数年在歙县的村居岁月，虽然俗务纷纷，黄宾虹还是坚持每年都去黄山一游的习惯。就像他锄黄山异卉带回种在虹庐后院，他出游时每每携带手册并以粗笔简略勾勒写实，收入囊中。收集游山途中转瞬即逝的灵感，回家再加以皴染细化，这是他的老习惯，也成了他的终身习惯。

于是黄宾虹对风貌奇秀却又不失自然天成的黄山山水渐渐了熟于心：卓笔峰宛若削成。青鸾峰插云壁立，矫健如翻翼的秃鹫。云巢洞、一线天幽深。小心坡奇险。紫玉屏天成赭墨色，神巧而不狂怪。天门坎似得天工秘诀，奇诡出人所想。始信峰高可扪天，又不见五丁开山的痕迹。他还慢慢读懂黄山，以为黄山山水富有灵性，深含隐逸意味又富有历史人生意蕴：鸣弦泉静时色泽幽碧，动处流淙激石、飞迸如琴鸣，就像仙人在海上抚琴，琴声令人有天荒地老之感，可息尘心。黄山群峰奇崛，鸟道迂回，登山虽苦，但山路正如人生路，无终南捷径可走，历险穷幽才可见到常人难觅的胜迹。而一旦登上峰巅，爽朗开怀，只想长坐山中松下，止了浮名的念头。黄山还有景点名“仙人榜”“仙人指路”和“桃花源”，黄宾虹画里的黄山就是可供归耕、可避世尘的桃花源，不止是山水，不止是画，是符合他审美的美景，是“此心安处是吾乡”的心灵之乡和审美理想寄托。他去世前最后的画作之一依然是《黄山汤口》。

除黄山、齐云山、潜山、九华等皖中名山外，比较不出名的岑山也是黄宾虹此时常游历写生的地方。岑山在歙县水南乡，面临渐江，距潭渡十余里，骑马来往很方便，所以他每月都要骑马去游览数次，有时还顺道去附近的山中一游。岑山人称小南海，有星严寺，风景颇佳，日后这里的禅师释理岩还与黄宾虹有书信往来谈禅理。在此间黄宾虹也曾兴息心林泉之意，希望在江流、山、

① 上海书画出版社、浙江省博物馆编：《黄宾虹文集·杂著编·黄山前海纪游》，上海书画出版社1999年版，第499页。其他有关黄山游踪与风景的描述都来自他写黄山的诗歌和画跋。

竹树间建一座临水小楼，移家此间。清光绪三十年（1904）夏，他还携少年弟子汪孔祁游了歙南的石耳山，得画稿甚多。

中国艺术精神历来重“逸”“淡”“虚”“和”，从道家、释教，尤其老庄清寂无为思想里得到了启示与补益，所以隐逸情性和山水密不可分，这也是中国山水诗与画的正源。如董其昌就提倡以平淡为宗，认为“元四家”之一的倪瓒多作荒寒寂淡之境，成就在“二米”之上。黄宾虹此时身在山水窟里，心境散淡，正暗合山水画之意旨，易得山水之心。这段隐居游山为山野散人的日子，是他绘画生涯重要的积淀过程。黄宾虹在摹古之暇，每日对溪山烟霭，读山看水，常有领悟。他早年最重视临古，贴近自然、师造化还是他学画的一条隐线，此时渐渐变为双线并进，多年后他更深度融合写生与临古，终于成就自己面目。

学务堨事

虽然黄宾虹也很享受林泉野逸，但他是个务实稳健、热心勤勉之人，并没有一味独善其身。隐居家乡的八年间，他办学务、修水利，始终不忘以切实的手段造福乡里，其修堨、办学功绩后来都载入《歙县志》。

皖派学术传统，学者都注重实学，尤其重视民生农业和兴水利、除水患。如清初的徽派学术开创者江永，不仅设立义仓惠及乡民，还利用水利知识主持修建“曲尺堰”以保灌溉、防洪。江永的弟子戴震也曾修建储水排涝的“朱塘坝”。这些都成为徽州著名水利工程。包世臣也能兴水利。黄宾虹能继承前贤们的济世情怀。

黄宾虹于清光绪二十六年（1900）归歙后，北方时局大乱，安徽也乡土不安，此时的安徽临时首府铜陵大通镇发生兵变，邻县告警，歙县也人心浮动。汪宗沂和时任徽州知府的友人为保地方上安定，正在商办团练。汪律本、黄宾虹都被请去共襄军事，任参谋、秘书。此时新募的兵丁驻扎在潭渡村对岸的圣僧寺，但筹集军饷很困难。歙县知县许崇贵看到歙县东的庆丰堨多年失修，周围数千亩田地荒芜，没有收成入账。他很看重黄宾虹的声望才干，想让黄负责自筹款项重修庆丰堨，以求能于乡里有长期利益。

“堨”是徽州一种历史较悠久、风格较独特的水利设施，据民国《歙县志》，决而导之、折而赴之、疏而泄之谓之堨，主要起疏导作用，和坝、堤的功能有所不同。堨出现在徽州和这里的自然条件有关，徽州山势多高峻，河流多曲折、落差大，所以利用河流自然落差建堨，可省时省力、利民利农。

修复古堨是件难事，黄宾虹并非不知。他早就知道歙东有荒田，以原来的黄氏宗族义田居多。他觉得身为黄氏一员对此事责无旁贷，加之经常看到族中父老无业资生，尤其那些旧为盐商及游宦者，而如今因兵乱废业而归的颓废者。大概是想起创业失败黯然回乡的父亲，一直有股痴劲韧性、理想主义浓厚的黄宾虹感时世、悯乡民，慨然接受县邑委托，把这件难事应允下来。他约同一位姻亲郑缙书一起襄理承办修整庆丰堨水利及管理农垦事务，从此开始了八年的不辞劳瘁。

庆丰堨周遭自清咸同年间战乱以来，几十里河溪及田野间的水沟都淤塞了，墟里荒芜无炊烟，只可见楚、越各地流民的棚居，他们栖止无常，所以没有收获。曾有人想改造庆丰堨，但未成。就在清光绪二十六年（1900）秋，黄、郑两人来到这片荒地，多次沿溪流考察堨坝，勘测水势高低，丈量田亩肥瘠，并访邑东乡绅、业主，协力筹资，商量办法。两个秀才办事认真、不计得失，只想尽本土乡绅的职责。

寒冬初春，修堨开始。黄、郑两人带领数十位民工，终日亲力亲为，风餐露宿，也没固定休息时间。他俩事先曾详细考察过实地，能分清利弊，粗得要领，所以从木石各坝竣工、大小水沟疏通到水道流通，修堨工程进展迅速。又恰值当年霖雨充足，田地大获丰收，当年就有收益。

江南水乡本水土肥美，只是缺乏管理，正是地大物博而混乱的旧中国的一个缩影。黄宾虹理想高远、血气方刚，以书生意气、一腔热情，小试牛刀，居然一举成功，喜悦欣慰自不待言，但此时放眼堨外，依然满目疮痍，这幅景象令人深感无力。清光绪二十七年（1901）清政府被迫签订屈辱的《辛丑条约》。

清光绪二十八年（1902）新年，郑缙书到南京任职，自此堨务由黄宾虹独力承担其艰，他更加勤勉：

每未黎明，秣马而兴。尝于星月朦胧中，策下驽过黄荆渡登第桥……时值山涨暴至，马恒没腹。夜则烟雾昏霾，行经梅度滩诸处，蔓草塞途，无居人迹，常十余里。鸷鸟巨兽，潜伏其下，闻声惊跃，丛薄风生，马亦奔逸，疾走旷野，殊以为常。旬日必数至，循行陇亩。①

在故乡的山间水边，处处留下黄宾虹策马奔劳的身影。山洪没过马腹的惊险，无人草丛中猛禽巨兽出没的危险，都让朝出暮入于荒原旷野的他没有了缓辔慢驰于山水之途中的悠闲，和朋友并辔疾驰在岳营滩的意气风发。不过庆丰堨务经过他一年多操劳，渐上轨道，让他很是欣慰。

之后，黄宾虹又凭对黄氏义田的熟悉，清查黄氏宗族祠产，查出仁德义庄原有田地270多亩。他花费许多时间精力搜求资料证据，购买了旧刻田亩征租的册籍，还有清咸同年间黄氏宗族遗失在外的收租底本，当即禀请知府、知县兴复黄氏义田。其中有超过原来庄田之数的，是地方绝户无人承认之业，黄宾虹不愿纳为私人所有，暂时也收为族中义田。他除了自借款项兴修荒废的庆丰堨和义田，还置备农具，招集农民开浚耕作，打算把收成作为兴学的款项。为乡里孩子开办启蒙的新式小学是黄宾虹一直的理想，所以堨务虽艰难，还有许多如田亩低洼、水灌不足，佃户人稀、时常更换，征租低微、难以收清等难以克服的问题，他还是感觉很有意义。

黄宾虹埋头堨务的这几年，外面的世界已有很大变化。清光绪三十一年（1905）同盟会在日本成立。国内进步士大夫谈论新政、办报兴学成为风气。早在清光绪二十四年，求是学堂的创办就标志着安徽近代教育的兴起。此时原由安徽人士在长沙创办的旅湘公学在陈独秀的动员下，预备迁至芜湖，改名安徽公学，该学校是一所新式学校。当友人找黄宾虹商办安徽公学时，他欣然答应。

清光绪二十九年（1903）早春，黄宾虹对堨务作了安排，经南京赴芜湖。

① 上海书画出版社、浙江省博物馆编：《黄宾虹文集·杂著编·任耕感言》，上海书画出版社1999年版，第484页。

他早年在南京期间已多次游历金陵山水，去钟山下凭吊明孝陵，还寻访明末遗民故迹，如他敬重的明末画僧石溪住过的牛首山。这次他游览另一位明末遗民画家龚贤在清凉山所建的扫叶楼。龚贤（1618—1689），字半千，号柴丈人，昆山人，寓居南京，曾参与复社反清。他是画家“金陵八家”之首，重师造化，又受宋元明名家董源、“二米”、吴镇、沈周影响，学北宋积墨法，表现自然光影，深为黄宾虹推崇。清凉山有长江横于前，钟山枕于后，左湖右岭，风景清幽，山南麓有一处草堂，堂旁栽种花草、竹子，就是扫叶楼，黄宾虹在此欣赏了龚贤的十帧写黄山山水的巨幅。龚贤与石溪墨法苍润深厚，都是他素来心仪的，此时目睹真迹，更令人难舍，可惜因故未及临摹怏怏而去。他后来重游扫叶楼，而画已不可见。他后来把此事引为平生憾事之一。

清光绪三十年（1904）秋，已届不惑之年的黄宾虹又乘埸务农闲前往芜湖，任安徽公学讲师并佐理学务。在公学，黄宾虹依旧每晚闭门读书作画，同事中多有不知他能画的，一旦发现，都引以为奇。他在公学还结识了著名诗人陈去病。陈去病（1874—1933），字佩忍，江苏吴江人，同盟会会员，还是南社创始人之一。他因反清爱国，便以驱逐匈奴的霍去病名为自己的名字。陈去病的家在同里古镇，就是“元四家”之一倪瓒的故居，陈的母亲姓倪，是倪瓒后裔。黄、陈两人相见如故，倾谈革命和国学，有相识恨晚之感。

这时安徽公学教员颇多一时革命英彦，如陈独秀、柏文蔚、刘师培、陶成章、苏曼殊等，东南志士咸聚于此，安徽公学是当时革命色彩最鲜明的一所学校，积蓄了革命风云。

苏曼殊（1884—1918），学名元瑛（玄瑛），法名曼殊，广东香山人。作家、诗人、翻译家。能诗善画，多才多艺。后人将其遗著编成《曼殊全集》。他和陈去病、刘师培等人后来都与黄宾虹在上海有交集。

黄宾虹往来于歙县、芜湖间，对故乡的关心未曾减少。在与同学汪福熙的通信里，两人交换了对家乡未来的设想和思考，对现实弊端的忧虑，体现了有先进思想的士绅对家乡、乡人的复杂情感。黄宾虹不无沉痛地说自己虽已卑飞敛翼，而终不愿为凉血动物。他说自己已尽量低调谨慎，但一腔热血，终究让他不能对家乡过于冷漠。家乡之所以凋敝，黄宾虹认为是乡人虽有十户九商的商业传统，但大多都从事的是杂货、布匹等微利小本生意，没有竞争力。且乡人不知时局已变，处在今日这个商界竞争极其激烈的时代，已不能像以前的盐商一般轻易获得巨利。鉴于父亲的失败经商经历，又在外面的通都大邑开过眼界，黄宾虹清醒地指出经商必须具备变法思想与变通手段。对汪在来信里提出的策自治、清烟馆、兴女学、创工艺等富民、富乡之举，他很赞成，这其实也就是谭嗣同曾说过的“国要开关，女要放足，只要关开，足放，吾国不强而强”。但黄宾虹也指出改革的困难不但在于要采取合理措施，而且要改变人的思想和种种弊政陋习。家乡虽是人文故地，但眼下民风保守愚昧，开通明理的士绅只是少数，许多恶意无聊的俗人以因陋就简为本分，迂腐的老学究更是抑塞、讽刺新思想，敌视热忱振作的改革人士，污蔑改革为疯狂之举。

黄宾虹不无忧虑地指出家乡务农者多贫困，很多人又好赌、吸鸦片而不能俭朴勤劳。关于办学，他认为一定要将学塾改良为新式学校，一定要有新式学校毕业的师范生做教员，不然宗旨精神不变，即便改头换面也没意义。黄宾虹也认为办学、办报纸是开启民智的两大举措，而从家乡现状出发，改造民众素质比提高经济生活水平更有必要，办学办报比修堨务更迫在眉睫。他与汪福熙交流了办报心得，建议从大学堂选出目前最新最好的画报，依样画葫芦，或采摘各报，宣传新思想。可见，他对办报的浓厚兴趣和此时的初步实践，后来他在上海成为一个真正的报人，此时已见端倪。

清光绪三十一年（1905）春，黄宾虹再赴芜湖任教公学。不久他接到同学许承尧的信，知晓了4月里歙县史上第一所中学堂——新安中学堂成立了，改旧试院紫阳书院为校舍，不收学费。许承尧任首任学校监督、校长，学校是他一手创办的。这不但是歙县也是徽州设新式学校的风气之始。信里邀黄宾虹任国文教员，还请他代为聘请教员。于是黄宾虹在夏天返歙，同行的据说还有正在被端方通缉的陈去病等人。陈在中学堂教历史和体操，黄宾虹除了教国文外还教绘画，他此时正当壮年，精力充沛，在学堂里多兼事务，还在家中自办敦愫小学，并兼顾堨务。

清光绪三十二年（1906）6月，歙东堨田突发虫灾，害虫形似蚕而略小，遍体绿色，吐丝结叶，蔓延了五六百亩，禾苗凋敝殆尽。乡民们出于迷信，敲锣、鸣放鞭炮求神。黄宾虹却根据调查断定该虫是结叶虫，决定以包世臣所著《齐民四术》中的水田灌桐油法防治，每亩用桐油两斤，趁无风、日斜时灌之，桐油会随露水到达叶尖，致使虫子陨落坠水而死。乡民们一开始并不相信，后来却惊讶于“朴存公”的神奇手段，对此大加称颂。黄宾虹后在《任耕感言》里说族人见他开垦有成，都乐于和他同耕堨田，流露出对乡人只能同乐、不可创业同苦的微词。不过，这样的不和谐他并不在意，但对另一件事就耿耿于怀，他在《九十杂述》还写道，就是一乡人借了收成钱款不还，使得庆丰堨义田修浚未成。

黄宾虹分身办学，辛苦开创的庆丰堨事务实际上多数已由族人管理，不过他不在意，反而为管好堨务又勉励订立“治堨九策”以利农耕。他治理堨务，是学习儒家先德“知其不可而为之”精神、徽学前贤为民实学践行作为而为之。当时歙东农民多患臌胀之疾，庆丰堨一地尤多，四方来帮佃的人都很害怕，一个强壮劳力一两年就变得很羸弱，肚腹膨大，面黄肌瘦，实际上这是患上了血吸虫病，只是当时人不知道而已。而原本不务稼穑的黄宾虹却在酷暑天气里，在烈日暴晒、水汽升腾中在水田里行走，朝夕督工，神色自若，他靠的固然是刻苦锻炼出的强健身体，更多的还是无畏浩然之气，还有与刻苦踏实治实学、写真画精神相通的勤勉认真地做实事的态度：

> 办事之难，从无风恬浪静而可渡越重洋者，经一次折磨，增一次之知识，即长一次之实力，以静待动，以逸待劳，以久待暂。度量要宽大，心思要细密，取与要慎重，手足要勤劳。先持之一年，即不难于按部就班矣。[①]

有了度量宽大、心思细密、取与慎重、手足勤劳的认识，也就是胸襟宽广不斤斤计较、思虑周详筹划缜密、无私持中不为自己谋利多为他人着想、勤恳

---

① 上海书画出版社、浙江省博物馆编：《黄宾虹文集·书信编·与黄昂青残札》，上海书画出版社1999年版，第264页。

实干不浮夸，那么做什么事会不成功呢？黄宾虹认为天下无难为之事，只要不怕做、不怕失败、不怕磋磨、不怕长久，认为经过一次曲折失败，就增加一次经验和一份知识，也就是增长了一点实力，所谓“以静待动，以逸待劳，以久待暂”，只要有坚定不移的文化内核、宽和不功利的良好心态、等候未来成功的自信，人生虽然多惊涛骇浪，也终可平稳渡过遥远海洋到达彼岸。黄宾虹日后的画学大成，其实就是此时心得的长期践行，他终于以“静”“逸”心态超越暂时的动荡困顿，获得长久的成就，取得艺术的“静”“逸”境界。他还将长期的坚持分解为短期的努力不放弃，讲解给族中知者听，说只要能坚持一年，就能获得此后的顺利发展。他一生的成就，都是由这样坚实的毅力一步步组成的。

黄社旧雨

学务、堨事外，这时黄宾虹还常从事一些带秘密色彩的活动。他与陈去病一起住在县城弟子许家，还邀学生每周日在许宅以研论文学为名，暗中宣传交流革命思想。许父是当地大士绅，选在他家集会，是很好的掩护，巧妙借助他的势力能够对官厅有所威慑。所以他常半夜三更才回到潭渡的家，有时还带回来一些陌生人，洪夫人给他们做了半夜餐，他们吃了便睡下，天亮前又走了。

此时进步知识分子在各地都成立了社盟组织，安徽有陈独秀等人在安徽公学成立的岳王会，借南宋英雄岳飞之名寓意反清革命。清光绪三十二年（1906），黄宾虹和许承尧、陈去病、汪律本、江彤侯等九位歙县新安中学堂教职员中志同道合的朋友、歙县同乡共同组织成立了“黄社”，以纪念明清之际进步思想家黄宗羲而命名。许承尧起草了黄社社盟：遵梨洲之旨，取新学以明理，忧国家而为文。名义上是研究黄宗羲诗文学术，实是取他的“非君论”，就是当时同盟会宣扬的民族、民权思想，在当时有秘密性质。自此受友人、同人们思想的影响，黄宾虹从与谭嗣同交往时期的改良派渐渐进化为革命党。黄宾虹后来把画学也分为“君学”与“民学”，也与此有关。

黄宗羲（1610—1695），字太冲，号南雷，别号梨洲老人等，学者称梨洲先生，浙江余姚人。明末清初思想家、经史学家。他的许多思想具有启蒙意义，与顾炎武、王夫之并称清初三大儒，也与顾炎武、方以智、王夫之、朱舜水合称清初五大家。

黄社没有社长，社务理事是许承尧，黄宾虹是助理，后扩充到十多人。黄社的陈去病同时也是同盟会会员。虽然黄宾虹积极参与革命，在清宣统元年（1909）又加入了南社，但从目前已有的资料看，他并没有参与同盟会活动的确切记录。清末先进知识分子的组织状况极其复杂，有的激进偏于行动，有的更注重文化启蒙救亡，黄宾虹是偏向后者的。他早已受汪门师弟、安徽公学同事刘师培影响，开始给上海的《国粹学报》撰稿。刘是除章太炎外《国粹学报》的主要撰稿人之一。黄宾虹还由通信结交了《国粹学报》的主办者、广东学者邓实与黄节，他和两人终身的友谊也由此开始。

创办于清光绪三十一年（1905）的《国粹学报》虽表面上主张不谈政治，以倡导复古、学术文艺为宗旨，但宣扬明末遗民思想家学说，主张攘夷复汉。主要撰稿人中有光复会、同盟会的章太炎、刘师培、陈去病等。只是文字深邃古奥，表达方式较隐晦，排满和民族革命倾向较隐秘。

清光绪三十一年（1905），黄宾虹去了一趟上海，这时的上海和他首次匆忙经过时的上海已有大变化，渐渐成为新的文化中心。邓实、黄节正筹备发起国学保存会。次年，邓实、黄节、刘师培、陈去病、高天梅等人扩大国学保存会，确定《国粹学报》为机关报。《国粹学报》旨在救亡存学，国学保存会以研究国学、发扬国光、激起人的爱国心为宗旨。

邓、黄两人后来还创立了神州国光社。他们目击庚子之难后中国大量古物书画包括大内旧藏被洋人用海轮贩卖到国外，痛感于国粹流失而国人麻木不仁、美术愈加不振，于是在上海设立出版机构，旨在保存国家文物，进而发扬我国古老的艺术传统。国光社仍是以“保存国粹”为中心，体现一贯提倡国粹、研究学术、鼓吹革命的宗旨。

《国粹学报》的主办者和撰稿人虽不排斥西学，但都以为新学要与国学契合，不要因为西学鄙夷国学，也反对中体西用的简单生硬牵强附会。章太炎就以为中西学术交汇是不谋而合，是各自发展的殊途同归。黄宾虹正是在研究保存国学的价值取向方面和这些学人声气相通、意气相投，他后来一生的思想都大致在国粹学派范畴中。

《国粹学报》学派是清末重要学派，主要人物包括章太炎和刘师培、邓实、黄节等人，对清末学风、学人有较大影响。早在20世纪初，梁启超就有意创办《国是报》，在保护国粹的基础上，磨洗、光大旧学，事虽未成，已有一定影响。后在章太炎力倡下，《国粹学报》刊行，章在日本撰文以为国学是一国固有之学，是以儒家经学为中心，包括经史子集的传统学术文化，关乎国家兴亡。“国粹”是个借自日文的词汇。国粹诸子以为来自西方的现代先进思想在中国古已有之，不过已湮没，需要重新发掘，于是他们在儒家、诸子思想和历史、文学艺术中寻找失落的“国粹”。

国粹派思想在当时颇有保守之嫌，而且有些曲高和寡。因为清末之际，保存国故显得并不太重要，革命才是当务之急。清光绪三十二年（1906）的中国很不平静，大时代来临前“山雨欲来风满楼”。就在这风云变幻的前夜，黄宾虹的个人生活也在一夜间发生突变。清光绪三十三年初他又被指控为革命党人，幸而这次也有人通风庇佑，他闻讯后弃妻别儿，只身连夜脱险往上海躲避。

清光绪二十五年（1899）清算变法派时黄宾虹被举报，可能是因为他的新思想很激进、和变法人士频繁来往，所以引起地方旧势力的注意。至于黄宾虹这次被人告到省城，联系后来庆丰堨、黄氏义田被乡里劣绅侵吞的结局，有人觊觎利益乘机控告他应该也是原因之一。潭渡当地流传的说法也提及黄家邻居有一家潘姓寡母孤女，家里存有两口楠木棺材，被当地无赖窃去，黄宾虹出于义愤和同情出手追查，并勒令无赖归还。无赖怀恨在心，为了报复，就串通了邻村劣绅，以革命党私铸铜元的罪名把黄宾虹告到省衙门。黄宾虹出走上海后，仍记挂潘氏母女受人欺负，撮合潘女和侄子黄警吾成婚，成就姻缘。鲍义来的《黄宾虹和徽州》也提到清光绪三十二年冬黄宾虹接受同盟会任务在自家后进私铸铜币，作为革命党活动经费，后被人告密。这些说法符合黄宾虹个性，有可信之处，但也明显带有乡民将朴存公传奇化的民间故事印记。

以黄宾虹志在兴利除弊的理想主义作风、耿直不阿的个性和认真办事的性格，注定他在乡间是孤独的，有人妒忌怀恨不足为奇。其实黄宾虹也清楚那人是谁："因招劣绅鲍某所忌，避到上海，任各报馆记者。"[①]黄宾虹居乡里十年，虽素知歙县西乡乡绅鲍某人品不佳，但本无瓜葛。事情起因是潘姓邻居出外经商，托黄宾虹照应家中。一次黄宾虹听说潘的嫡祖尚未下葬的棺材被人盗走，弃尸田中。有人说是鲍家所为。多方打听才知道鲍某因负债，听说楠木棺材运到上海可卖高价，才干出这种天理难容之事。有人劝黄宾虹不要过问此事，免得替人强出头使自己无端结下怨恨，黄宾虹却以为出于邻居之谊就该查究，何况此事与地方风化有关，自己责无旁贷，所以代邀潘家亲戚出面。不料大家都惧怕鲍某，此事竟含糊了事。鲍某怀恨在心，收买在堨务义田里有私心的黄氏族人暗地出力，到省城告黄宾虹是革命党。

黄宾虹后在《歙潭渡黄氏先德录》的最后淡淡提了一笔："余尝蜷伏里门，独任祀事，辟已荒义田三百亩，储金量材，从事兴学。旋为忌者所挠，不得已而出走，事亦中辍。"[②]道出他被逼出走的另一个更深层原因。因为涉及黄氏同族族人，他说得更为简略含蓄。他说自己当时隐居乡里，作为族中读书人、士绅负责黄氏祀事（宗族事务），开辟了已荒废的黄氏三百亩义田，得到的收入作为储备资金，用来衡量选拔有才能的老师和好学的学生，目的是为潭渡兴办新式学校，潭渡黄氏从来重视教育，但此时因经济衰落、思想落伍导致教育也落后。可惜黄宾虹的努力不久就因被忌惮者阻挠而失败，他不得不离乡出走，他为家乡兴办教育的计划中途中断。这就是真实的乡土改革悲剧。

潭渡的宗祠祭祀等祀事一向被少数人操纵，是族中各支"势有不均，力有不齐"的体现。黄宾虹随父亲回潭渡后，村里各派势力正在争祠事之权，众人把祠事委托给他也是想借助他的名望，自此，他就在实际上处于权力争斗的旋涡中心。幸而他没有私心，事事都与人以诚相见，每年祠薪都不要，还出钱赔垫，具体管理祠租、司事的也都仍是旧人，他不过是整理一纸账务，才得以相安无事。但他总以为祠事非一人一家之事，村里人人可得而问之，以族众商订

---

① 上海书画出版社、浙江省博物馆编：《黄宾虹文集·书信编·散札》，上海书画出版社1999年版，第394页。

② 上海书画出版社、浙江省博物馆编：《黄宾虹文集·杂著编·歙潭渡黄氏先德录》，上海书画出版社1999年版，第468—469页。

轮管之法最妥当，一些有私心的村人厌恶他多事，才出现了借刀杀人、逼他出走的事。

幸好当时任安徽布政使的沈曾植是许承尧好友，他们劝黄宾虹出走安庆协办存古学堂以避害，黄宾虹才得无恙。虽然黄宾虹后来经考虑衡量没有去存古学堂，而是选择去上海办《国粹学报》《神州国光集》，因缘际会，从此将人生的重点从乡土徽州转移到都市沪上。

存古学堂是清光绪三十三年（1907）朝廷下令设立的学校，首先开设于武昌，以复兴古典学术为设学宗旨。清宣统二年（1910）各省都设存古学堂。存古学堂的办学宗旨和沈曾植、黄宾虹的文化理念相近。

沈曾植（1850—1922），字子培，号乙庵、寐叟等，嘉兴人。清末大儒、学者，诗人、大书法家。尤擅长历史、地理、边地、外交史等学术。清光绪六年（1880）进士。曾赴日本考察教育，主张变法维新。辛亥革命后，以遗老寓居上海，与康有为等人交往。1914年，任续修《浙江通志》总纂。张勋复辟时曾任“学部尚书”。后又闲居上海海日楼专注学术，常有中外学者来问学，被尊崇为“中国大儒”。王国维自1915年春之后也常向他问学。沈曾植治学严谨广博，海涵百川，著述繁富，王国维对他评价很高，将他与顾炎武相比，并说他的学术成就超过龚自珍、魏源、戴震、钱大昕，其实这并不是溢美之词。沈曾植工诗词，擅书法。其诗学唐湖州孟郊、宋绍兴陆游。书法取法钟繇、索靖，晚年吸取黄道周、倪元璐的精华，参以《爨宝子碑》法，卓然大家。沈曾植的学术和思想是保守、坚守国粹的，书法却有大创意，和章太炎、黄宾虹这些浙江老乡的人生艺术有相通处。

黄宾虹这代传统士夫和比他们年轻的新式文人不同，多不喜张扬个性和个人生活。他生平几篇简略的自述文字如《八十自叙》都很少或没有提及自己早些年参与革命之事，这在当时还是因为有现实顾虑所以要忌讳要隐晦，后来主要是因为他个性谨慎内敛并以学者自勉，也以为自己的行为在当时是比较普通的经历，不愿作为资历加以炫耀。到逝世前写的《九十杂述》，他才简略提及：“有以革命党讼余于省，闻讯出走申沪。”他晚年也只是和亲密友人、弟子偶然提及这些往事。

总之，黄宾虹此次遭难出走，是他任侠好事和倾向革命的结果。此时是辛亥革命前夜，清光绪三十二年（1906）底，芜湖活跃的革命动态已引起清廷注意，又有奸民向顽固强硬派、新到任的安徽巡抚恩铭告密，恩铭想要痛下杀手根除革命党，安徽公学成了众矢之的，在芜湖的革命党人在光绪三十三年春之前纷纷离开。如许承尧自创办新安中学堂以来，一直颇受猜忌，这时也因“阴谋结社，颠覆大清”的罪名被控告到省城，恩铭想要上本参劾他，幸亏沈曾植等为他力争，使事情稍缓。到清光绪三十三年革命党人徐锡麟安庆起义遭镇压后，黄宾虹和几位朋友也都难以在徽州立足。幸好徐锡麟刺杀了恩铭，而继任安徽巡抚的是温和派、诗人学者冯煦（1842—1927），安徽公学诸人才得无恙。不过此年底许承尧也辞去新安中学堂和紫阳师范学堂两校职务，离歙北上京城。陈去病也被迫离开歙县，行前独自游历了黄山，夜里徘徊天都峰顶的空寂山林，在蛙鸣喧闹里度过了未眠之夜，还写诗宣泄了屡遭挫折、渴望再遇风云际会有所作为的情怀。这些也与黄宾虹此时的遭遇心情相通。

黄社同人就这样风流云散了。但社中成员黄宾虹、许承尧、陈去病、汪律本互相之间都保持了终身的友谊。黄宾虹和陈去病很快就在上海重逢，书写他们生命里更广阔的篇章。

第三章　海上开风气

国粹因缘

清末，由于面临空前的外来压力，士夫阶层普遍表现出对国家、传统文化命运的忧虑关切，所以特别关注民族、国粹等观念。大家都在寻找振兴之法，康有为主张大同文化，章太炎倡导多元文化，借庄子齐物主张中西文化平等，又是一个诸子百家争鸣的时代。此时上海借助城市优势显示了社会风气宽容开通的一面，各种保守或激进、民族或西化的思想派别都在此存在并各行其道。

清光绪三十三年（1907），正从壮年进入中年的黄宾虹只身来到上海，此后几经周折，在清宣统元年（1909）之后确定留在上海。当时上海的文化业如出版社、报社多集中在英租界四马路（今黄浦区福州路）一带，他初到上海就寄住在四马路东的“国学保存会”藏书楼，与邓实等住在一起。该藏书楼早一年由邓、黄建立，以邓实的风雨楼藏书处为地点，贮藏汉文典籍达15万余卷，其中尤多明末遗民著作和清朝禁毁书等孤行抄本，黄节以为东南文献尽在于此。风雨楼地处黄浦江畔，风景幽雅，也适合游憩，多有爱国好古之士来访，同盟会、光复会的章太炎、宋教仁常来此聚会谈论，同时该地也是朋友往来居住之所，黄宾虹就住此处。

邓实（1877—1951），字秋枚，号风雨楼主等，广东顺德人，生于上海。他崇拜清初遗民思想家顾炎武的经世通今之学。清光绪二十八年（1902）创《政艺通报》，弘扬民主科学思想。后与黄节、章太炎、刘师培等创立国学保存会、神州国光社，主编《国粹学报》，出版《风雨楼丛书》和《古学汇刊》。

黄节（1873—1935），原名晦闻，广东顺德人。清末于上海与章太炎、邓实等共创国学保存会，刊印《风雨楼丛书》，创办《国粹学报》。民国后加入南社，长居北京，反对袁世凯复辟。由从事新闻工作转向学术研究和教育，1917年任北京大学文学院教授，后任清华大学研究院导师。以诗名世，曾讲授中国诗学，著有《蒹葭楼集》，与诗人梁鼎芬等合称岭南近代四家。

黄宾虹来沪后主要是和邓实、黄节一起任《政艺通报》《国粹学报》编辑，并参加神州国光社工作，成为国学保存会成员。到清宣统元年（1909）他已是《国粹学报》主笔，并与章太炎订交。黄宾虹是承江永、戴震开基而程瑶田、王念孙、段玉裁等人继之变之的皖派经学，而章太炎的老师俞樾曾私淑王氏，两人在学问、思想上因此多有契合处。在当时的今文经学（以康有为为首）和古文经学（以章太炎为主）之争中，黄宾虹的学术基础虽在古文学派，但他的态度持中务实并不偏向一方，还曾想北上去学今文经学。此外，对甲骨文、金文的看法，他也与章太炎不尽相同，同属国粹派的章太炎与其弟子黄侃等人的“章黄一派”以为古文字多有伪造，在这方面黄宾虹显然倾向不疑古的“罗（振玉）王（国维）”一派。

黄侃（1886—1935），字季刚。湖北蕲春人。章太炎弟子。经学家、音韵训诂学家、文学家、诗人。

在《国粹学报》圈子里，每位同人都在国学上有相当造诣，黄宾虹是其中较年长的一位，但平时相互质疑问难，都使他感觉受益匪浅，殊不寂寞。他与黄节都钟情诗画，情谊尤笃。蔡哲夫爱好金石、诗文，也与他颇为莫逆。他还与高天梅的叔父、诗人高吹万订交。

蔡哲夫（1879—1941），原名守，广东顺德人。早年加入南社，助力邓实、黄节创办《国粹学报》，刊辑《风雨楼丛书》。黄宾虹曾与他商讨打破明代画坛宗师董其昌确立的山水画分北宗南宗刻板印象，还探讨沟通中西画学。

高天梅（1877—1925），名旭，以字行，别署剑公等。江苏金山（今属上海）人。清宣统元年（1909）与陈去病、柳亚子等创立南社，是近代首个革命文学团体南社的主要创建人。留学日本，参与筹备中国同盟会，是同盟会江苏省主盟人。有《天梅遗集》。

高吹万是高天梅叔父，但比他小一岁。高燮（1878—1958），字吹万，号寒隐等。学者、诗人、藏书家、书法家。是清末“江南三名士”之一，与南社主要成员柳亚子交往深厚。清光绪三十二年（1906），与柳亚子等创办《复报》月刊。曾主持国学商兑会和寒隐社，刊行《国学丛选》。著作宏富，有《吹万楼论学书》《吹万楼文集》《吹万楼诗集》等。

清光绪三十四年（1908），黄节因事回广东，黄宾虹仍与邓实共居藏书楼。邓实好藏书、考古，精于鉴赏书画，两人在书画古物上颇多交流。他们一同搜集了许多历代书画典籍，并出版书画册。此时神州国光社在邓实主持下以珂罗版印行了第一集《神州国光集》，所刊古书画、金石拓本以邓实的“风雨楼”藏品为主，由黄宾虹主编，书画界巨擘吴昌硕为刊头题词。珂罗是英文collotype的音译，照相平印版的一种，多用于印刷美术品。《神州国光集》是中国最早的专门介绍古代书画的画报，近代中国影印出版古书画即从此开始，对古书画的保存、普及、传播起了很大作用。神州国光社可谓中国第一家美术专业出版社。这些书画和《国粹学报》等刊物上刊印的古金石书画，都由黄宾虹审定，他可说是中国以铜版及珂罗版印刷介绍古代绘画的第一人。①

黄宾虹在任美术编辑外，还兼任文字编辑，清光绪三十三年（1907）连续在《国粹学报》发表了《叙摹印》《宾虹论画》《叙造墨》《叙村居》等文章，这些文章是对过去的回忆总结，也是为将来治学作准备、打基础。从多年隐居乡间埋首苦学到身处大都市文化中心，能做实事，并为众人瞩目，是黄宾虹生命中的一大转折。他撰写的文章、编辑的画册一时风行，又有良朋佳友和共同的奋斗目标，虽非好名之人，他志向得舒，也不禁意气风发。

也在此年前后，黄宾虹和邓实还萌生了将中国历代有关美术著作汇成丛书出版，并将其作为国学研究资料的念头，开始合编《美术丛书》。1911年2月，

① 黄苗子：《画坛师友录 · 画手看前辈——记黄宾虹先生》，生活 · 读书 · 新知三联书店2000年版，第72页。

《美术丛书》初集由神州国光社开始出版发行，共10函，每函4册，每月出1函，到11月出齐40册。此后继续搜集编辑出版，每年1集，到1913年共出了3集120册，都是传统线装书形式。《美术丛书》主要由黄宾虹负责编辑，他在序言里的一句“肇始辛亥，竣工癸丑”，不经意间透露了主其事的甘苦。此后他还继续与同好友人广泛征集缺失典籍，在1915年再版发行《美术丛书》，又增加了续集40册。到1926年神州国光社改组，他重任编辑，仍不忘补觅孤本，继续整理编辑《美术丛书》。1928年还重刊《美术丛书》，这次是以洋装书的形式出版。考虑到几个版本先后版式不统一，于是他将旧编的160册都重新排版，合装为布面洋装精装本20巨册的一部丛书。《美术丛书》编辑出版工作前后跨度十多年，经过三次修订，是中国近现代影响较大的丛书之一。

《美术丛书》全书共辑录了美术论著257种，内容涵盖了金石书画、碑版、陶瓷、笔墨纸砚、笺纸、印章篆刻、印泥、装潢、琉璃、游具、杖扇、茶艺、琴剑、锦绣等传统艺术门类，以书画论著最多。不少著作在当时已很罕见，很多都是转抄而无刻本的，还有前人脱稿完成但未流传的。收集也不容易，有的是先刊出书目然后向各方面征求最后得到的，有的是朋友协助收集的。因为艺术在国学中的相对边缘位置，这类书籍向来是学者较不在意的，所以编辑此丛书不啻是一次紧急大抢救。当然，此丛书也不免带有那个时代为了文化启蒙往往急就章的痕迹。不可讳言，受时间、收集条件等因素限制，此丛书确有不很完备的地方，有的资料真伪不辨，还有一些重要画论如唐张彦远《历代名画记》、北宋郭若虚《图画见闻志》、南宋邓椿《画继》遗漏未收，而一些摘录又过于零碎。内容选择上也尚有可商榷处，如收入词曲、鼻烟等。体例上也有值得斟酌的余地。另外由于体例浩大，时间仓促，失于校勘、紊乱谬误的字句也还较多。而且据说还有在付印时被商业印刷者为谋利抽改之处，但编者数次查究都未得要领，黄宾虹晚年仍对此耿耿不能释怀。但有人批评说这是一种陋书，就似乎失之过严。这套丛书是研究中国古代文化艺术的重要参考资料，可免去研究者许多寻找检索的烦劳，初版即深受读者欢迎，远至日本、欧美都有人争相购买，许多文艺爱好者以为这套丛书是增强审美、研究古代文化艺术的好导师，正是借助其影响走上了美术之路。黄宾虹在1928年的《重刊美术丛书》一文里就希望这书可成为后学津梁，读者能得道之真诠而忘筌蹄，道出了他编辑刊印丛书的良苦用心。

黄宾虹来沪后，厚积薄发，以自己多年创作研究为坚实基础，和有志保存国粹的同人们编撰《国粹学报》《美术丛书》《神州国光集》，提倡复兴包括画学的国学，较早提出“美术”观念，可谓于海上开风气。

1911年清帝逊位，民国建立，许多人都以为革命已成功，《国粹学报》也以为已完成历史任务，可功成身退，于是宣告停刊。《国粹学报》在最后一期上总结了《国粹学报》和国学保存会的历史任务与功绩，说清廷覆亡、华夏光复中兴，国人言论、心志的力量起了很大作用，而精神即来自明末遗民思想。海内之士多以为国学保存会开精神革命的先河，保存会同人虽不敢自居功劳，但回顾《国粹学报》刊行的七年历史，始终坚持爱国救亡的宗旨，中间虽屡次引起清廷注目，先以金钱利诱，继而加以威吓，同人们都不曾为之所动，一直坚持到今日的胜利。在次年6月改出的《古学汇刊》发刊词上，《国粹学报》和国学保存会成员更乐观地提到如今言论结社已得自由，此后要静心沉潜到国学的学术世界做自己真实的学问。这些观点应该就是《国粹学报》和国学保存会主要成员黄宾虹的见解。他以为可以转而做比较纯粹的“古学”即古典学术的整理总结。

但现实并不如人们所希望的，1913年袁世凯称帝，对报业进行钳制打击，这次事件被称为“癸丑报灾”。在随后的低潮时期，报人和出版人在梦想热情破灭与生计逼人的双重重压下，无奈逐渐分流。12月，神州国光社迁址，附设古物流通处，兼营古物买卖，标志着主持者邓实的转向。《国粹学报》的同人这时已星散，苏曼殊又回上海时，黄节和黄侃却往北京去了，风雨楼上的饮宴笑谈已如旧梦。同人友人中思想激进者，如陈去病，以酒消愁、潦倒穷年，较现实的，如邓实，则埋名市侩，致力古物交易。

但此时年纪较大、阅历较深、个性务实、内心坚定的黄宾虹依然保持对国学与美术的执着与痴迷，他留在上海，继续之前着眼于“古学”的文化求索，生活轨迹少有变化。《神州国光集》在1912年更名为《神州大观》，仍精选古今名画真迹印行。一次，一位朋友拿来两幅明人山水画托他发表，说是一个日本

“学者”想借重他精于鉴藏的名气，并许以重金酬谢。黄宾虹一眼就看出是赝品，严词拒绝，认为此事有伤国体，绝不能做，朋友如果生他的气，他也只好忍痛割席断交。

1918年，黄宾虹还接受了上海有正书局主人狄平子之请，担任了大本画册《中国名画集》的审订编辑工作。他对待《名画集》的态度一如像对待《神州国光集》一样认真，为把遗憾减少到最小，甚至迁居书局印刷工场，亲自监印，日夜无间。因为当时有正书局和《时报》还是一家，所以1920年前后他也兼任《时报·美术周刊》编辑，审定文稿并做美术工作，为《时报》撰写了宣扬美术启蒙救国的大量文字。直到1921年狄平子事业失利，将报业出售，报纸的意旨大变，黄宾虹也脱离了《时报》，《美术周刊》停办。

狄平子（1872—1942?），原名葆贤，字楚青、楚卿，号平子，室名平等阁，祖籍江苏溧阳。长于书画、古画鉴定。在上海创办《时报》《民报》和有正书局，是著名出版家。

1921年秋，黄宾虹由任商务印书馆董事的杭州友人陈叔通和早先在留美预备学堂结识的王云五等介绍，进入上海商务印书馆编译所事务部，被聘为美术部主任。诞生于清光绪二十三年（1897）的商务印书馆，是当时国内最大、出版书籍最多的出版社，出版了大量介绍各类学术思想的书籍，并推动各次文化思潮，几乎当时所有领域的一流学人都与它有过联系，而编辑部所延揽的人才也多为一时之选。在中国近代的文化探索进程中，商务印书馆人所体现出的先进思想和责任意识，都与黄宾虹契合。加入印书馆使他获得处于文化前沿的视野，也使他得以继续启蒙民智、文化救亡。在印书馆，黄宾虹以他的资历分工主管金石书画、旧拓碑帖等美术书籍的出版，在此还认识了许多同事朋友，其中就有安徽同乡绩溪人胡适，胡适1917年回国之初就已和黄宾虹结识。此外，还有杭州人陈叔通。

陈敬第（1876—1966），字叔通，浙江杭州人。清末进士，入翰林院。甲午战争后留学日本，参加戊戌变法运动。辛亥革命后任第一届国会众议院议员，曾反对袁世凯，不满北洋军阀，退出政界后任上海商务印书馆董事、浙江兴业银行董事等。精文物鉴藏，富收藏。

但黄宾虹仍惦念着神州国光社，1926年，他从商务印书馆重回一度停顿的神州国光社，继续负责主编《神州大观》。1928年，邓实出卖神州国光社，黄宾虹携几位广东友人，如黄居素等，顶盘了国光社招牌、版权，选择留下来，并以开设书店等举措努力开创新局面。次年，《神州大观》在他主持下发行了《续编》，内容丰富，印刷精良，重现当年宣扬国粹的风采。神州国光社成立25周年时，他还出面邀集上海文艺界人士聚会纪念，著文回忆国光社时，发扬国光历程。但国光社素来以宣扬文艺美育为职责，着重艺术著述，书的销路不好，加上时局不宁，局面颇多支绌，社务也更变无常，后来画册停止出版。到1932年黄宾虹前往四川游历讲学前，神州国光社的广东友人还在集资商议扩充，但等他在川地待了一年多时间返回沪上时，就听说国光社亏累很大，不能支持，经理也换了人，连留下的稿子都不及装订。此后黄宾虹渐渐淡出神州国光社。

从20世纪初来到上海到1937年离沪北上这30年寓居上海的时间里，黄宾虹在前半阶段主要是以报人、出版工作者身份从事保存、宣传国粹的工作，曾任职报社，做文字与美术编辑，并参与编印古代画集、美术丛书。此外还以卖文为生，写作了1000多篇介绍画史、画法的文章，涉及诗书画印、笔墨纸砚、工艺等国学和传统文艺的各个方面，这些文章构筑了他眼中的古典国学、国画世界。他是欲借此集大成之举而开新风气，实现他一直追求的“致治以文”。

长与山中辞

黄宾虹在清光绪三十三年（1907）被时代际遇和自我抉择的合力从歙县的乡土中国推到上海，开始了后半生兼为报人、教师、画家的生活。这时的上海已成为中国的思想文化艺术中心，取代了逐渐黯然的扬州、苏州等地。但在不惑之年才来到上海的黄宾虹心里，虽然在此扬名海内外，他却永远是潭渡和金华的“乡下人”，一直渴望回到故土和山水间，这对他的山水画创作影响至深。

在潭渡稳固的乡土社会里，黄宾虹的身份是很明确的，他是士绅，士农工商之首，是有功名而未做官的人。而在上海这个当时中国几乎仅有的真正意义上的现代都市中，他不可能不感到自己身份的暧昧，不可能不感到迷惑。但在上海生活，他一方面有了更多职业和人生选择，而且出生于徽商家庭和浙东金华，一直处于能自由游走于儒、商、农身份的人生模式，使得他在向新式知识分子转化时没有经历太多思想矛盾和转型痛苦。当然他也刻意保留了许多传统士夫的思想、生活方式来守住初心。

黄宾虹开始努力适应、试图融入上海这个新型都市和多变的市民社会，在《国粹学报》的圈子外，也和亦雅亦俗的海上画家群体有了更多接触。清宣统元年（1909）春，他就和友人蔡哲夫参与在豫园得月楼举行的豫园书画善会成立雅集，积极参与善会以美术开展的慈善活动，并与善会的发起人之一，原籍湖州的实业家、慈善家、社会活动家、画人王一亭（1867—1938）有了较多交往。慈善一直也是他的心之所向。

豫园书画善会是近代上海规模和影响较大，存续时间较长，参加人数较多的艺术家、慈善团体，发起人有当时海上著名画人吴昌硕、蒲华、高邕等，会员达百人。它已经具有比较完善的现代社团章程，被认为超脱传统雅集，比较像一个兼有书画创作和慈善功能的协会，将各位名家合作的书画在会所陈列展出并标价出售，所得钱款一半归善会用于公益，在成立后助赈过甘、浙、鲁、豫各省水旱灾，功德无量。如1922年浙江水灾严重，书画善会也曾卖画赈灾，黄宾虹画了多幅山水画参与善行。这个善会一直存在了20多年，后因上海多遭战事、海上名家前辈渐次凋零才慢慢衰落。

清宣统二年（1910），黄宾虹还参加了著名的海上书画金石雅集中国书画研究会。次年研究会改名“海上题襟馆书画会”。这是清末民初上海影响力很大的一个书画会，成立于清光绪年间，常聚会的金石书画家包括吴昌硕、王一亭等数十人，在辛亥革命后两三年画人云集，最繁荣时人数达80多人，几乎聚集了海上画家的一时之英。在书画会中，会员除了探讨、交流金石书画，还常带各自收藏或创作的书画彼此观摩。此外，会里还有各会员的润格，代会员收件，许多书画商人和掮客也带着大批书画古玩去兜售。这个书画会有着浓厚的上海式书画文化氛围，和扬州、更和歙县不同，黄宾虹也开始入乡随俗。

清光绪三十四年（1908）春，黄宾虹作画寄给当时在北京的许承尧，画的是和潭渡相邻的唐模许家里居，借此抒发自己对家乡村居春日景致的留恋。令他不能忘怀的还有寄予多年心血的庆丰堨和小学事务。自从他出走上海，堨务、学务已难以顾及，他希望族人里能有合适人选接替自己继续从事对家乡有益的事务，还有他管理多年的黄氏宗族祠务。但当二弟仲方来到上海请求接办堨务时，黄宾虹却有些犹豫。他是熟悉二弟的为人的，知道他过于忠厚，实际事务能力不足，一辈子株守田园，不曾外出以观世变。更主要的是他已由这次被逼出走觉察到邻村某些人包括某些本族人对堨务义田的觊觎，深感人心叵测和办实业的不易，他不愿二弟像自己一样走上一条不知不觉间四面树敌的险路。

清宣统二年（1910），黄宾虹的母亲方氏孺人在无锡三弟元清处病逝。三弟早年被父亲留在金华染坊当学徒，后因为人办事谨慎诚实可靠而被推荐到无锡一家米店做伙计。他友爱笃敬兄长，孝敬父母，回歙娶妻，在父亲去世后把母亲接到无锡赡养。他只有两个女儿，对黄宾虹幼子映发很是喜爱，也接到自己身边养育。这次母亲逝世，元清因商务一时难以脱身，是三弟媳扶柩归潭渡，暂时停厝葛塘寺。腊月，黄宾虹放下手头的繁忙报务，返回故乡办丧事并过年。这是他离乡出走后首次回乡，兄弟重逢，使得此次返乡有点悲喜交加的意味。但知道庆丰堨已被邑东自治公所接管，黄宾虹更是百感交集。

才进村口，黄宾虹就在庆丰堨附近遇见一个堨务的旧司事，但他见到“朴存公”时表情尴尬、嗫嚅无言，引起黄宾虹不祥之感。果然他很快就听说堨务落入他村人之手，一时感到难以置信，后到县城稽查案卷，翻阅各种公文证据契约，才确信庆丰堨已交割，由所谓邑东自治所，实际就是由邻村的一二劣绅把持，而合股分利的垄断行商行径，和自己当时想为族人谋福利的初衷更是相去万里。想起以前治堨的不易，尤其是宗族产业主权无端落入劣绅之手，黄宾虹感到极度失望。因为其中也有族人所为，更有怒其不争之感。

黄宾虹修复庆丰堨，使千亩良田一朝成熟，乡民受益，是他在家乡进行乡土改革的重要成果。但修堨时的艰辛、努力和希望，最终都化为泡影，这几乎是当时中国式改良失败的小小缩影。后来，他把这一切都写入了《任耕感言》。一部《任耕感言》，不仅是一部真实的乡土小说，还是改良失败的追忆，隐隐透露出黄宾虹难得的忧伤，虽然在结语里他还是表现出一贯的理想主义和忠厚乐观。这和他年少时因改名之事和族人发生不快一样，经过两次被出卖，黄宾虹虽然不愿相信但仍真实感受到在宗族村居温情外貌下的狭隘、冷酷和对利益的追逐。

黄宾虹同弟弟将母亲和父亲合葬后，身为长子的他声明将祖遗田地产业一概放弃，以后自己愿在上海守一方砚田，自给自立。父亲的去世，使他彻底摆脱了高中科举振兴家族的执念。此时母亲的逝去，更促使他决心挣脱与乡土宗族的过度牵连纠葛。步入中年的他已另有一片天地，可以开始新生活。在他回沪前，族里主持事务的族人来怀德堂商谈祠租等事，黄宾虹交卸了祠事，交出了历年收田租、祠租的账簿，还有当年为争取义田权益而搜购的旧文书，声明垫付的费用、管祠历年薪水都一概不取。

不过此后黄宾虹对故土的牵挂仍难以真正断绝，对故乡的情感复杂矛盾，他的爱给了故乡的理想化部分如山水、歙故，而对乡土落后现状、村人思想里的鄙陋部分则表现出深沉的批判和拯救意识。

1911年春，黄宾虹携妻儿全家乘船从潭渡由渐江进入浙江（钱塘江），转杭州到上海。这一带的水路是和他的前半生关系最密切的地域之一。船尾在水里留下的痕迹似乎显示了他以往的生活轨迹，而黄宾虹和家人站在船头，眺望前方，寻找着上海的影子。携眷到上海后，他在上海终于有家了。黄宾虹此时在上海文艺圈里已非泛泛之辈，但以笔耕为业只能是“丰年仅能抵下农”，努力谋生但仍是清贫，1913年癸丑报灾后更是遭遇多年生计困顿，“蜷缩尘湫，赁宇觅食，佣力恒不能得值，忽忽数稔，窭且益加。今报学两界势难植足，以枵腹也”①，“尘湫”指喧闹低洼之地，可见他当时在上海“赁宇”租住的房子条件一般。“窭”指贫穷，“枵腹”指“空腹”，可见他一度生活不顺。

到1915年，也许是因为这几年生活困难，也许是时间和距离冲淡了不愉快的记忆，客羁沪上、已过知天命之年的黄宾虹表现出对家乡难以遏止的思念。夏日写了《潭渡图》，7月作画为二弟庆祝五十寿辰时也表达了对潭渡村居、先人故庐及耕读生活的向往，他应请为家乡春晖堂作山水大屏四幅，还在题跋上

① 上海书画出版社、浙江省博物馆编：《黄宾虹文集·书信编·与柳亚子》，上海书画出版社1999年版，第96页。

表现了对族中前贤诗文、经学、绘画传统的景仰。

1918年10月，他在阔别家乡多年后挈眷归里。途中他得遇邻船的旅行家蒋叔南，两人虽是初识，但言谈甚欢。黄宾虹知道蒋将去黄山游历，邀他同往潭渡，还写信给汤口的友人，为蒋游览黄山提供向导、食宿。蒋希召（1894—1934），字叔南，号雁荡山人，温州乐清人。曾是同盟会和光复会会员，参加过反袁护国运动，参加过国民革命军，也曾任上海时事新报馆经理。1915年解甲归乡隐居，在雁荡经营名山生活，还经常外出漫游，和康有为、梁启超等人有交往，梁启超赞美他是“徐霞客第二”。后夜出玩月不幸落石门潭而死。

这段友情还有后话，黄宾虹1931年游雁荡山就受到这位雁荡山人的热情接待。黄宾虹生性也爱游览山水，心里隐藏着浪漫的浪迹天涯理想，他来上海后起的“予向”别号就透露出对东汉名士向长（子平）隐居不仕、畅游五岳、自由往来山水天地间的钦慕，希望自己能和向子平一样。所以他和蒋叔南这位当代徐霞客很是投缘。

这一次黄宾虹回家后，族中的弟侄辈都来嘘长问短，询问他在上海的情形。大家相晤叙谈，闲话契阔，黄宾虹也陶醉在多年没感受的乡情里。可惜谈话里他竟然又获悉义田损失了三四十亩地。他熟谙族中故事，知道义田是清乾嘉年间一位族祖设置的，本是为村民谋福，但后来族中有人为争管义田打起官司，祸起萧墙，使得外村人渔翁得利。自己早年争回了义田，没想到村人又重蹈人心不齐的覆辙，使失而复得的族中百年祖产又落入他手。此外他还听闻管祠事和庆丰堨收租的族人都各有私心，甚至有人中饱私囊，历年账务没有公布，是笔糊涂账。黄宾虹本想邀集宗族里人彻查此事，但当事人故意避而不见，互相推诿，族人虽有知道实情的，也多加隐讳。他毕竟久客在外，在乡里只有一月时间，终不得要领。

黄宾虹早已体察深知众事之难莫过于家族之事，返沪后本可就此放手不顾，但由于一贯的责任感和侠义好事，他还是不避嫌疑地写信给一位族弟，责备他听任祠账不清，无非是为了避嫌，生怕与族人生出芥蒂，徒然招怨。这本是一片至公耿直的诤言，却被对方认为言语过于激烈武断。黄宾虹又去信解释说自己平生好尽言，以至惹人怨恨，几乎到人人皆欲杀之的地步，只是脾性天生，不能改变，所谓姜桂之性、老而弥辣。

这封写在1918年的长信，虽是写给个人的，不过是又一次表露了他对乡族未来的忧虑和希望，以及对乡人微妙的情感。他更由村务联想到现实国事，由窃土者想到窃国者，谈及改革的变质、启蒙的难为。在乱世如何处世律身，他以为只有依赖道德、学问、知识，知识可以救乱扶危，有知识、学问可创造建设，而三者兼备才可长久巩固。

黄宾虹虽已放弃恒产、漂泊在外，仍希望黄氏宗族图强自励。他只能将当年为乡里做实事的努力放在著述上，以警示未来的族人。此时他除了把自己在绘画上几十年的心得和对古人不传之秘的理解记下来外，另两种著作都和乡土有关，一种是搜集歙县的古今遗闻轶事、诗文，编成专门的文献志，另一种就是把自己亲力亲为之事还有游山水的杂记整理成书。他的《滨虹杂著》在1919年撰写完毕，收有《歙潭渡黄氏先德录》《任耕感言》《仁德庄义田旧闻》，就是记录潭渡黄氏一族的历史及自己修复庆丰堨和义田的始末。这是学族贤黄吕的《潭滨杂志》，也是他此时致力歙故的成果。

1919年3月，黄宾虹前往南京，经无锡时见到了三弟元清，见他神气委顿，心里很惊异。原来元清自从入股做新生意，因不熟悉情况，生性又忠厚，竟然被人陷害连累，亏损严重，他既愤懑又懊恼，落下肝胃毛病。后来重操米业，不料江苏严施米禁，生意惨淡，资金周转不灵，加上合作者又离去，雪上加霜，病情日益加剧。黄宾虹感觉弟弟的病症有些不妥，为他请了西医。大夫诊视后，以为是胃肝病并发肺病，病势已十分严重。接下来的4月是个特别多雨的季节，元清就此遽然谢世，还不到50岁，抛下了妻子和两个女儿。黄宾虹遵他的遗言，以自己的小儿子映发为三弟之后，遵礼成服，后来又接侄女来上海，并为她们完婚，只是映发十几岁时也因病夭亡，实为可叹。

黄宾虹在父母亡故后，又一次经历亲人的离去，而且是比自己年轻的弟弟。而弟弟逝世的主要原因就是商业的失败，悲剧的命运似乎是有遗传性的，弟弟的挫折几乎和父亲一般无二，深究道理，实不是个人或一族的不幸，而是国家商业衰败的大势所致。三弟一生勤劳节俭，清心寡欲，指出他人过失往往直言无隐，但与人交往则真诚不二，所以有人怕他却没人恨他，这是从父亲身上学得的美德，黄宾虹的性子也是这样。但这时早已不是商人们凭借诚信忠厚立身的时代，就像年轻时的黄定华还有潭渡黄氏前辈曾凭诚信成功过。黄定华、黄元清的悲剧是整个民族工商业悲剧的缩影。黄宾虹亲历三弟之事后，更深刻、直观地知悉了中国工商业尽操于他国人之手的危机四伏现状，深感徽商首当其冲。究其原因，就是学识不足。当年徽商占尽先机就是比别人多一分文化，而如今以传统文化为优势的徽商已风光不再，因为商业规则已不同。旧日商人以间接得佣金为利，而新商人以操纵金融、用大资本吸取小资本为能事。黄宾虹深切感到“以近来商业非有世界之学识，无不失败”①，更预言不出几年中国商人将有一场恐慌，长此以往更将陷入困厄处境。这种预感来自出身徽商世家的他对徽商现象背后传统文化命运的深刻理解，可谓富有历史感的明智。

黄宾虹想起在家道中落的转折点上自己和弟弟不同的命运，更不由思绪万千，也真切感受到教育的重要意义。他一直关注黄氏宗族子弟教育，曾为兴办小学劳心劳力，他也特别注重让家中子弟多读书。此外，他还接受现代教育理念，认为要多注意工艺技能，指出中国人将来要生存自保，在文化艺术外要以工科、医学等为要。黄宾虹觉得自己的长子、次子的资质性情不适宜学艺术，看到汪律本的侄子从职业学校肄业，也和三弟商量想送他们去职业学校学一门手艺将来自给。女儿映班也被送去无锡竞志女校和三弟媳一起读书，侄女也进入第四女子师范学校。他秉承了徽州旧式家庭重视教育的传统，在这一文化转型期里更表现出远见新识。

1919年这一年，真是应了祸不单行那句话，10月，黄宾虹二弟仲方在潭渡去世。黄宾虹惊闻这一消息，书写了挽联“越山吴水，惊愕乡心千里梦。弟居兄出，睽违人事十年期”，的确，他离别家乡已10多年。此年黄宾虹亲人的纷纷去世，令他感到了刻骨的孤独。而随二弟噩耗同来的还有庆丰堨田亩被水淹歉收的消息。黄宾虹原来总以为士大夫的立身之道要由近而远，不能舍家族亲人而空谈国事，但他也看到村人多目光短浅，不能谋长久远大之策，分利者多

① 上海书画出版社、浙江省博物馆编：《黄宾虹文集·书信编·与黄昂青残札》，上海书画出版社1999年版，第263页。

而谋利者罕见。如庆丰堨义田被卖，祠租不交，都不是一二人所能把持的，究其病根，就是乡人难以改造的积弊陋习。此后，他与故乡渐离渐远，隔膜更深，留下的只是深深怅惘。

潭渡于黄宾虹，最可怀念的除了山水亲人，还有自己多年来亲手修葺改造成的虹庐（滨虹草堂）。它在林壑幽深处，绿树围绕，入夏凉爽，可以避暑，屋后是一脉疏秀的青峰，门前是一泓小溪，一夜雨后，听泉声喧闹，是个诗意盎然、翕然绝俗的小天地。他此后只能在上海的喧嚣逼仄里写些荒寒画境，将自己对故土的济世情怀，化为灯下闲看画稿的寂寥。不过，“滨虹”意象仍频频出现在他的诗画中。

黄宾虹在家乡已写有《滨虹集印存》，来上海后又在报章上发表《滨虹羼抹・叙摹印》《滨虹论画》《滨虹杂著》，他的好友高吹万在诗里称他为“滨虹子”，清宣统元年（1909）邓实为他代订的第一个润例名为“滨虹草堂画山水例”登载于《国粹学报》。黄宾虹大约在1911年辛亥年之后开始用谐音滨虹的濒虹、宾鸿等名，1917年左右又易字宾虹，从此以字行，为人所熟知。黄宾虹曾说，他用过的众多笔名里，有的如大千，与他人（张大千）重名后来被弃用，有的字太古僻不容易念也不容易被人们接受，他之所以定下来名宾虹主要就是因为“惟宾虹之号识者尤多”[①]，因为上海地名有洋浜桥、虹口，所以在上海这个名字容易被人记住。以后他一直多用宾虹这个名字，和他渐渐在上海入乡随俗不无关系，而这个名字又是从故乡古迹滨虹亭来的，可谓见证并象征了他和歙县、上海的微妙关系。

南社新知

清宣统元年（1909）那年深秋，黄宾虹来到苏州，和在家乡教书、养病的老友陈去病会晤，还一起赴虎丘参与南社成立的雅集，成为最早的17位南社社

---

① 上海书画出版社、浙江省博物馆编：《黄宾虹文集・杂著编・自叙》，上海书画出版社1999年版，第561页。

友之一。

清廷统治的最后岁月，革命和反动的交锋到了最激烈的时候，就在这时，南社成立了。它虽以文人雅集的方式掩人耳目，但初集时的17位人物（算上两名客人共19人）还是都有些不平凡，其中14位都是同盟会会员，包括陈去病，其余的3人中，黄宾虹和蔡哲夫是以国学保存会会员、《国粹学报》主编身份参加的。黄宾虹的参与，和他一贯的先进文化思想有关，也和他在上海文化界的地位有关，还和他与南社发起者之一、这次雅集的具体事务准备者陈去病的友情有关。黄宾虹也与南社领袖柳亚子结交。

清光绪三十三年（1907）黄社社友黄宾虹和陈去病因为被举报，相继出走离歙后，很快重聚上海，在清末的高压氛围里，两人常在一起小酌消愁。南社的发起时间就是在这一年冬，是《国粹学报》和《复报》的爱国报人中坚人物柳亚子、陈去病、高天梅、刘师培、邓实、黄节等人聚会小饮时提起的，社名取《春秋左传》的“操南音，不忘其旧”之意，寓意反对清廷，以研究文学、提倡气节、反抗清廷为宗旨，鼓吹民主革命，欲和同盟会互为犄角，共图革命大业。这些人多与黄宾虹有交谊，所以他此次能参与南社的成立仪式。

在清廷的严密监视之下，南社的成立也不是一帆风顺的，有谣言说虎丘雅集可能会有危险，发起人之一的高天梅就不来了。11月13日，柳亚子等15人雇了一只画舫，带着船菜，从阊门直向虎丘而去，而黄宾虹和蔡哲夫等4人则是骑马联骑驰向虎丘。那是个晴朗暖和、颇有些春意的秋日，虎丘上芙蓉弄妍，岭梅吐萼，陈去病、柳亚子、黄宾虹、俞剑华、诸贞壮等人聚集张东阳祠，模拟300年前明末几社、复社遗民士夫结社的遗风，遥望天边南飞的鸿雁，登高赋诗，酣饮畅谈，让虎丘殊不寂寞。柳亚子赋诗记录此次盛会“寂寞湖山歌舞尽，无端豪俊又重来”，他在诗《南社会于虎丘之张东阳祠，同邑陈巢南，吴县朱梁任，虞山庞树柏，云间陈陶公，上海朱少屏，娄东俞剑华、冯心侠，宝山赵夷门，丹阳林力山，毗陵张采甄、张季龙，魏塘沈道非，山阴诸贞壮、胡栗长，歙县黄滨虹，顺德蔡哲夫，福州林秋叶，太原景秋陆咸来莅止，盖自社事零替以来，三百年无此盛矣！诗以纪之》中，就提及黄宾虹。

这些南社元老里，和黄宾虹后来交往较多的，还有俞剑华、诸宗元等人。

俞锷（1886—1936），字剑华，江苏娄东人。与南社的潘飞声、高天梅、傅屯良因为名或字里都有“剑”字，合称“南社四剑”。黄宾虹友人里有两个俞剑华，都是南社社员。另一个是山东济南人俞琨（1895—1979），字剑华，工书画，陈师曾弟子，是绘画史论家，著有《中国绘画史》等著作，影响很大。1926年黄宾虹曾携济南俞剑华拜访太仓俞剑华，作《俞访俞记》，二俞订交，传为佳话。

诸宗元（1875—1932），字贞壮，一字真长，别署迦持，晚号大至。浙江绍兴人。藏书家、诗人、书画家。曾在上海参与创办国学保存会、《国粹学报》，加入同盟会、南社。著有《大至阁诗稿》《中国书学浅谈》等。

会后大家留影纪念，黄宾虹还应社长柳亚子之请，作《南社雅集图》，留下永久纪念。但南社日后的内争也从初次雅集就见端倪了，在虎丘，柳亚子为唐宋诗的高下与蔡哲夫等人发生了争执。

南社是一个人数很多、持续时间较长、成员成分很复杂的社团。黄宾虹的许多好友后来都参加了南社，更有许多南社社友成为他的好友。令人感慨的是南社成立时，它的倡导者之一、黄宾虹的师弟、旧友刘师培已投靠清廷，后来还在袁世凯称帝时为拥护帝制的“筹安会六君子”之一，和友人成为陌路人。大时代是残酷、考验人的。

刘师培（1884—1919），字申叔，号左盦，江苏仪征人，学者、经学家。清嘉庆咸丰年间经学家刘文淇曾孙。他的经学以文字学、左传学为主，史学开近代中国学术史体，与章太炎（字枚叔）合称“二叔”。汪宗沂曾向刘文淇学汉学，又成为刘师培和黄宾虹的老师。

南社社友多慷慨激昂之辈，也多书画诗文同道中人，他们的活动地点主要在上海，按照传统文人雅集惯例每年一般有春秋两次雅集。1912年3月上海愚园的第六次雅集，黄宾虹参与并和柳亚子等人在会后合影。这是南社的极盛时期，民国刚成立的时候，却也是黄宾虹在南社雅集里最后一次留下身影的时候，这戛然而止的背影也许透露了他由于时局变幻不定、南社内部争斗而产生的冷静旁观态度。

柳亚子将南社分为三个时期：清宣统元年（1909）至1911年是酝酿也是全盛期，1912年到1916年是遭受袁世凯诛锄异己的被摧残期，1917年至1923年是人心在时代考验下开始清浊、泾渭自分明的堕落期。南社史就是这段复杂历史的缩影。

1911年10月10日，武昌起义成功，各省纷纷响应独立，情势直转而下。南社社友庞树柏和宋教仁等参与上海光复，黄宾虹也积极响应。10月中旬，上海商团围攻沪南的高昌庙军械制造局，当时有商团执事、歙县同乡知道黄宾虹倾向革命，以实情走告，并请他担任外线的传递工作，黄宾虹欣然配合，还特制一面大号白旗藏在书箧中。当商团攻克目标、上海光复后，全市震动之中他兴奋地高悬表示正大光明的白旗响应。

1912年春，南北统一、民国成立、共和伊始，百姓拭目以待治世，但袁世凯窃国却使时局变幻不可知，只留给人们迷惘疲惫。秋天，时任安徽都督的柏文蔚电请黄宾虹回皖。当时黄宾虹的许多旧友同乡都已回乡参政，如柏文蔚、都督府秘书长陈独秀都是昔日安徽公学同事，教育司长江彤侯是黄社旧识，汪律本也参与柏的戎幕，而南京政府里《国粹学报》、南社旧友任要职的更是不少。本来回乡从政应是爱乡的黄宾虹的首选，他却表示自己无意从政，谢绝邀请，选择留在上海办报兴学，继续平民生涯。这是一个知识分子分化的时期，如黄节、陈去病、柳亚子等都没有入仕。黄宾虹这一看似淡然不重名利的人生重大抉择，其实是他对当时政治时势明了之后所做的清醒选择。正如柳亚子因预见袁世凯的野心而放弃从政，黄宾虹也目睹了革命胜利后同盟会、南社内部的矛盾，他也许是想起了自己参与乡土改良的惨痛教训。当然，黄宾虹更是因为深受徽学和浙东学派求是史学观影响，也多经世事，谙熟历史与人性，受功成身退思想影响，由历代士夫画者隐逸命运尤其皖派浙东学者多隐逸的生平，得出近似直觉的领悟和先验式预感，使他主动选择了自己的生命形态。可以说，他的选择很明智，很适合他，使得他取得绘画和人生的较自由书写的状态，也能更好地领略继承历代山水诗画创作的隐逸风范和传统学术研究的独立姿态。

柏文蔚（1876—1947），字烈武，安徽寿县人。同盟会会员，民国元勋，与孙中山、黄兴、李烈钧同为辛亥革命四杰之一。1912年任安徽都督兼民政长。

江彤侯（1880—1951），名暐，安徽歙县人。同盟会会员。陈独秀挚友。

这又一次不合时宜的选择，归根结底还是由黄宾虹的学人气质性格决定的。

辛亥革命后，黄宾虹主要历任《神州日报》《真相画报》《国是报》编辑。《神州日报》是1907年清末革命党人在国内办的第一份日报，最早主持者是近代政治家、书法家于右任（1879—1964），主旨倾向也是宣传反清民族革命思想。此时主持报务的汪彭年、主编汪允中都是歙县同乡，使得《神州日报》几乎成为皖人的机关报，黄宾虹也因此在1912年春入《神州日报》任编辑，后任主编。

就像《神州日报》带有地域色彩一样，当时的报纸也都带政治色彩，1911年至1912年之间，南社同人主持上海报馆的颇多，黄宾虹和报人中的南社人多有交往，治事之暇，辄为诗酒之会。

1912年6月，岭南画家高剑父、高奇峰兄弟从广东来沪上创办《真相画报》，也约请黄宾虹参与编撰与插图。《真相画报》的特色之一是图文并茂，包括国内外时事图片、绘画、漫画。另一特色是“求真相”，政治色彩较浓，发表反袁时事评论，还刊登孙中山社会主义演讲图片。1913年3月，国民党理事、南社社友宋教仁被刺杀，《真相画报》刊登了新闻和照片，并将刺杀宋的凶手及主谋的往来函电刊出，直指袁世凯为幕后主使，后因此被迫停刊。

高仑（1879—1951），字剑父，广州人。高嵡（1889—1933），字奇峰，以字行世。兄弟都曾留学日本，都是同盟会早期会员，深受孙中山器重。兄弟还与陈树人一同致力中国画改革，创立岭南画派，被称为“岭南三杰”。

1913年6月，袁世凯对国民党人加紧控制和镇压，影响到与之关系密切的南社文人，报纸这个他们发表言论并赖以为生的地方也逐渐被政府掌握。癸丑报灾是一个转折，报纸是最快反映现实变化的，黄宾虹在《神州日报》上的时事评论“神州月旦”栏目很快被谈古论艺的“零缣断简”代替。1915年《神州日报》更被帝制议员收买，黄宾虹离开。上海报界陷入万马齐喑的时期，许多报人的生活也陷入困顿。此时黄宾虹的生活很清苦，坐着冷板凳。为了解闷，常和陈去病、胡朴安等，在小酒肆买醉，发芽豆一盆作为下酒物，也可以和前文提及黄宾虹说的“蜷缩尘湫，赁宇觅食，佣力恒不能得值，忽忽数稔，窭且益加。今报学两界势难植足，以枵腹也”[①]相印证。他此时常来往的朋友还有南社的蔡哲夫、刘季平和庞树柏等。他们作为报人、教师、学者等文化职业者，曾一起经历过癸丑报灾后多年的困难时光，但富有文化信念的他们也以学问和诗画抵御现实不顺。

胡朴安（1878—1947），近代报人和经学、文字训诂学家。安徽泾县人。也是南社骨干，曾创办主编学术刊物《国学》。任上海国民大学及持志大学国文系主任。又任职于上海《民报》等处。抗日战争胜利后，任上海通志馆馆长。

庞树柏（1884—1916），字檗子。常熟人。南社发起人，同盟会会员。辛亥革命时参与计划上海光复。善诗词。

刘季平（1878—1938），原名宗穌、钟穌，字季平，上海人。他在家中排行第三，所以取龚自珍诗意自署刘三。留学日本，加入兴中会。任浙江陆军学堂教官。清光绪三十年（1904）在乡里创办丽泽学院（青年学社）培植反清势力。因谋划刺杀两江总督端方入狱。南社社员，善诗，有《黄叶楼遗稿》。妻子陆灵素也是南社社员。刘季平被称为“义士刘三”，是因为清光绪三十一年春反清义士邹容因“苏报案”病死狱中，他不畏株连，冒险收葬邹容遗骸，葬在自己上海华泾家中的黄叶楼旁，义举传颂天下。可见他是个正直豪侠人物，和黄宾虹经历性情相似。刘也爱好书法，擅篆、隶、行三体，尤擅汉隶。刘还与黄宾虹友人、南社诗僧苏曼殊交谊深厚，常资助曼殊。由此刘黄两人也投合。

南社诸子里多诗人，也多善饮者，刘三和黄宾虹两人的酒量更是出名，黄宾虹常去黄叶楼豪饮畅叙。在艰难时世做个不随波逐流的坚守信念者，是注定寂寞的，唯有朋友如寒夜温暖灯火消解了人生苦涩，每次苦中作乐的寻常小集都是弥足珍贵的记忆。

南社社友里，社长柳亚子的戏剧化诗人个性和黄宾虹迥然有别，但黄宾虹很欣赏他的才华学识，尤其信服他的政治眼光。柳亚子（1887—1958）曾因钦慕南宋词人辛弃疾改名弃疾，字稼轩，又号亚子，江苏吴江人。创办并主持南

---

① 上海书画出版社、浙江省博物馆编：《黄宾虹文集·书信编·与柳亚子》，上海书画出版社1999年版，第96页。

社，曾任孙中山秘书。

在1915年给柳亚子的信里，黄宾虹倾吐了对时局“来日大难”的忧虑及对友人被害的愤懑伤感，信中的两个“！”印证了他彷徨下的坚定：

> 益以世氛日嚣，人生靡乐，故交之士，遭戮辱罹祸乱者，不可偻计，伤何如之！然成务而偾踣，立异而触冒，此非尽庸人，而沉几未深，豪杰与有责焉耳。邦之兀臬，来日大难，先生其何以拯救之！[①]

黄宾虹说如今时世，如果要成就事业就会“偾踣”僵仆，也就是王夫之说的死亡，要“立异”持不同的态度看法就会抵触冒犯权势，他说自己深感迷惘，虽然“沉几”（即冷静观察事物）但还不能看清未来，但又觉得作为士夫学者对社会有责任。所以他最后说“邦之兀臬”即国家动荡不安，典故出自《尚书·秦誓》的“邦之兀臬，曰由一人”，指向袁世凯称帝，未来不可预测，先生（柳亚子）你说该怎么拯救这世道呢？信中文字可见黄宾虹对柳亚子的信任。

刘师培在1914年袁世凯预备复辟后附逆为“筹安会六君子”。感于时论日变、士耻尽忘，在北京的黄节把自己斥责刘的信寄给黄宾虹，请他在上海发表，造舆论气势。当时《神州日报》已被袁党控制，黄宾虹便将书信转给柳亚子，发在《南社丛刻》上。黄节信中表现出的晓以大义的凛然正气，对昔日好友晚节不保的痛惜，希望他迷途知返的殷殷之情，黄宾虹是深有同感的。这时袁党也曾派筹安会成员来沪许以厚利，诱劝黄宾虹北上共事，遭到断然拒绝。生活虽困难，但在大是大非前黄宾虹是清醒的，他的理由很简单，就是“助纣为虐，不是君子所为”。

辛亥革命后，沪上颇多离开京城的前清大臣成为寓公遗老聚居于此地，康有为回国后想办报宣传他的言论，因为黄宾虹在戊戌变法时倾向康、梁，曾拜读《大同书》初稿，还有过通信交往，康也素知他学问博洽，想聘请他任自己

① 上海书画出版社、浙江省博物馆编：《黄宾虹文集·书信编·与柳亚子》，上海书画出版社1999年版，第97页。

办的《国是报》的编辑。1915年10月黄宾虹已辞去《神州日报》职位，正好失业，在康的极力聘请下，一度出入康的南海斋，成为座上客。康有为以一部《广艺舟双楫》主张用碑学来消解帖学的平庸暮气，成为晚清书坛最重要的书法家和书学理论家之一，因为正契合清末的书法发展和社会进化思潮，所以当时书画家无不受其影响。主张引金石入画的黄宾虹也与康有艺术理念契合处。

此时的上海是个复杂而调和新旧的思想中心，以康有为的保守立场，黄宾虹是南社人，却能基于黄的才干声望邀请他。再如黄宾虹不但与老乡胡适来往，还曾向安徽公学老同事陈独秀约稿，约的还是白话小说，大约是因为他对新文学不很熟悉，但也可从侧面看出他虽然只能作文言文，对新文学是不反感的且还很有兴趣的。陈独秀因正致力于创办《青年》（次年改名为《新青年》）杂志，说自己无暇他顾，并声明自己不能作小说，但推荐自己侄子翻译的西洋名著小说。

不过，晚清民初风云激变，康有为一部《大同书》天下呼应的时代早已过去，国内学术界、思想界已一日千里，南海老人是难以理解的。不久后，大概由于办报意见参差，黄宾虹离开了《国是报》。

接着发生的大事是护国讨袁，袁世凯被迫取消帝制，1916年黯然病死。南社仍在活动，但参加雅集的社友人数渐少，内部意气纷争不绝是主要原因。这时的纷争多与柳亚子有关，柳亚子是南社元老，但他强烈个性里的某些因素如任性冲动、不通情理，也带来负面影响。他常因琐事和社友争执，还在一段时间里不愿意执事，社务暂由姚石子维持。他曾因细故和黄宾虹至交高吹万失和，后虽然和好，高从此不再参加南社活动。当柳亚子和黄宾虹另一位好友蔡哲夫发生激烈争吵，黄宾虹也不能不卷入其中。事情还是由唐宋诗之争而来。纷争中，有社友致信黄宾虹，认为他的人品、学问素来为同社所服，他与双方关系也不错，尤其是他一向内敛克己、厚道待人，持“学问深处意气平”之见，希望他从中调和，平息双方的意气之争。黄宾虹也不愿见老友决裂，但无奈双方裂痕已深。柳亚子愤然辞职，社友公推和善的姚石子再次收拾残局。但改选后社友意见仍有分歧，姚也不是强有力的领导者。此后南社活动渐少，声势影响削弱，1917年后社务趋于停顿，到1923年底停止。

姚光（1891—1945），号石子。江苏金山人。早年参加辛亥革命。藏书家，热心家乡教育和图书馆建设事业。南社多有这样以弘扬传统文化、赓续地域文化、关注教育为己任者，黄宾虹也是。

1917年发生了许多大事，如俄国十月革命等，深刻影响着中国近代史进程。而国内护法运动兴起，军阀争战不已，知识分子失望彷徨，又是一个考验人心的时期。南社老友高天梅竟在曹琨贿选丑闻中被利用，为此他的叔父高吹万与之绝交，黄宾虹也痛惜不已。

黄宾虹已淡出南社，但在1918年夏，他又和黄节、诸贞壮等相聚，却是为了安徽公学、国学保存会和南社成员旧友苏曼殊的死。此年5月，民初著名诗人苏曼殊病逝于上海，即使在身世多奇的南社诸子中他也算是个传奇人物。柳亚子的《哭苏曼殊》诗说他"壮士横刀看草檄，美人挟瑟请题诗"，勾勒了他的一生的奇崛轮廓，也道出他有才无运的命运。黄宾虹和苏曼殊曾以诗画相交。黄节和苏更是交谊深厚，曾在风雨楼上同住三年，苏病重濒死时还惦记着黄节，请高剑父代为去函，可当黄节从北京赶到却已来不及见最后一面。黄宾虹陪着黄节、诸贞壮冒着暑气一同去了杭州，吊唁这位早逝的友人。殡舍是在江边一个荒弃亭子里，黄昏斜阳照着孤零零的棺木，还有蝉的声声哀鸣，生死隔开一切，人生宛如露水和尘埃般脆弱，只有曾聚首的记忆留给生者茫茫无尽的悲怆。在诸贞壮的资助下，苏曼殊这个萍踪浪子终于归葬在西湖宁静的孤山旁。丧事完毕后，黄宾虹与久居北地的黄节同游了阔别已久的西湖六桥三竺。伫立湖畔，眼前的湖山景色如画，令人沉醉。朋友难得相聚，此年的黄宾虹和黄节都正当盛年，但时局如此，又刚刚埋葬了好友，静静看着苍翠山色融入浮动烟岚，不由让他们生出无限倦意，兴起隐居湖山之念。

在此时黄宾虹为诸贞壮写的《杨花图》上，黄节题诗说"……汝已杨花伤逝水，我才秋梦了优昙。……闲却夏来劳倦意，坐看山翠作浮岚"，杨花逝水应该是寄托了对苏曼殊的悼念，而"优昙"（优昙婆罗花）这个佛教词汇也有所指，寓意极难乱世遇到佛陀出世的瑞应，隐晦寄托了这些学者对未来的担忧和希望。起因是善骈文的黄宾虹曾应黄节之请写了一篇名为《优昙花影序》的骈文，记录了黄节去游黄山遇到优昙花却人皆不识，他对黄山山水和那和黄山山水一样奇丽的“树着花甚大而茂，妖艳芙蓉，而花瓣尤婀娜可爱”的黄山异卉优昙花惊鸿一瞥，念念不忘。黄宾虹在文中说“矧彼丽人，丁兹世乱。蕖出淤而不染，鸟择枝而易栖”，将乱世中生长于黄山的貌若芙蓉的优昙花比作美丽脱尘的仙子佛像，而黄节与花的邂逅宛如一场理想化的美梦。黄宾虹还由一个善花鸟画者的角度，从花卉脱俗不染尘埃、鸟儿选择良木而栖的传统文化意象含义，含蓄而富有深意地指向了如雪泥秋鸿、春梦逝水般迷离恍惚的理想与美，还有它们在现实中不可避免地幻灭，犹如美丽泡影，只能存在于绘画、文学等艺术中。“优昙花影”是此时由苏曼殊之死引起的感慨，也是乱世在南社诸子心里投射下的迷惘惆怅情绪的具象化。到1932年黄宾虹还为黄节作了一幅《湖荷忆昨图》，黄节在画上题了“人生俯仰”，说人生短暂就像东晋书法家诗人王羲之《兰亭集序》里说的“俯仰”一抬头一低头间。他们心中还是不能忘1918年的这个夏日。乱世里，黄宾虹和黄节都视学术和艺术为“优昙花影”，即脱离现实的象牙塔理想国。

黄节此时也脱离新闻界，被蔡元培聘为北京大学文史教授，教授中国诗学。陈去病经历倒袁、护法运动后也退居南京、上海各大学，教授辞赋学，还在南京博物馆研究文史。旧友们在时代变迁里人生道路时合时离，但无论进退思想上总有不变处，就是《国粹学报》和南社的主旨“保存国学”，传播、传承文化的执念不改。

岁月流逝如川上水，1919年五四运动爆发，1921年中国共产党成立，革命有了新的含义。1923年，同盟会与南社同人发起活动为陈去病祝五十大寿，柳亚子的文章听来多少有些像是总结，是对陈去病往昔光辉事迹的追忆，也是对所有聚会者热血时光的缅怀。黄宾虹也有画与诗祝寿：“李白桃绯绕屋栽，山光澹冶水潆洄。草玄亭畔扬舲至，知有侯芭载酒来。”[①]是用西汉学者侯芭和师友、经学家文字学家扬雄（曾著《太玄》，其在四川成都的住宅就称草玄亭）的故事比喻自己和陈去病的知己默契，也流露了对隐逸生涯的向往。1933年，陈去病

① 上海书画出版社、浙江省博物馆编：《黄宾虹文集·诗词编·题画寿佩忍先生五十》，上海书画出版社1999年版，第211页。

回故乡苏州同里庆祝六十寿辰，病逝于他的故居、当年倪瓒隐居过的“绿玉青瑶馆”。次年春，陈的追悼会在上海举行，再下一年秋，社友们会葬陈去病于虎丘，黄宾虹两次都因回故乡而未能参加，终成憾事。陈去病落葬南社创办地虎丘的1935年，黄宾虹此时已年过七旬，就在这一年黄节也去世，黄宾虹有诗悼念这位和他一样始终保持学人本色、书生气节的“国粹”挚友。

柳亚子创立的新南社在1923年10月成立，1924年元旦南社的“湘聚”也成立了，两者几成抗衡之势。新南社和“湘聚”其实是旧南社面对时代变化做出的不同应答。新南社主张采用白话文，积极宣扬新文化思潮，较为激进。“湘聚”主要成员为湖南籍，他们在新旧文学、文化并存之际，主张进化自有路程，要折中中庸，保持一贯的保存国学主张。黄宾虹加入“湘聚”，是依从内心的选择。在南社纷争中，他和柳亚子的关系一直还不错。早期两人在学术思想上多相契。如他在1915年给柳亚子的信里就指出了中国学术的两大误区（其实也是绘画的误区）是“蔽于时好”与“误于泥古”，认为综合前贤之学、近代新知识和自然之理才能避免谬误，是很中肯的意见。南社中后期，黄宾虹主要精力在国学的整理发扬上，也因而和开始怀疑传统学术意义的柳亚子有了分歧。

1924年春，黄宾虹应南社老友邀请重游虎丘，在冷香阁赏梅。梅树上敷满红绿花萼，恍若还是当年的烂漫热闹，冷香阁里有宾客19人，也和当年一样。但其时距南社成立雅集已经15年了，昔日是秋阳灿烂，今日却是春阴漠漠，追忆当年偕友人联骑翩翩、扬鞭跃马，已人事全非。1928年11月，黄宾虹再赴虎丘冷香阁参加南社20周年纪念集会，这是1923年之后南社社友第一次全体聚会。1935年末，柳亚子邀请南社社友在上海聚餐，成立南社纪念会，总结南社功绩，黄宾虹也参加了。此时南社虽已成为历史，但其创始时期的精神和意旨在每个社友生命里都留下深刻而永恒的印痕。

宙合斋

清末黄宾虹的藏印、治印已名闻江南，他初到上海就是以一个精于金石鉴藏的印人身份。王国维都听说过他的藏印。他在上海发表的第一篇文章是《叙摹印》，详述了玺印的历史、流派，还有印谱源流，摹印的篆法、刀法，见解较成熟。他还在《国粹学报》开设美术专题，对印学各方面都有涉猎，在《美术丛书》辑入古代印学著述，保存了许多珍贵孤本。

除嗜金石、善治印的南社粤友蔡哲夫，黄宾虹在海上题襟馆与许多沪上金石家如童大年、易大厂、丁辅之等都有接触，还结交了以书画印兼长著称的会长、湖州安吉吴昌硕。吴昌硕早年以篆印出名，后参以三代彝器、秦汉玺印、古陶器，尤其是取意石鼓文，以错落不齐求古意，自创一格，一时印人无不学其印风。他是西泠印社首任社长。黄宾虹也加入其中成为西泠印社首批社员，与经亨颐、李叔同等人交游，在与同时代印人交流中进一步明晰确立自己的追求。

童大年（1874—1955），字心龛，上海崇明人。幼时曾师从给黄宾虹刻过印的赵穆。他精研六书，书法四体皆能，尤善篆隶，能以书法作花卉。曾流寓杭州，后居上海，为西泠印社首批社员、元老。平生刻印极多，印存也很多。

易大厂（1874—1941），名孺，广东鹤山人。曾师从与黄宾虹有交往的徽州黄牧甫。他毕业于广雅书院，曾中秀才，进修于上海震旦书院，后留学日本，中西兼修。归国后追随孙中山，参与辛亥革命、反袁斗争。他是早期的南社社员。1921年后潜心学艺，南北讲学。晚年寓居上海鬻文书画印。他多才多艺，触类旁通，精研诗文、书画、篆刻、碑版、音韵训诂、文字源流、乐理等，自称词第一，印次之，音韵又次之。

丁辅之（1879—1949），原名仁友，改名仁，字辅之，号鹤庐，后以字行。杭州人，是清末杭州著名藏书家、慈善家“八千卷楼”主人丁丙的侄孙。丁仁是篆刻家、书法家、收藏家，还是西泠印社的“创社四君子”之一。清光绪三十年（1904），他和叶为铭（品三）、王禔（福庵）、吴隐（石潜）联名组织印社，以“保存金石，研究印学，兼及书画”为宗旨，广邀海内外篆刻爱好者入社，切磋印艺。社址设于丁氏西湖孤山产业，丁辅之捐献此处为印社社产，社地邻近西泠，因此定名“西泠印社”。

黄宾虹收藏古玺印的爱好到上海后未变，“他要是听得某人所得古玺，或是某地新出土的古玺，则必多方设法去鉴赏，找拓本。藉以精审，以考订识别。

要是有人能够价让，他即用相当的价值购入，做研究的资料”[①]。所集古印更由秦汉铜印上溯到上古夏、商、周三代古玺印，尤其在意诸子百家争鸣时代东周六国的古玺印。这些古印多是当时近30年间新出土传世的，前人研究不够，但制作古雅，文字都是籀文奇字，古朴胜过秦汉时印，符合黄宾虹的文化兴趣和审美取向。

黄宾虹常将所藏古玺印给同好者观摩，并以拓本赠友人，以方便更多人继续研究，也使自己的收藏研究爱好不那么孤单。清宣统二年（1910），南社友人傅熊湘访问他的寓所，黄宾虹就拿出收藏的几十纽古玺印相示，有龟纽的汉印，虎纽的将军官印。其中一枚玉质的“避兵龙蛇”印，有宫室形的亭纽，四臂四柱，是个厌胜类的印，意为避开“兵龙蛇”三者就可安居，文字古逸有致。在十里洋场、绿酒红灯的上海市尘里，他潜心古玺印、情系周秦是有些不合时宜，而这些珍贵的金、银、玉质的古印，在他眼中不是奇货可居的古董，而是探求历史之真与艺术之美的载体。傅熊湘是理解他的，在《过黄朴存示所藏古玺印百数十事并遗拓本报谢一首》中，以赞赏口气为他解释说：“黄金肘后累累是，却笑儒生未算贫。”[②]意思是说他虽然穷，但收藏的古印却是无价的，肯定了他收藏古玺印的意义。

傅熊湘（1882—1930），号钝安，字君剑，湖南醴陵人。同盟会会员，南社社友，后来的南社湘集主持人。著名报人、书法家。清光绪三十二年（1906）在上海办杂志，倡言“反清革命”，与胡适等编辑《竞业旬报》。1911年后曾返回湖南主编报纸，抨击北洋军阀。他常在报上著论反袁，曾被通缉，幸而脱险。1918年，他被迫回上海办报。有《国学概略》《国学研究法》等著作。

黄宾虹在辛亥革命后所得精品古玺印更多。上海本多书画金石收藏，辛亥年秋后因时局巨变，更多古物书画流入古玩市肆，租界户里也多了许多遗老寓公开设的书画社、古玩铺。如“和光阁”等处，黄宾虹与吴昌硕、大收藏家庞元济等就常光顾。他得到几纽珍异古印，其中以1912年得到的一方朱文鸟篆黄

---

① 王贵忱：《可居丛稿》，广东人民出版社2011年版，第354页。

② 黄宾虹著，赵志钧编：《黄宾虹金石篆印丛编》，人民美术出版社1999年版，第329页。

金玺最为奇特，蟠螭纽，青绿斑驳，文字奇古，有些似夏鼎上的文字，不知其时代，历来各家古印谱录里也不见记录，是前人从未见过的奇品。黄宾虹在市肆购得后不胜喜悦，摩挲不忍释手，将其视为瑰宝。此后他积10多年之力又搜罗了许多古印珍品，如银质的“上阳行邑大夫”，玉印“丁无忌玺”等。

庞元济（1864—1949），字莱臣，号虚斋，浙江吴兴（今湖州）人。南浔镇巨富、南浔“四象”之一庞云镨次子，近代民族工业资本家。他善书画，还爱收藏鉴赏，是近代著名的古画收藏家，有收藏甲东南之誉。

黄宾虹收集的部分古玺印是前辈藏印家的旧藏，其中还有他老友的旧物如“年计君玺”“禾信君玺”。禾信君玺坛纽银质，是古玺印中罕见的君玺，辗转到他手里，让他生出深深的历史宿命感。另一些是新出土的古印，铜镂玉雕，虽沦落沉埋荒野深谷数千年，多青紫斑驳、剥蚀残缺，但细视摩挲仍是锋芒闪烁、如发新硎，或晶莹柔润、光彩照人，似乎充盈着生命感，更不禁让人为其中浓郁的古文化韵味所蛊惑。多年集古印的过程是苦乐自知的，黄宾虹曾多次提到一段前人的话：

> 余年弱冠，酷嗜金石文字。当其冥心孤往，举人间富贵功名，不足以相易，虽损衣节食，极困顿而不悔。物聚于所好，会有天幸。①

这简直可以一字不易就移作黄宾虹的藏印自述。他常说自己旅食沪滨，懒散自放，只有对搜集古玺印乐此不疲，自以为创获已超逾古人，并自忘黯陋，选择最精雅的古印，集成以“滨虹草堂”或“滨虹”为名的多种古玺印谱。虽然他的藏印不及一些清代藏印前辈多，但印谱和印学著作一时无人可及，可见他注目的是学问而不在收藏本身。他收藏古印兼收并蓄，最关注的是人多不识的奇字印和有图案的肖形印，目的是以此为基础从事美术研究和学术

① 上海书画出版社、浙江省博物馆编：《黄宾虹文集·金石编·观自得斋印谱》，上海书画出版社1999年版，第425页。黄宾虹所引的话源自《观自得斋印谱》，所以可能是清末金石篆刻家、收藏家徐士恺说的。徐士恺，字子静，安徽石埭人，官浙江候补道。嗜金石，精鉴别，多收藏。晚寓吴地，和名士考订金石。刻观自得斋丛书，还为赵之谦辑印谱。

考证。

比如黄宾虹得到的“孙况”印就值得考据，此印鼻纽铜质，土花斑驳，翠泽犹新，文字秀劲，颇似李斯小篆。他曾在读《汉书》时看到“孙况”，注解说就是荀子荀况，是古今语音转换，虽言之凿凿，但是令人将信将疑。当他亲眼看到“孙况”印，才豁然明了，这就是王国维提倡的以地下古物和古籍互证的科学办法。古玺印虽经风雨磨损，但印上朱文或白文的籀篆古字不灭，可借来追溯文字起源，探求东周六国经史、典籍的本来面目，大明学术于天下。黄宾虹在此中感觉意味无穷，并将书斋命名为“宝荀楼”，这是模仿清末杭州学者龚自珍得到“婕妤妾赵”汉玉印，将之考订为赵飞燕之物，为自己的书斋取名“宝燕楼”的做法。

艰难时世，世味薄如纱，黄宾虹蓄古印自娱并与同好交流，也是应付世变的一种积极姿态。他给柳亚子的信里就说自己蜷伏尘市，摩挲古金石书画，剖析前人之惑，并不觉拘泥穿凿的僻隘，反觉得道艺都存乎其间，自得乐趣。

黄宾虹收藏古玺印，在摩挲里暗通古法，也影响了他的治印。他的篆印从早年的仿浙派、皖派，到摹仿秦汉印，再到学三代上古，渐渐取法其上。他常应请为朋友刻印章，如为好友高吹万作“吹万楼藏书印”朱文长方印。高吹万先后写了好几首诗给他索治印，如“醰醰博雅又温文，海上何缘见此君？刻划不教差半黍，商量直欲到三坟。破铜烂铁搜罗尽，断简残篇补缀勤”“泽古既厚方奏刀，刻划一一具深思”“旁及摹印尤入妙，蜗匾篆刻盘神螭”“当世能文识字人，眼中我见滨虹子”①，他以为黄宾虹为人温文脱俗，学识博雅，多识古字，通字体源流，治印古法森严。

黄宾虹一般只为朋友治印，虽然清宣统元年（1909）6月邓实为他代订的人生第一个润例“滨虹草堂画山水例”有“篆刻石印”一项，但到1915年秋他自己重订“滨虹草堂山水画格”就已不列篆刻，只备友人索求，可见他将金石作为爱好，与谋生分开。黄宾虹治印，与他作画一样是由师今人而师古人，因多见古印，古籀金文功底深厚，所以他所治印章朴雅醇正、脱尽匠气，有空山

① 黄宾虹撰，赵志钧辑注：《宾虹题画诗集》，中国美术学院出版社2009年版，第221—222页。

无人之感。只可惜他后来年纪益高、画名日盛，不轻易奏刀，流传极少，加上他治印多不刻边款，因此传世更罕见。他自用印章中有一些是自刻的，如晚年书画作品上常钤白文“虹庐”和“黄质宾虹”二印，还有在北平篆刻的朱文“冰上鸿飞馆”“黄山山中人”都可一窥他治印大貌。

1912年，黄宾虹与友人宣古愚发起了“贞社”。宣哲（1866—1942），字古愚，江苏高邮人，辛亥革命后移居上海，做了遗老寓公。他长于诗词，善绘画，精于鉴藏，以收藏古钱币为主。他年纪和黄宾虹相仿，为人不羁风度，所以两人很相契。他们集合沪上爱好金石书画的收藏家，研究鉴赏历代文物书画，社友几十人定期晤面叙谈，举办集书家、画者、印人、鉴藏家的艺术沙龙。黄宾虹还函邀当时在广州的黄节参加。黄节响应成立了贞社分社，创办者有诗书印兼长的蔡哲夫、邓尔雅等粤籍南社社友，还有章草名家王秋湄、黄牧甫弟子李尹桑等粤籍金石家。

贞社取“抱守坚固，持行久远”之意，以研究鉴赏中国历代书画文物为宗旨，与国学保存会一以贯之，体现了黄宾虹不变的文化信念。凡有志于古文籀篆、金石书画、收藏古物、不以牟利为目的者，都可加入。贞社还常约请收藏古碑版或著有金石考证书籍的名家来此研讨，对已被鉴赏家认可的古物书画精品进行交流。黄宾虹在《贞社启》中还特意提出，鉴赏家以猎奇藏秘为要，失之自私、牟利。腐儒则诟病嗜古物是玩物丧志。他两者都不取，坚持金石书画是学问性情中事。通过贞社的交流，黄宾虹见识了许多金石书画珍品，但在举世溷浊中提倡风雅不容易，贞社只存在了两年。

黄宾虹淡出南社后，和姚石子、高吹万仍多来往。高、姚曾创办国学商兑会，编辑出版《国学丛选》，设立图书馆，收藏古今书籍，刊刻世间孤本，抱拯时救俗的用心，汲汲以传承国学为己任，黄宾虹成为国学商兑会会员。这是个浮躁变幻的时代，清末时就有废弃中国文字、拉丁化拼音化的思潮，黄宾虹以为汉字六书与形的特点是国人思想文化的根基，不能以西洋文字简单代替。他对中国文化从未失去信心，此时致力保存国学的志向反而更笃切了。他和姚石子谈起中华国学典籍自从秦火后多讹谬，后世学者为之所惑，以致周秦前的学术不明。他认为对春秋战国古文字的研究极其重要，要以重史学、求实微观的治学态度，探求中华文化因承变革、还原中国学术思想源头。他还和高吹万谈到搜集清咸同年间以来先哲著作，可见他已开始对清代金石家文艺复兴进行探索。黄宾虹的主要学术思想在这时已成雏形。

1913年，黄宾虹又与宣古愚开设了一家名为“宙合斋”的古玩书画文物店。宙合斋取《管子》的《宙合》篇为名，指囊括天地古今之道之物，即店前楹联“宙有古往今来之训，合于天工物巧而珍”的意思。黄宾虹请当时在上海的大书法家李瑞清书写店名，希望设此斋可以多见古人书画金石，并与有金石爱好的同人作叙谈交流所在，绸缪古欢，排遣日子。

李瑞清（1867—1920），号梅庵，江西临川人，寄籍湖南。清光绪二十年（1894）甲午进士，清光绪二十一年乙未殿试钦点翰林院庶吉士。后为两江师范学堂监督。近现代教育、高等师范教育的重要奠基者，现代美术教育的先行者，是诗人、教育家、书画家、鉴藏家。民国后到上海卖字为生，以别号清道人著称。他书法学北碑，与另一位寓居上海的遗民书法家曾熙早年就交好。李瑞清喜学金文及碑刻为“北宗”，曾熙喜好《瘗鹤铭》、王羲之书法等为“南宗”，有“北李南曾”之誉。黄宾虹是通过汪律本结识李瑞清的。1923年左右，黄宾虹也与张大千的老师曾熙交往。

在上海这个商业社会，选择与自己兴趣最相合的行当来做，这是出身徽商家庭的黄宾虹一生里难得的经历。他是个高明的鉴赏家，身上也不缺经商血液。在宙合斋存在的日子里，许多人来过。1916年冬，鲁迅经过上海，偕友人到宙合斋相访，观赏了山东嘉祥县武氏宗祠东汉石刻画像的拓本。爱淘古董字画的鲁迅和黄宾虹谈及了北京琉璃厂古玩肆近况，应该还谈到了共同的朋友陈师曾。

陈衡恪（1876—1923），字师曾，号朽道人、槐堂，江西义宁（今修水）人，著名学者、诗人陈三立之子，学者陈寅恪之兄。他善诗、书，尤善绘画、篆刻。山水画学沈周、石涛而重师法造化，花鸟画学徐渭、陈淳写意画风。他留学日本，有《中国绘画史》等著作，代表作《文人画之价值》是以现代视角肯定中国文人画的第一人。他认为中西绘画没有高低，应该以本国的画为体，舍我之短，采人之长。他中西融合、固本出新的画学思想使他成为近代著名美术家、艺术教育家。梁启超认为陈师曾的早亡是中国艺术界的大损失，吴昌硕也认为朽者不朽。

黄宾虹和陈师曾在1912年左右相识，两人对绘画史的认识多有契合。当时陈师曾和李瑞清、李叔同等在上海设立文美会，约请黄宾虹为座上客，几人晤谈书画甚欢。陈师曾写墨梅相赠，加上李叔同的印、李瑞清的书法，可谓三美。后陈师曾去了北京，黄宾虹与他仍常以印谱、山水画相交流。

李叔同（1880—1942）是近代身世传奇的通才型人物，他善西画、书法，也能篆刻，是近代美术的提倡者和美术教育的践行者。

1917年，黄宾虹与粤友、黄牧甫弟子、金石家李尹桑书信来往谈论各派金石篆印得失情况。黄宾虹虽生于浙江，喜欢浙派丁敬印风，却也直指西泠诸子里只有丁敬能达到和雅境界，浙派其余人未免圭角太过，失之外露，学之应有所取舍。他心折皖派的邓石如，尤其以为乡贤程邃、巴予藉是浙派“西泠八家”之祖，开浙皖先声，在几百年前就提倡古玺印，很有历史眼光。后来的皖派金石家更是承前人一灯，远溯上古，重新开辟了通向古印的门径，与当代篆刻家因多见出土古印、印风逐渐向周秦古玺印寻求奥秘，可谓不谋而合。他认为自己并不持齐人称仲的狭隘地域偏见，就像融合浙、皖两派的绍兴印人赵之谦也推崇皖派。黄宾虹对印人的评价确属“不囿于畛域”，他赞赏粤地开创岭南宗派，不乏大家，也提到当时杭一师学生因受李叔同影响，多有能篆刻者，这群被他赞赏的少年中的一个佼佼者，后来成了他晚年的忘年交潘天寿。

到20世纪20年代，黄宾虹已藏印两千多枚，过眼、过手的古玺印更不啻几千纽，包括铜、陶泥、骨角、玉石、琉璃、金、银等十多类，封泥、陶瓦、帛币、兵器、银饼等有印的古物无不兼收并蓄。他说过喜爱收藏古玺印的原因有三：一则古印是古代出令示信之物，常佩戴在尊者身上，制作精美；二则印上文字有国邑、姓氏、爵位，比钟鼎文更繁复丰富；三则小小古印上可得上古文字无数，易于收藏携带。他在古玺印上发现奇石、篆刻、书法、图案、六国文字等多方面内涵，收藏兴趣愈增，收获也愈丰。但一切物事都是有得有失、有聚有散，就像他在《重摹印谱》一诗中所说：“古印盈千一篋存，多由少聚合须分。廿年贪得鱼收网，几度漂亡鸟失群。”[①]

1922年5月，他失去了一部分古玺印。5月18日晚，邻居家起火，黄宾虹将周秦古玺印精品放入手提箱，准备出走，不料忙乱中“突有匪人闯入行劫，损失以古玺为多”，一共失去38枚纽印，包括最精美的金质“右䣈王玺”、银质“上阳行邑大夫”等，“辟兵龙蛇”和“丁无忌玺”两方玉印幸存。

黄宾虹所藏周秦古印为海上之冠，不免有人眼红，他的古印屡遭人盗窃，但屡失屡得，辗转以复旧观，都没有这次损失惨重。当时的上海社会复杂，盗贼往往和巡捕房有关系，还有人通过警察指使流氓作案，事后再让失主通过关系花钱赎回。这次失盗也很蹊跷可疑，事后有多种说法。他专攻金石文字的朋友陈邦直和日后的学生石谷风都从蛛丝马迹中推理，怀疑是与替哈同收买古文物的收藏家邹安有关。黄宾虹在贞社期间就与邹安认识。邹安为了立“四王玺斋”斋号，想让黄宾虹割让“右䣈王玺”，黄宾虹干脆地拒绝了他，说“我蓄物是为求知，非比市货交易”[②]，不久就发生了失印事件。黄宾虹几位金石朋友都品评他藏印中的两方玉印最佳，邹安却以为“一金二银”最佳，“一金二银”恰恰就是这次失去的古印。但这个说法也有疑点，这些古印没有像以前丢失的印章一样不久就出现在市面或同行手里，而是从此不知下落。还有，因失去的多是金银质地的印，所以也有一说是家中女佣临时起意，趁火打劫，混乱中拿走箱子，却让黄家人误以为有几个大汉闯入室内抢劫。黄家失印后曾报告警察局追查，后来警局说有了下落，但因对方索取的巨额赎款无力筹集，只好作罢。这次失窃只能成为疑案了。黄宾虹受失印打击后，一度意绪颓废、落寞寡欢。如果能理解他以金石书画为人生，还有他多年的付出，就能理解他的心情。这也增加了他对上海的厌恶感，这时期他常外出散心，一度想要隐居池州。

黄宾虹的印友也都为之痛惜，蔡哲夫写诗安慰，黄宾虹以原韵作和诗《古玺得失不能去怀用哲夫原韵》说“得失寻常千虑一”。他一开始强作豁达，一段时间后情绪平复，还庆幸失去的古印都已钤拓下来集成印谱流行海内外。他还

---

① 上海书画出版社、浙江省博物馆编：《黄宾虹文集·诗词编·重摹印谱》，上海书画出版社1999年版，第168页。

② 黄宾虹著，赵志钧编：《黄宾虹金石篆印丛编》，人民美术出版社1999年版，第327页。

想把失去的古印拓印付诸石印，将拓片分赠同好留念并传长久。1923年他编成《增辑古印一隅》，还写了《缘起》一文。在不完美的人生中求完美，是黄宾虹收藏古印的态度，也是他做人的态度，所以他的朋友才会认为“宾虹之印，必可再复旧观，盖不以失之而灰心，则得之必有日也”[①]。屡失屡得，不因得失而悲喜，他后来也在古玺印研究方面超越前人，成为大家。

新安家法

上海从因为《南京条约》和《五口通商章程》开埠以来，不但取代了广州的中外贸易中心地位，也逐渐取代苏州的江南经济文化中心地位，更取代了早已衰落的旧日经济文化中心扬州。加上太平天国起义尤其是江南战乱、居民多流亡上海的影响，上海在19世纪60年代之后成为无可争议的江南中心。上海位于长江水系中下游，来到上海的多是同属江南的江苏、浙江、安徽等地人士。较早来到上海的书画家，除了歙县籍的虚谷，尤多浙江人，如赵之谦，任伯年，任渭长、任阜长兄弟，蒲华，他们多以人物花卉见长，后来形成海上画派。

黄宾虹于清光绪三十三年（1907）左右来到上海，虚谷、赵之谦、任伯年已逝世，当时执海上画坛牛耳的是浙江安吉人吴昌硕，他是清末文人大写意画的典范，画学“扬州八怪”、石涛、八大山人、陈淳、徐渭、赵之谦等前贤，并以多年金石功力和篆籀书法尤其是石鼓文入画、金石画风一统沪上，影响深广。黄宾虹当时的画作尚未成自我面目，也不以画名，他坚持以书法金石入画，在与海上画派诸人交流中得到启发和影响。但他偏重传统雅正、学殖深厚的学者士夫印风画风，和海上画派雅俗共赏的取向、审美情趣不尽相同，甚至有意规避影响。他的摹古不倦、画风晚熟也使得他相对独立于海上画风主流之外。

从黄宾虹对海上画派中的异者蒲华的态度能较清楚看出他的画学取向。蒲华（1832—1911），字作英，浙江嘉兴人，侨寓上海，善草书，花卉在徐渭、陈淳之间，山水取法石涛、石溪而变化，粗放草逸，自显本色。黄宾虹在晚年给

① 黄宾虹著，赵志钧编：《黄宾虹金石篆印丛编》，人民美术出版社1999年版，第328页。

弟子顾飞的信里说："百年来，海上名家仅守娄东、虞山及扬州八怪面目，或蓝田叔、陈老莲，惟蒲作英用笔圆健，得之墨法，山水虽粗率，已不多觏。"[①]清末以来的海上画派画家多学清代娄东、虞山画派画风还有明清蓝瑛、陈洪绶、"扬州八怪"等画家，他唯独看好其中知名度不算最高的蒲华，以为其画有古法，山水尤其能以粗放风格彰显野逸高远风范。这段话含蓄地表达了他和蒲华一样曾身处海上画派中，对海上画派末流流于狂怪媚俗趣味的保留态度。

黄宾虹来到上海之后，上海一直在变化。1911年辛亥革命后，上海地区属江苏省。1927年成立上海特别市，归中央直辖。1928年，上海租界为特别区，此后更不断扩张。1930年改称上海市。此间黄宾虹作为定居于此的外省人见证了上海的发展全程，也渐渐在文化上有了归属感。他来此后，也有不少试图入乡随俗的努力。清宣统元年（1909）邓实依沪上惯例为他代订"滨虹草堂画山水例"，在《国粹学报》上刊登广告，这是黄宾虹平生第一个润例。但他的画和当时流行的一味临摹因袭"四王"的妍媚悦目之作不同，不作寻常园林小景、红桃绿柳、朱栏画舫的青绿山水，而是多高山古木怪石幽人的水墨，也游离海上画派的浓郁雄健，颇有些落落寡合的意味，所以不投时人所好，只在朋友间受到重视。友人们向他索画，他无不应允，还将画分赠高剑父、高奇峰、陈树人、苏曼殊、李叔同等朋友。

沪上学人中，黄宾虹的知音者不少。有善诗文者，知道黄宾虹也善诗文，就常以诗求画、以诗换画，殊是雅事。

《南社丛刻》第一集中就载有黄宾虹的山水画册，主编高天梅虽不谙绘画，却是个知画趣味的知音，他赋诗赞许黄宾虹画作，由"意繁笔简墨更省""苍然仿佛萧疏境"的感想看，他认为黄画继承了传统山水画清幽淡雅的隐逸画风。他此后还有诗咏黄宾虹画作，也是透过幽客红树青山、渔翁荒江钓竿的画面，体察了黄宾虹的隐逸情怀，指出那就是画里的"黄山境"和新安家法。

黄宾虹的其他朋友也从他的画里得到类似的感受。黄节是著名的岭南诗人，

---

① 上海书画出版社、浙江省博物馆编：《黄宾虹文集·书画编（下）·论画长札》，上海书画出版社1999年版，第483页。

诗风缠绵缱绻，自号蒹葭，取在水一方、独立风露寓意，他也多次赠诗乞画，黄宾虹以《蒹葭楼写诗图》等画赠答之。黄节以为黄宾虹的画承五代荆浩、关仝和元倪瓒的貌与意，多写青山、远峰、孤松、夕阳、苍波、阑珊木叶的萧疏枯淡秋色，寓意苍凉，重现实时世，正如自己的诗欲追杜甫、韩愈的沉郁雄健，诗画相通，都是不合时宜的笔拙意远。1914年冬，黄节和北京一些学宋诗的"同光体"诗派诗人为他们尊崇的北宋诗人陈师道（后山）逝日设祭，借诗艺绝俗而命运多舛的诗人一抒自己不展的怀抱，并道出"士夫明耻国犹安"的现实忧虑。黄宾虹遵黄节来函嘱咐，作《祭后山图》和《后山诗意图》。黄节赞美《祭后山图》幽淡一如陈师道的诗，不是时人凡庸之辈所能企及的，《后山诗意图》更融合了古情今意。可见知己眼中的黄宾虹画呈现一派清逸面貌，骨子里却不是纯然不食人间烟火，而是蕴藏现实深忧。

高天梅叔父高吹万和黄宾虹也多有诗画酬应，黄宾虹是高氏在松江的闲闲山庄、松风草堂的常客。一次，高吹万以诗求画，黄宾虹就为他作以山庄秋色为题的《寒隐图》并题诗答和。在另一幅《闲闲山庄图》上，高吹万题诗说："黄子静者吾所师，郑虔三绝人共知。图成寒隐昔相赠，明窗相对情为移。……抱残守缺不求赏，落落自抱荪荃姿。"[①]以唐代诗人郑虔的书画诗三绝与高逸人品比拟黄宾虹的宁静致远，也以香草嘉卉（荪荃）的岁寒心作比，指出学古的"抱残守缺"、不求人赏识的沉静自在是黄宾虹画作的精神内涵。他和黄实都是黄宾虹的知己。

黄宾虹还为邓实作过《风雨楼图》。1914年他虽没参加在柳亚子家乡分湖（汾湖）举行的南社第十次雅集，却与苏曼殊、蔡哲夫等社友为雅集合作了《分湖吊梦图》。1915年又为柳亚子的《分湖旧隐记》一文作《分湖旧隐图》，在题跋里说："亚卢先生自撰《分湖旧隐记》，飘零湖海，与郭灵芬同有身世之感。仆亦羁旅人，游踪萍梗，遥望故山，因写斯图，不禁为之累唏已。"[②]意思是说自己和柳亚子都和清末学者郭麐（灵芬）一样是羁旅之人，所以向往家乡，身

① 黄宾虹撰，赵志钧辑注：《宾虹题画诗集》，中国美术学院出版社2009年版，第221页。

② 上海书画出版社、浙江省博物馆编：《黄宾虹文集・题跋编・分湖旧隐图书后》，上海书画出版社1999年版，第16页。

世感同身受。1919年春他还为南社社友傅增湘的《红薇感旧记》作《红薇感旧图》，傅因为反对袁世凯称帝曾被通缉，得到一位像小凤仙一样的侠伎帮助才脱险，傅为表恩写了《红薇感旧记》纪念这位侠女，还请南社诸友柳亚子、黄宾虹、吴梅等人写了百多首诗词曲题咏奇女子的爱国之举。他还请黄宾虹、蔡哲夫作画，合为《〈红薇感旧记〉题咏集》。黄宾虹在《红薇感旧图》上题七绝，以“不随凡艳斗春华”赞美这位侠女，落款“屯艮社长先生属正，己未四月宾硔朴存”。

1922年冬，黄宾虹为商务印书馆的同事徐珂作画，徐珂很赞赏黄画的沉雄深厚，反复把玩体味，在画上题明人诗句“干时无计谋生拙”，还自题诗抒发了身在都市向往隐居山林但只能买“画中山”卧游的心迹。他说黄宾虹和自己一样都是无力改变时局、谋生很笨拙不顺遂的人。当时一些海上画家卖画可获多金、暴名，黄宾虹却没有真正润格，只是作画以赠戚友，应该会像元末大家吴镇一样，初始门庭冷落，20年后就会不同。可见名声显晦自有历史定评，不随流俗为转移。徐珂认为黄宾虹的画不但可悦心，更可垂远，因为其人品之高一如其画。

杭州才子徐珂也确是黄宾虹的知己。徐珂（1869—1928），字仲可，浙江杭县（今杭州）人。善诗文，师事晚清著名词学家谭献。清末移居上海，任职商务印书馆，为《辞源》编辑、《东方杂志》主编，南社、新南社社员。他与新旧名士都有交谊，与蔡元培为师友，也与遗老诗人况周颐、夏敬观等酬唱。著述很多，尤其喜欢写文化圈掌故，整理有《清稗类钞》。

黄宾虹在与南社诗友酬唱之外，与沪上诗人词客也多唱和，1916年与善篆刻的词中大家、晚清四大词人之一的郑文焯订交。晚清四大词家指清末寓居沪、苏间的四位词人朱祖谋、况周颐、王鹏运、郑文焯。

郑文焯（1856—1918），号小坡，别号大鹤山人。一说汉军人，一说广东南海人，寓居苏州，与湖州大词人朱祖谋酬唱。兼善书画金石。清亡后居沪，以行医、卖书画自给，与遗老诗人交往甚密。

20世纪20年代，黄宾虹还为商务印书馆旧同事，同样遁迹沪上、卖文自给的潘飞声作画。在为南社社友陆丹林所作《项湖感旧图》上题诗：“分明哀乐中年事，寄托丹青尺幅间。……新图旧恨重枨触，痴绝相同有郑虔”[①]，也以“痴绝”的郑虔自比，认为自己的画作寄寓了人到中年的许多哀乐旧事。在他为国学家陈柱尊作的《故国山水图》上，陈题绝句两首：“万壑千峰欲插云，依稀莫辨故山村。斜阳远映红于血，知是江山是血痕?”“十日一石五日水，由来造物亦艰难。神州破碎难回首，只向先生画里看。”[②]乱世如血的夕阳照在破碎的神州山水，不知何处是乡关，故乡是难以回去的远方。画中应该有1924年9月江浙军阀战争和直奉军阀战争的惨淡现实影子。“万壑千峰”“十日一石五日水”显示了黄宾虹此时画作多学唐宋画的日趋层层深厚密实，而“只向先生画里看”意喻黄宾虹的画作能为人们营造现实外的隐逸之地、诗意之境。黄宾虹此时的画虽然知者不多，但他文化圈的知己越来越多，诚心鼓励他精进绘画。其中广西、广东籍朋友很多，因为粤地在清末思想解放、文化先进，两粤士人也大都既国学深湛，兼通西学，又积极参与革命和改革，所以能和黄宾虹意气相投、品位投合。

潘飞声（1858—1934），号老兰，广东番禺（今广州）人。游学德国，后到上海。善诗词，得梁启超和清末同光体大家陈衍赞赏。与粤籍文化名人黄遵宪、吴趼人、邱菽园、丘逢甲等交游。为南社社员，与诗社中的高天梅、俞剑华、傅熊湘合称“南社四剑”。又参加希社、沤社、鸥隐社及题襟馆书画会等沪上诗词书画金石社团。叶恭绰为其诗集作序。他在清宣统二年（1910）前就与黄宾虹结交。

陆丹林（1897—?），广东三水人。同盟会会员，后来上海加入南社，主编过很多文史和书画刊物，如《逸经》《大风》，是近代文化闻人、文化活动家、报刊名编、美术史家和书画鉴藏家。

陈柱（1890—1944），字柱尊，号守玄，广西北流人。出身学人家庭，曾去日本，回国后师从国学大师唐文治，一生勤于国学，尤精于子学，深得唐器重。后执教于无锡国学专修学校、交通大学、大夏大学等。南社诗人。与黄宾虹结

① 上海书画出版社、浙江省博物馆编：《黄宾虹文集·诗词编·为陆丹林作项湖感旧图并诗》，上海书画出版社1999年版，第211页。

② 黄宾虹撰，赵志钧辑注：《宾虹题画诗集》，中国美术学院出版社2009年版，第224页。

识较早，过从甚密，对他的绘画艺术较早就有很多到位评价。

黄宾虹的画中知音都觉得他的画其实是述怀诗，不但表露了他郁郁不得志的乱世情怀，也折射了对时代“来日大难”、前途困难重重，“风雨如晦”、时势动荡黯然的深刻认知和准确表达。他笔下画里常见的风雨秋色、月夜暮霭的底色，感伤旧梦、隐逸思乡的主题，固然是经典士夫山水画的传统特色，也彰显他力避落俗的审美取向，更是他身处的乱世普遍氛围情绪的投射印记。他画中的渔舟、渔翁、桃花源、徘徊或箕坐山水间的高人等意象，感旧、怀乡的意绪，似与传统山水没有不同，都是老庄情怀，“却喜《南华》刚读罢，会心濠濮惠庄游”①“盘礴与君看画趣，只应高旷读《南华》”②，但细味深思，却是近代学人文士在现实重压下对古代士人隐逸思想的认同，具有游离现实世界、应对生活不如人意的寓意。微妙的不同就在于，在他的画作里，无论空山无人、欲归山中去、弹琴求知音、深山访友还是飘荡不定的渔舟或倚栏远眺的意象，都隐含现代人的焦灼苦涩而非纯然是古人的安逸散淡，只是此时还处于较传统的绘画格局和格式中，不够引人注目。身在近代上海、融通古今的黄宾虹的绘画追求近代的思想与气息，还蕴含着自我的表现和思考，并不是单纯机械地摹古。

在上海多年，黄宾虹的画作除了内涵上的开拓，在艺术上也流露新气象。他自幼习画，早年主要是摹古，学心仪的古代大家绘画，当然游山水时也有写生和感悟。到沪上后，他在神州国光社印刷画册时更是多见真迹，每夜都临写。他办宙合斋，多见画，也多与人交流画法，坚持临古不懈，学元明画家到可乱真地步。他的临古，除了一笔一画地临写，也常临意，就是先浏览，似不很着意画法细节处的皴擦渲染，实则已心领默契，远非刻舟求剑所能及。然后才勾勒大概轮廓，注重线条，对皴法、设色仍不甚留意，取古人的神而非形，自称“勾古画法”。这应该就是对南宋的“张素败壁”法进行改进，也是受他小时候

---

① 上海书画出版社、浙江省博物馆编：《黄宾虹文集·诗词编·为石予绘近游图附题一绝》，上海书画出版社1999年版，第145页。

② 上海书画出版社、浙江省博物馆编：《黄宾虹文集·诗词编·为丹徒陈邦怀作月夜驱车图并题》，上海书画出版社1999年版，第211页。

在金华向倪翁学习打腹稿作画法的影响。

已过知天命之年的黄宾虹在临摹宋元名画30年后，开始更注重写生自然、师法造化，遍游南北山水以参透其趣味。1912年他在《真相画报》上发表的两帧山水写生插图《焦山北望》《海西庵》，是他到镇江写真所得，以取法古人援书入画的隶体入画，形成极强的笔法线条。这也是他日后继续试验并形成特色的简（减）笔画尝试，是“勾古笔法”的延续和变化，也是他的画由简入繁又由繁返简终于大成的开端。他在绘画上的每一步因为舒缓不求速成，所以都走得很踏实，是水到渠成、舒卷自如，是内心所驱、自然而然。

1917年黄宾虹为香港的《天荒画报》题字“造化为师”“逸在布衣”，似乎寓意他此时在绘画上注重师法真山实水和体现隐逸脱俗民间趣味的两种追求，这两大追求也是他日后的重心。从画作看，这时期黄宾虹的拟古人笔意和写生是并存的。1920年冬，他拟宋元诸家笔法作山水小品百帧，有设色，有水墨，有没骨法，有粗笔写意速写而成的，也有界画楼阁，用笔工细着意需要累月而成的。他山水画里的白云远峰、青山绿水、薛径烟柳、隔水人家、浦溆渔舟、钓蓑渔歌，还是传统山水画的典型意象，有着唐宋元明清以来画家笔下江南清远山水的影子。他画作与题画诗里的“泼墨零星写烟树，波光峦影画中收”[①]“长忆春江雨后山，看云如入画图间”[②]，更标志着他开始致力于描摹呈现真实的江南：多雨气候特有的乍晴还雨的日光雨意，氤氲缥缈的烟霭岚气，还有多水地域的变幻不定且难以言状的水影山光。

1923年冬，黄宾虹游历了常熟的虞山，这是一次山水游赏，也是一次文化怀古。当时天已降雪，他仍游兴甚浓地去往西山寻胜迹。虞山，古称海隅山，以西山为最胜处，靠近传说为姜子牙垂钓处的尚湖，还有梁昭明太子读书台、黄公望墓、钱谦益与柳如是合葬墓、王石谷墓、翁同龢墓等古迹，多与诗书画有关。

---

① 上海书画出版社、浙江省博物馆编：《黄宾虹文集·诗词编·戊午夏日题画》，上海书画出版社1999年版，第193页。

② 上海书画出版社、浙江省博物馆编：《黄宾虹文集·诗词编·乙亥题山水册》，上海书画出版社1999年版，第196页。

虞山是清虞山画派主要所在地，也是同光名臣、金石画家翁同龢晚年隐居地和归葬处。黄宾虹后来在他构建的宏大画史体系里，给虞山派的地位不算高，但客观评价了“四王”的得失，特别肯定其中最富声名的王石谷在颤笔法、积点成线上的成就，还给原本画史上声誉不著的翁同龢等清咸同年间金石画家以极高评价。他以自己的文化视角，重书了书画史，确立了新的典范。从这个意义上，他来虞山拜谒很适合。

虞山也是黄公望墓地所在，这里的山水留下大痴家法的印记。明清两代画风多笼罩在元末倪瓒、黄公望两人之下。虞山还是明末清初钱谦益、柳如是的归息处，黄宾虹来到西山下钱的别业耦耕堂遗址，那里也是他一直很仰慕的明末新安派遗民画家程嘉燧晚年居所。当时新安派另一名家李流芳落籍嘉定，与常熟不远，常与程、钱来往，诗文唱和。如今临风怀想这些元明清绘画名家的风神，只有林幽谷寂映入眼帘。

黄宾虹笔下，黄山一直是个频频出现的主题。他自从侨居上海，虽每次回乡都要抽空一游黄山，但往往不得闲暇，于是常作画以为卧游，把乡愁浓缩在画中云海里。他这一时期曾以黄山后海狮子峰下的寺院狮子林为题作《题狮子林图》，希望可以像前辈渐江、梅清一样在云海结庐栖居。他还为游黄山归来的友人作《黄山图》。1923年夏回乡之际，他不顾已近六旬，在梅炎季节再入黄山，作《黄山野卉图》。黄宾虹一生对黄山情有独钟，深谙黄山的神韵、灵魂，以为黄山之美最在“君不见他山苦肥黄山癯”的空灵清秀，还有黄山奇石在烟岚无际中如神仙窟宅，古松则难辨是松是龙，无怪画家渐江以为黄山如海市蜃楼般奇幻，黄宾虹也以为如此。

黄宾虹和黄山的难解缘分还体现在他深入研究新安画派画家的因缘上，这也是他一生的兴趣。初到上海他就在《神州国光集》刊出程嘉燧与渐江的真迹，还在《国粹学报》上发表了《梅花古衲传》，这是最早介绍新安画派的文章。梅花古衲就是渐江的别号，这篇传记也就是他后来蛰居北平期间写的渐江事迹的初稿。经多年潜心积累，他又在1926年发表了《黄山画苑论略》，列述自唐至清黄山画派包括新安画派画家238人，并论述了包括画派历史、画家、技法的黄山（新安）家法，是黄山画家源流考，也是新安画家列传。

黄宾虹在自己构建的画史中给予新安画家很高的地位，尤其推崇渐江、程邃、李流芳、郑遗甦、查士标这些明末遗民画家。他学习新安家法主要体现在高尚人格和清逸淡雅山水画风两个方面，以为新安画派的清雅在吴门、云间、华亭各派之上，品格更是娄东、虞山各派不能望其项背的。新安画派的遗民士夫，博览群籍，又多游名山，生当危乱之时，无所用其力，只能栖息林泉，以山水写胸中逸气，志向才能寄于画中。他们避世隐居的选择，促成了山水画的风致。在相似的乱世背景中，黄宾虹继承了与前贤看似不同又其实相同的命运，上海是他大隐隐于市之处，所以他的画风能和新安画家契合无间。

在新安画家里，黄宾虹对僧渐江最感亲切敬爱。他以清高狷介的渐江为人生楷模，对渐江的画风也极心折。他认为渐江初学五代北宋，能写董源、巨然正传的江南山水，后来学倪瓒，元代后无人可比。渐江结庵黄山莲花峰下，独坐空山，怪石、虬松、烟云都变幻入怀，成为他的胸中丘壑，他画中一松一石都是黄山本色。渐江摹写黄山实境而参以元画的虚灵，是以至灵之笔写天下至奇之山。多写黄山的石涛也说渐江游黄山最久，能得黄山真性情。黄宾虹多次追随重游渐江游黄山的路线。

不过黄宾虹也从不讳言自己所爱画家的不足，就像他在《题黄山图》中说的，渐江以倪瓒笔法写黄山一脉，得其骨格，而沉雄浑厚似不及北宋画家，于是他说自己要以五代北宋画家巨然笔意墨法写黄山，应该会有更多自然真味，即“山灵当许我也”[①]，意思就是黄山山水的神灵一定会更认可自己。在《题黄山纪游》里他也说要“以北宋画法为之，与专习元人略殊其旨趣耳”[②]，意思是说自己以北宋画家画法写黄山，和之前主要以元人倪瓒等人画法画黄山的前贤有所不同。在《题黄山西海门图》里更明确地提到五代北宋画家董源、巨然、荆浩、关仝、范宽等人如行夜山、昏暗中层层深厚的画迹，是“画欲暗不欲明，

① 上海书画出版社、浙江省博物馆编：《黄宾虹文集·题跋编·题黄山图》，上海书画出版社1999年版，第44页。

② 上海书画出版社、浙江省博物馆编：《黄宾虹文集·题跋编·题黄山纪游》，上海书画出版社1999年版，第68页。

以为浮薄者戒”[①]，就是以墨色深沉祛除轻巧浮薄，以五代北宋画法的深厚苍劲注入元代画法的淡雅清秀，使画作有更沉郁耐读的底色，发掘出黄山神异灵秀之美的厚重历史内涵。

黄宾虹师法宋人厚重高远的画风，企图突破元明画者的藩篱，是为了发掘出新安画派原有的内涵境界，也是为了更好地写出黄山原本的深邃立体、林壑幽翳。渐江学倪瓒本就是由唐宋吴道子、关仝而得元明倪、黄之神韵，后来学渐江者不得而下者多干枯、无润泽生气。黄宾虹这一变，是觉察到新安画派逸民画家清雅生命形态的单薄不足，意图创造出有山川浑厚、草木华滋气象，更富于自然生命力和深厚民族性的画风。这是他此后以及终生的不懈追求。

上海期间，黄宾虹多得元人逸品参悟笔墨，主要仍受元末倪、黄画风影响，皴法简疏，笔墨秀雅，仍属典型的南宗士夫画，厚重稍欠，特色不算很突出，即所谓“白宾虹”面目。同时他也悟得元明以后绘画渐入平淡，只有不多的几位大家仍宗尚五代北宋“浑厚华滋”的血气活力，于是有选择性地从清代龚贤、吴历等墨法笔法有个人特色、有突破的画家入手，再经由吴镇、石溪、恽向、邹之麟等前代大家，深化五代北宋的墨法深厚，使自己的画作更深沉、浓郁、厚重、富有生机，终在花甲之年后取得突破，逐渐成为大家熟悉的“黑宾虹”面目。在这一过程中，他回到家乡安徽隐居池阳湖的日子很重要。

求田问舍池阳湖

黄宾虹旅沪期间，时世忧患还伴随着家庭不幸，母亲、三弟夫妇、二弟相继去世后，他还经历了长子、次子、四子和次女的相继夭亡。妻子洪氏身体素来强健，后患上肝病，一直不太适应上海生活。在子女相继去世的打击下，她带着三子、儿媳和侄女回到歙县，静养身体，教育孩子成人，完成婚姻。

黄宾虹次女映班自小聪慧，在家学濡染下，打下很好的旧学底子，和父亲

① 上海书画出版社、浙江省博物馆编：《黄宾虹文集·题跋编·题黄山西海门图》，上海书画出版社1999年版，第58页。

一样，汉魏六朝唐宋诸家的古诗文无不涉足。后随三叔母在无锡读书，又受新式教育，中英文各科成绩都很好。黄宾虹对这个颇有父风的女儿很是爱惜。给她取名为“班”，也许是有期许其成为才女之意。黄家定居沪上后，映班转至上海的女中，中学刚毕业，她却因好学刻苦而成疾，不幸因肺病去世，年仅20岁。黄宾虹观念开明，后来收了很多学画女学生，如友人陈柱尊之女陈蕙英，还指点过友人胡朴安女儿、南社女诗人画家胡沣平的画法，映班安康本应是继承父亲诗画衣钵的恰当人选。

妻子回乡了，子女除了早已出嫁的大女儿，只剩下三子映容，子嗣也不算多。黄宾虹身体虽然健康如旧，却深感孤独，也缺人照顾起居。1920年，一个年轻女子宋若婴进入了他的生活。黄宾虹这时虽已近60岁，但看上去只有40多岁，身心都无老态，和宋的年龄差距并不明显。宋是安徽无为人，黄宾虹同乡。第二年，儿子映宇出生。1924年幼子黄映字出生，1929年幼女映家出生，黄宾虹又有了一个女儿。

黄宾虹毕竟是清末出生在徽商家庭的文士，他的女性观、婚姻观还是比较传统的，不应脱离时代对其苛求。从他在上海写的杂文可隐约窥见他心目中的理想女性还是传统的贤德学识兼备或是有林下之风的才女，理想的男女关系是夫唱妇随，有共同爱好追求，如扬州画家罗聘与妻子方氏。他在《歙潭渡黄氏先德录》等几部杂著里，都表露了对贤妇烈女的敬重。徽州也是个出烈妇、节妇的地方，乡土村落里到处可见贞节牌楼。黄氏一族也多殉节女性，如黄宾虹的一位婶婶就因误听经商的丈夫死于路途而殉死，一位从姑在未婚夫死后矢志不嫁，以丈夫侄子为子嗣守节终身，两位从姐在战乱中为保贞节而死。黄宾虹记录这些甚至没有留下名字的女子，已是进步，他对她们怀有同情，对传统道德的残酷部分进行了含蓄温厚的批判。

黄宾虹这代人的婚姻都刻有深深的时代痕迹，每一个几乎都是独特个例。以他的南社诸友为例，他们多文采风流，感情生活也丰富多彩。蔡哲夫娶妻张倾城，张擅长绘画，伉俪同癖金石。后因世事之变，两人到越南、中国香港等地，处境拮据，张倾城典质衣钗，收集金石的嗜好不改。后来蔡又娶谈月色，谈原本是个女尼，善于篆刻书画，后成为黄宾虹女弟子，也加入南社。刘季平刘三的妻子陆灵素也是南社中人，别署繁霜、华泾乡姑，在黄炎培创办的广明师范毕业后，清光绪三十二年（1906）任教安徽芜湖皖江女校，与在此校任教的苏曼殊、陈独秀结识。她能诗善文，而且长于昆曲，爱种梅花，还擅酿酒。每次宴客，灵素唱曲，季平吹箫，夫唱妇随，人称当代赵明诚、李清照。1938年刘三病逝后，陆灵素整理其遗著为《黄叶楼诗稿尺牍》，寄柳亚子校正，可惜散佚于战火中。陈柱尊与妻子杨静玄感情甚笃，以夫人之名取书斋名宋玄阁，并绘有《宋玄阁图》。

不过，那个时代大部分人的婚姻还是偏现实的柴米夫妻。黄宾虹和结发妻子洪氏的婚姻就是典型的传统包办婚姻。歙县多徽商，多传统贤妻，男子在外经商，难得归乡，家中赖有贤内助赡养父母，生育子女，管理家族，让子孙得以安心读书、力求上进。洪夫人就是这样一位传统贤妻，对黄宾虹早年的游学与革命生涯支持颇大。他对洪夫人多年的扶持帮助是感激的。

据黄宾虹在洪夫人去世后所写的悼文里所说，宋若婴是洪夫人念他在沪上旅食辛劳，自己不能在身边照顾，为他再娶来操持门户、照顾起居的。其实，宋若婴应该是他自己选择的。这是个长着圆圆娃娃脸的女子，黄宾虹为她起名“若婴”。黄宾虹教她写字、练山水画，还让她参加艺观学会、上海女子画会等组织。宋若婴也很好学，很快就粗通文墨，开始熟悉书画、金石，成为黄宾虹的好助手。黄宾虹对妻子的态度有些像老师对学生，希望把年轻好学的她培养成自己理想的样子。1932年他给宋若婴的信里就说：“来信字迹强硬，无温和含蓄之气，阅之令人生畏。无论字画，皆要有舒和润泽，可以见胸怀之静雅，情性之温顺。平时练习小楷最宜。”①

有一幅照片也许可以较真实地反映他们的婚姻关系，那是黄宾虹晚年在杭州的画室作画，宋若婴站在一旁认真观看。在他们之间，有的是依赖、照料和扶持。受家庭、时代和地域文化影响，黄宾虹一生过着俭朴简单的生活，晚年曾说自己30年未曾换被褥，却常舍得为金石、书画一掷千金或省出钱来游览黄

① 上海书画出版社、浙江省博物馆编：《黄宾虹文集·书信编·与宋若婴》，上海书画出版社1999年版，第77页。

山等名胜。这些日常生活的背后，都有宋若婴的影子，就像黄宾虹早年生活中都有洪夫人辛勤操持一样。

沪上米珠薪桂，物价不低，生存不易。尤其上海、歙县两个家中人口渐多，黄宾虹负担也渐重。1923年黄宾虹重新自订了书画润格，意在卖画自给。他虽然在1909年、1915年都曾订有润例，但是求他作画写字的，送润多少，绝不计较，即使一文不送，他也不会采取“无润不应”的画家通例。有些远道通信求画的，不管识与不识，有人介绍与否，他也照样的应酬，可见，他还是传统文人心态，视书画为朋友间唱和的雅道。这次的《黄宾虹山水画启》无论是援引元代画家王冕以梅换米不能免俗的例子，还是惭愧自己不能学画家唐代曹霸、元代倪瓒的高逸，都是为了道出不得不“卖画中之山”的苦衷。次年春天，他更订“黄宾虹书画格”润例，在小启里说：“书画雅事可赠可索，兴来挥洒工拙不计也。至若谆谆于尺寸之间必如其意之所欲得，则务酬大痴子之酒资供独往客之游橐。”[①]“大痴子”是元代黄公望，喜欢饮酒，“独往客”是指清代画家黄鼎，喜欢旅游，这里都是黄宾虹借古人自指，委婉道出卖画钱无非是为了生活和爱好。小启的风雅背后隐藏的是无奈，也可见黄宾虹尽力避俗的努力。黄宾虹一生只有这四次润格，后来再没有专门订润格，作画多赠送同道友人，晚年尤其慷慨。他还是不喜欢卖画给不懂的人。

沪上不易居，一向就以在市尘中非自己素志的黄宾虹，1922年前后更因为失印的刺激，心境变得更为不佳，觉得拂逆之事不胜枚举，想离开上海。那时正值天下多战事处处不宁，他一度偕老友汪律本卜居安徽池州临长江的池阳湖，构房舍、筑圩田，准备作久居之计，但由于频逢水灾，隐居终于失败。

辛亥革命后，汪律本选择了和黄宾虹截然不同的道路。他进入安徽省政府任幕僚，还劝黄宾虹出山，却被拒绝。他们甚至发生了激烈争吵，就像历史上许多在历史转折点分道扬镳的挚友一样，对时局迥异的看法让两人把酒桌都掀翻了。汪律本质问黄宾虹说你不问政事，不如干脆上天都峰隐居，黄宾虹则反唇相讥说你如果不急流勇退，日后脑袋丢了还不知道是怎么丢的。

---

① 徐建融、刘毅强主编：《海派书画文献汇编》，上海辞书出版社2013年版，第783页。

事实证明黄宾虹更懂历史。汪律本历经此后的袁世凯称帝和北洋军阀混战，因失望而下决心不再涉足世事纷争，选择遁居池州西边的乌渡湖。那时黄宾虹的另一个同乡朋友许承尧也辞去政职，归隐里居。老友们的人生轨迹又有交集。

1923年春，黄宾虹偕妻子宋若婴随汪律本赴贵池，游秋浦、齐山，盘桓十多日。他拜访了汪律本在乌渡湖边的居所，见证这个自称髯翁的昔日激进革命者如今已“云无心再出岫”了。他为汪写的《贵池乌渡湖北宅古松歌》就说髯翁汪律本手植黄山松，虬枝夭折像龙，又仿佛斗室里孕养了千奇百秀的山峰，营造了一个如黄山的理想所在。当时已60岁的黄宾虹也觉得这个“花繁竹茂藤交垂”的湖舍就是桃花源，萌生了隐居于此从事耕钓垦牧的念头。

当然，黄宾虹的想法不是一时冲动，毕竟他和汪律本都受皖派学术影响，对水利、生计很是看重，他曾有在家乡修庆丰堨的旧事。1918年、1919年前后，汪律本就已在池州兴办垦牧、渔业，养鱼饲兔，合作者以他的两江师范旧友为多，如遗老李瑞清等都曾在此结茅而居。后黄宾虹也入股合营鱼塘。贵池风景佳丽，不是军事要冲，正是避战乱的好去处。黄宾虹喜欢有水的地方，池阳湖靠近长江，湖的四周都是青石岸，更是天生养鱼池。他以为贵池的湖山之胜，有歙县不及之处，还给家乡一位朋友去信招他同来，信中提及池州地广人稀，为一极好风景区，另外还有三利：一则滨江交通便易，与省会安庆近；二则地价低廉，招工较易；三则有山水朋友之乐，可以自适。潭渡太偏，上海太繁华，黄宾虹是有过终老于池阳的念头的。

之后黄宾虹又到贵池多次。池阳清代以来游人罕至，却是唐代李白与族叔李阳冰的游咏胜区，李白在此写过名篇《秋浦歌》。齐山更是个有名的去处，多岩洞、林峦、山村、野店，还有以画名世的五代南唐陶守立在此隐居，以诗酒书画自娱。黄宾虹曾和朋友共游齐山寻径访陶的故址，可惜不可得，只见荒寒意境，别有洞天。异代的文采风流还有池阳西郊的文选楼，是南朝梁昭明太子萧统的遗迹，位于树木萧疏处的一片水边荒地。六朝、五代都是历史上的著名乱世，在此东南战事正盛之时，怀想中华文化在乱世中传承不绝，令人悠然神往又不由黯然。历史有时是变化不可测的，黄宾虹选择隐居的贵池，恰好是他当年见谭嗣同壮怀激烈之处，这一历史巧合耐人深省。

从秋到冬，黄宾虹出卖了一些平时所蓄书画文物，在战事纷纷中换得千金，在池阳湖边购置了近两顷荒废的土地，筑圩田百余亩。他还在附近的王姓村庄里筑了一间小屋，门临湖水，风光如画，将此比为唐代诗人、书画家王维著名的辋川亭馆。湖舍新成之时是1924年春末，黄宾虹雇了一些从河北来避兵祸的壮丁和逃荒来的难民，抓紧时间插秧播种，自己也参与饷馌耕作，再次体会潭渡垦荒的感觉。

黄宾虹隐居湖畔，附近有姜姓、徐姓两家人，还住了些渔民。池阳湖可捕鱼，田园可采摘园蔬，耕读可乐。平常交往除了汪律本，还有一些同在贵池垦荒圩田的朋友，可来往谈诗论画。

湖上幽居，避开尘嚣，四望只见云水微茫，湖上的静谧广阔让在上海浮萍蓬草近20年的黄宾虹有了陶渊明说的倦鸟归林感、云不出岫的舒卷淡泊感，还有庄子说的自由如鱼之乐。水田环绕下的家，钓船系在掩映的柴门外不动，渔庄和稻田交错，水里归来浮鼻老牛，树枝上、沙滩上白色的沙禽鸥鹭安静地沐浴睡眠或栖息飞翔。闲时和野老农翁闲话渔樵，面前有琴有酒樽，放下手中的书又看山。在池阳湖，黄宾虹再次感受到率真的生命本意和许多栖息其间才能领略的自然美态。

但池阳湖毕竟不是真的世外桃源。黄宾虹的圩田屋舍濒江临湖，风景固然可观，但江田常常苦潦，邻居的田地多已荒废不种。两顷土地本来也难保一家温饱，"风雨日夕来"更令黄宾虹忧惧。很快就到了黄梅季节，此年连日梅雨不止，长江上游江水上涨，河流湖泊泛滥，沿江圩田成了一片泽国，稻田全无收成。上海此时也兵戈正酣。天灾人祸、祸不单行，百姓更苦了，黄宾虹一年的劳苦也付之流水，归垦园田、耕读生涯的梦想又一次破灭。后来他写了《返沪》《湖上偶成》等诗，深感人不能胜天的无能为力。

世上不太平，1924年北方直系、奉系军阀混战，9月奉系的浙江督军卢永祥和直系的江苏督军齐燮元在上海近郊火并，是为江浙军阀战争，次年秋奉系军阀孙传芳逐出齐燮元，战事平息。黄宾虹牵挂着许多著述未付印，因旷馆多日，更是诸务猬集，于是还是归去上海继续笔墨生涯，仍在商务印书馆编辑所工作。他重返沪上时腊月已尽，隐居山水不果，只能退而求其次，上海地方逼仄，只能得空就外出游览山水，黄宾虹后来也说自己是“旅沪三十年而游山之日居多”[①]。

“家财散尽五湖去，烟波一棹同鸱夷”[②]，这是黄宾虹对隐居池阳湖生涯自嘲似的总结，只有诗与画留下纪念。他作了《乌渡湖上》《齐山秋浦》《池阳湖图》《池阳坐雨》等画稿，还有大量诗稿，可互相参看窥见他此时的绘画变法。

黄宾虹最爱湖上秋日的清景，《避兵之池阳作》的“秋飙吹冷苍岩烟，松杉浮碧枝连蜷。丹黄杂树出山麓，下映湖水生澄鲜”[③]，初看似乎是元人以浅绛平远山水入画的格调，细看有超出静止图画外的自然真实光色在诗句中浮现，如苍翠松杉，丹黄杂树，澄鲜湖水，烟、浮碧、澄鲜显示的光影变化。再如《天湖即事》的“便有清光画不如”[④]、《池州湖居杂咏》里的“平常诗境情无限，远近秋光画不如”[⑤]，写水边云烟多变、岚光接水光的情景，从中隐约可见黄宾虹对中国传统绘画固有模式不足以充分表现真实景象的不满足和探索之心。

特别值得注意的是，在池阳湖的黄宾虹特别爱写风雨夜晚景色，《天湖即事》诗写了野鹜惊飞、游鱼闪光，“归路不知山远近，一灯摇曳出林疏”[⑥]的景象。后来他在给陈邦直的画上题了一首《池阳待闸》七绝：“关津历历一扁舟，风雨撩人只载愁。搜箧长途无长物，十年早敝黑貂裘。”[⑦]陈以为此画是摹拟吴

① 上海书画出版社、浙江省博物馆编：《黄宾虹文集·书信编·与傅雷》，上海书画出版社1999年版，第202页。

② 上海书画出版社、浙江省博物馆编：《黄宾虹文集·诗词编·圩田》，上海书画出版社1999年版，第129页。

③ 上海书画出版社、浙江省博物馆编：《黄宾虹文集·诗词编·避兵之池阳作》，上海书画出版社1999年版，第115页。

④ 上海书画出版社、浙江省博物馆编：《黄宾虹文集·诗词编·天湖即事》，上海书画出版社1999年版，第143页。

⑤ 上海书画出版社、浙江省博物馆编：《黄宾虹文集·诗词编·池州湖居杂咏》，上海书画出版社1999年版，第186页。

⑥ 上海书画出版社、浙江省博物馆编：《黄宾虹文集·诗词编·天湖即事》，上海书画出版社1999年版，第143页。

⑦ 上海书画出版社、浙江省博物馆编：《黄宾虹文集·诗词编·池阳待闸》，上海书画出版社1999年版，第185页。

历画风，这固然不错，不过也不止拟古，画中平静风景背后所蕴藏的不安风雨夜色是池阳湖实景的真实写照，也是时代在黄宾虹心里、画里悄然留下的印记，墨色沉郁是风雨如晦的季候和时代氛围的投射，飘摇不定的扁舟是自我身世、心境的象征。

吴历（1632—1718），字渔山，号墨井道人，江苏常熟人。有遗民风范，与“四王”、恽格合称清初六大家。他擅写山水，学元人王蒙、黄公望、吴镇，能在摹古外师造化，晚年多作高远山水，层峦叠嶂，以干笔焦墨，层层皴染，墨法深厚苍茫。他晚年曾入天主教，见过不少西洋画，澳门之行多见异域风光，不过画骨子里仍是纯粹中国画。关于吴历的墨法，黄宾虹有过不少思考和学习。

黄宾虹一生有四次隐居生活，在歙县、池阳湖、北平、西湖，多是时世造就，也是内心选择，这些都成为他学术与绘画的大进展时期，少应酬杂务的宁静生活可让人深思内省，促使艺术和自然、内心进一步契合。他在贵池的短暂隐居后，画风出现从渐江、倪瓒的清秀简淡向吴历、石溪、龚贤、吴镇等人黑密厚重积墨风格的转变。池阳湖风光山色引起的画风之变是突变，也是水到渠成的渐变，源自他长久以来对江湖水光天色尤其夜景、雨景光影的写生领悟，来自他蓄积已久的国学画学思考，还来自苦涩沉重的现实在心灵的真实深刻倒映。

黄宾虹回沪后又发生了许多事，如“五卅惨案”的发生，国民政府的成立。而池阳湖故事也还有后事，1929年他还曾前往贵池，但1930年夏长江涨水引起特大水灾，黄宾虹听说池阳湖边的圩田又淹没了，房舍也快朽坏了，感慨赋诗“郑侠流民图不得，杜陵庇士愿终违”[①]，用北宋诗人郑侠画《流民图》反映民生疾苦、唐代诗人杜甫因为自己的茅屋被秋风所破却高歌“大庇天下寒士俱欢颜”的典故，感同身受道出和天下民众一样渴望太平安居的心愿，也感伤自己不能有所作为。他在池阳湖建圩田，和当时在潭渡修堨垦田一样，都想建一个桃花源。经历了这次隐居失败，他相信在现实世界里没有桃花源，如果有，只

---

① 上海书画出版社、浙江省博物馆编：《黄宾虹文集·诗词编·庚午夏涨池阳圩田闻没水中筑舍将朽坏感而赋此》，上海书画出版社1999年版，第186页。

能在画里。后来他去了北平，把贵池的房子土地托付别人照管收租，十年暌隔，他还一直惦记着自己曾结庐于齐山、秋浦之间，有湖田两顷。但他从北平南归后也没有再回去池阳湖，湖山深邃、耕钓自给只成为尘世奔走、垂垂老矣后的回忆，在他的诗篇画作里，只留下雪泥鸿爪的诗意墨痕。

第四章　下笔不觉师造化

万国百川

黄宾虹在上海时，正是中国近代史巨变之际，也是新文化史、近现代绘画史的重要发展时期。上海的画者身处万国交流、百川归海之间，尤其容易敏锐感知时代风气之先变，也能积极参与并推动文化潮流。

初到上海，黄宾虹参加了《国粹学报》、神州国光社等团体组织，当此神州陆沉之际，奋力担起保存国学、文化救亡的文化责任。他参加的海上题襟馆也以为我国书画顶天立地，远胜东洋书画。他任《神州大观》编辑时对日本学者伪造明画非常反感，还作漫画发表在《真相画报》，揭露日本浪人盗窃云南、龙门、敦煌等地古文物的丑行。那个时代对外来势力的排斥是社会普遍情绪，作为徽商后裔的黄宾虹，看到家国的日益凋敝，放弃出国留学，可见他和当时许多传统士人一样对西洋文化有一定的偏见和隔膜情绪。而上海的环境，更是时时刺激着生活其间的人们生发爱国自尊情感。民国初，一次，黄宾虹在虹口看到一个英国流氓欺负中国老人，就见义勇为，以他在歙县乡间为抵御外敌练就的拳术功夫领头赶走洋人，事后还对人说："国人只要同心协力，团结一致，外侮是可以抵御的。"[①]但他到上海后也渐渐接触到了许多外国学者、友人，与他

---

① 王伯敏：《黄宾虹》，上海人民美术出版社1979年版，第6页。

们进行思想学术尤其是画学绘画上的交流。

清宣统二年（1910），黄宾虹应南京两江师范监督李瑞清和蒯光典等人约请，协同王云五襄助办理蔡元培主持校务的闸北上海留美预备学堂事务，任监学，并兼任国文教习，讲授他最擅长的骈文。留美预备学堂的办学者多是当时的著名学者、教育家，蔡元培主张新时代里知识分子不做官不议政，要通过教育培养现代社会必需的专业知识分子。黄宾虹真心认可这样的理想化办学主旨，因为他为自己的子女也作这样的规划，就像他的父亲当年为他的功名未来多番谋划一样，国人对教育的重视从未改变过。任教于此、接触外来与现代思想在某种程度上也是对他早年放弃留学的某种补偿。当时的同事中就有德国人阿特梅氏等外国人，黄宾虹在晚年的《九十杂述》还提及此人。他从这些外国人身上对西方有了一些直观细节上的了解，态度渐趋平和，心胸也趋于开阔。1912年他撰写《真相画报叙》，就说画报将搜集全球各种画艺，分别区类，萃为一编，沟通欧亚学术。他也曾和好友蔡哲夫说过要沟通中西画学。

蒯光典（约1857—1912），字礼卿，安徽合肥人。光绪进士。为学博大笃实，通训诂，精目录学。主张经世致用，对西学有研究。清光绪二十一年（1895）为两湖书院西监督，讲西学。清光绪二十四年创办江宁高等学堂。清光绪三十四年赴欧洲任留学生监督。

王云五（1888—1979），广东香山（今中山）人。清宣统元年（1909）任上海留美预备学堂教务长，1912年底任北京英文《民主报》主编和北京大学等校英语教授。1912年由胡适推荐到商务印书馆编译所工作。黄宾虹与这个对近代图书馆和出版事业作出重大贡献的文化人曾有交集。

1912年，贞社朋友宣古愚常带黄宾虹到黄浦滩一个俱乐部的欧洲人私家收藏研究处参观，见到许多中外艺术精品。一次，一个塞尔维亚人得到一本南宋院画画册，视为至宝，供大家观览，却发现一人名字不详，邀请多位学者研究。众人正踌躇无计，黄宾虹却随手指出是梁楷。后来与海内外影印画册对照，果然符合。欧人称奇不已，认识黄宾虹的都以此事为他广为传播。

当时黄宾虹还多与侨居沪上的欧洲汉学家交往，切磋艺事，1915年他给柳亚子的信就说自己“间与一二欧友相研求”。其一就是谛部，其夫人是英国水彩名画家的女儿，夫妇都嗜好中国古画，与黄宾虹往来谈论很愉快，一战结束后返回德国。还有柯士医生是商务印书馆的张元济介绍认识的，他收藏了很多中国画，也常邀请黄宾虹去评辨优劣。其中最出名的是英国人史德匿，居住中国已十多年，专心美术，于瓷铜玉石、工艺雕刻无不精到，尤喜爱古人书画，论画能深中肯綮。黄宾虹帮他将搜集到的中国古代书画文物精品于1914年编印成《中华名画・史德匿藏品影本》，还为其作序，并撰玉、瓷、铜器总论三篇。一次史德匿得到一幅王维山水卷真迹，黄宾虹玩赏时只觉精彩焕发，又见画上多有题跋，见证名画流传经历。这幅画时间最晚的题跋是明末书画家、青溪老人程正揆写的，其中说自己曾在董其昌手里一睹此画，王维是董标榜的南宗山水鼻祖，荆、关、董、巨等人山水都从中而出，不料明亡后又在市肆中偶见，惊喜叹异，如在梦中。黄宾虹摩挲古画，感慨又一次异代国变、沧海桑田，这千年神物当是笔墨有灵，有鬼神呵护，才能流传下来。可惜它不久将要被携带到海外，中国宝物不能为中国人所拥有，自己其生也晚，但所幸还来得及见到此画。他那时的惆怅矛盾心情比程正揆当年的盛衰之慨更复杂难言。

1914年，黄宾虹为岭南画家陈树人译述的日本《新画法》一书作序，提及日本“东瀛画法”传自中国，更引用英文经典原文“阳光之下无新事”说明道理：“画法常新，而尤不废旧。西人有言：历史者，反复同一之事实。语曰：There is no new thing under the sun，即世界无新事物之义。”[①]黄宾虹并不谙英文，这在他的文章里是第一次使用，可见其受欧友影响、对比较中西画学产生兴趣的痕迹。到1919年，他还在欧友的帮助下翻译写作了八章近万字的《新画训》，是对《新画法》的再写作，连载于《时报・美术周刊》上。这是一篇形式奇异、带有明显时代印痕的文字，也是以独特角度反映他解读西方美术史的文章，在他通篇惯用的文言文里夹杂着外国画家名字，在成体系的画史译述里不时加入他对中西绘画比较的感性心得。

《新画训》对埃及、印度、希腊等古国的原始艺术、古典艺术，意大利、荷

① 上海书画出版社、浙江省博物馆编：《黄宾虹文集・书画编（上）・新画法序》，上海书画出版社1999年版，第88页。

兰的文艺复兴艺术，英、法的印象派艺术，都有较系统的阐述，对中画、西画的相似、交会点尤感兴趣，如中西画由写实到写意发展的共同点。后来很多人都认为黄宾虹晚年的画和印象派有异曲同工之妙，那时他已注意到印象派的马奈、莫奈等人，以为其与北宋画的重精神内涵、求神似有艺术追求的相通之处。印象派兴起和东方艺术西传的确有一定渊源。他后来还屡次谈到明代董其昌等人学习改进三国时兴起的没骨画法，用水墨代青绿，深浅浓淡，这种画法也似乎与欧美水彩画有相似之处。

黄宾虹属于同光一代人，最后一代传统学术浸淫孕育出的学者，由于未留过学，正如梁启超在《清代学术概论》里所说固有的旧思想根深蒂固，外来的新思想来源浅觳，只能是以国学为本汲取西学，借西画的比较、激发在中国画的旧世界里找出新的内涵、生命力与发展方向。《新画训》还有不成熟乃至牵强的地方，但相对于当时艺坛或保守自大、墨守"四王"成规，或浮躁地以西洋写实风格为标准否定贬低中国画的"新潮"倾向，黄宾虹的认知无疑是中肯诚恳的。可惜这篇文章和黄宾虹的许多画学观点及画作一样寂寞，很长时间里鲜有人注意到其貌似保守的外表下，却富于生机、令人深省的地方。

值得注意的是，黄宾虹一直坚持不能泯灭中西画形式、内涵上的差别，就是坚持画的民族性。1919年在《时报·美术周刊》创刊号的弁言里，他就注意到中国画史上受西画影响以来的两个特殊现象：清初的郎世宁是意大利人，成为清宫廷画师，将西洋画法引入中国画，却没在后世留下应有影响；同生活在清初的吴历是中国传统文人，他的积墨山水画有人以为受到西法影响，黄宾虹却以为他恪守"元四家"中的王、黄家法而变，才自成一家并影响后世。黄宾虹以为中国雕刻绘画等美术不逊于西方和日本，所以在弁言里指出绝不能"国不自主其学，而奴隶于人之学"①。他坚持不间断地临摹宋元画作，认定这才是根本，是言行合一的践行。在《时报·附增美术周刊预告》里，黄宾虹还认为应进一步复兴中国传统艺术书画金石，并广兴工艺美术，可促使人民生活之增

① 上海书画出版社、浙江省博物馆编：《黄宾虹文集·书画编（上）·美术周刊弁言》，上海书画出版社1999年版，第93页。

进，国家富强昌盛。因为美术是实业之母，绘画是百艺之母，最能表现中国精神文明的本质内涵，这是他寻求画学复兴的深层原因。1923年他还应友人胡朴安邀请，在《民国日报·国学周刊》上连载《中国画史馨香录》，书写自己心里的中国画史。1925年出版的《古画微》也是他展现中国画史的重要著作。

黄宾虹来沪时已年过不惑，思想、知识已基本定型，而他接触到的欧美人士大都是热爱中国传统文化的中国通、汉学家，所以他在和他们交往时没感到太大压力，反而更坚信国学将迎来大昌明时代。不过，他也不能不感受到现实中传统文化的滔滔不返。

20世纪20年代是中国文化和世界文化的共同重要转折期。1918年第一次世界大战结束后，因西方物质文明高度发展引起人欲横流的危机感，欧美人孜孜寻求精神文明来扶偏救弊。有人在传入西方的东方古典文化艺术上找到了答案，被认为日渐衰落的东方文化又重新得到肯定，也使当时颇为厚西薄东的中国文化界出现了一些回归传统文化的思潮。黄宾虹所属的国粹派一贯坚持的反对拉丁化、保存发扬国粹等观点当时认可者渐多。

不过，当时黄宾虹的画学主张依旧寂寞少人识。早些年欧学东渐的西风正盛，出现中国文化可以尽废的激进思潮，康有为、陈独秀等人都曾以改良或革命的目的，对传统文人画发表过粗暴简单的全盘否定意见。黄宾虹却出自本心，既反对盲目向往西方，又发表了中国近代画学衰敝论，一时受到来自崇洋和保守势力的双重排斥。到了那时，很多人开始侈谈国学，他却又耿直、清醒地提出不合时宜的警示："余谓攻击者非也，而调和者亦非也；诋毁者非也，而附和者亦非也。""夫艺事之成，原不相袭，各国之画，有其特色，不能浑而同之。"①意思是说全盘否定国学和国画是不对的，全盘等同中西文化和中西画也不对。这一见解可谓中肯持正。

一方面黄宾虹认为中西绘画不同。西画是从机器摄影而入，得于物质文明居多。中画是从诗文书法而来，得于精神文明为主。中画从刻刀到毛笔，从竹

① 上海书画出版社、浙江省博物馆编：《黄宾虹文集·书画编（上）·中国画学谈——时习趋向之近因》，上海书画出版社1999年版，第189—190页。

帛到纸张，从金碧到水墨，几千年来变化的是体貌，不变的是精神气韵，就是画的民族性。他不赞同国画中的改造派“以夷变夏”，其实也不完全赞许自以为兼收东西画法之长的折中派、融合派等传统派（比如高氏兄弟的折中）。另一方面他也不排斥看欧画，乐于了解西画史，作了不少札记，还抄录西方画家的英文名字。[①]与西方绘画艺术的真切接触，愈发使得他敏锐而朦胧地意识到艺术的不同但可相通。当然，他认为西画基于物质文明有些偏颇。

1926年，黄宾虹约同老友组织发起了中国金石书画艺观学会，仍以保存国粹、启蒙民众为宗旨，和国学保存会、贞社理念一脉相承。黄宾虹来沪上后参与的组织团体很多，但艺观学会是以他为核心打造的。《艺观》杂志第一期的文章，虽多用笔名，如一些署了整理者宋若婴的名字，其实大都是黄宾虹一人手笔，是他艺术思想的一次总结。在艺观学会简章里，他说“近今万国交流，凡极文明之国，愈宝爱其国之土物，而考古之士益多”，提到欧美各国多博物馆、博览会，希望中国也能“扩充博大之学识，创造精美之工艺，固结贞坚之志操，养成高洁之性情”。[②]他和当时一些思想相近者提倡博物馆和考古学的思想是超越时代的，至今不过时。到1929年，艺观学会又更名为“中国艺术学会”。

黄宾虹在“艺观学会”前冠以“中国”之名，之后他还参与中国画会等组织，这标志着他站在中国文化和绘画方位与西方艺术对话的意识更为明晰了。20世纪20年代前，他和《国粹学报》同人提出的许多看似保守的见解，其实是为了抵御强大的欧化思潮，而不得不采取一种矫枉过正的姿态，这些见解中存在很多合理因素。从20年代到30年代，在国学思潮复兴回归的时代大背景下，黄宾虹的见解和态度更为从容温和。他在潜心中国画创作研究之余，更多与欧美学者、艺术家交往，也不再抱残守缺，有了更宽广的襟怀视野。他面晤交谈或通函神交的欧友中，有法国人马古烈、敦煌考古学家伯希和、意大利人沙龙、瑞典人喜仁龙等。他们都精通中国语言文字，研究书画理论书籍，其很多见解对黄宾虹都有所启示。

---

① 见《中国画学谈》附录《欧画》一文手稿，外国画家名字都注有英文。

② 上海书画出版社、浙江省博物馆编：《黄宾虹文集·书画编（上）·中国金石书画艺观学会简章》，上海书画出版社1999年版，第276页。

《艺观》杂志第一期还有一篇《纽约中华古画展览会宣言》，是由美国人白鲁斯的文章翻译来的。白鲁斯游历中国，颇多收藏，常和黄宾虹商榷绘事，前一年已返回纽约举办了中华古画展览会，提倡中华美术。黄宾虹认为这是东学西渐之助，此后也一直特别注重与外国交流的画展等。

1929年，上海举办了中日现代国画展览会，日方美术访问团参加了中日美术家联欢活动，并到上海新华艺术专科学校（1928年更名为新华艺术大学）、中国文艺学院（后改名为中国艺术专科学校）参观访问。中方参与者中以活动主持人黄宾虹年岁最长。这是日本画家在1931年“九一八”事变前最后一次来华活动，事后出版《现代名画》收录了黄宾虹、张大千等上海书画家作品。1930年张大千等中日艺术同志会成员赴日本访问，带去了黄宾虹的画，日本画家田边华得到后很是景仰、感佩，来信希望能再得到他的画，黄宾虹寄赠了他四帧山水。田边华在来信里称黄宾虹的画是笔墨秀挺，淋漓兴情，是士大夫之翰墨，迥异时径，并寄上六幅画希望黄宾虹分赠他人，使他能有海外的风雅订交。这是符合黄宾虹心愿的。因为当时一些东洋或西方人士因搜集中国古画真迹较多，熟知各大家名家的心法，对笔墨确有真知，反而不像国内人士一味以工细为佳品，黄宾虹希望能海内存知己，宣扬中华艺术。田边华与黄宾虹同岁，两位老画家虽未谋面，但鱼雁来往，惺惺相惜，也是中日绘画交流的佳话。

同是1930年，在为纪念比利时独立100周年举办的国际博览会上，上海美术专科学校校长、画家刘海粟携黄宾虹画作参展，黄宾虹的作品获得“珍品特别奖”。这次获奖人数只有几人，黄宾虹得此天涯知己，一直觉得很自豪。1934年德国柏林普鲁士美术院举行现代中国画展，其中也有黄宾虹《峨眉》山水一帧，选入《中国现代名画》，在德国印行。1936年伦敦中国艺术展览预展会在上海开幕，黄宾虹也著文关注。

黄宾虹在上海期间，沪上艺术之士群相兴起、荟萃齐聚，和京城、岭南可谓鼎足而立的三个艺术中心。许多画家生逢同时，风格各异，沪上画展风气颇盛，艺术团体更是众多。从20世纪前十年一直到30年代中期，年近七旬的黄宾虹仍身体健康，精神旺盛，思想和创造力没有减退，他常思考如何能加入同好的组织或研究会，以助切磋提高。

20世纪20年代，黄宾虹积极参加或组织了停云书画会、烂漫社、百川书画社、蜜蜂画社、艺观学会、中国画会、中国学会、寒之友社等组织团体，来往的多是文艺界人士，有西画家也有国画家，交往很广。

停云书画会是任伯年长子任堇创办的。任堇（1881—1936），字堇叔，绍兴人。写山水专师宋人，书法善章草。书画会成员还有于右任、张继等。

1919年，黄宾虹就结识了同乡汪亚尘。汪亚尘，原籍安徽，生于杭州，早年曾辍学为绸缎店学徒，后来前往上海学画，结交刘海粟。1916年赴日留学，是中国第一批留学学习美术专业的画家之一。1921年归国担任上海美术专科学校教授，任教西画兼理论课。

1928年，黄宾虹与张大千、张善孖、俞剑华等人组织烂漫社。社中张大千的老师曾熙和黄宾虹年纪最大，张大千最小，黄宾虹被推为社长。黄宾虹自从来上海，住过很多地方，当时与张氏兄弟同住在西门路西成里（今黄浦区）七号，他借住张氏房子，住在楼上。善画虎的张善孖当时还在家中养了一只虎，黄宾虹撰了一副“虹飞雨霁，虎啸风生”的对联贴在大门上，寓意自己和张氏兄弟同住，给来西门路的每个人都留下深刻印象。

黄宾虹在《真相画报》时用过大千的笔名，自张大千1919年来沪，为避免混淆，就不再用这个笔名，这事后来也只有一些老友记得。1937年黄宾虹来到北平，和早一年来北平的张大千常在北平书画中心稷园聚会。黄宾虹的老友、绍兴篆刻家寿石工素来诙谐，一次忽然很严肃地向大家说：“今日我要为文艺界办一公案。”众人不知何事，都竦立倾听。他才缓缓地说出：“张大千名满南北，诸君亦知甚假借于黄宾虹，至今尚未归还乎？请诸君决议。”他还举出《真相画报》旧事为证，众人大笑。①

这是很有趣的一幕，而具体比较这两人则更意味深长。张大千1925年在上海宁波同乡会馆举办第一次个人画展，26岁就扬名南北，后又去北平办画展，被称为“南张北溥”，成名很早。黄宾虹虽较早在画界就有“南黄北齐（白

① 上海书画出版社、浙江省博物馆编：《黄宾虹文集·杂著编·自叙》，上海书画出版社1999年版，第561页。

石）”之称，但直至1943年才在上海举办了第一次个人画展，那时他已80岁。黄宾虹来沪上后以鉴别真伪艺术品著称。张大千却是作假高手，他的赝品石涛画，甚至骗过了当时的大行家罗振玉、黄宾虹、曾熙。黄宾虹一生多以画赠友人知己，虽有润格，和他的名气比却很低。他一直严守传统士夫的不言阿堵，长期过着清寂的学人生涯。张大千却对金钱有较开通的看法，有过高润格，也卖商品画，人生较率意。黄宾虹的画是恪守传统的雅正的士夫画，张大千的画有趋向世俗的意趣。两人都是一代宗师，只是在境界上和被认可的领域不同，如傅雷就不太喜欢张大千的画、字和文章。黄宾虹一生最在意雅俗，他排斥的江湖气、市井气，虽是直指“扬州八怪”、八大山人、石涛等古人的用笔有时过于有放无收，其实却是对现实中的沪上画家而发，尤其是学石涛的那些画家吧？如他晚年给弟子顾飞的信里提及如果不守雅正，那么即使能学古画典范敦煌壁画，也还是“假石涛”，也许另有所指，有深意。

1929年4月教育部主办的第一届全国美术展览在上海举行，南北国画家均有参加。此时在上海美术专科学校教学的黄宾虹和张氏兄弟都参加展出。黄宾虹展出的书画作有1923年游常熟虞山的《虞山》和1928年游广西的《桂林叠彩山》等体现墨法革新的画作。黄宾虹还发表了评介文章《美展国画谈》，提倡士夫逸品画格，说不必求悦于人，人不知而不愠，才是真画者。他还说当时沪上流行的一种是细谨、工于涂泽的媚人习气，一种是矜才气、沦于放诞的欺人画风，真画者反不合时宜。他希望画者能坚持避俗趋雅的操守，不要因一时俗世弃取而改变自己的初心。

1929年，黄宾虹还参加了蜜蜂画社，这个社团后来孕育出了中国画会。1929年，郑午昌、贺天健、孙雪泥、钱瘦铁、陆丹林等人发起蜜蜂画社，参与画家超过百人。考虑到与海外开展绘画交流活动，叶恭绰建议组织能体现国家文化特色的国画家的团体，以联络同道、提倡艺术。1930年，他约请黄宾虹、画界艺术活动家陆丹林撰写了《国画界亟应联合》，试探意见，协商筹办。1931年中国画会应运而生，是全国性艺术团体，以原蜜蜂画社为主，成员多达150多人，其宗旨是发扬我国固有艺术，提高国画在国际上的地位。黄宾虹被选为五位监察委员之一。1934年中国画会编辑出版的《国画月刊》创刊，黄宾虹是编辑之一，他发表了一系列文章，总结了这一时期对中国画学的重要思考和看法，表达了对中国画未来的真实忧虑和无限希冀。

叶恭绰（1881—1968），字誉虎，号遐庵，祖籍浙江余姚，广东番禺人。书画家、收藏家、政治活动家。早年毕业于京师大学堂仕学馆，后留学日本，加入同盟会。从政之余，兼善治学，1927年任北京大学国学馆馆长。诗词之外也工书画，画以兰、竹、松、石为主。他喜收藏，致力于收藏保护古代文物。

在中国画会成员疾呼力挽山水画颓势的呼吁声里，黄宾虹的声音始终是平和而有力的。他系统回顾了中国山水画发展，以为从南北朝张僧繇的青绿没骨、展子虔的平远山水，到唐吴道子变重色为淡渲，取笔简而意工的减笔，趋于自然，三百里嘉陵江山水一日而成，山水之法渐备。之后唐人李思训和王维分金碧、水墨南北两宗，南宗正宗自王维变为五代北宋李成、郭熙、范宽、荆浩、关仝的丹青水墨合体，再变为董源、巨然的水墨云山，到“二米”父子创水墨雅格，再至“元四家”。“元四家”的优点就在于师唐宋精神，后来明清失去传统也在于不师唐宋。黄宾虹提出“返本而求”的治弊手段，要多学唐宋真迹来扭转时下的绘画颓势。

1933年，黄宾虹参与发起创立百川书画会，被推举为理事，其他理事还有王济远、诸闻韵、吴梦非等人。“百川”取意学艺虽经纬万端，但其归则一，如百川分流，同归于海，也就是说学习艺术是殊途同归。百川书画会会员多与上海美术专科学校有关，多是西画家，也有张大千、潘天寿等人，大家常在刘海粟家中小聚谈艺，抵掌论画，切磋画艺，还常趁兴作画，体现了国画家、西画家共同研究、昌明艺学的愿景，也可见黄宾虹日益开阔的视野、影响。1936年，他参加中国现代名画展览会，蔡元培在会展序言中赞扬了他和活跃于现代画坛、多有作为的画家王一亭、刘海粟、王济远四人复兴中国现代艺术的贡献。他和王一亭是国画家，刘海粟和王济远是西画家，可见黄宾虹对画学的贡献是多方面的，也得到了美术界主流的认可。

虹庐画谈

在上海，尤其是20世纪20年代之后，黄宾虹的画论于画法、画史、画传等方面都多有涉猎。他初步总结了笔墨法。他的画史尤重五代北宋、元末、明末启祯年间、清道咸年间几个阶段，是一部笔墨发展史，以笔墨的得失构筑画史的升降。其中最主要的创获是黄宾虹对清道咸金石画家的重视，以及对江南画史的关注。他还特别注重画人传记中人格高、学识丰、遭际奇的遗逸之士和以前不为人所重的学者。

黄宾虹在20世纪20年代初已提出“浓黑淡白兼施，干湿副之”的用墨密钥，一破元人之后的喜干墨皴擦习气，更是颠覆了清人把墨分为正墨（白干淡）、副墨（黑湿浓）的狭隘观念。他还指出墨法高下全在用笔，无论浓淡干湿都要处处见笔，还要由疏而密层叠几十次，但浑成一气中仍追求笔笔清疏。黄宾虹继续指出俗世民间以水墨淡雅为气韵、以笔毛干擦为骨力这个明代以来延续数百年的认识误区。明人学南宋，墨法能淡不能黑，只有沈周、文徵明师法元人吴镇能稍得北宋深厚浓郁墨法，到了清代“四王”之后笔墨更趋于轻秀浮薄。经历池州隐居之后，他对沉郁墨法的探讨和亲身体验更进一步。

黄宾虹在1929年前后还明确提倡“平、留、圆、重”笔法四字诀，加上先有法后变法的“变”，完整构成他的笔法五字诀。这五字诀的主旨是以书法通于画法，更有从金石古文字领悟贯通画理的鲜明痕迹。

黄宾虹一向以为书画同源，所以称作画为“写画”。他以为上古时书画不分，如伏羲画八卦，仓颉造字的六书之首就是象形，中国最早文字就是横线、纵线、弧三角的线条形式。汉以后书画逐渐分化，但道仍归于一。中国画法从书法中来，本源就在古文字，如果要上溯学上古三代以上笔法，只能从古玉、甲骨、铜器中求索。

开近代上海专门收集研究周秦古玺印风气的黄宾虹，1929年在《滨虹草堂古印谱》提出了研究古玺印的“三善”，也就是给友人信里说的古印的三种玩味。其一是古印上的籀篆文字包括肖形图形，点画的肥瘦方圆奇正各不同，可助领悟绘画笔法并加以变法。其二是古印结构的疏密、参差离合、抑扬顿挫、回环往复，可领悟绘画章法布置之妙。其三是可由古玺印这种上古金石实物、接近原始上古的艺术形式悟出笔法要旨源头，从中了解书法、文字、金石、绘画都是属于同一源流，来自自然山水，从而找到绘画尤其山水画回归造化的合理途径。黄宾虹作画时会置备金石拓本在案头随时参考。

中国古人喜欢用好懂的自然现象、生活常识打比喻来解释笔法四字诀“平如锥画沙，留如屋漏痕，圆如折钗股，重如高山坠石”，黄宾虹也常提到古代书法家从自然现象、生活常识中悟得笔法，如由舟逆急流悟得笔法遒劲，在雨后看车行泥沼，车轮在泥中转动如笔被纸墨所滞却仍圆转，不疾不徐、不粘不脱，从此笔法大进，等等。黄宾虹也以自然山水之理、人间常见现场来进一步诠释笔法，古人说“平”字诀好比用锥子在沙子上画一道，就多取平直之意，而他说“平”就如风吹水动，不平之平，一波三折，取平而有变化，比古人之说有所深化丰富，这其实就是金华倪翁在他幼年时指点的笔法。再如他也和古人一样说“留”字诀如破屋漏痕，雨点积蓄，顺中取逆，辗转而下，就是自然形成的“屋漏痕”，但他还指出“留”是金石“辣”字诀，有去而往复收敛含蓄不尽之意，“留”不足则放诞犷野，全无含蓄，显得市井浮滑顺拖和江湖任意挥洒，过度“留”则会矫枉过正、故作艰涩、失去自然。他也同意“圆”字诀如行云流水，宛转自如，也如石有棱角、树有丫杈，就是篆书用笔的似圆似方、圆中有方，“折钗股”意思就是折而不断的金钗，是柔韧百折不断，笔意无不转折停匀，不妄生圭角、锋芒毕露，也不破碎凄迷、全无弹力。还有古人说“重”字诀是像高山落下的巨石，也像愤怒的狮子掰开石头，主要在意气势力度，而黄宾虹继续指出“重”像落石也像垂落的枯藤，是用巧若拙，举重若轻，增加了枯藤意象，丰富了“重”的意涵，不是一味的重、拙，而是有巧力，是内涵丰富，是灵活多变。黄宾虹顺理成章地加了“变”字诀，说像自然界的万物都不是一成不变的，石头有阴阳向背，树木有交互参差，山峰有起伏显晦，水流有缓急动静。可见黄宾虹极大丰富了笔法内涵，将看似矛盾实则一致的内容融汇成一体，如“平”是一波三折，“留”是去而往复，“圆”是圆中有方，“重”是举重若轻，是为“变”也。

1922年，黄宾虹在给友人陈柱尊的信里说自己是以山水作字，以字来作画，可见他已将山水自然之理、《说文》六书之法、书法、画法打通。他举例说自然界的山，力下压而气上宣，所以《说文》说“山，宣也”，由此可知写字笔力欲下而气向上，无垂不缩，就是“留”字诀。他后来也常说自己的画勾勒如枯藤，点叶如坠石，是“重”，布白如虫啮木就是虫子咬木头，是“变”。他的笔法理论来自山水自然，也和古文字、《说文》暗合，来自他对古印古金石的摩挲领悟。

就像古人总结的“锥画沙、屋漏痕、折钗股”来自日常生活，黄宾虹对笔法的领悟除了山水、金石，也常从现实生活中很多小事悟得用笔之理的丰富不简单。他在1928年与陈柱尊的信里谈到见上海街头的有轨电车运行，远观似很缓慢，但缓而不滞，近观则电掣风驰，却迅速而不浮动，若徐若疾，圆转自如，虽动而静，可悟用笔“留”“静”之理，“留”是笔法，“静”是气韵。他还说，在交通四通八达之地，电车车轮轨迹往来如织，却经纬错综，不相倾轧，可悟书法古诀里“担夫争道”的“争中有让”，是争而有气，气足则让处都是力，这是他由古印悟得的“布白”法、“以白当黑”秘诀，得虚实之妙，源自自然、“布白如虫啮木”的“变”。也就是当年郑珊教给他的“实处易，虚处难”，老子说的“知白守黑”、太极图的黑白。

黄宾虹的画史研究也见大概。早年他在《真相画报》连载一系列文章，初步勾勒了北宋前的画史轮廓，可惜后来杂志停刊，画史没完成。1923年上海国学研究社成立，出版物是《民国日报》副刊《国学周刊》，黄宾虹在其上连载《中国画史馨香录》，介绍从庄子笔下的春秋宋元君时画者到南宋画家，后来仍因停刊不得继续。他完成于1925年的《古画微》就是一部简明中国画史，介绍从上古三代到近代海上名家，尤其着眼学人画家，指出中国画的文化属性。他这几年的著作大多和画史有关，《鉴古名画论略》是从鉴藏真迹角度写的画史。黄宾虹一向关注史学，对书画史以及背后昭示的文化变迁尤其关切。

当时在上海，初师明贤的黄宾虹，日夕观摩、搜集、临摹宋元墨迹一百几十本，出入宋、元逸品之间。如他在1930年就常访贞社旧交庞元济的虚斋观画，庞氏藏画在大江南北首屈一指，黄宾虹借了不少宋元真迹进行临摹。他心中渐渐有了画史的具体面貌：唐人刻画，宋人纵横，至元人得中和，成为画史典范，但这个高峰是上溯唐宋的结果，以五代董巨荆关为根基，得北宋人沉雄浑厚遗意。明末有邹之麟、恽向及新安诸家得唐宋正传，清人学“四王”、吴历、恽格、八大山人、石涛，末流不免入市井江湖。画史从唐宋到清代的兴败，就是笔墨的得失。他还针对董其昌等人说画作气韵生动是生而知之的天授性灵，认为这不全对，指出气韵生动全在画者笔墨得法。

黄宾虹特别关注“江南画史”，他是江南人，唐宋后很多绘画名家也多生于江南，明清之际画学更极盛于东南，尤其是山水画南宗正宗就在唐宋元董、巨、“二米”、倪、黄等人写江南平远山水的家法一脉。他还说明代大家文徵明、沈周等虽都是吴地人氏，生在人们以为的文弱之地，但观其笔墨，却是骨力沉雄、笔墨深厚，并非一味娟秀、修饰涂泽，由此驳斥了当时画坛上认为规矩森严、笔酣墨饱是北派而不取的错误看法。

黄宾虹对清朝道咸年间金石画家较为推重，他认为画法一度失传后古人笔法秘诀仅存于篆隶，所以金石画家极其可贵。黄宾虹推重的清代金石画家除了开风气的程邃、邓石如、丁敬、程瑶田、巴予藉等人，更有清道咸年间的包世臣、吴熙载、何绍基、林则徐、赵之谦、翁同龢、陈炤、吴大澂等几十人。陈炤就是黄宾虹的老师。这些金石画家因为清道咸年间金石学兴起而见到很多古代金石，于是眼界渐高，并且从中得到笔墨之趣。这些画者之所以成为名家，是因为适逢文艺中兴，就是清代中后期学术借金石文字复兴的文化背景。他们多学有根柢，虽画名不显著，画传对他们也不重视，却有真画者之实，一扫吴门、云间、娄东、虞山画风积习，胜于在俗世里名声很大的“扬州八怪”“四王”。然而，当时理解黄宾虹这一见解的人并不多。

笃爱金石的“金石膏肓”是黄宾虹一生的根柢、关键，奠定了他“道咸金石学盛”的近代书画文艺复兴理论，也成就他的独特画史观，还成为他变革绘画的起点。中国绘画一向有“援书入画”，即引书法进入绘画的传统，宋苏轼、米芾开始有书画合一的士夫画雅格，元赵孟𫖯、王蒙的画有士夫隶体（黄宾虹小时候就对王蒙以隶书入画的笔法印象深刻），之后传统淡漠，直到清道咸年间包世臣《艺舟双楫》继承邓石如提倡北碑书法、崇碑黜帖，主张以篆隶入画。

当时经学转而提倡今文家，词学从推重南宋改而推崇五代北宋，同是学术穷则思变、审美矫枉过正的结果，也因此找到绘画失落笔墨内美和自然生机前的传统正途。清末近世与黄宾虹同时的何绍基、赵之谦、康有为、吴昌硕、沈曾植、曾熙等人也都是这种金石画风的继承者。赵之谦以魏晋碑刻入画，吴昌硕以石鼓文入画，而黄宾虹将一生见过的无数古玺印、朴素古陶器上的文字都引入书画印学，循流溯源，将“援书入画”推进到最本原和通神于自然的境界，使绘画真正重返雅正、自然境地。

1921年擅印的金石画家陈师曾翻译日本人的《中国文人画之研究》出版，以古代文人画为主要论述内容，但只到“扬州八怪”就结束了。黄宾虹以为没有论及清道咸以后的绘画发展是其不足，对文人画的提法也不尽同意，以为是生搬日本说法，他认为应该用“士夫学人画”的概念。在1929年的《画家品格之区异》文中，黄宾虹提出文人画、名家画和大家画三个层次，到1934年的《画法要旨》更完善了这一论述。顾炎武曾说过学而有所悟是为学人，黄公望、渐江都自称学人，黄宾虹也以画家中的学人自许，他期待可以作出大家画。

黄宾虹格外重视不以画名的士夫学人画家，他们的画名往往被学问、高尚言行所掩盖，也不屑于以艺术传世，尤其是其中的遗民，正史里多不敢言及，因此他们的生平事迹常常在画史中湮没无闻，令人惋惜。黄宾虹希望能博采成篇，刻画这些不著名名家的故事，对画史有所补益。20世纪20年代末，神州国光社同人就开始收集散落典籍中的画人传记，还有这些名家个人诗文集记载的生平行谊交游，将其汇编成画传。黄宾虹以对明代画家的熟悉，还有历年收集的手札和金石书画真迹，于1929年编成《文徵明汇稿》，以书画题跋为主，旁及诗词，分传略、年表、支裔表，还附以诸家评论，资料丰富，多是一手资料，甚至有十之七八不见于传世的文徵明《莆田集》。同年，他还发表了写沈周的《明代画家沈石田先生传》，分家世、行谊、师友、游屐、居宅、高致、鉴赏、诗文、书画、画历等部分。20世纪30年代初，黄宾虹和朋友孙䳟公、弟子林散之等人，整理了许多画家的资料并写成传记，可惜后来神州国光社社务歧异，更变不常，画传没有再出，稿子也委诸尘土无人理。此后1934年出版的《中国画家人名辞典》更引起一段公案。

这本辞典本是黄宾虹和友人山东俞剑华、孙〈山乙〉公合编的，比以前的《画史汇传》增补了几千人，人名都是从古人诗文集等处搜集得来的，多为学人士夫，但这次出版只署了孙的名字。对此，俞剑华1963年在重版辞典的前言说，他起初携带书稿来上海，向商务印书馆、中华书局投稿都未接受，“及黄宾虹先生重回神州国光社任总编辑，始允为出版，除由他加以增补外，并交由他的友人孙〈山乙〉公整理，约定用我们三个人的名义编著。在抗战前夕黄先生离沪赴北京，后来我离沪赴浙闽，及至胜利归来，该书已出版，名为《中国画家人名大辞典》，由孙〈山乙〉公著，除序文中还提到黄先生的名字外，连我的名字都没有提到。当时曾写信到孙氏广西原籍去问，回信说其人已死，无从追问。该书孙氏并未整理完竣，只到十五画，也因抗战离沪。是书出版，孙氏并未见到，可能由出版社代为具名，因不了解前后情况，遂有此误”[①]。

黄宾虹因孙〈山乙〉公已在抗战期间去世，不再提起这段旧事，逝世前在病榻上才说：“过去神州国光社出版的《中国画家人名大辞典》，我与山东的俞剑华也是出力编辑的，不过后来只署孙〈山乙〉公的名字。这本书，十五笔之后，由于校对疏忽，错脱字多得很，以后要加以订正和补充。”[②]此外，他只在晚年与友人的信件里约略提到此事。他在家中藏的1934年神州国光社版辞典的空白处写了一段话，透露了对这件事的态度。他说当初孙〈山乙〉公避兵来沪，挈眷数口无以自给，因有杂录论画旧稿，自己则留他在神州国光社襄理分释补录画传。他还提到自己1931年曾为此书补充内容，并制序言，但当时辞典还没有成，有许多遗漏草率，舛误也尚多。此书出版之际，正值他在蜀游历，过了一年返回后辞典已出版，而当初的具体经手人已更换，也无由再过问。

逝者已矣，黄、俞两人，虽对孙的态度有宽严之分，但都以为是社务错讹、抗战带来人事变易所致的误会。他们都因辞典最后部分存在的错误而耿耿于怀，可谓学人本色。俞剑华在1963年增补修改了旧稿，重新排印，后又因时世搁置十多年，到他去世的次年1980年，辞典才以他的名义出版，当时黄宾虹已去世

① 俞剑华编：《中国美术家人名辞典》前言，上海人民美术出版社1981年版。

② 赵志钧编著：《画家黄宾虹年谱》，人民美术出版社1992年版，第139页。

二十余年了。如今这本辞典成为学画者的重要津梁，三位画人应该都会感到欣慰。一本书的出版，经历数十年的曲折多磨，也见证了中国近代历史的复杂和学术艰难发展历程。

黄宾虹由清道咸年间、明末、元末、五代北宋依次上溯源头，将中国画史里各时期典范人物笔墨有法的优点进行整合融通，为后世学者树立了正确的源流、传承，他还指出由笔墨入手的可追寻学习轨迹，形成了既严整又相对容易学习的体系。他一生教书育人，培育了无数画人弟子，可称传世师表。

除了早年的弟子汪孔祁，清光绪三十三年（1907）到上海那年，黄宾虹收歙县同乡汪声远从之学画。汪铎，字声远，别号北野山樵、浙江渔父，歙县岑山渡人。幼年就爱好图画，15岁时随父亲来上海求学，因当时各艺术学校收费都很高，父亲无力负担，无奈想让他改习商业。事出两难，相持之下，汪痛哭不已，恰好被黄宾虹所见。黄宾虹询问实情，被这个少年的爱画热忱所感动，也许是想起父亲生意失败时几个兄弟失学从商的遭际，他慨然留汪在家中学画。多年后，这个经过黄宾虹指点过画法画理的少年成了他在上海美术专科学校的同事，共同以画法渡后来者，也成为新安家法的新一代传承者。

黄宾虹在上海还收了很多弟子，其中也多同乡弟子，如大同乡安徽和县林散之和小同乡歙县鲍君白等。其中还有不少女弟子，如经高吹万介绍拜在黄宾虹门下的浙江海盐人朱砚英，经侄女黄映芬引见的上海南汇人顾飞，和宣古愚共同的学生苏州赵含英，还有陈柱尊之女陈蕙英，还有蔡哲夫之妻谈月色。黄宾虹曾说过女子学画虽多灵性悟性，但容易因生计逼人或俗务杂念太多而难以持久，很可惜。这是很中肯的见解，那个年代女子学画和成就其他事业一样，的确需要付出更多。这些天资出色的女弟子中，多有未成正果的，就像黄宾虹的次女映班身弱早逝一样，工画山水的陈蕙英也不幸早逝，可叹可慨。后来成就较高的女弟子朱砚英和顾飞是幸运者，她们不但是女弟子中用功较勤的两个，而且黄宾虹于二人画法、画理上指点较多，并常为她们的画修改润色。此外，黄宾虹的女弟子们不但和老师一样在绘画上沉潜求索不断得到进益，也和老师一样关注画学的现实发展，多参与艺术活动。如顾飞曾参与发起组织“中国女子书画会”，致力于闺秀画的时代变革。黄宾虹对这个书画会的进步意义极力赞成，称赞其为亘古未有之举，还让妻子宋若婴加入以示支持。

顾飞是上海本地人，还与黄宾虹侄女映芬友好，得以在拜师后常常上门请教，还曾住到黄宅数月，看到年近古稀的黄宾虹在教学、写作外，每日读古书、写画，无一日停歇：

> 住在老师家中，我亲眼看到老师每天清早出来，手里拿着一卷书踱到画室去，刚放下手中的书，就拿起笔在纸上作画，大概要画两个多钟头。有时拿出写生得来的画稿，精心点染成幅；有时随意挥洒，多数是山水；有时偶然写些花卉。有一天早晨，我正在观看老师作画，师母送来一副大饼油条，老师才记起还没有吃过早点。不但如此，就是在夏天洗澡的时候，老师也会手不释卷。据师母说，她曾有一次等老师洗澡，久久不见出来，待她去叩门，不想老师手上还拿着书卷，澡盆里的水已经凉了……
>
> 我住在老师家中，每当老师送客回书房坐到转椅上时，映芬就催促我把平时画的画送给老师看，有时老师指出错误，让自己去改；有时站起来铺到画桌上修改几笔，也会题上几句画论或评语，从不敷衍对待。有一次，我临了老师一幅四尺山水中堂，老师看了看，对我说："你以后要多临古人的东西，光像我，将来会没有自己的。"
>
> 晚饭后老师若没有来客，总要为我跟映芬讲解画学理论，勖励我们要为画事穷毕生精力，不让这古国绚烂的艺术曙光黯淡下去，叮嘱我们不要被外界浮名利禄所诱惑。他书斋四壁时时更换一些古代名迹，让我们辨别宗派优劣和真伪。晚上我和映芬一同辞退就寝以后，往往听到师母催促老师早些安睡的劝告，当时老师还是在灯下看书。一到天亮，老师起得比我们早，待我们起来时，往往见他已在画桌旁坐着，不是在思考，就是已经挥动画笔在一心一意地作画了。这就是他几十年一贯生活的一斑，真是"三更灯火五更鸡"呢。①

---

① 肖放文：《黄宾虹》，上海人民美术出版社1998年版，第22—24页。

黄宾虹教弟子作画，往往以古人真迹与自己亲笔为范本，不采用珂罗版画册，以为那只能作为布局章法参考，笔墨的气韵生动无从领悟。他认为近世人多学珂罗版，正是墨法失去的原因之一。他还指出古画真迹是不断点染而成，可看出墨彩深浅前后不同，古画多墨色重浓，年久透入纸张，却能成就墨色融洽。

黄宾虹有一次观赏米芾真迹，就发现其先用粗墨浓重勾勒，皴染之处则又层层淡斫一百几十遍而成，才成深厚雄奇墨色。一幅画之中每段都浓淡不等，正如王维诗中说的“阴晴众壑殊”，自然界是光影成就山色的浓淡不一，而画家是用墨色成就自然之美。这一发现和他十几岁时游金华北山感觉山色和北宋画阴面山相似的领悟一脉相承，而且支持了他对画作要层层深厚还要既分明又融洽的墨法主张。

正因如此，黄宾虹指点顾飞等学生平日要多看古画，要缩衣节食尽力购置一二幅古人真迹时时摩挲临摹，即使小而残缺，也胜过珂罗版千万倍。他还常说大家、名家的真迹自有一股清奇静穆之意在笔墨外，与古画相对如与古人气息相闻、面目相见，临摹宋元名家真迹多了，便可心领神会，发现一些微妙之处。这些都是他沉浸古物几十年的至诚心得。

1930年的春末，已过而立之年的青年林散之经人介绍，来到上海西门路七号黄寓拜师，后因老家生活问题又回安徽和县的江上草堂教书作画。林在黄宾虹门下学艺三年，黄宾虹以“溯源籀篆，悟其虚实，参之行草，以尽其变”的笔法，积墨、破墨、泼墨、焦墨、宿墨诸墨法，回环俯仰的章法之妙相授。林散之在一个秋天不舍地告别老师，日后他在诗里回忆“忆昔寻师不辞远，春申浦上负书囊。斯时春江水正苍，风送江花满楼香。师以古墨作行草，淋漓示我两三行。复以余事写山岳，作画如字风雨狂”[①]，“我昔曾游此老门，便从虫蛀悟真源”，“秋风不尽师门感，时向锥沙看黑痕”，[②]真切回忆了拜师受法情景，

---

① 林散之著，邵念慈、李冬生选注：《林散之诗书画选集·秋日怀黄宾虹夫子三首》，黄山书社1985年版，第142页。

② 林散之：《题宾虹老人画轴二首》，转引王鲁湘：《黄宾虹研究》名家评论摘录，人民美术出版社2014年版，第217页。

更全面谈及他在笔法墨法章法上受到的尽心教诲。“春申浦上”指上海，“作画如字”指黄宾虹教的以古文字为根本、结合行书草书并引入绘画的笔法主旨，“锥沙”指笔法的“平”，“风雨”指笔法的“重”，“古墨”“淋漓”“黑痕”指墨色丰富，“虫蛀悟真源”指从自然现象悟得章法“布白如虫啮木”之变，“虚实”也指章法的“回环俯仰”，即“知白守黑”“实处易，虚处难”。最后“余事写山岳”指黄宾虹不但以金石、书法入画，更是以学术为绘画根基，秉承古代学者以余事写山水成就学人士夫画的风范。这些都对林散之等弟子产生终身影响。

林散之回乡后，因和县相对上海处于内地，唐宋真迹不易购得，黄宾虹在通信中以自己当年在歙县的经历来鼓励他，授意他可通过多对古树疏柳不厌其烦地临摹写生，来精进技艺，这仍是师造化自然的法则。林散之谨记并时时重温宾师教诲，将黄宾虹笔墨章法的精微之处运用在书法上，讲求虚处内美之旨，日后终成一代书法大家。

黄宾虹对喜好艺术、前来请教他的年轻人也都和蔼热情，就像当年的郑珊等老画家对他一样。1935年一次上海画家的雅集上，在上海从事文艺编辑及漫画工作的广东中山人黄苗子第一次见到黄宾虹，他对这个同姓大画家的印象是一位蔼然可亲的长者：

> 瘦长身材，老是穿着长袍；皮肤红黑，有点像饱经风霜的农民；上唇留着短髭，双目炯炯有神；接待朋友后辈非常和蔼恳切，总是带着笑容，用粗朗的低音娓娓清谈，使你和他接触感到终日不倦。①

虽然黄宾虹的歙县口音不是很好懂，但他面对后生晚辈谈论画法画理时一贯的谆谆不倦使黄苗子倍感亲切。20世纪50年代后黄苗子致力于美术史研究，对黄宾虹的鼓励一直记忆犹新。

在上海时期，黄宾虹的主要收入是来自做报人编辑与教书授徒，其他收入还包括稿费、书画润格、产业租金等。他要以此维持负担一个大家庭的基本生

---

① 黄苗子：《苗子说林》，河北教育出版社1997年版，第52页。

活，还要购买金石书画和游览写生。黄宾虹早年就曾在扬州、南京任塾师，后来又在歙县各私塾、书院、中小学教职，辛亥革命后刚到上海时也在做报人的间隙多任各校教席，曾任教留美预备学堂国文教习，在为纪念秋瑾创办的竞雄女学文艺科任教职，还与学生汪声远一起开办国画补习所。到了报业出版等文化事业萧条不振的20世纪30年代，他更以任教席为主要生计，先后任教中国文艺学院、新华艺术专科学校和昌明艺术专科学校等处。中国文艺学院同人曾因其名望推举他兼任校长，他以前虽有管理学校的经验，但不惯俗务，一学期后即辞职专任山水画教授。他还兼任上海美术专科学校国画系教职，教授国画理论和诗文。他也和当时许多教授学者一样，到外地兼课，除了较近的南京、苏州、无锡等地，还曾远到广西讲学，并入四川讲学一年。

1928年黄宾虹从广西归沪后曾任国立暨南大学（1923年暨南学堂从南京迁至上海，1927年更名为国立暨南大学，非今天的暨南大学）艺术系国画讲师。1933年他从四川归来后又任暨南大学文学院国画研究会山水导师一年余，每周讲课一次两小时，以课费贴补家用。当时他虽受各校聘请，但不常教课，而学生慕名踵门问学，却令他深感应接不暇。他因蜀游归来后感觉生计困难，也因恳请他授画的学生越来越多，1934年就在寓所设立文艺研究班，开课讲述国画理论。他的画家朋友贺天健在此年冬天登门拜访，见请业的学生络绎不绝，就口占一绝打趣赞美："南荣曝背意轩轩，问字人来不掩门。自得王微山水趣，蜀江万里着吟痕。"①

贺天健（1891—1977），字健叟，江苏无锡人。工书善山水，曾与黄宾虹一起编印《国画月刊》。中国画会创始人之一。

贺天健诗的前两句说黄宾虹身体健康，精神矍铄，学生问学者很多。"曝背"有以背向日取暖即晒背之意，古人就有《野老曝背图》，表达野逸老人安宁闲乐之意。"曝背"也有耕耘之意，也许还有说黄宾虹教诲不休之意。后两句则说黄宾虹不但了然唐宋元明前贤画家山水画里的笔墨之趣之韵，又在1932年不远万里入蜀地看自然山水，有诗画之旅，也是说黄宾虹兼得摹古和写生之长。

① 黄宾虹撰、赵志钧辑注：《宾虹题画诗集》，中国美术学院出版社2009年版，第231页。

贺天健的绘画经历和黄宾虹有些相似，也是少时自学绘画、游历山水后体悟到古人画中的皴法都来自自然。他也崇尚清代吴历、黄山画派梅清的山水，后也重视写生并创自家风格。

贺天健诗里的“南荣”典故值得关注，出自《楚辞》王逸注，意为“南方冬温，草木常茂”，指南方冬日温暖气候中的草木华滋。20世纪20年代后期，黄宾虹的兴趣渐渐集中到研求绘画笔墨技法章法和游览江山大川上，绘画也在充分综合古人画法之后，在融合摹古和写生方面有了新的开拓。黄宾虹1928年和1935年的两次桂粤游以及1932年的蜀游都属于广义的南方山水游，使得他的画添了更多山川草木“浑厚华滋”。

八桂豪游

黄宾虹承新安画家和浙东文人的喜壮游风尚，少年时即好游山水，一再来回浙东、新安山水和扬州、南京，还去过闽地。自来沪上，因本地少山水，他在50岁后多外出游历，在多见江浙皖等地的黄山、九华山、白岳、天柱山、西湖、余杭、天目山、天台山、兰亭、禹陵、虎丘、钟山、虞山、太湖、焦山等江南名山形胜外，还去了较远的庐山、五湖（洞庭湖）等地。60岁左右时一度隐居池州的池阳湖，夜色湖光促使他将真山实水和古人浓厚墨法相互印证，颇有心得。从池州返回沪上后他仍四方远游，游兴不减。1928年他首次畅游桂地（广西），在草木华滋之地的奇丽风景里得到心与目的解放，积累了盈尺的写生画稿，都是以真山实水为范本，并用多年摹写古画形成的勾古画法来快速勾勒山水轮廓，返沪后慢慢点染成幅，渐渐不再全然因袭前人面目，形成自己的面貌。黄宾虹几十年以来一日不间断地、不动声色地摹拟古人，他不浮不躁，潜心谦和，笔下甚至不露一点越轨痕迹，快70岁了才开始从学习摹写古人真迹的粉本（草稿）里脱窠臼而出，多师法造化、自然山水。他的山水写生稿和古人的草稿不同，也与西洋写生壁垒分明，自成一格。

“粉本”也是黄宾虹惯用画语。古人作画先以粉勾勒轮廓再依样落笔，所以称初稿为粉本。如唐代画圣吴道子就曾在大同殿上画嘉陵江三百余里山水，一日而毕。唐玄宗问他，他说臣无粉本，并记在心，意思就是自己没有写生稿，头脑里有印象，心里有底稿而已。这其实是宋人恢复的“张素败壁”法。黄宾虹小时候就知道这一方法，还曾向倪翁学打腹稿之法。

1928年夏，黄宾虹应广西教育厅聘请，赴南宁的广西暑期讲习会讲学，结束讲学后趁机游览了向往已久的南国风景。广西的风光比较有特色，他每到一地都询问此地地名与名胜古迹，并写生山水形态、草木特点。直到1937年之后黄宾虹在北平讲课，讲义里以浙东金华、歙县黄山、两粤（桂粤）、四川四处他最熟悉的山水说明画理，他甚至以为广西山水最佳，说南国山水灵奇幽邃如画，像桂林、阳朔山水的玲珑奇巧，竟有些盆景、人造园林的趣味，非用云头皴难以写真其天生的奇幻。可见广西之游给他留下的深刻印象。

从南宁到梧州，再从昭平（今属贺州）到平乐（古称昭州，今属桂林）、阳朔、桂林的十多日路程里，与黄宾虹同游的是陈柱尊等四位广西籍教授。他们一行从梧州溯桂江而上，沿途游览他们感兴趣的多处古迹、摩崖石刻，亲身摩挲山水中的书画、金石真迹。他们曾到漓江、乐江二水汇流而成的昭潭，登临合流处的揽胜亭一瞰风色。他们还曾前往察看桂林兴安著名的秦代水利工程湘水古渠（灵渠）。灵渠古称秦凿渠、零渠，凿成于公元前214年，连接了湖南湘江上游和广西漓江上游，是世界上最古老的人工运河。他们兴味盎然地探究在湘漓两水合流处开凿渠道的原因与历史，研究古碑，一抒秦汉怀古之情。他们还在桂林凭吊了见证宋代党争的著名“元祐党籍碑”。宋代摩崖石刻元祐党籍碑，是北宋末徽宗年间奸相蔡京专权时，将元祐、元符年间著名士大夫司马光、文彦博、苏轼、黄庭坚、秦观等300多人列为奸党，并将这些人的名字刻成石碑昭示天下。后来，宋徽宗下诏毁碑。现在元祐党籍碑只存两块，都在广西。一块就在桂林七星山瑶光峰下的龙隐岩下，是南宋时重刻，碑身上蔡京手书的“元祐党籍”四字仍清晰可见。此碑到宋代之后反而成为北宋那些风骨高逸士夫的丰碑，深谙历史又酷爱金石碑刻的黄宾虹等人见过碑文，大有感慨，也大饱眼福。

这次旅行，当然不止是历史人文艺术之旅，夜泊昭平时、黄、陈等人还一起经历了一场奇遇，也给旅程增加了况味。同行五人中黄宾虹和陈柱尊都是酒中高手，陈柱尊更素有南社“酒帝”之称。当晚江上舟中，他们豪饮啸歌，“响彻云霄，声震山谷，明月欲下，流鱼出听”，一如苏轼《前赤壁赋》所记古代士人壮游情景。他们正飘然欲乘风归去，陶然与江、月、风同醉，忽然“山村笳声忽起，俄而步枪声起，人马声起，邻船呼盗之声亦起”，同行者有人大惊失色，而黄宾虹和陈柱尊却“饮且歌如故，痛饮几达旦”。后来黄宾虹说“先生豪饮方高吟，料有诗名动绿林”①，就用中晚唐诗人李涉夜宿安庆遇盗的典故来比拟当晚有惊无险的遭遇。也正如李涉诗句在风雅趣事后透露出唐代乱世的真实境况，这次江夜遇盗也似乎是一个象征，是当时中国现实对士夫学者们艺术情怀的无情反讽。

到阳朔、桂林之后就进入漓江，这里是桂林风光最美最经典的地段。在阳朔，黄陈等人登上可远眺山水的帜山楼，但见清流映带，隔江诸山环拱，不由玩兴酣畅，老夫聊发少年轻狂。正如黄宾虹在《漓江杂咏》诗里说的“叠彩山前侧帽檐”，叠彩山是桂林著名山水，因为山石层层横断好像一匹匹流光溢彩的锦缎堆叠而成得名。“侧帽”一典出自《北史·独孤信传》，古人诗词多用，表示文人雅士的潇洒不羁风采，由此可见黄陈诸人沉醉山水间之态。

黄宾虹此次在桂林、阳朔山水里逗留了多日，充分领略美景并多有写生。南宋来到广西为官的著名诗人、南宋四大中兴诗人之一的范成大以为桂林山水甲天下，而在见过无数真实山水和画上山水的黄宾虹眼中，即使和他最爱的黄山比较，桂林阳朔一带山水也的确独特。此地山峰奇秀，它们大都显现方形，平地而起，面积不大，但峻拔直上，感觉可接云表，尤以漓江两岸丘壑最美，奇峰灵岫簇立如宝剑、玉簪。山上则多榕树，干上生枝条，非常茂盛，枝条上复生根须，下垂到地，或远远蔓延几十里，或由山顶高高垂下，委实是南国特有奇观。桂林尤其以岩洞胜，多钟乳石，奇形异状，连见惯金华三洞和黄山的黄宾虹也深感新奇，他认为画家只在书斋里临古是不会知道那难以言喻、更难以摹写的奇景画境的。漓江上最有名的景观之一是象山，远远看着像有人驱赶

---

① 上海书画出版社、浙江省博物馆编：《黄宾虹文集·诗词编·为陈柱尊作桂林山水长卷即题》，上海书画出版社1999年版，第158页。

大象来此，又像天工神斧在山的石骨上挖出神妙造型，尤其是月色下，江水和山峰都是深青黛色，韵味更浓，引起爱写夜山、水色光影的黄宾虹的强烈兴趣。他早年曾在去过广西族贤黄吕的画里见过桂林山水，当时已叹为观止，如今亲临，更是觉得桂林山水出人意表又符合情理。

黄宾虹在漓江阳朔还见到奇绝的“画山”景观，是自然奇观还是人文之作难以鉴定，这正符合黄宾虹对绘画来自上古、原始、自然的见解，引得他勾勒写照和感慨思考不止。

画山石壁上，有青绿、赭黄、赤红、灰白等色，各种色彩浓淡斑驳，杂错成章，相汇相融，江上船上远望宛如画屏，又神似有多匹骏马，应该是天然形成，也有人以为是神仙、史前人或民间巨匠所作，所以名为画山。清代大儒、金石学人阮元任两广总督时六年五次来看画山奇峰，作有《清漓石壁图歌》，留下石刻榜书。黄宾虹也对画山向往已久，舟行江上，他看见濒江半截石壁上有马的形状，如同巨大的水墨设色屏风，惊叹不知是何方鸿蒙巨手才能作此丹青？南国的暴风骤雨日日侵蚀，岩壁已渐颓塌，所谓“马画”色泽也渐黯淡，但淋漓气韵、天然章法仍和阮元等前贤所见相通。黄宾虹感叹造化神工之妙，比起善于写马的唐代画家曹霸、韩幹在画幛上的粉本还要远远胜出。由此，他对笔法墨法章法的领悟更深了一层。

这次广西写生，正是南天四序的梅雨季节，夏日的南国阳光灿烂，也有雨意酣畅，所以常常可见雨后岚气彩虹，渲染出层次特别丰富且多变的水影、光色。瀑布如粲然的碧练摇曳着光影，从千仞绝壁悬挂落下，散落的水珠飞影落入饱含蔚蓝色水色的澄澈潭水中。强烈的夕阳在牧童的牛背上闪动，短笛声音在微风中悠扬飘荡，和浮云轻烟水汽一起幻化出阴晴不定、紫翠青蓝的空蒙岚影、绚彩烟霞。那是唐代王维、宋朝黄庭坚和米芾诗画里的虹彩岚光，也是自然景色催生酝酿出的诗的三昧、画的烟云，从此深印黄宾虹的记忆和写生稿中。

到桂林后，黄宾虹就为陈柱尊追写此次南游，画成三丈多长的长卷《八桂豪游图》并题一首，回忆此前在漓江上行舟寻找诗意。陈柱尊是黄宾虹的忘年交，也是书画之交，同样信奉以书法入画，对黄宾虹山水画更有奇癖，以为三百年来无此作矣。陈得画后不但撰额“八桂豪游图”，又集毛公鼎上的金文题

“国画之光”，赞美黄宾虹是中国画巨子。陈还写了一首《题黄宾虹先生山水》长篇古风，赞美此画与广西山水一样巧夺天工，黄宾虹用自己千锤百炼的笔墨、苦心孤诣的章法，妥帖安排，使得画中山水甚至超越鬼斧神工的奇异，所谓“千锤万炼归自然”，可以融入真实自然、贴近原始天地。他说黄笔下的山水仿佛能让自己进入可隐居的桃花源：

> ……驱遣化工如隶奴，濡染大笔何淋漓。须臾灵境开禹域，千锤万炼归自然，灭尽神工鬼斧迹。一山一水妥安排，恍似古初开辟。放之则可弥六合，卷之不过咫与尺。……境界顷刻千万异，气力一画千钧投。使我不买山而足隐，不出户而远游。①

身为诗人的陈柱尊还赞美黄画不是千人一面，一幅中也有多般面目变化，幽淡如读陶渊明诗，奇崛可比韩愈诗，沉雄仿佛杜甫诗，壮丽则像李贺诗。若将全轴来比，就如司马迁的《史记·项羽本纪》般波澜壮阔。若比大唐书圣颜真卿的字，可与磊落奇伟的《大唐中兴颂》相伯仲。

这次南游，黄宾虹还应老友蔡哲夫、谈月色伉俪邀请，绕道广州、香港小游，然后才返回沪上。他离开桂林后，继续乘兴赴广东畅游，所谓登罗浮、游越秀，依然一路上都作记游画册，并题诗写兴。

当年蔡哲夫离开上海曾去越南，20世纪20年代到香港开了一家名为“赤雅”的古玩文物店，取明代人写南国风土的著作名。黄宾虹是第一次来香港，但和香港的印人和书画名家、贞社成员邓尔雅、李尹桑（茗柯）等人都早已由书信往来神交，这次见面的还有邓的女婿黄般若和画家张凤雏，大家谈艺论文，甚是投合。

黄宾虹对香港的第一印象，觉得这个被称为“销金窟”的岛市，伫立于青蓝如琉璃界的海水中，云烟缥缈、波浪飘摇里，竟像是蓬莱仙岛。他在友人陪

---

① 上海书画出版社编：《民国书画金石报刊集成·上海卷（八）》，上海书画出版社2015年版，第441页。

同下登上赤柱山头写生，在高处伫立远眺，见香岛环流都是海水，天际的渔舟好似微尘，阴晴光影在眼前绘出一幅天然的画图，都市尘嚣似乎在身后很遥远。他以为香港山水多可入画，可惜自来写者甚少，只有邓尔雅等有过尝试。

桂粤游的收获是丰富的，黄宾虹回沪后整理得记游写真画稿数百帧，诗也有数十首，可与画稿相印证，记录南国风物之美，可推给不知桂粤山水之美的人们。南国色彩鲜明的山水在黄宾虹的画里留下浓郁痕迹，如他在1928年秋的《漓江杂咏》诗里说“杂树丹黄新酝酿，分将秋色出毫尖”[①]，当时他的画作多有略用青绿、赭石设色渲染的，自是师法造化，是桂粤山水实景富于艺术感染力的印记。

桂粤归来后，黄宾虹仍乐游不倦。1931年5月，黄宾虹再游了温州雁荡山。他由沪上乘轮船赴温州，在船上翻看《雁荡山志》，提早熟识游览地的地理历史、山水风土。到温州后再换乘小轮船到乐清，然后入雁荡，逾马鞍岭，住在灵岩寺旁屏霞嶂下的屏霞庐中，那是他1918年结识的老友雁荡散人蒋叔南所有。屏霞庐正位于号称“雁荡三绝”之一的灵岩，独得林壑之美，为雁荡第一胜处，也是好客的蒋叔南邀请当时很多名人来雁荡游览的落脚处。

次日蒋叔南陪同黄宾虹游山。喜好摄影、绘画的蒋就住在雁荡山。1927年蒋在下灵岩村紫霄嶂顶的仰天窝盖了三间平屋，过着隐居生活。他热情好客，凡来雁荡的墨客骚人都乐于招待，这次老友远来，自然不怠慢。山中夏日多雨，两人冒雨游了宋代名刹灵岩寺后，从灵岩入灵峰，只见一路上峰峦层叠，一山一石皆灵秀之致。黄宾虹一路写生，有蒋叔南诗为证：“十里二灵细细游，一山一石且穷搜。先生擅有淋漓笔，多少烟峦带雨收。”[②]意思是说十里路内的灵岩、灵峰两胜迹都细细描画，雨中山色石态都收入他的手册。

此后几日蒋叔南陪着黄宾虹游了碧霄洞，然后上谢公岭，望老僧岩、东石梁洞，又回转灵岩。其间黄宾虹再次坐雨作画。他们趁有雨，瀑布水流大，观大龙湫，再游西石梁洞。天色稍霁时，他随蒋登上仰天窝。在奇、险、高的三

---

① 黄宾虹、程自信校注：《宾虹诗草》，黄册书社2013年版，第83页。

② 蒋叔南：《偕黄宾虹先生冒雨游二灵》，转引自黄宾虹撰、赵志钧辑注：《宾虹题画诗集》，中国美术学院出版社2009年版，第229页。

折瀑，他还约蒋叔南以后建高阁于其间，以求能方便时时凭眺、写照这难得一见的奇秀风光，特别是能在酷暑间来此溪阁观瀑并居住写生，“好趁凌虚观瀑飞”。①

雁荡山最高峰绝顶上有一泓湖水常年不干涸，大雁春日南归会来此留宿，得名雁湖，大雁鸣声回荡湖山间，所以该山名为雁荡。雁荡山也属黄宾虹说的天下山水中的浙东山水范畴（和他家乡金华的属于一系），盘曲数百里之远，景致众多，争奇竞胜，一时难以游遍。这十来天中黄宾虹流连山间，游了铁城、连云诸嶂，眺望了展旗、天柱诸峰，经大小龙湫，还有东西石梁、新月、水帘诸洞。来自黄山的他，虽说是“黄山归来不看岳”，但雁荡山山水也别有千秋，每出寻常意想之外。一眼望去，雁荡山青碧的群峰簇如琢玉、削玉，高摩青穹，可谓奇绝。细看更是每一座山峰都各有特色，铁城、连云峰黝黑如铁，展旗峰如招展旗子，天柱峰壁立峭拔。

雁荡山也以瀑布著名，有大小龙湫，高达百丈，夏秋之际水势宏大，飞下形状也不同，水激风声，发声巨大洪亮，未见瀑布可先闻其声。特别是大雨后，龙湫就像腾空而起的蛰龙，仿佛能上溯银河。黄宾虹坐在如一片帆般的一帆峰下观大龙湫瀑布，幸运的是，一场夏日滂沱大雨后，沟壑暴涨，瀑布如蛟龙般从悬崖上垂下，摇动的影子又像银河上悬挂的一匹白练。

就像去黄山遇雨可见云海一样，来雁荡山遇雨才是好天气，不但可看瀑，还可以看山间云岚烟霭，山峰更显缥缈秀逸。黄宾虹在灵岩、梯云谷等处都遇雨了，多雨的雁荡山即使雨暂停也是雨余山更湿，迷蒙空翠中，使人沉浸式地体验墨法。“归拟云山米漫仕，好分罨润到毫尖”②“泼墨藤肤学米颠”③，米漫仕、米颠都指北宋画家米芾（号襄阳漫仕），藤肤指藤皮做的纸张，黄宾虹说自己回去要试着以米氏父子用水墨创造的湿润云山来写雁荡山秀润的山间佳景。

---

① 上海书画出版社、浙江省博物馆编：《黄宾虹文集·诗词编·雁荡三折瀑》，上海书画出版社1999年版，第114页。

② 上海书画出版社、浙江省博物馆编：《黄宾虹文集·诗词编·灵岩》上海书画出版社1999年版，第113页。

③ 上海书画出版社、浙江省博物馆编：《黄宾虹文集·诗词编·梯云谷》上海书画出版社1999年版，第113页。

由此可见黄宾虹还是在融通拟古和写生之中。

雁荡山更以夜景著名，黄宾虹曾多次夜游。如有一夜在碧霄洞，他凭栏高瞰，但见天空澄碧一片，月光清澈如水，松树影子洒下凉意，听风中松涛天籁阵阵，看月光下飞瀑从高悬横亘在空中的石梁上跃下，不觉间斗转星移。黄宾虹还在合掌峰观音洞内的寺院寄宿三日，合掌峰是灵峰最有名的山峰，形状宛如双手合十，观音洞是合掌峰之间一个天然巨大的岩洞。这里是看灵峰夜景的最佳处，他每晚都乘宵深人静时外出独眺夜山和写生。黄宾虹年纪大了，蒋叔南曾特地嘱咐寺院里的和尚要照顾周到，但和尚对这个怪客的行径却真有些“摸不到头脑”：

……第一天晚上，已经很迟了，他一个人要出洞走走……没有多久，他回来了。第二天晚上，也很晚了，他带了纸、墨、砚出去……我不放心，叫一个小和尚尾随着。过了个把小时，小和尚回来告诉我，黄先生坐在紫竹林前边的大岩石上，开始呆看，过了约半个小时，他取出纸、砚，不用笔，只用手在纸上摸着画。小和尚不懂，也不敢问。过不了多久，黄先生回来了，头上冒汗，鼻子上都是墨。我以为老先生跌了跤，原来是作画时手摸鼻子染上的。我去看他的画，不像画，也不像符，只见墨黑的一团。第三天晚上，他照样一个人出去，当他回到卧室时，满脸汗水和墨，给他端来洗脸水，他不洗，拿出自己的画，边看边点头，自得其乐，直至子夜还不见他就寝。这可是一位怪客。①

从这段观音洞寺院和尚的讲述中，可清晰窥见黄宾虹借用并改进了“勾古笔法”，形成了独特的写生方式，以及他作画时的忘我之态。

黄宾虹此次在雁荡，不只因为看雨景、看夜景有绘画笔法尤其墨法上的领悟，更对画中章法乃至最难把握的画中“黑白”虚实有了生动形象的顿悟。一天他晨起静对天柱、展旗等山峰，看久了，觉得四山有如生龙活虎，有跳有跃。

① 庄正方编著：《画家黄宾虹馨香录》，浙江人民美术出版社2015年版，第83页。

他后来对朋友说这一次从容游山看山，才懂得什么叫万壑奔腾。这“万壑奔腾”就是画中虚处，就是变。他是个在书斋里长大的人，很长一段时间都在摹古，虽然喜爱向往自然，但还是有些隔膜、不够亲近。50岁后来到上海，他开始多游山，此时才经由摹古和写生的真实、踏实综合融通，真正、真切地感觉到自然律动，并落实到画上，也许有些晚，却是格外的实在。

这次雁荡之游，黄宾虹以诗画记游，有雁荡山记游诗十多首，画稿一百多幅，大幅的就有《雁荡山巨嶂》《大龙湫》《三折瀑图》《响岩三景》《铁城壮观之图》等数十幅，成果斐然。

1932年1月28日，上海爆发了“一·二八”事变。又是一个战火纷飞的春天，黄宾虹和所有市民一样，耳闻炮火轰隆之声，目睹流离之状、恐慌景象，一如1931年的东北辽沈等地。他曾工作过的位于闸北的商务印书馆遭到日本炮击，友人张元济半生收藏的珍贵善本书和出版物化为灰烬，还有许多名人未出版的重要稿件也毁于一旦。黄家此时在租界内，距离战地稍远，尚且安全，但黄宾虹忧虑如果全国长期作战，变化更不可测。到了旧历年终，也就是羊年年尾，因道路阻隔，沪上市场货物奇缺，有人害怕发生金融恐慌，以为书画古物能保值便大量收藏。

1932年3月3日，淞沪抗战结束，战火暂停。4天后，在战争阴影的笼罩下，黄宾虹应女弟子顾飞之邀，到其长兄顾佛影在的浦东周浦黑桥（今虹桥）的顾氏桃园观赏桃花散心，同行还有张大千兄弟等人。顾佛影也喜画，擅诗词，别号大漠诗人、红梵精舍主人等，曾在商务印书馆任编辑。黄宾虹他们是从沪东走的，先乘小铁路，再换乘小木船，约半日水路就到了古镇渡口。显现在黄宾虹等人眼前的是江南水乡小镇的田舍风光，闲庭信步其间，有复得返自然之感。这里虽和上海很近，但在烽火四起的不宁时世里真的像世外桃源，令刚经历过战火的人们得到心灵慰藉。大家到顾宅边的桃园赏看了盛开的桃花，一夜春雨后，地上有许多零落残红，但树上仍有万千花苞破蕾绽放，令人眼前一亮，给人无限希望。艳红飞花纷纷扑入砚池，大家都以诗画为桃花写照。回沪后，黄宾虹作题画诗《观桃花杂咏》八首赠同行者，还作了《周浦纪游》诗十六首。此次游赏历时一天半，黄宾虹步履轻健，一点没有老态，吟诗作画的兴致很浓，思路、下笔都很快，还在顾家畅饮美酒。

1923年夏秋间，黄宾虹和南社旧友刘三两人于一次聚谈豪饮中，据说半天工夫就喝了33斤绍兴酒，令人称奇。对陆丹林《黄宾虹的生平行谊和绘画》记叙的这个由两个老人创下的惊人记录，许多人都抱怀疑态度，以为不无夸张。但南社诗人的确多善饮者，这两位老先生豪情不老，值得赞叹。黄宾虹虽一向酒量甚豪，遇到宴会或朋友会晤等场合有不醉之量，平时交游也多有诗酒豪情、喜交“醉中人我两相忘”之饮的朋友，但他平素饮酒还是理性节制的。他曾在文章里谈画家和酒的关系，提到元代黄公望善饮却高寿九十，唐代的张旭、贺知章、王洽等书画诗家也都豪饮，却没有江湖俗子借酒恣肆狂诞的习气，可窥见他对健康、酒与艺术关系的看法。关于酒对绘画的影响，他还曾在画跋上提到微醺生思可助作画。这些见解都体现了他一贯主张的中肯节制取向。他到北平后因为眼睛不好，就很少喝酒了，戒酒甚严，只是在晚饭时喝一两盅黄酒作为养生之道。黄宾虹的个人长寿、艺术长青都可以与他的人生观、画学观互相参照，中庸雅正才可久远。

1932年5月5日中日签订了《淞沪停战协定》，淞沪抗战失败了。

当年初夏，黄宾虹去了浙江上虞白马湖，与寒之友画会的社友经亨颐、王一亭、张善孖等一同参与寒花雅集。寒之友社是南社老友经亨颐等组织的，此时在经氏的白马湖寓所长松山房重组。

经亨颐（1877—1938），字子渊，号石禅，晚号颐渊，浙江上虞人。经元善侄子。曾留学日本，为同盟会会员、浙江省立第一师范学校校长，诗书画金石兼长，倡导“人格教育”，所聘教员都是一时文化名流。同时，积极参与新文化运动，“一师风潮”后在白马湖办春晖中学，也请一时文化名士来讲课。

1927年国共合作破裂之后几位国民党左派、革命老人里的画家不满时政，常常雅集，以金石书画言志喻节，表达与现实反动政治的间离不合流。1928年，在经亨颐沪上居所寒之居里，何香凝画梅，经亨颐画松，陈树人画竹，于右任为这幅《岁寒三友图》题诗，由此为机缘成立了寒之友社，意为凡是艺林中志同道合者皆为寒之友。画会里作画以写花卉为主，尤以写岁寒花卉为主，寓意坚贞心志，参加者很多，除南社、上海美术专科学校的同事，其中多浙江老乡，主要活动也多在苏杭吴越之地举办，尤其常在经亨颐白马湖畔的长松山房。寒之友社社友常优游浙东山水，还曾举办过画展。黄宾虹那时作画常常画上有诗，被社友称为“诗书画三绝”。1930后由于经亨颐和陈树人离开，社里活动渐少。不过，1937年经亨颐嘱咐在西湖美术专科学校的寒之友社友潘天寿在西湖东山之麓购地建造寒之友社馆。但“七七事变”的爆发打破了这一美好计划，经亨颐困居租界，忧愤而逝，他想和艺林朋友在西湖胜迹处作画论画的愿望落空。多年后黄宾虹得以在西湖边定居，亦是小小的历史回应。

1932年7月，黄宾虹参观了上海美术专科学校同事王济远举办的“一·二八”事变淞沪战区遗迹展览会。战争阴云没有散去，也在沪上画家的心里画里投下不能排遣的阴影。

王济远（1893—1975），原籍安徽，生于江苏武进（今属常州），自学绘画。后任上海美术专科学校教授、教务长。他兼善中西绘画，尤善水彩画，是中国早期水彩画的开创推动者。

入蜀始知画意浓

1932年初秋，黄宾虹又进行了一次对他的艺术影响深远的诗意远游，这一次蜀游比桂游时间更长，对他的启发更多。他应友人之请担任四川（东方）美术专科学校教职。前人有“老不入蜀”之说，因为蜀道之难难于上青天，黄宾虹却不畏艰险以高龄毅然入蜀。融合南北山水灵秀雄健、黄山桂林奇秀各擅胜场的四川是画者诗人的福地，正如唐时的吴道子、杜甫、岑参，宋时的陆游、范成大经过蜀游诗画大成，经历蜀游后，黄宾虹在多年探索后终于形成沉郁画风。

虽是为谋生计，内心却向往着杜甫蜀地诗篇、陆游“细雨骑驴入剑门”诗意，黄宾虹登上永丰轮，溯长江乘舟西行。他在船上遇到画家陶冷月，两人有幸同行。

陶冷月（1895—1985），号五柳后人，江苏吴县（今苏州）人。早年学过“四王”山水，又学西方绘画知识，研习油画、水彩画。20世纪20年代曾任南京美术专科学校等校的西画系主任。1932年后定居上海。1928年，他经徐悲鸿介绍与黄宾虹结识。黄宾虹交游广阔，绘画理念也并不狭隘。陶冷月喜爱并擅长摄影，而黄宾虹1912年就在《真相画报叙》里说自己希望“遍历海岳奇险之区，携摄景器具，收其真相，远法古人，近师造化，图于楮素”，却“未能毕愿，深以为憾”。[①]这表达了他向往遍游天下的四海五岳等奇山异水、险峻难行之处的愿望，他除了以传统画笔纸张写山水，还期待能用摄影机等西方器械捕捉山水真貌，写入画中。可见他并不排斥西方绘画、艺术的手段。他早就敏锐觉察到摄影能捕捉真实景象的写生，即粉本功能。虽然黄宾虹说西画从机器摄影而入是物质文明，不及中画的精神文明，但他对摄影很感兴趣。他和陶冷月一路，进行了有关于摄影、写生、绘画以及中画、西画的讨论。黄宾虹好友蒋叔南也好摄影。黄宾虹还曾与金华兰溪老乡、著名摄影家郎静山有交往，1934年参与郎主办的摄影书画展览会，郎静山还为他留下一些作画照片。

当时入蜀旅行可乘轮船逆长江而上，但到其中一些较险较浅水域也不得不改乘帆船。船只溯流而上本已较为缓慢，乘帆船需要昼行夜宿，更费时间。加之当时四川省内军阀割据，长江沿岸也是关卡林立，到处有兵士检查，各地币制也不尽相同，他们屡遭道路阻塞。这确是一条艰难的“蜀道”，路上走了两三个月，初冬时节才到成都。

不过入蜀路上，四川各地山水奇特，江中舟行悠闲，正适合黄宾虹一路观察写生，吟诗作画。乘坐小帆船，在上水的险滩舟行缓慢，使他更容易看清、更方便写生岸上青山，领略景物特色。黄宾虹在途中不急不躁地吟出了“我容徐领看山趣，翻喜篙檣上水难”[②]。船在浅滩上行很艰难，甚至需要船家用“篙檣”等原始技术，这反而使他感到欢喜，因为可以徐徐从容看江上两岸四川高峰的面貌。后来他在北平艺术专科学校给学生上课时也曾说，画家在读万卷书多看古画、多摹古之余还要行万里路，多看山水多写生，现代交通便利可日行

---

① 上海书画出版社、浙江省博物馆编：《黄宾虹文集·书画编（上）·真相画报叙》，上海书画出版社1999年版，第47页。

② 上海书画出版社、浙江省博物馆编：《黄宾虹文集·诗词编·自叙州至嘉州乘帆船作》，上海书画出版社1999年版，第93页。

千里，但对于作画者来说反而远不如古代行旅的缓缓长途跋涉，既可历经偏僻乡村村舍和不知名山川河流，又可熟悉各地风俗习惯，渐进的过程胜过现代坐在风驰电掣的车子里的浮光掠影。这也是黄宾虹一贯的以为物质文明不如精神文明的观点之一。他这次选择水路，不但节约旅费，而且有利于深入体验生活，便于写生。这次入蜀不像他初次入桂时间匆促有限，更不像天台、雁荡的几天短暂行程，是一次实在的畅游。

溯长江而上，几千里水路，一路秋景满目。过吴地之境后就进入古时的荆楚之地，两岸山势逐渐由平缓变为险峻，大江上怒涛危石，风景渐入佳境，黄宾虹以行箧中的手册寻找可画图的景象写生。一路也多古迹，当涂山、马当山、小孤山、伯牙琴台的背后都有厚重历史痕迹。

之后，黄宾虹又由川江进入川东地界，并经过川蜀重镇渝州（今重庆）。入川后他看到许多新鲜未见过的事物，川地的风土人情就像桂地风俗水土一样和江南迥异，令前半生大都在江南之地度过的黄宾虹眼界大开。如川地有人们头上多裹白巾的习俗，据说是纪念诸葛亮的古风沿袭，黄宾虹在古画上找到画像证据，看得更为兴味盎然。再则蜀江山水以屋宇、林壑（树木山谷）、层峦叠嶂为胜，元人写山水就多以蜀地风物为底本。多看元画的黄宾虹身临实境，觉得比起峰谷山林，最有特色的还是蜀地屋宇，多依山川丘壑的形势而建，栋梁都显露在外，不像内地用砖土包砌，但房屋结构都极合于画，错落不齐中多画意，有连有散，都不失于理。他于此又有所悟。

大船沿江到了叙州（宜宾），乘帆船进入岷江，滩流颇险。途经犍为时，黄宾虹见江中有巨石伏于江流之中，上面建了一座道观，蜀中多道观，但这样的奇异景致还是第一次见到。到了嘉州（乐山），因水路暂时不能走，他乘机游了当地城西乌尤山的乌尤寺。寺院位于岷江、青衣江、大渡河三江交汇处，还可看见远处峨眉山色。乌尤寺是北宋大书画家、诗人黄庭坚以诗画吟咏过的所在，黄宾虹也在此得诗画之意而归。

黄宾虹在途中已羁滞旬余，又淹留嘉州，但烦闷心绪在有缘一登四大佛教名山之一峨眉山后一扫而空。嘉州向西行百里就是峨眉，黄宾虹就在深秋季节，橐笔裹粮，踏上通往峨眉的路。上峨眉的山路颇难走，但四望石、树、宫阙、桥、瀑布，景致无一不佳，令人心神怡然清旷。当他登上华严峰顶向下望去，只见浮动的云霞中万千莲花般的群峰俱在脚底，而远处万古不变的玉山雪壑，近处的霜叶斑斓，色彩光影变化无穷，令人不由惊叹造化天成。

黄宾虹在这“浮青万叠山，一折累千级。悬梯绝壁飞，云房天咫尺”①的雄奇秀美前，也不禁“狂起叫奇绝”了。就像雁荡山的万山奔腾，眼前的神奇景致也给了他很多感官和心灵触发，在峨眉绝顶，他大半生见过的真山水和名家山水真迹都涌入脑海并融合，一些在书斋里穷思冥想、苦不得解的问题仿佛被触发了豁然开朗的开关。他想到唐朝大小李将军的金碧山水、王维的水墨山水，还有五代北宋大家荆、关、董、巨等的南北综合体，不由吟出了“粉本集众史，摹拟苦症结。常此疑古人，容画不容说。峨山瘦且秀，天绘巧施设。请穷十日游，徐参画中诀”②，意思是说他以往摹写过历代众多画家（众史）画作成为“粉本”，综合过程中常感觉有很多一时融通不了的症结。敏思好奇的他以往常常怀疑古代画家的画法是否真实，就像他小时候怀疑过倪翁的说法、青年时质疑过郑珊的说法。但多年的山水游览、写生（另一种粉本）渐渐使他消除了很多疑问，比如少年时的金华山之游悟阴面山，青壮年时游黄山、中年后游桂林多悟虚实之旨。在真山实水中，他看着形貌瘦削秀气的峨眉山，也更多知晓感悟以往画家前贤无论唐宋人还是元人都是真切写出他们的眼中、胸中山水，使之成为画中山水。“天绘”出自《淮南子・天文训》的“天绘五采”，指造化成就的天然之美，而画家则用锦绣襟怀、生花妙笔将自然美景描绘为更进一步的理想美景，“巧施设”就是追求画中的虚实、变。“十日”是虚指多日，黄宾虹希望自己能有多些时间缓缓游历峨眉山水，更深入地领悟山水之妙、绘画要诀。

黄宾虹在峨眉山中无处不见画意。他发现山间多僧道或隐者居住的古寺古观（云房）等古建筑，殿上的瓦都用锡制成，日光风云映照，闪烁有光，难怪以往画家写峨眉寺宇就有用金银勾画屋瓦的。山后有高峻的龙门峡，溪流中山

---

① 上海书画出版社、浙江省博物馆编：《黄宾虹文集・诗词编・峨眉山》，上海书画出版社1999年版，第94页。

② 上海书画出版社、浙江省博物馆编：《黄宾虹文集・诗词编・峨顶》，上海书画出版社1999年版，第95页。

石色若石绿，溪水色若石青，一派天然青绿山水。山中有洗象池，树木葱郁，寺宇宏敞，幽邃险峻，深秀迷蒙，兼得南北山水之美。他曾夜宿峨眉间，将流荡飞动的朝霏夕霭，都写入写生稿中。

黄宾虹一行到达成都是在冬至前十几天，锦官城秋色已老。成都虽称天府之国，但他们一入城就遭遇了四川军阀刘文辉和刘湘争夺地盘的内战，感觉到此地也不是安乐土。黄宾虹住在朋友寓所“一庐”。他此次被聘请为四川美术专科学校中国画系主任，事先刘海粟给学生、美专校长写了信，学校给黄宾虹安排了黄包车，为他去学校讲学、出外作画提供方便，这对于老师来说是颇高待遇。

受战乱影响，黄宾虹来成都十多天后才见到此前未谋面的蜀友林山腴。这位诗人颇为风雅，不但在雪中送来了茅台酒，还于冬至日在霜柑阁招饮朋友，为黄宾虹洗尘。来蜀不易，战乱中朋友的情谊更是难得，饮着新熟的美酒，大家“不谈揖让谈兵革”，现实忧思多于文化雅兴。黄宾虹有感于友人青眼赠诗的高情，即兴作《霜柑阁岁寒雅集图》以记这次乱世风雪清寂中的良会，林山腴还在画上题字抒发历史感慨，说百年以后的人如果能看到这张画，怎么会知道画写于兵火余生呢？可见黄宾虹作此画时的从容端雅。

林山腴，别号清寂翁，四川华阳人。善诗词。1903 年中举人，又游历日本。归国后曾任朝官闲职内阁中书。辛亥革命后回乡治学育人。他是近代蜀中“五老七贤”之一。

黄宾虹的蜀游诗画，留下了蜀地秀异山水、深厚文化历史和兵灾战火的双重痕迹。他后期的许多画作都是如此，在这一点上，他和杜甫、陆游等古代诗人有了更多共鸣。他早年读族贤黄生的《杜诗说》，就认可书中说的诗人的沉郁顿挫诗风和画家的深暗黝黑画风同是由抑塞不平之气发为悲歌。他去了成都濯锦溪的杜甫草堂，当此烽火频年、物力匮乏之际，草堂显得格外荒凉，这就是当年那位蹇驴乌帽的杜陵布衣归来晚的所在，当时杜甫自身困顿却依然心怀天下和百姓，期望能“大庇天下寒士俱欢颜”。黄宾虹在草堂想起如今和唐代天宝年间一样内乱不休、民生疮痍的时局，观摩墙上的壁画，怀想杜甫昔日的忧国情怀，别有一番心思，正是“怆怀衰乱今犹昔，壁上丹青总不渝”①。绘画记录历史价值和教诲治愈人心的作用就是历代士夫画者孜孜不倦创作绘画、研求画学的终极目的，和杜甫是“诗史”还有希望“再使风俗淳”的儒家信念一脉相承。一直以杜甫为人生楷模的黄宾虹那时对自己追求的绘画和画学的历史意义有了更真切深刻的认知。

到成都后不久，黄宾虹在给妻子宋若婴的信里，以为成都好比上海法租界与非租界之间地带，风俗虽繁华，却多循守旧时道德，古风犹存。此间人士多崇尚国学，性喜书画，诗人也不少，气候土物也有江浙不及的地方。尤其生活较便宜，像他在学校教书一月可有百元收入，在川地可维持一家四口生活。那时川地内战虽激烈，但身边还没有放火残杀之事。此前黄宾虹因为沪上不易居，很早就有想离开上海的想法，池州隐居是一次迁居尝试。“一·二八”事变更加深了他想离沪的想法，前往成都也是一次尝试。但过了一段时间，他就发现成都在战事后金融干枯之至，人民贫苦比上海闸北兵灾后更甚。美专学生很多，因为附近陕、甘、云、贵各省的学生都聚集于此，教育设备本就不齐全，学校又被战火毁坏，教员工资发不出来，教员、学生都损失了衣服书籍，多去向校长家讨饭吃。黄宾虹幸亏住在朋友家，没受大影响，只是到学校还未上课，学校已提前放假，先前学校许诺的薪水也不可靠了。他考虑到家人来蜀时日、花费都太多，就打消了迁居的念头。

四川和上海因为路途遥远，书信数旬不能到达，令黄宾虹时常悒悒不乐。和久居的江南比，陌生的蜀地在新鲜感消失后显得山川险恶、人情诡异。作为老年孤身客在外，身体偶有不适，没人在旁照顾，很是苦楚，他又挂念着家与孩子，渐觉此处毕竟非我乐土，不如归去。但来年天下混乱，无一片净土，到处生计艰难，黄宾虹听说山海关失守了，虽然战争还很遥远，但江南一带也不免惊动，人民生计更觉难为。因为四川内战，路上兵匪太多，加上冬日雨雪，蜀道更是难行，友人也邀他住过次年二月的花市，春暖后再走。花市是成都特

① 上海书画出版社、浙江省博物馆编：《黄宾虹文集·诗词编·杜陵祠》，上海书画出版社1999年版，第96页。

别赛会，四川全省物产和古今书画玩物、花木，可摆上二三十里的市面，百姓多出游观看。

1933年春，黄宾虹还在成都，他在早春的课余闲暇向西到了灌县，游历了著名的道教胜地青城山。

蜀西的灌县（今都江堰一带）比起蜀中的成都，更多一些原始的险峻，少一些人文教化气息。此时灌县郊野还未休兵罢战，大江上风激怒湍、涛声如雷、木叶翻飞，岷江上的玉垒山正对着青城山，高耸山顶上的白雪在晴空下衔着太阳，闪耀清冷寒光。黄宾虹在城头上观看了当地人的木筏竞赛，十有八九的小筏子覆没在惊涛骇浪之中，船夫却毫不畏惧，操着船篙奋力浮水，攀援铁索上岸。众人以此为乐，川人的血勇、强悍由此可见。川人的生命力也很强，在灌县他游了一个老人村，村里年纪100岁以上的老人很多，真是山川郁勃，钟于期颐。和广西广东一样，四川由于地理遥远、山川阻隔、民俗差异，对于外来者来说是个神奇地域，而常常笼罩在云雾里的青城山因为有道教神秘氛围、各种奇异传说，更是人们眼中充满仙气的洞府。黄宾虹来到青城，发现山上遍生菊花，花的根须浸在山泉里。据说饮山中的水，能延年益寿。这些都让老画家很感新奇。

由灌县经玉垒关，就到了青城山中。青城山方圆几百里共有六十六峰、三十六洞天，山峰多突兀嶙峋，岩洞多杳渺清幽。最出名的是两座名为掷笔的奇峰，一座红色，一座青色，相传是当年道教祖师张天师以青色、赤色划分山界，所以青城又名赤城。掷笔峰幽邃清旷，峰下常年有紫、翠、青等难以模拟的五色错落光影，在烟雾中锦绣天成，可谓神仙奇境。此外又有丈人峰、第一峰、轩辕峰、天师洞、泠然亭等胜迹。

黄宾虹夜晚就住在轩辕峰的常道观。青城是道教名山，黄宾虹由于山水画与道家思想的不解因缘，一直对道教教义和传说人物很感兴趣，他以为比起万里御风的快意，抱瓮忘机的修为更胜一筹，希望能由道的“静”“和”而得作画的奥妙。

黄宾虹游山一直喜欢“尝于宵深人静中，启户独立领其趣”[①]，在夜深人静时开门窗来到自然中，独自一人悄然站立于月色风声中领悟夜景静谧安详的氛围。和他游黄山、白岳、雁荡时一样，此夜他也夜不能寐，披衣起徘徊，看夜山之美。月夜里他忽然听到隔壁院落有人在弹琴，幽微的抚琴之声在夜山中似与山中各种天籁浑然一体，擅奏琴、解琴音的黄宾虹被琴声深深触动，觉得仿佛是仙人在海上演奏的仙乐，只可知音听之。他兴起挥笔写下了一幅《墨笔山水》，还写下了“坐对欲忘言，冥搜兴未已。仙人隔遐渺，民生积疮痍”[②]的诗句，表露了在山水间飘然欲仙却仍切切眷怀尘世的矛盾心态。

次日清晨，黄宾虹很早就从常道观出发去游山，不想在山间遇上一场大雨，却由此机缘巧合，坐雨赏景，成为蜀游中的奇遇，得悟更多更深画理。早晨天空中早有微茫雨意，当黄宾虹在山道上走了约一个小时，雨就下了起来。路上没有躲雨的地方，还是早春时分，雨意颇凉，他却浑然不以为意，只顾前行。黄宾虹从金岩背转过朱岗口时，天上已是大雨，也就在这时，他忽然发现对面山岙的岩壁上已悬挂了好多条飞瀑。反正身上已全湿了，连同写生本和干粮，黄宾虹索性就在岩石上坐下，欣赏雨景：

> 此时，风声、雨声、水声、松声，在他周围交作，老人一边注视着千尺流泉，一边得意地吟出“泼墨山前远近峰，米家难点万千重。青城坐雨乾坤大，入蜀方知画意浓”。[③]

“坐雨”是古代诗人画家常用之词，也是黄宾虹常用之词，他早年就有画作《池阳坐雨》等，游雁荡时也有坐雨写生之举。所谓“坐”，有类似坐禅静修般凝神聚气的意思。这次在青城，黄宾虹又和在雁荡山时一样，进入了物我合一、

---

① 上海书画出版社、浙江省博物馆编：《黄宾虹文集·题跋编·题青城宵深图》，上海书画出版社1999年版，第48页。

② 上海书画出版社、浙江省博物馆编：《黄宾虹文集·诗词编·青城宿常道观》，上海书画出版社1999年版，第79页。

③ 庄正方编著：《画家黄宾虹馨香录》，浙江人民美术出版社2015年版，第84页。

浑然忘机的痴狂境界，这种情境是容易有所领悟并突破的。黄宾虹回到成都寓所已是天黑。见他浑身湿透、浸满泥浆，朋友们还以为他出了意外或遭了劫，等知道了情况，一位朋友笑着戏言说："顾虎头（晋朝画家顾恺之）痴绝，柳叶遮眼又隐身。黄宾虹痴绝，大雨饿肚游青城。"古来能做大事者必有一股痴劲，大画家里也多痴者、迂者。次日，黄宾虹推说淋雨后身体不适要卧床休息，谢绝一切活动，其实是要静思沉淀昨日所见所悟。经过半天"蒙被酣眠打腹稿"，他奋然披衣而起，挥笔作《青城烟雨册》，十多幅画有焦墨的，有泼墨的，还有干皴加宿墨的。这一次，他终于在纸上捕捉到他已追索很久的"雨淋墙头"的感觉。

这是一个黄宾虹思考很多年的问题，在青城雨中，岩壁上万千飞泉纷纷落下又仿佛挂住的景象令他豁然有悟。他的五笔法中早有"留字诀"，即"屋漏痕"，那是童年的他就已经在金华、徽州的徽派民居白色石灰墙上常见的情形。江南多雨，尤其遇到大雨或久晴后雨，点点雨水从墙上流下来，因为粉墙吸得住水分，会出现顺墙流淌、纵横交错的深色痕迹。等到雨过天晴，由于江南湿润，墙上仍会留着和书画笔触相似的氤氲水迹，因为墙皮渗透晕染的缘故，还会形成往而回复、顿挫回顾的形态，很是耐看。如此多年，许多古屋白墙上都会留下这种"屋漏痕"。再则，深色的"屋漏痕"还能在白墙上形成虚实变化的意味，引人细品深思。这一特殊的江南景象让少时的黄宾虹留下极深刻印象。他记在心间，时时思考，经过参考古画笔墨的长期实践，加上现实中的观察体味，不断将之深化强化并形象化。此时恰有青城遇雨、岩壁挂瀑际遇的感发，他终能以比较理想化的"雨淋墙头"形式将自己的想象表现在纸上。此时黄宾虹在给粤友、贞社成员、书法家王秋湄的信里就兴奋地提到自己在青城领悟墨法：

> 青城大雨滂沱，坐山中三移时，千条飞泉令我恍悟，若雨淋墙头，干而润，润而见骨。墨不碍色，色不碍墨也。[①]

---

① 王伯敏：《山水画纵横谈》，山东美术出版社1986年版，第245页。

在老画家眼里，大雨背景下，山峰上飞泉构成的“雨淋墙头”都成为笔下无数的水墨点与线条，显示“留”字诀等丰富笔法，还有干中见润、润而有骨的饱满墨法，而且墨分五色不单调，在岩壁上织成一片氤氲与墨气，完全是北宋米氏父子山水的笔墨章法，一样的笔墨攒簇、层层深厚，一样的水墨淋漓、云烟幻灭。他在《雨中游青城》诗里说“米家难点万千重”，这就是“入蜀方知画意浓”，也就是他“青城坐雨”所得的画中“乾坤”了。“乾坤”也就是八卦图、黑白虚实、画中气韵流转变幻。

此时黄宾虹写的《坐雨青城山》的题跋也说自己在青城山中坐雨，不但见林峦杳霭，而且得图而归，可见青城山的山林茂盛幽深，因为下雨还添了山岚水光的缥缈，而“得图而归”四字更体现了满足和喜悦。“得”字不但得的是墨法，更是得人生体悟和画学领略的渐趋完满。

1933年夏天，黄宾虹告别成都返回上海，这次走的是川北一线，他先经过龙泉驿、简阳，又经乐至、射洪、蓬溪、南充、渠县到了广安，游览了天池，再沿渠江到合川入嘉陵江，过北碚，回至重庆，然后乘轮船东回上海。

四方战事喧嚣，战乱还未安靖，蜀道仍是艰难，从成都到重庆千余里路上，常有伤兵抢劫行客。蜀中的山水古迹依然吸引人，黄宾虹由广安一探天池，天池名不虚传，山势嵯峨，林谷苍翠荫翳，其间雨意云气滃郁，云、水、光如同图画。渠江和川蜀的许多地方一样，有些莽苍荒凉意味，而光影恍惚、江山如画，又兼得刚健柔媚之韵。

进入嘉陵江后，黄宾虹的眼睛和笔更忙了。嘉陵江两岸山峰耸对，中间夹流一水，风景独秀。这里是唐玄宗晚年回忆安史之乱逃亡入蜀时光，让大画家李思训与吴道子写画的地方。同为身怀绝艺的大唐画师，李思训花了三个月，吴道子用了一天，写成了各尽其妙的山水。李的金碧山水、吴的吴带当风，唐人真迹已不可见，黄宾虹就在江上寻找开元时的粉本，在澄澈的江水、浮动的笼烟山峦，还有夕阳余晖的青紫色云霭中，寻找吴道子笔下的莼菜条，王维的水墨，董源、巨然的云中山顶，米家父子的水墨雅格，那后世已渐消逝的华滋元气。

在嘉陵江上写生，黄宾虹别有取境，更有别样的领悟，正如他在《题蜀游山水》诗中说的："沿皴作点三千点，点到山头气韵来。七十客中知此事，嘉陵东下不虚回。"[①]"沿皴作点三千点"就是"米家难点万千重"，"点到山头气韵来"就是"米家云山"。黄宾虹悟得"以点作皴"重重叠叠成画就多受蜀地山水如青城山、嘉陵江的启发，也是因为多看多练融合汇通了多用点而非皴、层层深厚的北宋笔墨，尤其是北宋米芾父子的米家点而悟得的。师造化和师古人，写生与摹古，两者都不可偏废，此时，因为几十年苦功的积累，也因为难得的川地游历契机，两者因缘际会得到融合，更由"点到山头"而生出气韵。黄宾虹70岁游嘉陵江可谓不虚此行了。

夏日酷暑中一路驱车兼舟行是很辛苦的，何况一位七旬老人。黄宾虹在路途中赤足取凉、食瓜解渴，终于在残暑里到达了重庆。与成都的文化深厚和世俗繁华相比，重庆具有一种独特的山水野逸之美，长江悠悠，峨眉、岷山远影缥缈，显现天地宽广的世外之域意味，以及空旷悠远苍茫的历史感。

四川自古为文化之邦，三国蜀汉、五代前后蜀都在此建国，且战乱较少，保存古迹古物较多。黄宾虹此次蜀游，多见汉魏六朝、五代古物，书画虽不及沪上多，且多有赝品，但偶尔也可见金石异品，只是需要慧眼。在成都时，黄宾虹就在街头的旧书肆、古董铺里披沙拣金，购得数纽古代奇字玺印。蜀地自古交通不便，古印多与他以往所见中原、江南古印面目不同，其中有一纽珍异的巴蜀王肖形古圆印，黄宾虹以为印上文字可作书画未分的证据。

这次前往重庆，一位云南藏家正寓居此地，黄宾虹去观赏此人藏的金石书画，见到近代金石鉴赏家前辈、甲骨文发现者王懿荣在蜀中所获的一纽巴蜀王肖形大圆印。这和在成都所得的一样，也是白文、有边、圆形，印上文字奇古不可识，但与甲骨文、金文颇相合，前人都以为非夏即商之物，黄宾虹则以为是周秦六国时物。他以行箧里的董其昌画换了这纽印，归来对两纽巴蜀王古印摩挲不已。

秋天时黄宾虹从重庆乘船东行。在三峡望夔、巫诸山，但见夔门险峻，束

---

① 上海书画出版社、浙江省博物馆编：《黄宾虹文集·诗词编·题蜀游山水》，上海书画出版社1999年版，第178页。

住山川气脉，岩石激起江水飞流，张开的风帆被烈风吹得啪啪响。掌舵的船工身手敏捷，在大浪里穿行，山光岚气扑面而来，令人游想畅怀。三峡多古迹，丰都的阎王大殿很壮观，黄宾虹打趣里面的壁画塑像是“鬼趣翻新变相多”。当经过瞿塘峡的奉节即杜甫诗里的夔州，黄宾虹小住九日，游览了杜甫诗里三国刘备、诸葛亮等人的白帝城、八阵图古迹。白帝城万壑深阴，山的投影如青黛色螺髻，树叶丹黄，萧萧而下，点缀出几点明亮色泽。

为了重睹、亲身体悟杜甫当年在蜀地东归途中，秋日滞留夔州时所写诗句“石上藤萝月”中的诗情画意，一天晚上黄宾虹在友人陪同下，沿江朝白帝城方向去，月下但见：

> 夜山的基调是深黑的，月光照射之处呈银白色，而且凹凸分明，显得格外虚灵，变化异乎寻常。就在瞿岙的山边，黄宾虹取出写生本，在月光下摸索着速写。他勾出峡谷岩壁轮廓，凡月光照射处，则不着一笔，然后又层层加染。黄宾虹平时速写动作较快，可这一次，他却是写一笔，推敲一笔，竟然画了个把小时。翌日清晨起床，他取出昨夜那些速写稿一看，不禁大叫道：“月移壁，月移壁，实中虚，虚中实，妙！妙！妙极了！”①

黄宾虹这次月下写生，验证了千年前的杜诗诗意，更由月光下的夜山真切深刻领悟了“虚实”的画理真谛。他曾在论画诗里以为晚唐五代女画家李夫人写墨竹是“黯然非凭灯取影，射窗直悟冰轮高”，指出空灵变幻的明暗光影和黑白水墨造型的不可分割关系。他还写过“白摧龙虎骨，黑入雷雨垂。杜陵妙论画，参澈无声诗”②，是由杜甫题画诗《戏为双松图歌》“白摧朽骨龙虎死，黑入太阴雷雨垂”诗意化出。黄宾虹青年时就得到老画家郑珊授以“小四王”王蓬心的“实处易，虚处难”绘画秘诀，他到了郑珊当年的年纪，才由夜色中“月移壁”的黑白分明、虚实兼备悟得了那些历代画家口口相传但要自己有积累

---

① 黄宾虹著，王伯敏、钱学文编：《黄宾虹画语录图释》，西泠印社出版社1997年版，第134页。

② 上海书画出版社、浙江省博物馆编：《黄宾虹文集·诗词编·论画四首》，上海书画出版社1999年版，第140页。

阅历才能真正悟到的道理。宋人说“有声画”“无声诗”，诗画兼长的黄宾虹也一直对画中诗意、诗中画境深感兴趣，包括杜甫诗尤其蜀游写景诗里的诗中有画。得这次蜀游的机缘，在相同的地域、季节，先哲前贤的诗情灵感仿佛形成历史时空的回音感应，给黄宾虹以无尽启示。

坐雨青城山间、写生嘉陵江上和瞿塘看夜山得悟，是偶然，也是必然。黄宾虹早已开始思考这些画法画理，拥有很深积累，并处在解开疑惑、打通滞点的临界状态，经由蜀游所见奇秀山水的触发启示，终于打通了关节。天时地利人和的凑合带来“雨淋墙头”、“沿皴作点”和“月移壁”的点线笔墨、虚实变化之悟，他将宋人米家点、“留”字诀“屋漏痕”的笔墨法、虚实大旨与真山实水对照融合。顿悟还来自他在游山水时的自由心境，以及偶尔进入的沉迷状态，这样的心境状态已在雁荡山、桂游时帮助他带来创作突破。

黄宾虹的七旬蜀游历时近一年，是旅途最远、外出写生时间最长的一次，也是收获最丰的一次。他在游程中以半生临摹古画练就的勾古画法写生，以巴山蜀水为粉本，图山水真面目而还，行箧里带回的山水画稿近千幅，多是记游速写，一般只勾勒山水骨法，形成没皴染的疏体画，多近于元人倪、黄的简笔。这些画，他日后还会持续加以层层点染，并加以经营布置，最后经几十、几百次的层层加深后才成为密体画。

黄宾虹将摹古与师法造化熔为一炉，进入北宋画面貌的阶段，这一成就是巴蜀山水的玲珑嵯峨兼备、画家“浑厚华滋”审美、北宋画的沉郁黝黑三者契合的结果，他的画终于在游蜀后有变。许多画家也许在绘画成熟上比黄宾虹早，但他沉得住气，耐得住寂寞，在古稀之年有了灵感喷发和技法飞扬，是厚积薄发，所以分外有力度，也令人惊叹他生命力、创造力的不曾衰竭。

都说入蜀难，谁料出蜀更难，本以为从成都到重庆是如踵门户，却于月余迟迟未能到达，重庆以下的水路更是多阻塞停滞。黄宾虹后来总结这次蜀游历程，以为天时寒暑、地形水陆、人事哀乐都是始料不及的，行或停都难以控制，路程中的可喜可惊更不是笔墨可状，从中也许可悟得道家的委心顺任、听其自然。

黄宾虹在秋后才经崎岖万里回到沪寓，此时距他离开上海已一年。友人、篆刻家蔡哲夫的《印林闲话》曾这样评价黄的蜀游："虽云看山，亦欲访印。往返旅食耗万金。"[①]可见黄宾虹此行看了山水也得到古印，只是花了很多钱，回沪后经济颇拮据。他那时本已是岁暮家贫，却又遭到盗窃，玩好长物损失颇多。黄宾虹以参彻儒释学理的乐天知命和达观自在来宽慰自己，以为物品都是身外之物，能不槁饿就足矣，眼前的困境自会有转机。蜀游后，黄宾虹的人生观更趋豁达洒脱。

黄宾虹蜀游，看山访印，多得画稿和古印囊归，还得诗料颇多。蜀地山水奇峻，民物众庶，不能记于画的，则入诗歌，就是他说的"余耽云壑幽，万里寻游骋。行踪所经地，一一记要领"[②]。他说自己秉性爱山水，所以不远万里去游玩，途中所见所感都一一记录了下来。黄宾虹在蜀地诗成后大都马上寄给老友、诗人许承尧，此时回沪后选取62首记录重要之事的诗，将其手写石印一册，名为《宾虹诗草・蜀游杂咏》。诗集有两篇序，请两位老友、诗人潘飞声和许承尧来写。潘序以为黄宾虹此次蜀游如杜甫入蜀、苏轼渡海，得山川之助、灵异所钟，山水和文字相得益彰。许序说黄宾虹蜀游，驰驱回溯兵荒马乱中，岁更寒暑，遍览山川奇丽，凭吊前人啸咏遗迹，都化为诗篇。潘序还以为黄画参合唐宋、驰纵百家。许序则赞美黄画超旨玄解、笔墨俱化，直追元人。两序也都提到人所共知黄宾虹深于书画，诗名几为画名所掩。黄宾虹一向自谦作诗全无门径，率易肤浅，不够洗练精纯。但平心而论，黄宾虹的诗自有风致，五言辞藻妍雅，有六朝"大小谢"谢灵运、谢朓韵味，七言率易如唐人，是南宋永嘉四灵学的晚唐诗，两者都以自然山水、隐逸情怀为主要内容，和他的山水画一致。

这次蜀游是一次诗意之旅，蜀友林山腴写了一首七古长诗，历述黄宾虹的人生画迹，还赞美他师古人与师造化兼得的画学成就和继承并超越前贤之处：

---

① 见王贵忱：《记黄宾虹钤赠高奇峰的集古印谱》，转引自黄宾虹著，赵志钧编：《黄宾虹金石篆印丛编》，人民美术出版社1999年版，第305—306页。

② 上海书画出版社、浙江省博物馆编：《黄宾虹文集・诗词编・过龙泉驿》，上海书画出版社1999年版，第99页。

> 宾虹生长黄山麓，七十看山苦不足。南踰五岭东雁宕，一櫂西来更入蜀。我不识君曾见面，北苑风流此传派。……读万卷书行万里，此老胸怀浩无滓。香光正法本自拈，漫把南宗望庸史。……青城洞天三十六，乌尤耸翠凌云苍。一一收拾入画卷，此行何啻千金装。……百年倪董不可遇，仿佛规矩犹高曾。如今更得宾虹叟，点勒应须叹高手，海上成连赠与君，丘壑内营君记否。①

北苑指五代画家董源，香光指明代书画大家董其昌，正法指董其昌分绘画南北宗的理论。倪董指元代倪瓒和明代董其昌。林山腴赞美黄宾虹是“北苑风流”传人，也就是黄推崇的北宋山水画正统的继承者，还说他也是画史后来的典范倪瓒和董其昌的传人。

诗里说黄宾虹曾成长在黄山畔，爱山成癖，到70岁高龄仍看山不止，此时前后曾向南到了五岭之外的两广，向东去了东海边的雁荡山，更是乘船西行蜀地。在蜀地，他游览了青城山的三十六洞天，还有乌尤山等名山都被他一一收入写生册和画卷。诗里对蜀游评价很高，说此行值得千金，黄宾虹经历蜀游，不但得到山水造化的精魂，“海上成连”是借古代仙人指山水画的超逸内涵，还得到绘画的虚实之旨，所谓“丘壑内营”。“读万卷书行万里，此老胸怀浩无滓”，意思是说经过蜀游，黄宾虹打通摹古和学自然，眼界襟怀终于更为“浩无滓”，更为明晰开阔了。

蜀游也是一次忧患之旅，在黄宾虹的画里艰难时世的投影和墨痕一样更浓重了，就像杜甫在安史之乱后的“诗史”诗，无怪此年好友高吹万评价他的画说宾虹画品能“沉郁”，沉郁顿挫就是杜甫诗风。

黄宾虹回沪后，一次，老友王秋湄、宣古愚来探望他，黄宾虹把蜀游诗稿、画稿拿给他们看时，恰好诗人、篆刻家秦曼青也来了。宣古愚建议把蜀游山水，加上之前的漓江山水、黄山写真、江浙山水，合出一册记游画册作为黄宾虹七十生辰纪念，得到大家赞同。

---

① 林思进：《清寂堂集》，巴蜀书社1989年版，第254—255页。

秦更年（1885—1956），原字曼青、曼卿，江苏扬州人。长于诗词篆刻，收藏字画、古书、碑帖、钱币。

黄宾虹很重视这一画册，他费时数月，选出最满意的画稿，又凝思追忆往昔游迹，精心绘就写黄山、白岳、雁荡、四川、桂林、浙绍、苏锡、皖南等地的40帧山水画。秦曼青找了苏州木刻工匠，经好几个月才刻成，待到印行出版已是1934年冬11月。这本《七秩纪游画册》是黄宾虹的第一本个人画册，用宣纸、淡蓝色印制，遗憾的是受木刻局限只能表现笔法章法，不能包罗墨彩神韵，不能完全见证他此时艺术上开启的变革。此后两年，上海金城工艺社与神州国光社各印行了珂罗版的《黄宾虹画册》12幅与《黄宾虹纪游画册》一、二辑计20帧，但珂罗版也只是稍补木刻的不足，分些浓淡深浅，得其仿佛，不能尽显他阴阳晦暝、变幻奇谲的墨法精妙。

《七秩纪游画册》上署有众友人与及门女弟子同为先生寿，序言是宣古愚手笔，说黄宾虹天性嗜画，沉湎唐宋名迹，务必要得其用意、用力所在，所以他的画不似时下画家，也不墨守新安宗派。他来上海后做过报人等职业，但都非他所乐即真正志向所在，只有作画几十年也不厌，凡是游踪所至遇佳妙山水，一定要为其写真。他最乐于做的事就是绘画与游览，还由画作将游历之乐传之无穷。最后更预言黄宾虹腰脚之健、兴趣之豪、挥毫落纸之勤而速，再过二三十年都应无异于今日。他的每一次游历都描绘行程，以后必然可汇为巨帙，在《徐霞客游记》之外更成一奇观。这一预言后来果然成了现实。

歙 故

黄宾虹一向以研究故乡徽州歙县的学问“歙故”为国学中的精华，以为徽州山水清绝，多奇杰异能之士，明清以来更是人文荟萃，甲于他省。除了在文章、画跋屡屡提及新安画派、金石、经学等歙故文化要素，他还能注意到歙故里一些前人不够重视、与现实民生关系较密切的工艺技能。

黄宾虹早在《叙造墨》一文里，就以早年自己帮父亲造墨的亲身经验谈到徽墨，后来更著文指出造墨是好的谋生就业路子。他的《四巧工传》记述了歙县的制铜工、砚工、制漆工、刻工四人，说新安（歙县）地处偏僻山区，土地狭隘贫瘠，人口繁多，却出现了很多出身盐商的华盛之族，家中器物用材都务求华美，所以本土工艺技巧日益提高。身为士夫画家的黄宾虹虽然在艺术风格上崇尚雅正反对低俗，但他并不狭隘，还因为推崇艺术“民学”的缘故，表达了对手工艺人的尊重和对他们高超技艺的赞赏，说工艺是真正财富，如果能“道艺”道行、技能相得，那么像那个名叫“蟹钳”的身有残疾的工匠，也可成为第一流艺术家，成为新安逸民。《四巧工传》文中也透露了对时世变迁中家乡工艺、艺人渐衰落的无奈与感伤，提到歙县的刻书工人，以潭渡附近虬村中与黄宾虹同姓不同宗的黄氏最多，世代以梓版为业，当时还有传承此业的人，但这一行业已衰败凋敝。

1926年黄宾虹在《艺观》杂志刊载了《汪仲伊先生小传》及汪师的著作未刊稿，他注重歙故就是深受汪师影响，那时刊载汪师文章也是他对青年时在故乡求学历程的一次回顾总结。

汪宗沂的另一弟子许承尧退隐家乡，1926年春天曾寄诗给黄宾虹。黄宾虹被黄社旧友的诗勾起了对久违的练江春景的忆恋，第二年便应许承尧的约请到檀干村住了数日。檀干位于浙江源头，山水如画，天然秀绝，优游其间有解脱世味、林壑填胸之乐，何况还有多位少年同窗同游，老来偶聚，有一醉之乐。几个酡颜的老翁，在斜风细雨里一时忘了年纪。

1928年黄宾虹桂游后绕道广州回沪，在广州市肆见到并购得族贤黄吕的《潭渡村图》山水册页。黄吕这位学人士夫画者因俗世名气不著，山水画风又略似明代吴门画派画家文伯仁，书画商为迎合世人口味常常将他的署名篡改，这本册页末也已加题文伯仁的款，所幸还没有挖去黄吕自题诗、款。这大约是黄吕康熙年间在粤地为幕府时思乡所作的小册，黄宾虹素来景仰黄吕，两百多年过去，在游历的异地居然能觅得族贤手泽，真的是有缘快事。图册上所描绘的村居山水八帧，他清楚认得这就是潭渡八景，只见画中屏山列翠，练水拖蓝，垂柳遮水，瓦屋傍山，是熟悉的景象。

对这幅家乡图卷，黄宾虹摩挲再三，感慨颇多，题了七律二首，其一云：“风六山人四美兼，村图年远入蛮炎。虎头痴绝公追似，蛇足名留客谬添。莫漫楚弓论得失，要从吴冶悟辛甜。故山辽远丹青近，云海搜奇信手拈。”①

诗中的“蛮炎”指黄吕游幕之地粤地，是气候炎热的边地。“蛇足”指书画商在画上添的文伯仁的名字。

黄吕的朋友、印学家汪启淑以为黄吕诗书画印四美兼备，尤以画名世，山水、人物、花鸟都佳。黄吕这幅《潭渡村图》，虽然写的皖南风光，但他游历各地包括饱看桂林山水岩岫峰峦之美，都表现在画里。他的画纯然以书法为之，以金石通于书画，线条瘦硬，含蓄不尽，得新安画派的“辣”字诀（“留”字诀），黄宾虹以为吴门画派的“甜”远不如新安的“辣”（辛），可惜这“辣”却并不入俗目，所以黄吕没有弟子，不以画名，画也多散失。黄宾虹更以为黄吕的宏才硕学本足以在当世有所作为，但生不逢时，客游归来后在乡里筑庐而居，与二三放诞颓废之士发起怀古怨歌，遥相应答于荒村老屋间，落落寡合以终老。识者感叹其时运不济，也无不钦佩其志向高洁、见识超卓。黄吕的狷介，是和画史上的真画者如顾恺之（虎头）的痴绝、范宽的缓、米芾的颠、倪瓒的迂一样，是曲高和寡。黄宾虹对他的感慨也是感同身受的夫子自道与自嘲。

此外黄宾虹诗中的“楚弓”是用《孔子家语·好生》里“楚王失弓，楚人得之，又何求之?”的典故指自己意外得到族贤的画，欣喜异常。“故山辽远丹青近”是说远离家乡的自己居然在更遥远的异乡得到族贤关于家乡的写照，令他这个游子有如归故里的亲切感。

有感这次他乡遇族贤遗泽的奇遇，黄宾虹把《潭渡村图》画册与自己的题诗影印在纸与绫绢上分赠亲友族人，并请朋友一同赏析、题咏。次年还由国光社影印出版画册《黄凤六村居山水》，希望让更多人知晓歙故典范、前贤绝艺，并使之成为当代画人写生的参考。

许承尧在两年后来沪上访黄宾虹，见《潭渡村图》也深有感触并作诗，将潭渡比作陶渊明的隐居地南村、王维的辋川，以为灵秀天成的丰乐水哺育了历

---

① 上海书画出版社、浙江省博物馆编：《黄宾虹文集·题跋编·题山水斗方之二》，上海书画出版社1999年版，第84页。

代画人，黄吕之后潭渡林泉寒荒了近三百年，又出了黄宾虹。许的诗里还继续指出黄宾虹识古籀是承黄吕的父亲黄生之学。黄生认为天下钟灵秀于黄山、白岳，就黄姓自号白山，自称“黄白山”以致敬徽州的名山。他在明不仕，明亡后为遗民，以为书不可不尽读，友不可不尽交，天下名山大川不可不尽游，后来倦游归里，抱膝长吟山水间，并破千金产业购买经史子集几千卷，在山间隐居不出30年，闭户一意著述，所著甚多极广。可惜大多著作被清廷焚禁，只留下《字诂》《义府》被徽学巨子戴震保存，后编入《四库全书》，开清一代汉学先导。黄宾虹一族族贤黄生、黄吕父子都是歙故巨子，他们的性情爱好也深深影响了黄宾虹。

也许是被黄宾虹寻求歙故的精诚所感，也许是他和古物有缘，1930年南社老友诸贞壮带给黄宾虹一本明末清初人贺裳的《载酒园诗话》。这本书恰是黄生旧物，书眉上有他的手书评语，每则评语下都钤有他的小印。诸贞壮只知黄生是明末遗民，好文字学训诂，倡导汉学，与顾炎武、王夫之、黄宗羲遥相呼应，开徽州江永、戴震理学之先，却并不知是黄宾虹族祖。黄宾虹录出黄生评语，由诸作序，辑成《载酒园诗话评》一书出版。

20世纪30年代初，身处大都市上海，最能感受中西文化的交锋进退，黄宾虹在现实的战争忧患外更预感到传统文化的破坏，珍贵国故随时会在时代变迁、战火中消亡。他希望能承明末遗民族贤志向，以一己有限力量，在乡邦文献、文物、文化的及时整理保存上有所贡献。

徽学博大精深，学术文艺如经学、绘画、金石，工艺如徽墨、歙砚、印刷及民居、家具、民间工艺品等，还包括徽商等徽州人融通商业和文艺、出入仕隐间形成的隐逸通脱又传统雅正个性，都是值得研究弘扬的国学精粹。黄宾虹以为徽学的学术文艺是其最核心成分，而书画篆刻是徽学在经史著述外的重要文化元素，只是长期处于较边缘地位，甚至被视为方技，幸而能被称为美术、艺术，被发掘出超越“艺”、体现人文与民族精神的“道”的境界。

徽州的地方志乘在全国一直是首屈一指的。黄宾虹少年时受学过的族贤黄崇惺就曾在同治年间提倡修府志，还作《郡志辩》证明补全道光府志不足。黄宾虹指出以前的郡府志相对忽略文艺，尤其轻视书画等艺事，以致许多文化人物生平在历史中湮没，比如明末贤哲。他觉得可以趁时间相隔还不太久，民间还有残存资料，要先在史书里存其人，使后来研究者有据可查。他竭力从《徽州府志》《艺文志》《郡志科第》《文苑》等史书，还有前人诗集、书画题跋等处搜罗歙人尤其明贤的画事逸闻，补志传的遗漏简略，希望即使不被重视或者遇到战争，也能存藏于黄山、白岳等名山间，传诸后世，阐扬文化幽隐，发扬民族精神。

由此可见黄宾虹的歙故有很宏阔的视野，是站在历史、世界而非乡土的角度，并非一味敝帚自珍，也不是盲目乐观。正如他的老师汪宗沂曾以数术占卜说“礼乐文章八百年”，黄宾虹也深信中华几千年文化绝不会烟消云散，狂风骤雨之后，必有和煦晴曦。

黄宾虹以为晚年乐事无过于整理乡邦文献，但文献搜集确已不易，只因他锲而不舍、持之以恒才找到一些。无论在家乡、上海或者游历的各地，他都尽力寻求以求有所发现。同好朋友也给他很大帮助。整理国故上他从来都不孤独，以前有《国粹学报》友人，歙故方面也有黄社老友许承尧、江彤侯在家乡与他互为呼应。这些当年的革命先驱，隐退故里后仍以忧世情怀和超前眼光继续早年为国为乡为民的事业，只是重心转到文化上。

1930年安徽设立省通志馆，江彤侯为馆长，组织编写《安徽丛书》，许多徽籍的学者参与，许承尧、黄宾虹也是发起者。1933年夏，歙县修纂《歙县志》，许承尧任总纂，邀黄宾虹分任文艺、方技两门编纂，正好涉及他平素关注的能书画金石的隐者逸民。黄宾虹写时兼顾了隐逸者的风节清操、诗文艺术著述和对乡里的贡献。县志在1937年完成，当时黄宾虹已在北平。其间，许黄两人通信见面频繁，多探讨家乡的过去、现在和将来。

1934年春末，黄宾虹和当时很多文化名人一起受邀参加“东南交通周览会”，并有机会游览黄山。初夏，他先返潭渡探亲，祭扫祖坟，这一年是他的父亲去世40周年。他还会晤了老友许承尧、汪福熙以叙契阔，然后就入黄山重搜云海奇胜，祭扫了披云峰上的渐江墓。早年他居住乡里时曾与友人想为渐江修墓，数次到披云峰下，后因出走而未成，这次惊喜地听到江、许两友在乡间修复古迹，要修复渐江墓、披云亭。

黄宾虹在故乡时，多有亲友邻里以他的早年画求题款题跋，他都以近来画更换，将少作收回撕毁。他还让收存有他早年画的亲友，都可拿来调换。当时的“悔少作”可见他对艺术的严格，也可知他认为自己的画已有变化。有不故步自封、衰年变法的认真努力，才有他在70岁后的画开新境。

1935年3月，作为前一年黄山游的成果，黄宾虹为“东南交通周览会”编辑的“东南揽胜丛书”写了《黄山析览》一文，共一万多字，详细叙述了黄山的山川、道路、寺观、桥梁、卉木禽鱼、古迹、名胜、金石摩崖、图经画册、诗文杂记等，这些是当时全面系统介绍黄山的文章，也足见他对黄山如数家珍般的了解。这套丛书的编辑多是叶恭绰、林语堂、郁达夫等对国故、地域文化有研究有兴趣的人士。

1935年9月，黄宾虹重游桂林返沪后，恰有学生要去游黄山，因是雨霁秋晴的好天气，他就结伴一同前往。他们先到杭州泛舟西湖，次日到汤口，游历了始信峰、西海门及松谷，最后由文殊院下汤口。这次游山遍历前后海诸峰，多是寻常不易到的地方，饱览风景绝佳处，得画稿百多幅。

家族延续、生老病死，是人生寻常。1931年黄宾虹的长孙出生。1936年9月，黄宾虹刚由北平鉴定故宫藏画南返，突然接到歙县来电，说洪夫人病逝，本想马上返乡，无奈因年高倦于跋涉正在病中，只好让宋若婴先带子女回乡治丧。他休假了旬日，抱病撰写了《洪孺人行状述略》。在这篇悼亡文字里，他充满感激地回顾了妻子勤劳朴实的一生，说近年来自己年老疲惫还在奔走谋求衣食，长女、侄女都孀居，又因儿子用明患病，洪夫人积忧成疾，加上偶感风寒，病情加剧。本来下一年夏天就是她的七十寿辰，她正期望自己率儿孙辈归乡里聚集一堂，不幸在这时遽然长逝，令人悲惜。不久黄宾虹身体痊愈，返歙营葬。

在洪夫人丧礼后，黄宾虹还去披云峰顶拜谒了渐江墓。当时许承尧、江彤侯刚修葺了墓，还在墓旁种松树寒梅。黄宾虹拾级而上，远眺黄山云门诸峰若在天际，乌联、紫阳二山很近，澄江如练，环绕林麓，有二三舟筏在云水空明处浮沉的是碎月滩。他在渐江墓前悬想三百年前新安画派之盛，俄而夕阳沉阁，已入暝色，等他回到山下已是灯火万家，隔江峰峦隐隐在云表间。这次安葬洪夫人和拜谒渐江墓，仿佛是黄宾虹与故乡的告别仪式，次年他就去往北平，又因战争自此与江南和故乡地理睽隔多年。不过，他仍心系歙故包括渐江等歙县前贤的研究。

1934年春，歙县同乡陶行知等来上海与黄宾虹商议建立黄山文物馆。那是许承尧早就提倡的。

主张建立能保存古物、向民众展览并普及文化的国立博物馆一直是黄宾虹的夙愿，因此他在1934年担任了上海市博物馆临时董事会董事，还向博物馆捐出古铜器、明人书画十件作为馆藏展品。上海市博物馆是1933年由叶恭绰提议建立的，当时虽已落成，但由于资金匮乏，展品购置成为难事，以古书画搜求为最难。上海书画市场有为牟取暴利造“虎丘画”欺骗买者的传统，如画的改款添补，有时连大行家也不易辨别。为提防市肆奸商制造赝品的狡猾伎俩，叶恭绰不得不求助黄宾虹等董事亲自分任搜采。

黄宾虹也正是觉察到真假混淆的危险，一直呼吁要抓紧时机收集近世画家真品。他受托去访求新安画派诸家的画，但资金有限，只能略选取渐江、程邃、梅清等名家作品。叶恭绰还要求他以选择价格低廉的真画为主，由此也可窥见当时文化事业捉襟见肘的窘态。黄宾虹敏锐觉察到，一方面是博物馆面临的力不从心尴尬局面，另一方面却是乡土中国日渐凋敝，古物难以保全。早年他在歙县时，乡邦文物虽也多被贩卖到外埠，但在屯溪集市上仍可见零缣片楮。20世纪20年代后，古物则多流出省外甚至流往国外，但沪上还经常可见家乡先辈的遗泽手迹及旧藏。此后在东洋、西方人重金收购下，古物日益昂贵，个人和博物馆却囊中羞涩。这种体验使黄宾虹危机感日深，于是写信给家乡的老友许承尧等人要他们加意家乡文献古物，不能让它们再流落域外，不能让后来者要远游到国外才能看到它们。他自己也多有作为，为了缓解筹措资金不易、古物价格奇高难以罗致的两难境地，他为上海博物馆购入了一些价格低廉、家乡人称为“老货楼之拉杂”的古物，如绣鞋、衣裤等绣品，还提醒许承尧注意保存这些不起眼的遗产：“歙中有闲可收旧先破烂茶担、杯盂、椅垫之属，为将来博物馆计亦佳，迟则毁弃将尽耳。”[①]

黄宾虹的提议和预言在今天看是很有历史眼光的。他一直希望能创办大规模的博物馆如黄山文物院，可见他后来在去世前捐献出所有收藏供大众观瞻研究是由来已久的抉择。

1935年前后是抗战时期，战争的威胁已隐现。这时谈保存国故、文物似不切实际，但其实在国难危急之际所抛弃的，往往是日后要努力补救的。后来黄宾虹在1937年初去南京鉴定古画，参加了在苏州的文献展览会，这一风雅盛事再次让他觉得占中华学术重要地位的宣歙国学，如任其消沉，是极为可惜的。他希望许承尧能集同乡同志之力，在南京、苏州或浙江设立一次新安古物展览。信中他还提及中华文化的内在精神意蕴：

> 歙中文物之盛，传或不传，其曾见于楮墨者，皆足为山川生色。归假庵所谓“山水得人而活”，鄙见以为人文如烟霞，可增峦岫姿媚，颇极自然……[②]

黄宾虹以为新安画家的山水画卓越，其底色是歙故人文为新安山水增色。歙中昔日人文学术兴盛，是因为当时文物收藏丰富，还有人文交往、思想的磨砺。人文艺术首先要师古人，但古物日益罕见是后学一大困难。在乱世中，黄宾虹更加觉得整理保存歙故责无旁贷。歙故散见于典籍者不胜其数，虽是零缣碎楮，但经搜集整理，也可寻觅到以往文化的光辉痕迹。沧桑世事如蠛蠓过太虚，只有文物上金石纸墨的生命、古人手泽所蕴涵的传统在迭经世变后依旧如新，体现了文化的永恒意义。黄宾虹坚信在此中“歙中风雅一灯灿焉犹存”。

战争未起，天下形势已影响到书斋里的人。1936年在黄宾虹任编辑的《国画》（原《国画月刊》）第一号的《画坛报导》里有他故宫审画的消息，最后说

---

① 上海书画出版社、浙江省博物馆编：《黄宾虹文集·书信编·与许承尧》，上海书画出版社1999年版，第147页。

② 上海书画出版社、浙江省博物馆编：《黄宾虹文集·书信编·与许承尧》，上海书画出版社1999年版，第151页。

"某小报传黄宾虹入日籍，绝对不确"。同年《国画》二卷一期的《画人画语》有黄宾虹自传，末尾也有"近报作日籍者，尤误"的严正声明。当时确有这种谬传，源头是《金刚钻》报登载他加入日籍消息。黄宾虹的朋友听说后都建议采取法律措施追查。黄宾虹虽然对这个消息看得很严重，认为是有人寻仇暗射，却顾虑背后也许有阴谋，觉得处理宜谨慎。他写信给弟子顾飞要她向兄长顾佛影了解情况，因为他此前因顾认识和《金刚钻》报有关的名记者施济群，希望施能代为设法密探此消息从何而来，好预备防范。

结果是1936年5月4日的《金刚钻》报刊登了《黄宾虹决不入日籍》一文，算是辟谣，其实是一封他给施济群的书信：

> 鄙人原籍歙县，有黄山渐水之名胜，新安夙号程朱阙里，理学渊源，明清两朝以来，文章道德，艺能之士，均足凌轹江浙诸省，至经学书画篆刻，尤为全世界人所钦慕。近年偕同乡学者辑印安徽丛书，襄修歙县志，不忍恝置，旅食沪渎三十年，固未尝一日忘故山也。……十余年来，游览山水，虽上海已不常留，朋交时多睽隔，更不知依赖他人国籍为何事。①

这段话是辩明自己的籍贯和爱乡之情，说徽州（新安）是圣人朱熹故里（婺源旧属徽州），明清时文化凌轹江浙，经学书画篆刻是全世界钦慕的，自己虽旅食上海三十年但不忘故山，实际是表明自己永远是中国人的大义凛然态度。黄宾虹的声明措辞看似委婉实则严正，很符合他的个性，明智地不战而屈人之兵，是中国传统智慧、逸者风范。风波也因此得到完满解决。

① 上海书画出版社、浙江省博物馆编：《黄宾虹文集·书信编·与施济群》，上海书画出版社1999年版，第94页。

七十看山苦不足

1934年黄宾虹发表画论《画法要旨》，再次提倡他一直推崇的“大家（士夫）画”概念，给予较详细阐释：

> ……如大家画者，识见既高，品诣尤至，深阐笔墨之奥，创造章法之真，兼文人、名家之画而有之，故能参赞造化，推陈出新，力矫时流，救其偏毗，学古而不泥古。上下千年，纵横万里，一代之中，大家曾不数人。①

“参赞”典出儒家经典《中庸》的“参赞化育”，指天地自然与人之间的融通。黄宾虹指出能写出大家画的画者，需要高超见解，尤其要有超逸品行（品诣），能深刻阐释笔墨法奥妙，能创造自然章法。他还说大家画在文人画、名家画之上，能融通师古人与师造化，创造出新意，并矫正流行的庸俗风气，学前贤但不拘泥于前人。五代北宋以来千年，中华南北万里，每一代中能写大家画的人不过寥寥数子。

黄宾虹还曾说古人所说的逸、神、妙、能四画品中的最上品逸品、神品就是大家画。他是以此为画史典范和人生追求的。

如何成就大家画？黄宾虹以为笔墨法是基础。“蜀江万里著墨痕”，蜀游归来，他的变法主要在墨法。关于墨法，前人意见较零碎，黄宾虹经多年摹古与写生反复印证，形成较系统完整的墨法。他的《画法要旨》已提到“墨法分明”，其要义有六：一浓墨，二淡墨，三破墨，四积墨，五焦墨，六宿墨。泼墨虽未见提出，但他在同时期的雁荡山、青城山画作题跋诗歌中都提到泼墨，他的七墨法其实已成。

---

① 上海书画出版社、浙江省博物馆编：《黄宾虹文集·书画编（上）·画法要旨》，上海书画出版社1999年版，第490页。

黄宾虹还从画史角度探讨了墨法的兴衰。他说墨法从五代大家董、巨开其先，北宋“二米”继之，“元四家”臻于精微，尤以吴镇笔酣墨饱、兴会淋漓，墨法大成，明初笔墨都有所失，文徵明、沈周起而救正画道但墨法未完备，到董其昌重倡墨法，但以兼皴带染为工，墨法已不全，后来的“四王”多因袭董其昌，墨法不全，只有石溪、石涛、八大山人等学吴镇不被“四王”所囿，稍复墨法，但仍不全。黄宾虹到晚年更注重墨法，他由对画史、真迹的研求和对自然的领悟，意图努力回归宋元墨法，用水墨浓淡干湿营造出山光水色的明暗虚实，弥补明清以来的缺失。

黄宾虹蜀游归沪后，更觉不适应沪上生活，所见多不惬意，想寻觅一处就近乡居，能安下笔砚，看山读画。他想去池州，也想回浙东金华山中暂居，但在此乱世，桃花源只能在纸墨之间。何去何从难定，只能先到处游山，暂时逃离尘世喧嚣。他此时常往高吹万在松江的花园，有树石胜致，修葺幽雅，住上十多日，有时中途回沪上访友、借书、觅古物，只百里左右路程，不很劳顿。

1935年初夏，黄宾虹和同游十余人月夜放舟，前往上海青浦县珠镇的圆津禅院观赏所藏古画。圆津禅院建于元至正年间，清初有寺僧工翰墨，多与文化名流交往，“四王”之一的王时敏为寺院题了梅花禅斋匾额，可惜后来和禅院一同毁于兵火。寺院后恢复旧观，藏有赵孟頫、董其昌等人书画。黄宾虹在历经劫数的禅院，观览数百年来幸存的书画胜迹，见纸上笔墨如龙蛇仍异彩流光，仿佛可万古常新，不由让面临战火威胁的他在感慨沧桑外有更多感想。

1935年夏，72岁的黄宾虹再次赴广西讲学，同行的仍是陈柱尊等人。他重游了桂林、阳朔，还与家在北流的陈游历了广西东南部与广东交界的“粤桂通衢”风光。回沪途中再次经过香港，又会晤诸位粤籍老友，在香港书画家张谷雏、黄般若、黄居素和老友蔡哲夫等陪同下游九龙半岛，又乘楼船（小汽轮）看山，环游香港风光。

其间，黄宾虹在游玩九龙后，应香港各画友之请，在沙田慧业山堂小憩，并坐林下谈艺。这次他主要谈论了研究重点笔墨法，也解答与笔墨法有关的临摹古画写生山水秘诀，凡有问难者，都为其解惑答疑。问答间由张谷雏分条笔录，事后援引石涛语录例子，命名为《宾虹画语录》，次年在陈柱尊主编的《学术世界》上发表时，为了标明是此次香港游的问答，改名为《沙田问答》。

《沙田问答》比《画法要旨》更进一步，尤其体现了黄宾虹蜀游后对“点”的重视，所谓“米家难点万千重”“沿皴作点三千点”“点到山头气韵来”等。笔法上，黄宾虹仍坚持取法金石古物上籀篆的一波三折，主张线条由点连续而成，“留”得住，才能刚健、婀娜、含蓄兼备，这是新安画派“辣”字诀。他以为辣就像姜桂和酒的滋味，也许不如甜那么符合世人普遍口味，非深嗜艺术之道者不能知其佳处。墨法上，他也注重积点而成的“点染”法：“就染法而言，唐宋人画山石树木之积阴处，不拘用色用墨，皆以积点而成。故古人作画曰点染。元人深明古法，故气色独厚。”[①]他指出唐宋画家用“积点”“点染”画山水深浓处即阴面山。元人能继承唐宋墨法还有笔法，一点中都有转折，有浓淡数种墨色，还因含水多少有干湿之变。明人董其昌以淹润救明画枯硬，可惜只是“浑染”，仍不如“点染”浑厚自然。

黄宾虹还在《沙田问答》里谈到中国画写生与西洋画写生的不同。他以为中国画讲求神似，写生前要先临古熟悉各种皴法，然后以笔墨写自然。中国画写生还讲求法理，真实山水虽丰富但多芜杂繁琐，要加以剪裁、增损，如山实处虚之以云烟，虚处实之以楼阁，山中道路如蛇腹要掩映以免板滞，和像摄影的西洋写生不同。他总结说人们以为江山如画，正因为其不如画，所以要取法前贤笔墨，对造化进行取舍，在画中成就尽美尽善的理想化山水。

张虹（1894—1965），字谷雏，广东顺德人。寓居上海、广州。早年向高剑父学画，后追摹黄宾虹笔墨。黄宾虹称赞他诗文兼美，两人多有交往。

在香港逗留的一周里，黄宾虹还登太平山顶写生，并游香港的宋皇台遗址（他称为“宋故行宫”），乘游艇游大鹏湾。这次来港，他乘舟驾车环岛而行，观九龙赤柱胜迹，和第一次的浮光掠影不同。1937年春，他在沪上作香港山水《海山揽胜》赠粤友叶恭绰。叶以为香港山水多可入画，少有人为它写真，称誉黄宾虹的画焕发灵奇，足筑先路。黄宾虹是较早将香港山水写给世界看而且有

---

① 上海书画出版社、浙江省博物馆编：《黄宾虹文集·书画编（下）·宾虹画语录序》，上海书画出版社1999年版，第43页。

影响的画家。

黄宾虹两次粤游都与陈柱尊同行，陈最爱黄宾虹山水，黄宾虹也引他为画学知己，回沪后作《四川山水长卷》《西湖长卷》赠送。陈柱尊回信说自己患足疾，难以移步，“幸先生画卷适至，时时展视，如卧游青城玉垒之雄，如醉餐天竺灵隐之秀，不自知身在红尘万丈中也”①，意思是说黄宾虹写四川青城山、玉垒山雄奇山水的画作，还有写杭州西湖天竺、灵隐秀逸风景的画作，可让自己身在俗世却能满壁江山作卧游。陈还将几十件黄宾虹画挂满四壁，时时向人展示，并说：“如今若问佳山水，除却丹青不忍看。”②这也是赞美黄宾虹写的就是理想化山水，美丽胜过真实山水。

1934年到1936年的三年间，是黄宾虹由元明清上溯宋人、融合古人与造化的关键时刻，他有机会游蜀、粤归来得画稿千余张，又因机缘观摩了数以万计的故宫南迁名画。综合黄宾虹平时所言及1951年对弟子王伯敏说的，在五代北宋中他心仪董源、巨然、范宽、“二米”，但学巨然和南宋李唐、马远、夏圭更多。中年临元画尤多，高克恭、黄公望、王蒙在75、80岁间临得最多，“元四家”里取黄、王皴法尤其王蒙篆籀似的笔意，取吴镇墨法、倪瓒宿墨。明画里沈周用笔圆润多学之，还学董其昌、邹之麟、恽向墨法。清代在程邃等新安画家外，还学石溪、石涛、龚贤、王原祁、梅清、吴历、程正揆等人，如学石溪的绵密。可见黄宾虹的择善学之不拘一格，其绘画格局宏大。

1935年12月，黄宾虹作为上海著名的书画鉴定专家，被南京首都法院聘请为故宫文物鉴定委员，参与鉴定故宫馆藏书画古物。这应该是和当时的故宫博物院院长易培基疑似“监守自盗”国宝有关。

1933年因战争的隐在威胁，为免国宝沦入敌手，经国民政府同意，北平故宫博物院文物南迁。在易培基主持下，先后有13000多箱古物运往上海，5月，大部分文物抵达上海。不久，就有参与故宫博物馆创办的博物院副院长张继妻子崔振华控告易私占故宫古物，后来更扩大为指控易等人对出土文物和书画以

① 赵志钧主编：《黄宾虹（书简）续》，河北教育出版社2005年版，第124页。

② 庄正方编著：《画家黄宾虹馨香录》，浙江人民出版社2015年版，第22页。

假换真。一时社会舆论沸沸扬扬，真假难辨。这事件后因战争爆发成疑案，但源起私怨、利益，又因国民党内部派系矛盾而趋于复杂。

黄宾虹从1936年2月开始在上海中央银行保管库为故宫南迁书画作鉴别审定。那可不是个轻松活，他自嘲是被朋友邀去作鉴画工役。好处是能见到许多宋元明清书画，也有唐以上的，多是故宫之物，也有巨室大家抵押的。他要鉴定的书画有一百几十个大柜子之多，每柜有二三百件。历时两个月，鉴定了约两千幅，其中他心仪的歙人作品很多，但监守很严，不得抄录摹写，所以不能详细考证，使他怏怏。5月，黄宾虹又受约请赴北平继续鉴定故宫剩存古画，完成后8月回沪。当时有传闻说是张学良将军派飞机接他去的，虽不确，但也可窥见他当时的鉴藏声望。1937年初，黄宾虹又去南京鉴定部分南迁古画，下半年更是迁居北平继续参与审画。

黄宾虹自小嗜古画，几十年游历南北所见真迹更不下10万幅，他善于鉴定字画，应该就是“唯手熟尔”。他看字画，有时卷轴还未全部展开，或在远处一瞥，就已知真伪。这看似很玄，实则和他每日摹写古画、下笔得其神韵是一个道理，是熟能生巧。他鉴定字画除了能熟知书画家各自不同的笔墨风格和时代特征外，还看“气色”，看笔墨形成的气韵是否生动，名家、大家画自有雄伟沉着之气。虎丘市上的制赝品高手虽能做到面目相似，但精神终是死板呆滞。此外还要分辨“雅正”“俗邪”之气，造伪者可以把纸绢染旧，但画中云烟无墨气，笔法俗气，一言蔽之就是有股邪气。

从1935年到1937年，在上海、南京、北平三地近三年期间，黄宾虹每日自旦至暮，寒暑无间，记下了65册30多万字的详尽审画记录。其结论是故宫书画大半是院体甜俗之作，真迹已罕见，士夫画更少精品，一百几十柜里只有一二柜是可观的，其余十之八九是临摹的赝品或伪作。他还以为中外博物馆收藏的古画多是割裂改款而成。也许有人觉得黄宾虹的论断太苛刻，其实他也是宽容的，比如他就以为摹仿者的赝品也不可尽废，因为古来画家收藏真迹多临摹、录副本，真赝、有无价值有时很难截然断定，有同时之赝、后人之赝，后人临古之作也有收藏价值，可参考精神与面目。

黄宾虹北上审画时，陈柱尊有诗寄他：“最忆黄山老画师，故都看画已多时。……天下兴亡一局棋。”[①]当时的形势真如一局棋。黄宾虹善于下棋，还常将围棋黑白两子形成的气与绘画虚实之道相比，但现实的棋局却是人在局中，难免为其所迷，就像他在次年决定迁居北平。

黄宾虹1936年6月初来北平时，印象尚佳。和上海比，北平的食物、房租较为便宜，生活也较平稳。虽然细看，旧都已有些寥落，古宫殿多已破坏，人民日常生活困苦状更是南方少见。但北平多文士，宾朋往来很风雅。市肆中书籍多于南方，也多古物，黄宾虹就淘到几十纽奇字古玺印。他印象最深的自然是北平画坛，此间习国画的有几千人，展览常年不断，学画者虽多学识浅薄，能知晓古人画理的更少，但都笃信好学。北平浓厚的人文氛围是他省包括上海不及的，和此前黄宾虹觉得安逸的成都有些相似。在安定的文化氛围下，北平的治安也给人虽有外患但当前不足忧的错觉。

黄宾虹到上海已30年了，上海变了很多，他仍没能以此为家。他久已厌弃上海浓厚的商业功利氛围，近年时局纷乱、物价高涨，更使他欲离此避乱。此外，那时的黄宾虹也向往亲游五代北宋大家荆、关粉本里写的北地山水。

70岁后黄宾虹历游广西、香港、黄山、苏绍、南京、北平等地，这是想亲近自然，也是想遵照儒家古圣贤“依仁游艺”教诲，遵循古代诗人画家行万里路、得江山之助的踪迹，领悟治学作画如游山，必经曲折盘旋知攀崖之苦才能入佳境的道理。黄宾虹久居江南，一直向往一游黄河流域山水即唐宋大家笔下写过的终南、太白、嵩山、恒山等，并体验北地新出土的金石古物和燕赵的广阔天地、深厚历史氛围，尤其想多看敦煌的隋唐写经和唐画。

在北平鉴画时，黄宾虹曾听说绥远（原塞北四省之一，今并入内蒙古）有一批古印出土，想在审画之暇偕友到大同、云冈、绥远等地看塞北风光古迹兼寻古物。但他这次北游本就事起仓促，又事多冗杂拖延，同人也多有南归念头，所以他只逗留北平数旬，到了市郊西山便匆匆回沪，希望不久能弥补遗憾。黄宾虹清光绪二十六年（1900）就曾想北上学今文经学，因庚子事变受阻南归。这时黄宾虹仍想北上，向往新环境、希望有变化，说明他身心未衰老，对人生

① 阳飏著：《百年巨匠黄宾虹》，甘肃人民美术出版社2013年版，第89—90页。

和学术都仍有新的愿景。

这次来北平审画，黄宾虹还见到故都许多书画家，旧交新识都有，如溥心畬、张大千，汪孔祁当时也在北平任教。还有任北平艺术专科学校校长的戏剧家、教育学家赵太侔、中国国画研究会会长周养庵和故宫博物院古物陈列所所长钱桐，这些画人都看重他且邀他来北平讲学。

溥心畬（1896—1963），即爱新觉罗·溥儒，满族，恭亲王后裔，末代皇帝溥仪堂兄。留学德国，善诗文书画。工山水，擅人物、花卉。与张大千合称“南张北溥”，和吴湖帆并称“南吴北溥”。

周肇祥（1880—1954），字养庵，浙江绍兴人，书画家。在北京主办中国画学研究会十余年。

黄宾虹当时正被湿疹所苦，也希望北方干燥的气候对病情有益。在多重动机和新生活的吸引下，这个七旬老人决意北上。他期望能多欣赏北地山水、金石古物，在新的遇合中开拓绘画新境界，并在此集画学之大成。

1931年高剑父有印度、缅甸之行，1940年张大千有敦煌之行，他们都在学习异域艺术或古典艺术后获得革新中国画的契机、灵感。至于黄宾虹，他的进一步探求仍是向内的，在学五代北宋画后继续溯源书画金石传统，在致力于研究周秦古印、陶器等古物上的原始文字图画之后，回归被湮没的传统。在时代风云际会里，困居北平的他完成了在传统绘画内部找到答案的画学涅槃。

第五章　浑厚华滋集大成

伏居燕市

1937年春，黄宾虹荐南社老友蔡哲夫继任故宫文物鉴定，自己则北上了。他这次是应古物陈列所邀请入京审定古画，并受聘兼任古物陈列所国画研究院导师、北平艺术专科学校教授。他只身由沪上起程，经南京登上了北上列车。

北平艺专是黄宾虹友人、中国美术教育先驱蔡元培于1918年创办的，他的友人陈师曾也曾在此任教。主张“融合中西艺术”的著名画家、美术教育家林风眠也曾受蔡元培推荐在1925年至1927年间出任北平艺专校长，在任时曾聘请齐白石教国画。

黄宾虹到北平后会晤访问了周养庵、汪孔祁等人，逛了琉璃厂（厂甸）的古玩店铺古光阁、崇古斋、博闻籍、彩笔斋、鉴古斋、鉴光阁，还去了中国画学研究会会址中山公园（稷园），拜访了溥心畬花园。新知故友也纷纷来看望他，赵太侔在当时著名饭店同和居，周养庵在当地书画家的聚会之所五道庙春华楼为他设宴接风。

黄宾虹很快习惯了北平生活。他一周到京畿道的北平艺术专科学校上课一次，月薪是264元，国画研究院也是一周一次课。此外他仍是每日读书作画，常临前人法帖。闲时去厂肆看看，厂肆的人也送书画古物上门，他将较好的买下或留下观摩，有时以勾古画法临摹一番录副本后就归还。他还曾与汪孔祁去东城旧书肆的集中地隆福寺，观看了溥心畬的画展。

到北平不久后，黄宾虹就看好西城宣武门内石驸马胡同后街7号，这是一处有独院和八九间房子的清静所在，他租了三间厢房，准备迎接家人到来。但宋若婴与儿女北上途中，“七七事变”爆发了，北平被困，车路不通，黄家人被阻于天津，音讯阻隔。黄宾虹是在7月10日闻知卢沟桥事变的，和许多安于故都生活的人一样，忽遭此天崩地陷，一时不知何去何从。他想随汪孔祁返歙避难，但心系北上的家人，犹豫间错过了南返时机。

此后，黄宾虹和北平民众一同度过彷徨时光。7月25日，日本人在北平近郊增援大量兵力，战争已是一触即发，人心更惶惶。28日晨，日军对北平发起总攻，次日原本想固守北平的宋哲元无奈弃城而走，北平陷落。30日，黄宾虹去了火车站，但到处是拥挤而无望的人群，只好退回家中。31日，他又听说天津失陷。8月1日的日记里他写了“凄雨”两字，1937年那个异常炎热夏天下的那场雨，似乎是此后风雨如晦家国命运的征兆。

到8月6日，黄宾虹才得知家人下落，7日平津通车，8日一家人终于在北京寓所团聚，战火中保得平安，相对如梦寐，悲喜交集。战乱中，个人、小家的命运只能随波。经历惊险旅程到达北平的黄家人准备南返，但多次前往车站都不能成行，车站检查也越来越严。黄宾虹接到汪孔祁的信才知道他已回到徽州。8月13日，日军进攻上海，南归之途更是梗阻。11月上海沦陷，只留下租界成为孤岛，不久中国大半江山也沦于敌手，真的南归无计了。

这次黄宾虹举家北来，有一大木箱不便随身携带的书籍，包括手辑的金石印谱、手拓、文字稿本等，这些都是要整理的，托转运公司寄来，但因南北交通停顿，被退回上海。这是黄宾虹几十年的心血，虽是身外之物，却难以舍弃。后来时局平定后宋若婴曾回上海处理事务，也是为找合适的存书之所。抗战期间，黄宾虹以前存在苏州、南京、香港友人处不及取回的书籍书画，多在战火里受损，所幸晋人写经、唐宋元画、古印等珍爱古物都因带在身边而幸存，但他保存的一些早年文章如发表在《神州日报》副刊、《时报·文艺周刊》《国是报》《真相画报》的底稿都丧失了。

战事之初，南北的交通、通讯中断，黄宾虹和南方亲友也一度失联。在商务印书馆工作的儿子黄用明随迁香港，1941年太平洋战争爆发后香港沦陷，用明又随迁到国民政府所在地重庆。沦陷区和国统区音信隔绝，消息、汇款都不通畅，媳妇、孙辈在歙县生活无依，黄宾虹只得从北平寄钱过去。沪上其他亲属也多回歙。黄宾虹此时心牵三地，后来辗转听说两个侄女去世，更增悲伤。1937年后，黄宾虹因许多旧友在沪上，很是关切，也牵挂十九路谢晋元部孤军乏援，外交无助，如长期拖延，处境堪忧。黄宾虹的老友陆丹林在沪上沦陷后一叶客舟赴香港办杂志，昔日"同醉淞南旧酒楼"的旧友，当时天各一方。黄宾虹还听闻国光社已歇业，书籍是否散失也不知。那时只有香港等地的通讯还可通，但检查也很严，邓尔雅就说是"欲寄相思不自由"。后来南北通讯逐渐恢复，朋友学生得到他的地址，如港澳的黄居素、张谷雏，歙县的许承尧，上海的陈柱尊、高吹万、顾飞、朱砚英等，都寄信给他。

黄宾虹在北平多杜门不出，谢绝寻常应酬，来往的只有几个交好的文艺之士。琉璃厂古董书画铺中人常携古画金石登门，他也时而前往琉璃厂搜求古物。北平虽然明清字画少，精品寥寥，比南方昂贵数倍，但拥有较多唐宋画及书籍。书商送书来寓所可留数旬，即使无力购置也可摘录，比沪上市肆好。虽然薪金有限，生活艰难，但一旦有入眼的古物书籍黄宾虹还是尽可能买下，还斥卖一些南方带来、在北方价格较高的明清江南院体画如"四王"作品，得资收购北地出土金石古器和歙人画件。后来，他携带来的古书画已不多，留下的多是不舍得出让的唐宋元真迹和乡贤真迹。黄宾虹在乱世中蛰居陋巷，以教书授徒、著述文章为生，自称"惟于故纸堆中与蠹鱼争生活，书籍金石书画，竟日不释手"①，对许承尧则称"闲忙"。没有了上海的繁忙交往与众多活动，他似乎又回到歙县和池阳湖的隐居岁月，可致力于真正乐之好之的事。

战事一起，北平学校多停顿。南迁的北平艺术专科学校后来和杭州艺术专科学校于1938年在湖南沅陵合并，留北平的一小部分仍在原地办学。在北平艺专的各省学子和黄宾虹一样阻于道路不能归乡，黄宾虹很关切他们的前途，艺

---

① 上海书画出版社、浙江省博物馆编：《黄宾虹文集·杂著编·自叙》，上海书画出版社1999年版，第562页。

专、国画研究院恢复上课后，他继续给他们讲授文艺之道。

1937年冬的一天，国画研究院的学生石谷风来到黄宾虹寓所，看见小院南房三间，窗外种了几株竹子。黄宾虹是喜竹的，在潭渡画室就名“竹北簃”（竹子北的小阁），当时北平画室也用此名，只是也常写作“竹北移”，寓意思乡，还有竹虽北移、其节不改之意。

从1937年开始的十数年间，另一些石驸马胡同的来客也在黄宾虹简陋书房的杂乱故纸堆、秃笔残墨碎纸破砚与自镌印章间注意到北国难得一见的青苍竹子、菖蒲、青苔：

> 宾老则一间斗室，虽然小到不足回旋，而所读的书从地上一直堆到顶篷。顶篷已经坍了下来，书沾了雨，他也不介意。他的书并不讲究版本，但有很多专门而罕见的，他尤其喜欢搜罗乡邦文献，考证表彰不遗余力。案上堆满了古印古玉之属。虽然自己不再刻印章，对于金石文字仍常常有新的见解。喜欢用籀文写联语，随手送人，毫不吝惜。求画的虽然很多，每天早起，还要用粗纸临古人的画，完全为的是自娱，不杂丝毫名利之心。他的物质生活简单之至，然遇琉璃厂人送字画来。只要真是上乘，就不惜重价收购，比人家出价买他的画高多了。出其余技，从事园艺，在尘封的蠹蚀的书架上，可以发现他手种的菖蒲。在北方干冷的气候中，这是很不容易做好的，尤其矮矮的一扇板门旁边，恐怕只三尺地，手种了一丛瘦竹，其令人消尽尘俗之气。①

> （黄宾虹）今年已臻八十，而精神面目止如五六十人。……终日埋首于几案间，不问外事。惟遇有与谈艺术者，辄津津不能自休。……（先生）所居在内城之西南隅，破屋两三间，承尘已倾且漏。所聚书上充栋而下叠席，案上凝尘不拭。秃笔破砚、零笺残墨以至手镌之印章，散乱无纪。不识者固不料其为烟云供养中人，翛然尘壒之表，如太清之无一毫滓秽也。

① 庄正方编著：《画家黄宾虹馨香录》，浙江人民美术出版社2015年版，第14页。

庭中虽仅能旋步，顾倚墙种苦竹数茎，文石一拳，大有生意。北方风干气凛，不生碧藓，先生手翦理之，置石盎中，至冬日蒙茸深绿，乃胜于唐花。①

由记叙可知，石驸马胡同的黄宅在北平内城的西南方向，只有旧房两三间，狭小书房里堆满书，承尘（天花板）破败且漏雨。但黄宾虹就像孔子弟子颜回一样，身在陋巷，人忧其清苦，他却不改其乐，除了乐于研究学术、金石、书画，还在极小庭院里种花草。黄宾虹从小爱自然山水，在《家庆图》画的江南庭院青石翠竹中成长，受父亲影响，后来也一直喜爱在居住的地方手植草木花卉。即使是在上海租住的逼仄空间，他也种着松柏和青苔。在北平他依然如此。黄宾虹在庭院墙角种了数茎杜甫在成都隐居时写的《苦竹》诗里的苦竹（丑竹），杜诗说苦竹“幸近幽人屋，霜根结在兹”，典故出自黄宾虹推崇的《周易》名句“履道坦坦，幽人贞吉”。幽人指志向高洁的隐士，霜根指经冬不凋的根，说苦竹虽丑但有幸种在隐者家旁，黄宾虹种竹寓意深远，他还在竹旁安放了一块好看的有纹理石头，形成山水庭院感。书房里面也是，在书架上养了文人喜爱的盆景清卉菖蒲。北方气候尤其冬天干燥凛冽，盆景不生苔藓，他还亲手以水培养打理，放在石盎（瓦盆）中养，冬日里也“蒙茸深绿”，在见者眼里觉得生机蓬勃、色彩鲜明，胜于当时北方用加温法培养出来的花卉“唐花”（又名堂花）。

在北方严寒干燥冬日里，瘦劲的竹子、浓碧的菖蒲青苔青翠欲滴、生趣盎然，彰显黄宾虹江南人的身份，也象征着艰难时世里老人的充盈精神面貌。苦竹、文石、菖蒲、青苔所营造的小环境，不但标明黄宾虹是“烟云供养中人”（画山水者），也借此表露了他对温润生存环境和雅正文化氛围的心灵渴求。

1937年冬季的严寒，对初居北方的老人而言格外不容易。他常在卧游读画时看着笔下栩栩欲动的南国山水，心绪不宁，感慨不知何日可再与友人把臂共

---

① 瞿兑之著，虞云园、罗袭校订：《铁庵文存·宾虹论画》，辽宁教育出版社2001年版，第144—145页。瞿兑之，晚号蜕园，清末大臣、学者瞿鸿玑之子，北平“掌故学”提倡者，多记录文化名人事迹。

游。家国危亡时，这的确会令人格外痛切地感受到现实里个体生命的脆弱渺小和身世遭际的飘零无依，黄宾虹也说自己当时在临摹书画真迹时感觉无进境。但现实困境也会促使人们更积极地寻求精神上的应对策略。黄宾虹给陈柱尊信里就谈到同样身处乱世的古代伟大诗人庾信、杜甫、陆游的诗，提及当下和历史的相似之处，说借古人诗画可一抒悲慨伤怀。他坚信深入追溯悠远博大的文化传统一定可以得到解决困局的答案。

黄宾虹在北平的静巷陋室里开始重新研读传统文化元典、六经之首《周易》。他儿时就学过《周易》，还读过汪师的《周易正统》，先由温习各家注解入手，兼观清代扬州学派焦循（理堂）和西汉京（房）、北宋胡（瑗）程（颐）等各家关于《周易》的阐释。此外他还研究源于《周易》的老庄学说。他对傅雷说周秦（春秋六国）诸子学术数千年流传，今人仍受其影响并得到教益，庄老的功德尤为显著。他还认为生当封建废弃、民学勃兴的六国乱世，孔孟抱悲天悯人的济世情怀，老庄因激忿而发离世乐天之语，入世儒家、隐逸道家看似不同，实则是当时士夫为民之心的两种选择，是二而一的事。

1907年来上海后，黄宾虹放弃了曾经的乡土改良现实作为，身上似乎一直是隐逸思想占了主导，他所景仰学习的新安画家多是逸士遗民，他专注精力的山水画多隐逸面目。1932年黄宾虹在四川给宋若婴的信也说："为人之道，让则生，争则死，争必伏有杀机。……时事危险，日甚一日。我已是一最无用自甘退让之人，诸事皆不能问。"[①]但在美术启蒙、保存国学方面他仍是积极的，"致治以文"始终是他的信念。在北平大隐隐于市的黄宾虹以演《周易》的周文王、孔子和老庄等古贤哲自励，以为乱世正是磨炼艺术家精神、造就德艺的机会，更以道家的柔韧不屈为表、儒家的知其不可为而为之为里，在乱世苦难中保全心灵自由，在遭受前途大破坏的迷惘中保持希望，努力融通成就人格与学问的"道艺"相成。他的画学、绘画成就是建立在这一精神内核的基础之上的。

石谷风还注意到老师的画桌挤在北窗下，面对当街一堵墙，大有面壁修炼

① 上海书画出版社、浙江省博物馆编：《黄宾虹文集·书信编·与宋若婴》，上海书画出版社1999年版，第77页。

之感。当时黄宾虹作画常钤“蝶居士”白文方印，化用《庄子·齐物论》典故，寓意破茧化蝶。

1938年春，北平严寒已过，天时渐晴和，黄宾虹偶尔在庭院散步，见百卉草木已萌芽，想到转瞬山边水畔就会万紫千红，入眼都是图画。经过凛冽冬日的蜷伏，对此韶光，他正有所感慨，忽见有蝴蝶在春风中栩栩然而来，翔风餐露于花间草际，优游自得，仿佛就是当年庄周梦见自己化身成的蝴蝶。黄宾虹不禁由此开始回顾自己学艺历程中的甘苦：

> 早年拜师访友，好学渴求，为幼虫时期。寄居沪上，编辑书画，金石杂著。历游名山，云烟供养。兼习绘事，游艺之事，是为成虫。今蛰居燕市，倦游困学。功亏翰墨，力争上游。一艺之成，必竭苦功。作茧蛹化，达变则生，不变则汰。化蝶破茧，羽化登仙。任意向往，是为予志。[①]

黄宾虹的《画学之大旨》《说蝶》等文，还有给陈柱尊信里也都说到化蝶意象和画学三个境界的对应关系，很像他早年的友人王国维曾在《人间词话》里以三首宋词比拟人生与治学的三个境界。黄宾虹以为蝴蝶的幼虫、成虫、作茧化蛹破茧成蝶蜕化三个时期，可比喻为学画中师今人、师古人师造化、融合古人造化成就自我，初为勉强、再经历矩矱（规矩法度）与变化、最后成乎自然的过程。其中的成茧自缚，象征融通综合是一个异常艰难的过程，如不慎堕入院体、江湖窠臼就如同变蛹进入汤镬，永无生机，不能到达蜕化后如蝶翩翩飞翔的自由境地。

黄宾虹的绘画当时仍在摹写学习五代北宋画阶段，已经开始由宋返元、由繁返约的过程，还处在融合综合即化蛹未破茧的繁琐和苦恼中，未达到庄子说的庖丁解牛、逍遥游的境界。黄宾虹此时常举管仲见齐桓公读书说书是古人糟粕的例子，他对传统的态度当然并不是虚无的，只不过厚重的文化传统有时的确是一种负累。即使黄宾虹当时在人生与绘画上都处于面壁作茧阶段，即使感

① 石谷风：《古风堂艺谈》，天津古籍出版社1994年版，第30页。

到很迷惘，他也始终坚信积累综合是最终蜕变、求得突破的基础。十年伏居燕市见证着黄宾虹思想和画学上的又一次蜕变。

1941年12月太平洋战争爆发，上海公共租界和法租界相继沦陷，标志着“上海孤岛时期”结束，香港也沦陷了。黄宾虹在这抗战最艰难的时期给各弟子的信中，提及自己在战火兵灾中荡尽书籍书画，还有知悉了顾飞在沪上事变、黄居素在香港事变中的损失之后，都安慰鼓励他们要处之豁达。他以为这是一场非人力可挽的大浩劫，应对身外之物的得失置之度外，要委心任运，务以达观，坚信狂风暴雨过去自有晴霁之望，“耐此岁寒，春和自有转机也”[①]“风雨摧残，蘩英秀萼亦不因之消歇”[②]。黄宾虹曾师从陈炤学画花卉，并受到陈淳画风影响，一直有画花卉但画得不多，北平时期他特别雅好花卉，多以清逸雅正笔墨写松柏梅花这些不同凡卉、有岁寒心的逸品花木，就像他栽种培养竹子菖蒲苔藓等清雅草木，是陶冶性情，也表露深远襟怀，就像他曾参与的“寒之社”社友好写“寒之花”的画中心意。

1943年腊月，北平书画文艺界同人在中山公园聚饮品茗，宾朋之欢里黄宾虹有感“四境多疮痍”“民困”，即席挥毫赋《八十感言》诗一首，有“当期气运回，泰来尽去否”[③]的句子，对国运、文化之运表达了期望。在当年北平画家庆祝他80岁生日的纪念画册里，他也用《庄子》里匠石见大樗树不顾的典故自题画，用“支离樗散得天全”比喻自己以无为来保身全志、韬光养晦的心意。

抗日战争时期的国运艰难和前途迷茫，更促使黄宾虹日益加深对画史的研究。1940年正逢庚辰龙年，黄宾虹写了一篇角度独特的文章《庚辰降生之书画家》，罗列了史上生逢庚辰的画家，着重提到那些生于乱世的庚辰画家，比如东晋的谢安延续王谢家学、优游浙东山水间，元末嘉兴的吴镇高蹈避世、闭门作画，他们都寄情山水丘壑，大成书画墨法。他抒发的是历史感慨，意在探求乱

---

① 上海书画出版社、浙江省博物馆编：《黄宾虹文集·书信编·与黄居素》，上海书画出版社1999年版，第237页。

② 黄宾虹绘：《黄宾虹精品集》，人民美术出版社2004年版，第270页。

③ 上海书画出版社、浙江省博物馆编：《黄宾虹文集·诗词编·八十感言》，上海书画出版社1999年版，第134页。

世里士夫画者的心灵世界和作出的文化应对，他也是有感现实与史故的相似，想借庚辰画者的文化应对来作为自己的人生追求。

至此黄宾虹画学里的“乱世画史观”已成熟，他发出“艺术特出之人材，尤多造就于世运颠连之际，而非成于世宇全盛之时”[①]的感慨，以为魏晋六代衰有顾恺之、陆探微、张僧繇、展子虔，唐代天宝乱有王维、李思训、吴道子，五代乱有荆、关、董、巨、郭熙、黄筌、僧贯休，宋末有高房山、赵孟頫，元末有“四家”，明末有陈老莲、龚贤、邹之麟、恽向、渐江、石溪、石涛，清道咸同光年代有金石学家的“文艺复兴”。古来真画者多是生当末世乱世的隐逸之士，托志山水、书画，以艺术拯危救亡，正如清代诗人赵翼说的“国家不幸诗家幸”，也就是王国维说的“天以百凶成就一词人”。至于乱世画史观的起点，他以为春秋战国的诸子学说是中华文化学术的滥觞也是第一个高潮，是画学之本。

黄宾虹在金石研究方面最主要的兴趣是考释古玺印等古器物上的春秋战国文字，这与他想了解诸子学说里的画学因素、深入研究画学有关。东周六国礼崩乐坏、七雄并出，兵戈四起、民生疾苦，造就了百家争鸣、集大成的诸子学术，和清代道咸年间以来近代百年有很多相似处，可引为今日史鉴。只可惜兵革不休、典籍销毁，正如顾炎武在《日知录》中说的东周六国数百年历史成为相对空白。黄宾虹特别注重前人未曾著录的古玺印，对其加以研求，以为有助于考证诸子学说，阐明周秦历史真谛。黄宾虹和许多同时代的学人一样都以文字学、金石学治经史，只是学术重点在画史画学。

黄宾虹致力于研究的六国文字主要指秦统一前六国使用的大篆、籀文，经传诸子百家原本用的就是六国文字，只是这文字本多奇异，秦统一和焚典籍后又遭废弃，秦汉后字体更变异为草隶，经传多错讹，使得数千年来经学家们聚讼纷纷。幸而经几千年沉埋湮没后，近代多出土古物，使得真迹重现人间。黄宾虹考证周秦古印文字，就依照王国维的二重证据法，援引古代典籍和海内外

---

① 上海书画出版社、浙江省博物馆编：《黄宾虹文集·书画编（下）·文字书画之新证》，上海书画出版社1999年版，第402页。

学者学说，和所得金石古物甲骨、钟鼎、陶器、木简上文字互证，审别真赝，辨别通假，考订古今异同，力求补前人的谬误、遗漏，触类旁通，时有创获，自成学问。他对自己的六国文字证是很自信的，以为见古人所未见，发前人所未发。

黄宾虹与上虞籍的古文字学家、金石考古学家罗振玉在上海时有交往，1926年还请罗为《艺观》杂志撰稿，后与其子罗福颐也以金石为交。王国维是黄宾虹《国粹学报》时的旧友，两人有来往和通信。王国维曾在《观堂集林》里提到“匈奴相邦”玉印一纽藏皖中黄氏，形制文字均类似先秦古玺印，他很推崇黄宾虹厚重的金石学功底。黄宾虹还通过粤友邓尔雅，在1926年结识邓的外甥、广东东莞人容庚，即后来的文字学大家。

清道咸年间以来，出土古物增多，金石学大昌盛，超越了乾嘉经学家墨守许慎《说文》大篆的范畴，以金文、古籀佐证经传，进而影响学者治经，如常州学派讲今文学，和后来的变法、革命有千丝万缕的因果关系。晚清更有甲骨文出土，大规模发现商周金文的古物，从而带来治经学的疑古之风，这是对传统固有学说的挑战，也是在时世危难之际、西学东渐压力下，迎来了重建中国古代史和传统学术的机遇。

黄宾虹在上海的30年间，适逢近代学术发展，随着考古的进展，甲骨、彝器、木简、陶瓦、髹漆、石刻、泉（钱）币、古印、写经、佛像、兵器等古物现世日多，上面的古文字、图画也发现渐多，使得各种学术日新月异，包括画学的革新和进展。黄宾虹是致力于收集研究周秦古玺印文字和陶玺文字并互证的第一人。1930年神州国光社影印出版了他的《陶玺文字合证》，这是古陶文字研究的首部著作，将古印文字和古陶片文字作对比研究，并提出“甲骨殷商文字为一宗，钟鼎文字为一宗，六国文字、古印、泉币、陶器亦当成为一宗矣”①，意思是说自己的古六国印章、泉币（钱币）、陶器上的文字研究，在甲骨文、青铜钟鼎文研究之外开辟了古文字研究的新途径。

风潇雨晦，金石不渝。黄宾虹在北平更多地接触到了北方新出土的六国金

---

① 上海书画出版社、浙江省博物馆编：《黄宾虹文集·书信编·与俞叔渊》，上海书画出版社1999年版，第99页。

石。北平一些金石家以为西北甘肃敦煌、酒泉和绥远等黄河流域出土的古铜器外观简陋，文字款识也不如江淮流域楚器上的金文精美，所以对其不重视。黄宾虹却指出两者属于不同国族、地质，北方古器文字结构雄伟，篆法奇瑰，有上古的朴茂流动之神、雄特健劲之气。

黄宾虹研究古印古陶，自嘲以废铜烂铁因循遣日，其实他是居今思古、志存远大，在通往未来的广阔旧世界里发现无限惊喜。在北平有人问黄宾虹收集古印有何意义，他回答说东周数百年文化全凭此发扬。在北平发表的《滨虹草堂藏古印自叙》也说东周"民学"发轫，文艺流美，都昭著于古印。所谓道因器存，金石古印虽是雕虫小技，却是传统文化残存的吉光片羽，是古贤哲精神人格的象征依托，在民族危亡之际更是国脉留存的精神依赖。黄宾虹早年感于外侮迭乘、国学凌替，立志要保存整理振兴国粹，以旧学开新知，他当时的六国文字证是继承发扬，不曾改志。

黄宾虹最推崇周秦诸子思想学问，以为孔子的士志于道、据于德、依于仁、游于艺，和老子的道法自然、庄子的技进乎道都意旨相通，就是《周易》的道成而上、艺成而下的道艺相成，这也构成他画学的主旨和根基。20世纪40年代他在北平写的《山水画与道德经》文里说画者应熟读老子《道德经》、庄子《南华》(《庄子》)，老庄学说及道释杂糅的魏晋玄学孕育了山水画和山水诗。山水画的本源是天地阴阳自然，崇尚自然、隐逸是中国绘画精神所在，山水画的大家画者多是隐逸之士，要复兴画学和山水画，必须回归自然。黄宾虹更以为《庄子》是艺苑先导，最合画旨，就像《庄子》说的春秋时宋元君画者"解衣般礴"是真画者，和现代绘画追求自然美有个性是一脉相承。他日后更由此途径追溯传统，并窥见通向现代绘画的门径。

黄宾虹潜心研求古玺印，觉得其上的六国文字都是活的，可窥见字形、读音在历史流变中的嬗变改易，有时得到一两个字的证据，就可以使得很多学问的疑难涣然冰释，有补于读诸子书，也使画学有新发现。如黄宾虹以为《论语》里的"宰予昼寝"是"画寝"之误，宰予要在寝室四壁绘上图画，因房子破旧，不相宜，孔子才说朽木不可雕、粪土之墙不可圬。又如孔子说"绘事后素"也是讲绘画，指先绘彩色，再加白粉，和西画、日本画有相似点。他曾示意傅雷治学诸子要先留意艺术譬喻，又说诸子里老庄最善于说理。他以“蝶”比喻画学就是受庄子启发。最重要的是他在诸子学说里发现了求索了几十年的“虚实”真谛，老子的“有、无”“知白守黑”就是虚实。《韩非子》说看画时看到画的空隙处都成龙蛇，黄宾虹以为这就是论画虚处。诸子学说是论虚实的大宗师。

“内美”是黄宾虹日益严密的画学体系里一个极重要的概念，也出自战国（六国）楚人屈原的诗篇《楚辞·离骚》，指内在的美好德性，可引申为画法中富有书法金石味、耐看的笔墨，也可认为是画理的空白虚实，由空灵、不确定取得更丰富的内涵，更可以是由自然山川磅礴、草木雨露显示个人与民族的精神，即“浑厚华滋”的民族性。“内美”“浑厚华滋”标志了和平健康生存状态、淳朴博大精神境界，最能体现黄宾虹在民族危亡期间对萌芽于周秦六国、以诗画书印等艺术为表征的“中华民学”的向往。

苦涩之笔俗骇怕

在北平期间，一次黄宾虹偕友人去看画，见到章法层次重叠、用笔细谨入毫、色彩烘染修饰得很美的画作，都说不好，却在几幅章法简略、笔墨草率的画作前徘徊流连。别人见此讶异不解，他解释说“工”应在意不在貌，貌简而意繁的逸品画才最工致。

又一次，朋友叙谈说起天下什么最贵重，一人说以水墨画最珍贵，倪瓒简淡的寥寥几笔胜过黄金。黄宾虹也感慨古代画者作画只是自娱或二三知己研讨，只赠送知音或自存传世。但近世画家艺事初成就汲汲名利，画作被商贾作为投机，甘为金钱奴役，作品成了商品，品格不高，价值就不高。

这些见解是黄宾虹一贯有的，来自对绘画本质的理解。他曾说自己“倔僵不阿世好，斤斤以古法自憙，惟未尝自囿于前人之樊篱，徒取形似”[①]，意思是自己性格不屈从世俗，作画只学传统士夫大家画的神似，并未困于前代画家的

① 上海书画出版社、浙江省博物馆编：《黄宾虹文集·题跋编·题赠刘贞晦先生》，上海书画出版社1999年版，第78页。

只取形似。他以为画中绝似物象的是媚俗，如院体画、市井工匠画，绝不似物象的是欺世，如托名写意的江湖文人画，而绝似又绝不似物象、遗貌取神的，才是真画。黄宾虹在20世纪40年代给弟子朱砚英的信中说："复悟古人全重内美，只在笔墨有法，不顾外观粗拙。"[①]他心目中的理想画作是形若草草甚至形貌有失，实则规矩森严的简笔逸品画，这重视"内美"、笔墨内在法度而非外观美的主张是很难被人理解的，如他源自勾古画法的简笔画稿就不合世人眼光。黄宾虹将几百幅平日练习所作的记游写生和摹古草稿带到北平，这些草稿都是草草勾勒在粗麻纸上、未加皴染的，也不卷着放置，一沓沓只用包袱包着，他从不示人，却常有人强行索观。但当他拿出画稿，见者却没人看得懂，都略一敷衍浏览就丢弃一旁，很多人还暗暗嗤笑他画作的简陋。对此黄宾虹早已习以为常，他自有自己的准则：

> 画有初观之令人惊叹其技能之精工，谛审之而无天趣者，为下品。初见为佳，久视亦不觉其可厌，是为中品。初视不甚佳，或正不见佳，谛视而其佳处为人所不能到，且与人以不易知，此画事之重要，在用笔，此为上品。[②]

他认为初看似乎很精致但细看没有自然之趣的画是下品，初看不错看了很久还没发现什么不妥的画是中品，只有初看觉得平常细看才发觉其有别人不能及、旁人也不容易懂的画才是上品（逸品）画。黄宾虹格外推重上品画，如果将画比作花，他以为画中下品（能品）就是桃李等凡卉，人人都能见其美、知其美而赏爱。上品（逸品）画是花中有岁寒心的异卉，比如在传统文化里寓意有精神内美的梅、菊或空谷幽兰，孤芳自赏，落寞不求人知。

黄宾虹为了反对只求惟妙惟肖、取悦俗目的能品，才特别推崇追求初看平

① 上海书画出版社、浙江省博物馆编：《黄宾虹文集·书信编·与朱砚英》，上海书画出版社1999年版，第22页。

② 上海书画出版社、浙江省博物馆编：《黄宾虹文集·书画编（下）·论画鳞爪》，上海书画出版社1999年版，第367页。

易甚至貌似草率失实的画作。他认为作画要“熟中生”，要古拙、生涩、晦暗，求不工之工。他的山水画喜欢写雨、雾、夜晚、晨昏，笔法上求不齐之齐，就是为了免俗、更耐看。他更在内在方面，在笔墨的雅正、画作的深沉内美上，与写意文人画末流的浮夸肤浅断然分野。他指出，上品画由于包含的丰富深刻内在意蕴，不能令人一目了然，难怪古来都少有知音：

> 古画宝贵，流传至今，以董、二米为正宗，纯全内美；是作者品节、学问、胸襟、境遇，包涵甚广。如恽香山题画云：画须令寻常人痛骂，方是好画。陈老莲每年终展览平日所积画，邀人传观，若有人赞一好者，必当时裂去；以为人所共见之好，尚非极品。此宋玉“曲高和寡”、老子“知希为贵”之意。①

黄宾虹说，明末逸民画家恽向说过会被寻常人痛骂的才是好画，另一位明末逸民画家陈洪绶如果有人赞他的画好就撕了，他总结说这是春秋战国就有的画学意旨，是老子的“知希为贵”、宋玉的“曲高和寡”。

黄宾虹力求避俗和雅正，背后有深刻的文化审美原因，更有深远的历史社会根源。清末以来，渐渐失去原创生命力的国画，又面临现代商业社会压力。引金石入画的海上画派兴起是对“四王”末流柔弱萎靡风气的反动，鼓吹刚强雄健的气势，但它也不免矫枉过正，其下者带上浮躁江湖气，而孕育在上海这一特定地域也使得它难以消去市井媚俗痕迹。在这两种画风风行民间之际，不在绘画主流的黄宾虹一直默默坚持绘画雅正传统，更以决绝与勇气，对学“扬州八怪”、石涛、八大山人而下者的江湖习气，还有学虞山、娄东的“四王”末流进行否定，有反媚俗的现实针对性。他自称“古拙不入时好”，受到世俗和保守两方的诋毁。他的观点看似偏激武断，却实是中正持平之论。

黄宾虹一再说黄公望论画最忌“邪甜俗赖”，“甜俗”是市井院体，“邪赖”

---

① 上海书画出版社、浙江省博物馆编：《黄宾虹文集·书画编（下）·论画鳞爪》，上海书画出版社1999年版，第366页。

就是江湖，还明确指出雅正典范正宗是董源、巨然、“二米”“元四家”的宋元大家画，以书法金石入画的士夫学人画，更在对门人顾飞等人传授画理时将之阐述为“静”“和”两字诀。“和”是在笔墨“留”“圆”处着意，求蕴藉，求笔法刚健婀娜的内美。“静”是作画不要有意求雅显得做作，要乍见如常人画，似若不经意，久视却能体味到天趣深意，求思想精神的内美。正如他说的：

> 士夫之画，华滋浑厚，秀润天成，是为正宗。得胸中千卷之书，又能泛览古今名迹，炉锤在手，矩矱从心，展现之余，自有一种静穆之致扑人眉宇，能令睹者矜平躁释，意气全消。①

黄宾虹心中的士夫学人画者是既读过万卷书又摹过古今名画，既已“炉锤”即千锤百炼学过笔墨，又能“矩矱从心”，不局限于旧有法度，如此才能不邪也不俗，达到“华滋浑厚，秀润天成”的境界。

“内美”不是外美，为了对抗过度的甜、一眼而尽的美，黄宾虹提到的应对策略、绘画主张是“与俗殊咸酸”，要不合俗世的爱甜俗口味，比如他的笔法取金石“辣”味，来达到“静”“和”意境境界。结合他此时的笔墨法变革进程，在北平的黄宾虹继续探求积点奥秘，参合取法五代北宋诸家写阴面山的繁复笔意和浓墨、焦墨、积墨等墨法，渐成黑密厚重的个人面目，他的黑是对抗甜俗市井也是远离“邪赖”江湖。可惜他此时的变法识者不多，浅薄之辈甚至讥笑他的画是“黑墨一团的又黑又丑的穷山水”“画如拓碑”“图如乌金纸”，这“黑”不入时人甚至一些画家之眼。

黄宾虹族祖黄生的《杜诗说》说绘画的欲暗不欲明，出于风雨如晦乱时末世里，抑塞磊落士夫胸臆里的不平之气和所发悲歌。他的画虽然终究追求“静”“和”“浑厚华滋”，但其中的一些画包括北平时期的画是如杜甫诗一样的沉郁顿挫，不只来自明末遗民画家石溪、龚贤、程邃、恽向等人粗墨涩暗的厚重深沉，

① 上海书画出版社、浙江省博物馆编：《黄宾虹文集·书画编（下）·国画非无益》，上海书画出版社1999年版，第19页。

还有元末倪瓒画的荒寒意趣，吴镇、王蒙画的沉着浓厚，五代北宋巨然等人的影子。那是士夫画固有的不合时宜、寂寞，来自一代代遗民或隐逸画家的相似命运，是清末恽南田说的寂寞无可奈何之境。这内在的“苦”味来自对传统、对未来、对现实的担忧和责任感，需要大家胸怀，和外在的“黑”一样注定少有人能够领会懂得。

黄宾虹曾在上海和张大千当邻居，到了北平又与近代另一位巨匠齐白石相遇，他虽和齐白石并称“南黄北齐”，但在民间，他的名气较逊于齐白石和张大千。用黄宾虹一位弟子的话来说，当时能懂黄宾虹画的大约全北平只有二三十人。黄宾虹很快对北平画坛也感到失望，觉得比上海更沉闷保守，正如他曾评论南方多江湖画，北方则多朝市画。20世纪30年代北京流行开展览，中山公园内常年画展不断，黄宾虹觉得像游人杂沓的游戏场。琉璃厂市场充斥伪劣画作，收藏家随时有展览会，也是真赝良莠掺杂，和沪滨古玩市场无异。北平一样也是名利场，和上海商业氛围异曲同工的是此处文艺界人士喜欢从政、入仕。画家则作风多近院体，眼界趣味褊狭，只爱“四王”、吴历、恽格的皮毛。北平画界的门户也一样很严，互为朋党，倾轧排挤不同门派画家，也喜欢援引外来新人加入其流派，冠以董事、评事等名目。黄宾虹初来北平，和当时北平绘画名家溥心畬、胡佩衡、陈半丁等一起任国画研究会评议。他常直言画家要多研讨笔墨，不要蹈袭市井江湖画，热忱期望画坛风气或可一变。饱尝保守主义的讥讽后，他便避居不出，也不轻易将画送人，仅选择认识者略为应酬。由于他的低调，北平画家虽多抱门户之见，和他关系却也融洽。

黄宾虹任教北平艺术专科学校、画学研究院，因年近八旬，学生称他是“爷爷辈的老师”。他仍每周一上午分别去两处上课。在研究院，因为钱桐所长规定黄宾虹的课导师、职员要旁听，由此出现了张大千、于非厂等导师坐在前排听课的场面。在艺专，黄宾虹在大礼堂授课，国画科30名学生不分年级一起听课。礼堂中间摆一张长桌，黄宾虹坐在桌前，学生四面环立。他每次都带名画真迹手卷或册页，讲王石谷山水、恽南田花卉。他一口徽州口音，将“艺术”读成“尼雪”，说到李流芳等人作品时，说他们的画是“拉底（辣的）”，不同于王石谷的“甜”，学生都听得沉醉入迷。

黄宾虹1938年后还在北平古学院任理事，1940年有友人创办华北居士林佛画会研究班，聘他为顾问，此外，每周去几次雪庐画社教学生练习笔墨法。当时北平这个文化中心云集着几千名青年学画者，黄宾虹以为他们笃信好学，可惜多学识浅薄，临摹习气严重，细谨太过，未免入俗，重蹈院体画覆辙，原因是未在用笔下苦功，不懂笔墨法。所以他虽深居简出，也不轻易收门徒，但和在上海时一样，对在上课外登门求画或以自作画来问业的年轻学生还是欢迎的。为了让这些中国未来画者明了画学的真正优劣是非，了解画史和古代画者，他常常对之谈画不倦，热衷于为人师，还拿出自己的画作任他们自取，许多学生都感到了这位大画家长辈般的蔼然可亲。但由于黄宾虹的画学理论显得保守，教的又是山水画，当时流行“穷山水，富花卉，饿不死的人物画”说法，研究院学生们多倾向于张大千等导师。

黄宾虹的一些朋友也善意地劝他多画青绿山水，比水墨容易出售也容易出名。北平开画展成风气，张大千、溥心畬都办过展览，也有人邀黄宾虹开画展。黄宾虹有许多积藏的画，却不参展。一次石谷风建议他拿画去参展，黄宾虹一笑：“我的画很苦涩，不合时人口味，不易出售，留着送朋友吧。”石谷风坚持拿了两个扇面、三幅画去，到展会结束只卖了一个扇面。[①]

黄宾虹在表现出随和、与人为善的同时，也自有孤傲固执的一面。对待绘画，他是极有原则的，对前贤大家石涛、八大山人评价很中肯，对今人也一样。他给傅雷的信里谈到，已故的高奇峰、张善孖，倡导新中国画的陈树人、高剑父，都是友人，但不讳言与他们旨趣不同，至于陆丹林称张善孖为画圣，叶恭绰称高奇峰为画圣，更是直言是否的确，当由世评。一次张大千弟子到沪创议发起黄张同门会，黄宾虹就力阻，劝他要从学问上用功，不要汲汲于求声誉。

黄宾虹对外界的误解冷遇，自有元代吴镇笑言“二十年后不复如此”的自信和雅量。他之所以能做到人不知而不愠、“毁誉可由人，操守自坚”，是因为他把自己定位在画史之中而非现实里。他晚年常对身边弟子倾吐自己的志在远大：

---

① 石谷风：《古风堂艺谈》，天津古籍出版社1994年版，第29页。

我用积墨，意在墨中求层次，表现山川浑然之气。有人既以为墨黑一团，非人家不解，恐我的功力未到之故。积墨作画，实画道中一个难关，多加议论，道理自明。①

墨法中的宿墨和渍墨是前人没有做到的一个难关，我正在下工夫去突破，要在不断变化中求其法备。因此，我的画三十年后才能为艺林所重。②

在黄宾虹眼里，绘画就像行路，由近而远，是渐进过程，不能追求暴得虚名，造诣既成，实至名归，盛名不求自得。他并不是毫无功利之心，只是他的名利观有更深远的内涵。他坚信由绘画一艺之微，可达到至道，其功与儒教、佛教一致，不是江湖市井牟利行为，也不是文人墨客消遣，而是不朽盛事。他追慕心中的古代真画者，在急功近利的风气下，能不浮躁，不急于被世所知，一心要开创“崇雅正，袪邪伪，汲汲于千古”的通儒之学，而非“急近名，徇时好，营营于目前”的俗儒之学。③

和张大千通脱的入世之风或齐白石的雅俗共赏做派不同，黄宾虹一直以古代学人画家为楷模。他对士夫身份的认定，表现为对雅俗之别的敏感，强调要辨别“雅中俗”，除了不好的能品，将画品分出妙品、神品、逸品等不同级别，除了不好的文人，还分出名家、大家。他还由此对自己为生计不得已卖画耿耿于怀。他一直说书画可索可赠，最好不卖，择知音赠之。画家如果为五斗米折腰，就沦落为画匠。他的许多朋友都赞许他赠画友人知音，从无润格，黄宾虹也说过自己向来不卖画。这容易引起误解。不必讳言黄宾虹是有过润格的，但只是入乡随俗，他没有对润资锱铢必计，听任来者自动投赠、随缘乐助，画润随人高下。他在上海作画不多，主要是赠友，或是经知交挚友介绍的。到北平后，他没有新润例，对生人索画一概谢绝，也不卖商品画，虽然为生活所需还不时应旧友转托，为上海荣宝斋、朵云轩等相熟字画铺作一些青绿山水，沿用

① 黄宾虹著，王伯敏编：《黄宾虹画语录》，上海人民美术出版社1961年版，第35页。

② 黄宾虹研究会编：《墨海烟云·黄宾虹研究论文集》，山东教育出版社1988年版，155页。

③ 上海书画出版社、浙江省博物馆编：《黄宾虹文集·书画编（下）·诫某校学子宣言》，上海书画出版社1999年版，第38页。

以前的润格，其余都是朋友转介求画，歙县之外以上海、湘粤、成都等地为多，如上海傅雷、广东黄居素等友人都常作风雅介绍。

旅食京华，又处艰难时世，生活迫人，黄宾虹毕竟不是古时山林隐士，不以画换润补贴教书薪水就难以维持北平一家还有歙县家人的生活，他也承认笔墨应酬是却无可却的。他向介绍作画的友人坦言如承厚爱能沾润，尤能得济。但他仍守护简单原则，就是择人而予，只求能爱惜不轻藐的知音，使自己的画不落俗手。他常庆幸自己的寒斋陋室间往来无俗客，多是寒士，可避免像扬州画家华喦（号新罗山人）的画被人当作包裹纸，明珠投暗。黄宾虹对真知笃好自己画作的远方知交来函索要或介绍他人求画的，都愿应酬，说一则可使生活免于槁饿，此外画作世人多见才能留传。他相信自己的画能传远，所以一生无间断作画，留存了许多精品。年纪渐大，尤其希望多留笔墨给知音者收藏与传观。他有空暇就修改点染画稿，留以有待。黄宾虹对画与钱即理想与生活的关系始终有合理平衡的认知。

正如杜甫说“百年歌自苦，不见有知音”，老友高吹万寄诗一语道出在北平的黄宾虹寂寞的原因是他的画太“辣”，令爱俗喜甜者惊怕不解：

> 先生读书破万卷，下笔不觉师造化。年过八十画尤神，粤蜀归来游可卧。方今画匠徒纷纷，随波赖媚风斯下。世人爱甜每憎辣，先生之画俗骇怕。①

黄宾虹虽然说过世人不尽知而不悔的话，但他也说过得知音即成乐事的话。幸而当时他在旧友之外还有了傅雷这个知己，老人向其倾吐了“因与众见参差，踽踽凉凉，寂寞久已”②的感慨。“踽踽凉凉”指落落寡合，他说自己的画学见解和当时的人相差太多，所以一直很寂寞。

傅雷是较早从西方艺术角度关注黄宾虹画的美术评论家。黄宾虹对很多人

① 黄宾虹著，赵志钧辑注：《宾虹题画诗集》，中国美术出版社2009年版，第222页。

② 上海书画出版社、浙江省博物馆编：《黄宾虹文集·书信编·与傅雷》，上海书画出版社1999年版，第217页。

都说过沪上近年有傅雷精研画论，多发前人之未发。他在给朱砚英的信里更说自己曾感慨画学自董其昌后已两百多年乏人研究，傅雷画论颇有见解，不但深知自己画作，而且评论得当，得此知己，胜过黄公望自谓五百年后当有知音、吴镇自信自己画在数十年后不寂寞。

知交傅雷

黄宾虹的知己里，傅雷似乎是个特例，他和黄宾虹年纪相去甚远，又是学西方美术理论的。他个性孤傲，艺术品位很挑剔，却对黄宾虹的画酷嗜成癖。

他们的交往其实是有迹可循的。1927年19岁的傅雷留学法国学文艺理论，自学美术史，结交了画家刘抗和刘海粟。1931年他和刘海粟一起回国，合编《世界名画集》，并受刘的邀请到上海美术专科学校任教美术史，其间翻译了《罗丹艺术论》，还在名片背后印法文“美术评论家”，可见他对艺术评价是真心热爱。他虽自谦平生中画、西画都不能动笔，但一直研求画理，对中国传统艺术也爱好甚笃。傅雷热忱于艺术教育，但这在乱世里难有建树，1939年他从昆明艺术专科学校废然而返，蛰居沪滨，埋首中西故纸堆，以翻译为生，以绘画、音乐欣赏为消遣。正是当时，傅雷和蜷伏北平、同处精神孤寂中的黄宾虹通过通信，在民族命运的至暗时刻，一同探讨思考中国画及其象征的民族命运的共同前途。他们是心灵契合的知音。

黄、傅两人在1931年已相识，同任教上海美专，傅雷又是黄门弟子顾飞的表兄。傅雷在刘海粟家见过黄宾虹，但还未能聆听黄的画论。他在美专看到黄宾虹的十多幅峨眉山写生，印象深刻。此后常在顾飞处看到黄从北平寄来的画作，获悉他的论画新见解。傅雷敏锐觉察到黄宾虹绘画上发生的变化，他和自然的日益亲近，还有复兴古法画理和西洋画理的互相参证，愈发心折。于是，他在1943年5月开始写信给黄宾虹，以后学身份请教，与其谈画并探讨画理，后来还倾力为黄宾虹办了八十画展。

傅雷是个艺术感触极细腻深沉之人，他对黄宾虹画的评价都能准确贴切把握其内美。他曾从顾飞处借来黄画悬挂墙上，对之数日不倦，认为这位老画家写山水元气淋漓、逸兴遄飞，更是瑰玮庄严、婉娈多姿兼而有之：

笔墨幅幅不同，境界因而各异：郁郁苍苍，似古风者有之，蕴藉婉委，似绝句小令者亦有之。妙在巨帙不尽繁复，小帧未必简略，苍老中有华滋，浓厚处仍有灵气浮动，线条驰纵飞舞，二三笔直抵千万言，此其令人百观不厌也。[①]

傅雷说黄宾虹的画不是千篇一律的，有的巨幅像诗歌里的长篇古风气象浑厚苍茫，有的小幅像诗里绝句、词中小令含蓄小巧，而且巨幅也不一定繁杂，小幅也不简约，笔法苍老中会有墨法润泽，墨法浓郁处还有留白气韵，笔墨线条飞动，很耐看，令人百看不厌。傅雷对画的描述都很贴切。

傅雷还指出黄宾虹当时画作面目多样，有的“宛然北宋气象；细审之，则奔放不羁、自由跌宕之线条”[②]，貌似五代北宋画作用笔苍劲、规矩森严，细看则笔法线条潇洒自在，有的“俨然元人风骨，而究其表现之法则，已推陈出新，非复前贤窠臼”[③]，仿佛元画的笔简意繁、丘壑无穷，细看笔法线条生辣与妩媚并存，凝练圆润。他注意到黄宾虹的画处处可见宋元精神跃然纸上，用笔设色却已有自己家数，尤其线条勾勒刚健婀娜兼备。他看到了黄宾虹当时还在融通宋元的繁简中。

傅雷还注意到黄宾虹此时画作重自然的一面，如读黄的蜀游册页就觉真实千里江山直接收入方寸纸墨之间，山岚水波的光影，日夜晴雨的变化，有清晨有黄昏有雨后初晴，生动如真，灵韵流动，几乎不可区分是写生还是创作，宛如太极“浑沦”，符合自然又超逸自然：

设色妍丽，态愈老而愈媚，岚光波影中复有昼晦阴晴之幻变存乎其间；或则拂晓横江，水香袭人，天色大明而红日犹未高悬；或则薄暮登临，晚

① 傅雷：《傅雷书简》，生活 · 读书 · 新知三联书店2001年版，第52页。
② 傅雷：《傅雷书简》，生活 · 读书 · 新知三联书店2001年版，第64页。
③ 傅雷：《傅雷书简》，生活 · 读书 · 新知三联书店2001年版，第64页。

霞残照，反映于藤蔓衰草之间；或则骤雨初歇，阴云未敛，苍翠欲滴，衣袂犹湿，变化万端，目眩神迷。①

由于投合，两人一直保持着频繁的通信，傅雷对黄宾虹的绘画发展了然于心。到1946年，傅雷以为黄宾虹变法渐成，在信里赞赏他近年笔法雄健奔放、温婉细腻兼备，规矩方圆摆脱净尽，愈发浑朴天成，并提到他皴法的截长补短、熔诸家于一炉，当世无双，认为黄在用墨上，在“二米”、高房山后，不亚于吴镇。他还说黄宾虹虽不太重视设色，但也学习元末倪、黄多用青绿。傅雷的把握很准。

傅雷是有眼光的知音，也是诤友，他虽对黄画喜爱有加，但也能直言不讳。黄宾虹去世后，傅雷在给林散之的信里说自己常出狂言，黄从不见怪。如一次傅雷就对黄说他的画布局过实，层次略欠分明，应该是目力不济。当时黄宾虹的确已有白内障。黄宾虹逝世多年后，傅雷和好友、画家刘抗谈中国画，他对当代名家少有首肯，但很认可黄，以为他博采众长而独具个人面目，不是一朝一代能限制的大家画：

宾虹则是广收博取，不宗一家一派，浸淫唐宋，集历代各家精华之大成，而构成自己面目。尤可贵者他对以前的大师都只传其神而不袭其貌，他能用一全新的笔法给你以荆浩、关仝、范宽的精神气概，或者子久、云林、山樵的意境。他的写实本领（指旅行时的勾稿），不用说国画家中几百年无人可比，即赫赫有名的国内几位洋画家也难与比肩。他的概括与综合的智力极强。所以他一生的面目也最多，而成功也最晚。六十左右的作品尚未成熟，直至七十、八十、九十，方始登峰造极。我认为在综合前人方面，石涛以后，宾翁一人而已。②

---

① 傅雷：《傅雷书简》，生活·读书·新知三联书店2001年版，第55页。

② 傅雷著，金梅编：《傅雷谈艺论学书简》，天津人民出版社2012年版，第183—184页。

这封长信里傅雷畅谈了对当代绘画名家的看法，多灼见，也不乏惊世骇俗之见。如近代名家他只认可齐白石、黄宾虹，但还是觉得齐“尚嫌读书太少，接触传统不够”“全靠天赋色彩感与对事物的新鲜感，线条的变化并不多”“多一种婀娜妩媚的青春之美”。对于其他人则差评较多，说有的“全靠‘金石学’的功夫，把古篆籀的笔法移到画上来，所以有古拙与素雅之美，但其流弊是干枯”，更有“从未下过真功夫而但凭秃笔横扫，以剑拔弩张为雄浑有力者”，貌似“气魄豪迈”却“满纸浮夸”“虚张声势”，“用笔没一笔经得起磨勘，用墨全未懂得墨分五彩”，还有“未入国画之门而闭目乱来的”。傅雷以为最可叹的是“此辈不论国内国外，都有市场，欺世盗名红极一时，但亦只能欺文化艺术水平不高之群众而已，数十年后，至多半世纪后，必有定论。除非群众眼光提高不了”。[①]这些说法也许不尽准确中肯，但从傅雷对黄宾虹的推重可见，他们之所以能成为知己，是因为他们有共同的绘画、文化理想。

傅雷在给刘抗的信里指出，中国画和西洋画技术最大的不同就是中国画的特点是线条（笔法）表现力的丰富、种类的繁多，其基本元素每一点都有生命、富有表情，组成的整体才气韵生动。如果没在唐宋名迹上下过苦功，仅因不满“四王”而用一番强健粗笔头，空言创新，就容易如学“扬州八怪”的末流堕入野狐禅，流于江湖习气。这些见解都可见他当年受黄宾虹见解影响的痕迹。

傅雷是个性情中人，他对刘抗说，在尘世的荒凉落寞中，朋友欲相契已很难，欲互参洞府尤难，得一知己是难求幸事。他与黄宾虹通信之始，为了了解这个绘画和画理上都令自己钦佩的老人在心灵与视野上是否广阔，他急切地倾心吐露了自己的艺术主张，还直言当世真正有艺术良心、头脑和感受的人太少，他不愿对牛弹琴，也不愿徒然得罪人。他还说自己空言理法，又因爱好太多而为学芜杂以至老大无成，希望有机会追随黄宾虹充任抄写员，为国画理论尽耙剔整理之力，有助后人上窥国画绝学。傅雷还感慨上海艺坛风气败坏，想结一个小团体共同探讨都不容易，只能各自为战，埋首为未来学术做铺路小工。傅雷的真挚、热诚打动了在故都冷寂中将学术热情包藏起来的老人，两人相互吸

① 傅雷：《傅雷书简》，生活·读书·新知三联书店2001年版，第30—31页。

引的正是黄宾虹赞赏傅雷的“热忱毅力”，耿直狷介的个性相通和对艺术的挚爱。这些特点黄宾虹也有，所以他改变了拘谨客套的习惯，也向傅雷倾诉创作苦乐和追求的画学理想。

黄宾虹重画理，傅雷又研究美术史理论，通信多谈画理。傅雷写了《中国画论的美学检讨》，比较中西画理异同，论及中画前途，寄给黄宾虹。黄宾虹也寄去《谈艺术》一文。黄宾虹虽有许多相交几十年、待他至诚的相得老友，但懂西画的不多，得傅雷倾谈，于他也是乐事。他们那时论画理最关注临古与写生、创造和自然的关系。黄宾虹谈到近年中国画认识到师古人不若师造化，从摹古程式化向追求自然复归，从尚法到变法，所谓“自然是活，勉强是死”[①]，就是说学自然才有发展，“勉强”即死学前人没有前途。他不反对临摹，只反对临摹貌似，以为摹古与写生结合才是创造。傅雷也概括了中国近代绘画衰落的原因：笔墨传统丧失殆尽，真山真水不知欣赏，古人真迹无从瞻仰，画理画论不明。他深切同意黄宾虹的求笔墨于自然，说自然与艺术关系也是西方画学的关注点。综览东西艺术，无不是师自然而昌大，师古人而凌夷，前贤格律成法其实都是从自然参悟而来。他赞赏黄宾虹以鉴古功力、审美卓见、高旷心胸，从摹古体悟出独到笔墨，看山、写生、创作，不囿一宗而熔诸家于一炉，无一幅貌似古人，又无一笔不是从学古人中蜕化而来。可惜浅识者不能推本穷源，因黄的作品初视不似实物，又无古人迹象可寻，就妄指为晦涩难懂。

董源是黄宾虹致力于学习的五代大家之一。他和一些同时代画人都有意或无意地注意到了董源画作的积点成形、光影变化，近看只是参差错杂的笔触，远看景物极工细。傅雷则是较早注意到黄宾虹画与19世纪末崛起的西方印象派面目有相似处的人，以为印象派能悟得光色明暗错杂，并以原色赋彩、趋于纵横错杂笔法表现光色，近看几乎没有物象可寻，远观才可见景物粲然、五光十色，变幻浮动达于极点，和黄宾虹的探索居然有异途同归之感。黄宾虹当时描摹山水，以点、短皴求笔法自然，以水、墨、色求真实光影，设色也用原色。傅雷指出黄宾虹的一幅写晚唐诗人贾岛所描绘的黄山诗意的山水，设色纯用排

---

① 傅雷：《傅雷书简》，生活·读书·新知三联书店2001年版，第59页。

比，就与印象派作法相似。

傅雷还敏锐地捕捉到了黄宾虹北平画作由繁到简、出宋入元的痕迹。他很喜爱黄宾虹由勾古画法演变来的纯用线条的简笔画，大处勾勒，几乎不用皴染，笔墨简无可简。黄宾虹也以为自己画中“有纯用线条之拙笔一种……窃以为可成个面目或在此”[①]，以前曾在沪上和习画友人谈起，众人无不笑他迂阔，甚至引为戏谈，使得他后来都不敢向人说起了。傅雷甚至还认为黄宾虹此时画作是渐由印象向半抽象发展，简笔画与近代欧洲的立体画、抽象画相似。

可见黄、傅两人此时讨论较多的还是中西绘画的异同，即各自有特点但又有可相通参考处。虽然两人的思考有时并不一定在一个层面上，但仍多有契合并互为触发。黄宾虹刚到上海的20世纪20年代，他将西画视为物质文明，认为不如中国的精神文明，经过30年代与西画家、外国学者的多次交往，他的观点变得更宽容，不过仍以国画为最高典范。他还说自己的画是学古人的，却和傅雷的西洋画论多合。黄宾虹的中西画学观骨子里还是国粹的，但变得更圆融通达。这是由于他自己思想的进化，也和时代变迁有关。

傅雷以为中西艺术虽然工具、面目不同，精神、法理并无二致，因此发展演进之迹、兴废原因常有契合。他一向以沟通中西画论为己任，论中国画喜欢参合世界艺术潮流，与各国画史综合比较，希望能在中西文化交流之际，于观摩攻错、比较参证中，寻求中国画的新生之路。他也指出当时海内外学者都想沟通中西学术的风气。因此，黄、傅两人多有共同语言。

20世纪40年代，多有欧美人士来北平搜求古物书籍，或来北平艺专学中国画。和在上海时一样，黄宾虹也接触了一些爱好中国传统文艺的欧美学者，其中有与他通信的，也有登门拜访他的。如德国孔达女士、法国学者杜博思、芝加哥大学中国画教授德里斯珂等，都精通中国语言文字，能读古书，在探讨中国山水画时能记历代名家姓氏生平、辨别宗派，还对古籍里的画论洞中肯綮、融会贯通，也都表现出对含蓄东方笔法和水墨的兴趣，甚至能和黄宾虹此时的

---

① 上海书画出版社、浙江省博物馆编：《黄宾虹文集・书信编・与傅雷》，上海书画出版社1999年版，第220页。

许多思考不谋而合。

在第二次世界大战中，全世界艺术家都提倡艺术救国，而民族危亡中的中国画坛对于改革国画的呼声更是日益高涨。黄宾虹仍坚持保持国画固有特点，以为如果不注重笔墨，丧失国画灵魂，就是丧失了民族精神。他严正指出舍弃中国原有最高学识去学他人的幼稚行为，是浅薄无知的，就像傅雷说的有人以西洋画的形似为挽救国画的大道，却不知当代西洋画家排斥形似比国人攻击院体画还强烈。

黄宾虹一向主张从传统中找出振兴国画的途径和方法，以为这不是因循复古，而是学古知新。他提出要以元末倪、黄的绘画来匡正江湖市井的恶习积弊，倪、黄的荒寒之境和老庄文章一样可避俗、遏止人欲横流，但必须由倪、黄上溯唐五代北宋。他的画论隐约形成一个引人沉思的观点：中国画史中唐画的形似、北宋画摹拟自然的写实到元画的以线条写神，和近代西画史由写实到印象派、野兽派再到立体派、抽象派有相似的痕迹。这个观点还先后引起他的朋友傅雷、林志钧、陈叔通、潘天寿等人不同层面、不同理解的共鸣。

黄宾虹还说中西画学都是以笔墨（线条、色彩）为基础，都由“点”开始，西画的线条美、积点成线和中国笔法的屋漏痕、“留”“辣”字诀同出一辙，西方物理学的力和中国笔力墨韵也有一致点，西方追求不齐弧三角和中国绘画追求虚实留白“知白守黑”内美也似暗合，因此，以西画为参照坐标、由传统因素重建中国画体系是可行可探索的，要从笔、墨起手。他由几十年浸淫笔墨的几乎是直感的经验，在绘画与自然的关系上追溯到绘画萌芽期，发现了中西原始绘画的一致性，更体察了中西绘画在发展变迁里表现出的精神深处的契合性。他的画学思想无论是始终的坚持还是一些发展的变化，都是真诚踏实的。

1945年黄宾虹在信里对傅雷说自己在北平前期的画作“以法北宋为多，黝黑而繁；近习欧画者颇多喜之”[①]。他也对别人说过自己此际变法进入小时候见金华山有所感发而此时终于悟得的“宋人阴面山”阶段，还说自己追求用笔沉

① 上海书画出版社、浙江省博物馆编：《黄宾虹文集·书信编·与傅雷》，上海书画出版社1999年版，第220页。

着、墨采浑厚，常与欧画符合。20世纪30年代后中国近现代画家作品开始多传入欧美、日本，一些国外的中国艺术爱好者也以为黄宾虹取法北宋人阴面山的画中自然的粗笔线条，和西画欲借东方线条进行改革有可相通之处。他们的观点应该都有不同程度上的互相影响。1946年前后，黄宾虹在北平见到敦煌莫高窟留存的唐代书画，也觉得近年西画重视积点成线条，和中国古画笔法相合。此外，抗日战争时物资匮乏，一些中国西画家如林风眠因颜料画布紧缺，改用宣纸和国画的花青、赭石等色彩，是另一种融合中西的体现。看到中西绘画工具汇通、手法暗合的较多案例后，黄宾虹对中西画理、绘画精神的殊途同归，对自己“画之形貌有中西，画之精神无分乎中西也”[①]的看法都更笃定了：

> 人同此心，心同此理。所不同者工具物质而已。……画以自然为美，全球学者所公认，爱美者因设种种方法，推求其理。中国开化文明最早，方法亦最多，不知几经改革，以保存其今古不磨之理论，无非合乎自然美而已。[②]

黄宾虹以为东西方绘画回归本源是一致的，都是追求自然美。中国作为文明古国，画学的精神性最强，也最合乎自然美。因此，他认为“欧风东渐，心理契合，不出廿年，画当无中西之分，其精神同也”[③]，他在给粤友弟子张谷雏的回信中也说过将来画可无中西之分，渐归于大同。

黄宾虹还曾乐观地以为东西文化交流，可使人心沟通无间、消弭祸乱。后来战争强化了文化的敌对，也打破了他的书生气和天真。

当然，骨子里始终以中国画为天下第一等画的文化保守者黄宾虹对西画还是有偏见的，他以为西画一味写实求形似，近年来参法东方画也只得毛皮，西

① 上海书画出版社、浙江省博物馆编：《黄宾虹文集·书画编（下）·讲学集录》，上海书画出版社1999年版，第65页。

② 上海书画出版社、浙江省博物馆编：《黄宾虹文集·书信编·与傅雷》，上海书画出版社1999年版，第215页。

③ 上海书画出版社、浙江省博物馆编：《黄宾虹文集·书信编·与朱砚英》，上海书画出版社1999年版，第21页。

画是物质的，不及以精神见长的中国画，甚至说西画以形似为成功，最高境界只等于中国画的能品。

不管世事如何，黄宾虹对中华文化、中国画充满信心，对自己的画作也是。傅雷也是如此，他以为黄宾虹当之无愧是当世艺坛祭酒，作品足以代表中华艺术精髓，所以一直不懈地大力揄扬他的画作，为将其画作传播欧美而努力。傅雷好友、艺通中西的画家庞薰琹赴美，带国内名家画作往国外展览，傅雷就托他带去黄宾虹的画并撰写西文小传作为介绍。庞薰琹（1906—1985），字虞弦，笔名鼓轩，江苏常熟人，早年留学法国学画，受西方现代艺术影响。庞的朋友、英国作家苏里文和英国文化委员会的希特立在抗日战争期间合写现代中国画史和比较艺术史等相关专著，来华搜集中国近代画家材料，傅雷将黄的画展特刊、画作送去，让其带回国作为参考、插图，并希望能将画作在英国制版。这是因为他看到1935年刘海粟在德国印刷的《中国现代名画集》，其中黄的画异常精美，而当时国内印刷术比较粗稚，以前黄画册所用的木刻、珂罗版都不足以表现其笔墨。傅雷希望能在战后重游西方为黄宾虹办一次个人画展，印一部精美画册，收录其一生精品，加上长序、研究文字，使只知崇仰我国古代艺术的外邦人士知道还有一位大师就在当世。在翻覆纷乱的时局中，个人力量有限，未来时局又难预料，傅雷感慨这个愿望不知能否实现，却仍坚信黄画与世界面对面只是时间早晚而已。

黄宾虹和傅雷此时的通信交往，是两个爱国者、理想主义者、书生的心灵会晤，真诚和信念使他们超越知识的隔膜和障碍而实现了精神交流、互相启发。

八秩画展

傅雷说自己生平自告奋勇代朋友办过三个展览，其一就是1943年黄宾虹的八秩纪念画展，“为他生平独一无二的‘个展’，完全是我怂恿他，且是一手代办的”[①]。虽事隔多年，他的天真自得之情仍流露于文字间。这个画展有黄宾虹

---

① 傅敏编：《傅雷书简·致刘抗》，当代世界出版社2005年版，第24页。

在沪上多位老友弟子的共同努力，傅雷是主要的发起操办者，他说服向来对画展持保留态度的黄宾虹打消顾虑。黄宾虹离沪北上，由于北平保守的文化氛围和战争因素，他常年杜门著述不出。此时饱经世事的他被傅雷的毅力、热忱感染，对弟子顾飞说一切可任傅主张。在画展完满结束后，他更赞傅智勇兼备。

黄宾虹八十大寿时，海内外文艺界友人与弟子多寄诗画或发函电祝贺，黄宾虹也撰写了《八十自叙》《八十感言》寄赠友人。在北平，齐白石写《蟠桃图》为他祝寿，友人们也在北海和蛰园为他设宴祝贺并出了一本八十大寿的纪念画册，收有他和齐白石等北平名家的画作。这一年，还有一个祝寿会、一个画展，他却缺席了。

北平的祝寿会是北平艺术专科学校的日本人操办的，黄宾虹坚拒参加。

而这个画展就是八秩画展。黄宾虹的上海故人要为他祝寿，还要他将近年画作寄回上海办画展，大家也盼望能和久违的他晤面相叙，力邀他回沪参展。黄宾虹久有南归之意，终因南北交通困难等问题未能成行。不过画展很成功。画展署名发起人里有他商务印书馆的旧友张元济、陈叔通，南社老友邓实、高吹万、姚石子，还有10年前为他出七十寿诞画册的王秋湄、秦曼青等，负责具体事务的是傅雷以及顾飞、裘柱常伉俪等。

这次画展最初是由在南京的黄宾虹友人陈柱尊与黄门弟子段无染提议的，他们想以手中的黄画作再集合沪上友人收藏的黄画作，在南京或上海开画展作为黄的八十寿诞纪念。黄宾虹认为自己近10年来临古、记游两种画稿陆续成幅虽多，但还需不时皴染以求更完美，他觉得最好是办一个沪上友人团体画展，他自己可加入一二十幅存画中较满意的，他还谦和笑言如能得一些盈余也可作游山旅费。后来陈柱尊由于自身生活境遇，无奈将珍藏的黄画作卖给画店，段也离开南京，幸而上海友人弟子努力延续了办画展的设想。

段无染（1914—1969），即段拭，生于安徽萧县，1936年在北平受业于黄宾虹，随之研习山水画及中国美术史。

关于画展，黄宾虹早年在上海时，对这种20世纪上叶从欧洲传入的形式有些成见，不愿开个展。在他看来，画展的招摇和他不喜声张标榜、以画为毕生追求之道而非单纯技艺展现的意见相左。他更反感刚学画就搞展览，以为画展虽然容易张扬个人浮名、攫取金钱，但艺术家往往要在身后几十年才有真评，生前也不宜成名过早，不然索画者太多，终日挥毫应酬，就无暇用功、研究，难以进步，以有限精神换取有限金钱，终究不值。而且如果虚名过盛，画作容易沦入俗手，被视为美丽陈设品。他以为出版画册也不妨迟些，古人说的“彰人少作，贻人后悔”是有道理的。他在70岁时第一次出画册也是应朋友之请，考虑到艺术是至公至久之业，应是人人共见、毋庸韬晦的。

画展本非黄宾虹初意素志。他虽不忍拂逆众友人好意，如约将画作寄往上海，但到7月初展览会址已定，日期也初定，他却对画展始终不抱乐观态度。这种迟疑实则是其慎重和认真的体现，是出于对自己画作和艺术本身的爱惜。

黄宾虹担心当下正值战争，身为画家区区三寸管已无补于世，更不愿为个人原因铺张花费，最终得不到世人认可。至于所印画册难以收回投入，将其徒然散布世间，被不识者指摘，他实在不想做这种无谓之事。可见他此时最大的疑虑还是自己画作不合俗世口味。他向弟子顾飞倾吐了疑虑，说当世论画都崇尚修饰、涂泽、谨细、调匀之美，以浮滑为潇洒、轻软为秀润，全不讲“浑厚华滋”，与他自己的趣味取向相反。这时傅雷告诉他不久前一个沪上画家开展览，标价奇高，一幅高达三四千元，满场画作都如月份牌美女，成绩居然不坏。黄宾虹则回信说自己的画暗滞不合时宜：

> 用墨居多数，故暗滞不合时，不如画“四王”之漂亮。画月份牌，则到处受欢迎。然松柏后凋，不与凡卉争荣，得自守其贞操。[①]

黄宾虹给这次画展的作品都是从未示人的近年新作，是蛰居北平的心得心血。鉴于以往被人嘲讽的遭遇，他不想将这些画作轻易示人，还特意嘱咐顾飞在展前若非真研究画学者，不必给予观看，预防有先看到者妄加批评、混淆听闻。

---

① 上海书画出版社、浙江省博物馆编：《黄宾虹文集·书信编·与傅雷》，上海书画出版社1999年版，第208页。

黄宾虹对自己的画是自信的，但对艺术是虔诚谦卑的。他对傅雷说这次展品都是他近10年自行练习的未完工画作，未达到自己心仪的大家画境界：

> 展览之作，系前十年来，笔意未尽脱化，处处在矩矱之中，观者当鉴鄙人练习之勤，与参考各家不为放诞而已。[①]

黄宾虹对画展的矛盾纠结态度，反映了他的复杂心境。傅雷解了他不少顾虑。傅雷熟悉沪上画会的内幕，曾尖锐指出近来沪上画展已变为应酬交际的媒介，所谓群盲附和、识者缄口。如他刚看过的一个名画家及门人画会，多是甜熟趋时之作，其上者还可称整齐精工、摹仿形似，下者则五色杂陈、恶俗不堪。傅雷以为如此教授生徒卖画，于稻粱谋是良策，离艺术则很远了。但他立意为黄宾虹办画展的意义不同，在于树立楷模，使后学者有所凭仗，并广求志同道合者一起推进画学、画艺，振兴、扭转艺术界颓败风气，是振聋发聩、一正视听之举，所以他和众同道以为义不容辞，感奋乐为。

黄宾虹对这个迟到的展览，虽抱保留态度，但以他一贯的认真，也一直很关心。画展筹备期间，他在许多信中都对傅雷、顾飞等人表达意见：画展理想要高，宗旨要纯，力求与一般展览不同。会场布置要宽舒，切勿像一般画展那样将作品悬挂得鳞次栉比，宛若卖衣铺般恶俗。画展形式和文字宣传要朴实，突出淡泊本色，一洗当时买空卖空恶习。为画展所作文字也要侧重研究。总之画展要以不标榜为要旨，要取绘画真意而不在外在。他还不主张裱画，提出可将作品用纸卷衬托后粘贴在牛皮纸上，要悬挂的话首尾两端可用芦苇梗代替木梗，并把这个样式画在信纸上寄给傅雷，以为这种样式制作便利，适合寄远或保存，也易于收展携带，而且节省费用。这些都体现了他对画展目的的看法，是希望研究画的人来参观，而不在售出多少。因此，他以为展品定价也不宜过高，愿求更广流传，嘱咐傅雷最好不要标价，酬润自便，山水画外的

---

① 上海书画出版社、浙江省博物馆编：《黄宾虹文集·书信编·与朱砚英》，上海书画出版社1999年版，第22页。

花卉、篆书可择交而赠。

关于定价，的确是难事，傅雷等人煞费心思。当时沪上风气之下，画家多以金额定身价，虽然可鄙，但如果画展标价过低，画作不免被画商大批囊括。所以傅雷征求黄宾虹沪上老友意见，共同商定了一个既适合沪上情形，又兼顾到一般购买力、识者眼力和黄宾虹身份的折中办法。定价分三种：1000、700、500元申币，4尺以上的画作以1000元为最高价，3尺以下为700元，特别精品可到1200元，对外标价可说2000元。如购买者中有故交但实力未逮则不必铢锱计较。这个变通也兼顾了黄宾虹的意见，可见用心良苦。

画展准备工作在上海顺利进行，没有像一般画展请了很多名流巨公来捧场，来的都是黄宾虹知交旧友中的隐逸朴学之士。而黄宾虹也不顾年高，他在北平的酷暑里挥汗作画，8月前后将绘成的书画陆续寄往傅雷处，画作多为记游山水，共141帧，此外有花卉20幅，篆书条幅、金文楹联19幅，合计180件。画展除展出卖品外，还有黄的老友提供他历年为友人所作精品作为非卖品仅供欣赏。傅雷建议将黄宾虹早年作品以10年为一阶段，略以年代分野，依次陈列，使观众了解他的学术艺术演进痕迹和多样风格，还有他关于摹古、写生见解的长题跋也可陈列展览，以便学人研究。

傅雷还将黄宾虹赠自己的画作加上沪上老友收藏的画，精选20帧影印成册，在11月出版了珂罗版《黄宾虹山水画册》。秦曼青在序言里重提10年前出木刻画册的故事，说当时宣古愚预言10年、20年或30年后黄宾虹仍能以他的绘画给众人惊喜。这10年的预言已验证了，黄宾虹在北平著述宏富，仍耳聪目明、身体强健，再过10年、20年后应有更多创造。

傅雷还编成画展特刊《黄宾虹书画展特刊》，开首有黄宾虹的《八十自叙》和五古《八十感言》，接着是众友人诗文，末尾附顾飞辑录的《滨虹先生论画鳞爪》论画语录、1933年的木刻《纪游画册》序、1936年的《予向声明》。在一些书画题跋中，黄宾虹偶尔也自述往事，都比较简略，而此时的《八十自叙》有2000多字，虽仍不够详尽，但叙事较完整。值得注意的是，《八十自叙》开首黄宾虹将自己定位为“学人”，突出了自己的学画历程、与国学的因缘，并倾诉了作画的勤劳和画作的迂陋、不为人识。

特刊里的王秋湄短文《真画》是纪念上年冬天过世、没能看到画展的宣古愚。文中说他一次和宣品评时下画家，宣推黄宾虹为第一，说他的画是真画。王觉得这话不好理解，宣的回答令人不胜慨然：

> 宾虹寝葄画学数十年，逸才劬学，擅金石诗词，书亦娴雅，自幼即承新安纂法，而又多见宋元剧迹，名山胜境遍游，写生超以意象，不薄西法，不专一家，不阿俗好。积理既深，阐明七种笔墨，更前人所未道。所作万汇，个性别存，卓然有独到之处，斯合曰真。当代画家，宾虹第一。①

“寝葄画学”指沉浸画学。“不薄西法”说的是黄宾虹不鄙视西画。“七种笔墨”指黄宾虹笔法墨法大成。“六法”指中国画以气韵生动为最高境界的绘画要求。宣古愚说黄宾虹的画是真画，还说当时有的画家没有实在造诣，他们的画是假画。

王秋湄说宣不轻意赞许别人，只是钦佩黄宾虹。他追问宣：你的画是真画吗？宣一笑说也不是真的，虽想求真，但限于天资学力总是不及。王秋湄说在此际追记宣之言，是为了告诉世上想知道何为真画的人。宣古愚也是个书画家，还是文物鉴藏家，眼光既高且准，可惜这个知音却不及见到这次画展了。

高吹万在《吹万楼读画记》中凭着与黄宾虹40年的相知，认为黄宾虹其学固不全在画，然以画论，当世无第二人。

《黄宾虹书画展特刊》里最引人注意也最常为后人引用的是傅雷化名移山的《观画答客问》。文章以传统文赋的主客问难形式，虚构一人观黄宾虹画后疑惑不解而发问。这正是傅雷针对初次观黄画的民众可能产生的乱、草率、不似、艰涩等观感，从远看或近看的不同视角，逸笔草草或整齐悦目的不同审美习惯，写实或写意的不同表达等方面，一一解惑。他还通过问答，以深刻精辟、文采飞扬的文字解读并赞许黄宾虹游山访古，并出入宋元名家，得自然真意，画作面目也繁简虚实多变。文中多有卓见，可谓深获宾虹画心：

① 王鲁湘编著：《黄宾虹》，河北教育出版社2000年版，第230—233页。

客：然则黄氏之得力于宋元者，果何所表见？

曰：不外神韵二字。试以《层叠冈峦》一幅为例：气清质实，骨苍神腴，非元人风度乎？然其豪迈活泼，又出元人蹊径之外。用笔纵逸，自造法度故尔。又若《墨浓》一帧，高山巍峨，郁郁苍苍，俨然荆、关气派。然繁简大异，前人写实，黄氏写意。笔墨圆浑，华滋苍润，岂复北宋规范？……若《白云山苍苍》一幅，笔致凝练如金石，活泼如龙蛇；设色妍而不艳，丽而不媚；轮廓粲然，而无害于气韵弥漫；尤足见黄公面目。

客：世之名手，用笔设色，类皆有一面目，令人一望而知。今黄氏诸画，浓淡悬殊，犷纤迥异，似出两手；何哉？

曰：常人专宗一家，故形貌常同。黄氏兼采众长，已入化境，故家数无穷。常人足不出百里，日夕与古人一派一家相守；故一丘一壑，纯若七宝楼台，堆砌而成；或竟似益智图戏，东捡一山，西取一水，拼凑成幅。黄公则游山访古，阅数十寒暑；烟云雾霭，缭绕胸际，造化神奇，纳于腕底。故放笔为之，或收千里于咫尺，或图一隅为巨幛，或写暮霭，或状雨景，或咏春朝之明媚，或吟西山之秋爽；阴晴昼晦，随时而异；冲淡恬适，沉郁慷慨，因情而变。画面之不同，结构之多方，乃为不得不至之结果。……①

《黄宾虹书画展特刊》里的沪上朋友一概用笔名，是不想显露个人。和黄宾虹在北平隐居陋巷一样，在当时上海的混乱时世下他们也需要韬晦隐伏，保持缄默，方可保全身心。傅雷说他自1937年以来东不渡黄浦江、北不越苏州河，蛰伏蜗居七载，文艺评论搁笔已久，这次却愿为宾翁破戒。由于时间、财力等因素，凡事求完美的傅雷以为特刊效果不尽如人意，然而这本印数很少、只为给朋友作纪念的薄薄小册子里不但留下画展的时代痕迹，更让人感动的是在时局艰难的1943年还有这样一群人怀着对艺术的真爱。

---

① 傅雷：《傅雷经典作品选 · 观画答客问》，当代世界出版社2002年版，第218—219页。此文中许多文字后来常误入黄宾虹画论而人多不觉，也可见两人确为知音。

对于画展，傅雷事无巨细，亲力亲为。他在给黄宾虹的信里说他自己和裘柱常等人作为后学，只管画会杂务，愿行其实而不居其名，为画展尽驰驱之劳。他还说自己几次毛遂自荐，冒昧筹备画展，纯是出于对黄宾虹画的热爱，由于心长力绌，觉得各事与理想距离甚远，所以格外认真。

画展最终定于11月19日在西藏路宁波旅沪同乡会二楼开幕，到11月23日，一共5天。展览请柬上的广告是黄宾虹自拟的，有“黄叟宾虹二十年来，读画看山，从无虚日，纪游山水，不欲泥古”等言。到11月3日，傅雷写信说特刊已校阅，画册照相也已开拍，展览会大体就绪，只等他携画论南下参加。

虽然黄宾虹最终没能来沪，画展还是顺利开幕了。展前还出了个小波折，因为宁波旅沪同乡会在前一天晚上办了次婚宴，所以布展要在婚宴结束后进行，这个临时情况使得傅雷、裘顾夫妇等人都从18日晚起忙了一天，到19日夜里傅雷才得空写了长信向黄宾虹报告展览当日情况。

画展第一天是个晴天，虽然酷寒，但观展者仍很多。除了180件卖品，陈列品里还有藏家非卖品39件，多是邓实风雨楼、高吹万吹万楼、王秋湄秋庵旧藏。旧作以年代为序，新作借尺寸色彩搭配以求和谐醒目。展上陈叔通、王秋湄、秦曼青、朱砚英等都来了，还有法、英文报记者，《英语周刊》主编，法国驻上海总领事夫人。当日各家报纸舆论很好，售出情况也很好，展前已被熟人朋友预订41件，这天又预订了画42件、字14件。画展的第二、三天是周末，傅雷预计到时观众会更多。

到11月21日夜，傅雷再次写信给黄宾虹汇报画展情况，说连日展况热烈，观展者多有在场内徘徊审视达两三个小时的，也有携纸笔抄题句的。德国孔达女士偕丈夫来了。周六黄宾虹弟子、在上海美术专科学校任教的汪声远趁没有课携10多名门人赶来观展，还择重要作品详细解释，把画展变成了课堂。上海的英、法文报纸对画展都加以推崇，这是历年画会罕有的。傅雷以为这不是迷信外国人，而是外国报纸不像华文报纸专讲交情、轻易捧场，持论也严。华文报纸也有数篇自动撰文称赞的。这是画展的第三天，画作订出数量已达十分之九，画册也订去106本。傅雷兴奋地以为成绩是出乎意外地好，可见人海茫茫，自有识者。他还指出这次发起展览，动机在于令人有研究机会，现已实现，而画展上外国友人、后学弟子云集，黄宾虹希望的沟通声气、一正艺坛视听的目的也已达到。

展览会上招呼的是裘柱常、顾飞以及傅雷、朱梅馥两对夫妇。顾飞当时在一所中学上课，功课繁重，仍在课余抽空赶来，身为记者的裘柱常也抱病坚持。其余帮忙的多为傅、裘的朋友，还有黄宾虹族侄的伙计、美专旧同事。多日辛苦的无偿劳动，都是因为黄宾虹高年劭德、学艺感人。

11月24日，傅雷写信报告画展于前一天晚上结束，参观人数签名的有600多人，没有签名的是三四倍，售出画160件，后又有人慕名来傅寓购去7帧，所以是几乎全部售出，画册也预售了146本。傅雷总结这次展览成绩，以为在品质、出售方面，都为历来个人画展未有。

展览成功是意外之喜，最令黄宾虹感动的还是画展得到那么多好友的关注和帮助。他的沪上老友都亲临会场。他还借这次画展得到不少10年不曾通讯的各地老友的消息，在乱世里，大家共幸平安。如果真的像宣古愚说的10年、20年还可再有如此盛事，黄宾虹自然求之不得。可惜他虽强健如昔，他的老友蔡哲夫、宣古愚却下世了，次年王秋湄也去世。

1943年的这次展览，黄宾虹的许多朋友都以为是他一生画学的总结。其实，这次画展更是开端。

邈然太极得画理

伏居燕市的10年是黄宾虹静心融合摹古与写生的绘画蜕变期，也是汇通传统与造化的画学集大成期。他从上古金石上的原始文字中寻求来自自然的笔墨法真意，还多读周秦诸子学说如老庄文章及《周易》。他读《周易》取伏羲原始画卦本义，更由易生太极两仪四象八卦进入太极图。太极图体现了原始先民了解、把握世界的最初直感，是原始文化符号，是象征之象，体现了朴素的意象思维，是具有代表性的民族艺术形式，虽抽象简约，却包含生动丰富的万物万象。黄宾虹发掘太极图丰富的意象之蕴，并将其引入画学来概括画理、画法。

黄宾虹以为中国画最重线条，和古文字的发源、嬗变相关，典范就是金石古物上的古文字。他追溯到字画合一时代的原始文字，指出笔法线条中的直来自结绳，横来自画卦，由直线而曲线，演化为一勾一勒，就成为太极雏形。《周易》说无极生太极，由一点开天，然后一笔转折起讫，生两仪化出太极图。太极图是一个圆，蕴含着点线、纵横、勾勒、曲直、方圆还有黑白、虚实各种之象，开辟了一种有意味的形式，是中国传统书画精义所在。

1941年，黄宾虹有一帧《笔法图》寄给门人顾飞。这幅以图为例说明画法的课徒笔法图，中间画有一个太极图，旁注释文，第一句是：太极图是书画秘诀[①]。黄宾虹早在“五笔”法里就强调书画里的线都应一波三折，是取老子《道德经》说的道生一二三而无穷，可丰富线条表现力。他将太极图解构简化为一勾一勒两条线，勾勒又可构成一条曲线“～”。他又把曲线看成是一个展开的圆，蕴含一个太极，富有张力、内涵和各种可能性。关于这一点，后来他在授歙县学生汪孝文（汪聪，1924—2011）书法的信里解释得更清楚：“古人创为太极图，即书诀。者，书法之横，者，书法之直……此太极图之始。上画为天，下画为地，地上人行之道，即，水之古文如此。后人不易明白，借蝌蚪即虾蟆子之未出水而有尾者，互相盘旋作形，此是书法古文字之诀，亦即写字作书之诀。古人秘密不轻言此理，谓为天地阴阳，高远难知，其实至浅近也。”[②]可见他以为太极图是作书、写画秘诀，是从天地造化中概括抽象出来的，所以复杂又简单。

黄宾虹晚年弟子、林散之长子林筱之说老师晚年“常常以太极图教人，我看其行走手脚之势，处处是从圆字着眼”[③]，有些像打太极。可见沉浸传统数十载的老画家已将画学、国学融入生命生活里，人、道、艺不分。自从小时候金华倪翁教他写书画要用力均匀，还有他听到金华老画师要徒弟悬腕，几十年来黄宾虹写画时为了用力平均都采用悬腕的方式，指、腕、肘、肩平，全身之力，

---

① 上海书画出版社、浙江省博物馆编：《黄宾虹文集·书画编（下）·笔法图释文》，上海书画出版社1999年版，第443页。

② 上海书画出版社、浙江省博物馆编：《黄宾虹文集·书信编·与汪聪》，上海书画出版社1999年版，第44页。

③ 林筱之：《蜀游归来——忆黄宾虹老所教》，载《墨海烟云·黄宾虹研究论文集》，安徽美术出版社1989年版，第101页。

运于手臂，再以臂运使指，指不动。执笔姿势是指实掌虚。运笔则取清道咸年间金石画家包世臣提倡的转笔，始终是中锋，写出来是圆笔，都有太极意味。黄宾虹善于周秦六朝大篆，作篆就是用转笔。他更指出篆籀本自太极，笔笔用圆，横直成为勾勒，还有隶书也本自画卦之形，所以隶体方中用圆、亦方亦圆。

黄宾虹在《笔法图》注释里的第二句话是“一小点，有锋、有腰、有笔根”。他更借明代画家文徵明点苔一波三折和唐代书法家褚遂良每写一点必作“～”形，指出中国书画起于一点，所有的线条都是积点成线，每一点也都是一波三折曲线。他还说这一小点的起点有锋，锋有八面，正如八卦，四正四隅，有多种可能性，就是笔法的“变”。他以为太极图起于一点，这一波三折的点蕴含一个太极或八卦，自成天地。这和他蜀游归来悟得点法是互相启示，摹古感悟和写生领悟可互相促动。

黄宾虹70岁入蜀得悟的就是点法，他晚年也对弟子说“打点作皴”是他的发明，古人未有此说。将绘画基本元素还原到点而非一画的线条，是他这时期最重要的发现，也改变了他的画作面目。由此他反对等而下之的涂抹描画，也对董其昌提倡、“四王”发扬的兼皴带染持保留态度，倡导能更接近自然的点染，即以一波三折的点（也可看作短线、短皴）来积点成线、成形。

黄宾虹并不是否定古人根据自然山水形态创造出的各种皴法，而是期待更活、更多变、更富天趣。在上海时他就曾尖锐地指出一些人作画程式化得可怕，画树像用刻好的各类“梅花点”“个字点”的橡皮图章，一个个打上去，毫无变化。傅雷也批评有些人将以前人的残山剩水拼凑堆砌成幅，犹如益智图戏。黄宾虹还指出董源披麻皴是山水纯正笔法，只是容易板滞，所以巨然才复归为点、短皴，后来米家山水、吴镇写山水多以点代皴，都是巨然一脉，得山水自然之貌。他还以为乱柴皴、乱云皴、乱麻皴等较自然、活而善变的皴法都是化板滞的圣药。作画要先求笔笔清楚、起讫分明，再借中锋腕力和纯熟手笔加以浑成融合，才能自然。这是他小时候就受教然后又用大半生去领悟、改进、运化的。他晚年就喜用他10岁时就喜爱的王蒙的解索皴，取其“～”一波三折的自然曲线美，以为是综合各种皴法后的综合和简化。

蜀游中黄宾虹还由点法、点染领悟墨法，发明了饱含水墨、落笔打点的渍墨法。他指出墨法不全已久，到道咸诸家才从古金石中重新悟得点染法，画学得以中兴。黄宾虹隐居池阳湖后以吴历积墨法作画，层层积染，已渐趋密集厚重，但还没自成面目，与他蜀归后悟得的“雨淋墙头”与落墨抛笔渍墨法还不可同日而语。蜀游归来后，黄宾虹几乎同时进入临摹古画的最后阶段——摹写北宋画。北宋画远看浓黑深厚，近看全是积点而成。点线攒簇，将摹北宋画和蜀游领悟的点染结合起来，黄宾虹渐渐得到黑、密、厚、重的墨法大成，那是他年少见金华山时就有所悟的意境。

黄宾虹提倡“七墨”，说深浅浓淡只是皮相，宋人墨法腴润、元人渴笔苍润都各得其妙。他特别注重积墨、渍墨、焦墨、宿墨，求水墨酣畅淋漓、墨色浓郁、墨华粲然，是因为元以后尤其清以来画坛风气多取法倪、黄的专尚淡墨，但没有唐宋墨法的沉郁雄厚为根基，一味求雅淡，以淡墨干笔皴擦，容易流于松懈孱弱、枯燥干瘪、没有神采。他提出要以唐王维的“水墨最为上”，用五代北宋董源、巨然、范宽以及元明清吴镇、龚贤、石溪、吴历等人墨法来救之，更指出墨法变化无穷在于用水，水墨互用，才是墨法，妙于用水，才能达到水墨神化。他在1944年与傅雷信中说到真画者用浓墨，下笔时必含水，才能润而活，兴会淋漓，不知者以为墨未调和或者似墨渗，以为不工，其实非不能工，不屑工也。他在北平期间试验如何以水将浓墨、焦墨化开，以水渍痕迹得到画面的氤氲空灵，还继续探究徐渭、石涛、龚贤、查士标等人曾尝试但未深入的“铺水法”，以大笔蘸水铺在画面上，希望能营造完美的虚实效果。

黄宾虹在北平进行各种水墨尝试，他用水培养苔藓作为书房雅供，是想在北方的干燥荒寒里求一点江南的温润。他写黄山画、池州画、桂林画、蜀游画都喜欢写雨夜昏蒙、烟晨隐约、岚气变幻，是求自然之真也是求诗意之幻。他此时笔下墨法研求都和用水有关。浓墨、泼墨不待言。淡墨要多次重叠渲染、渐渐成浓，才能得墨色滋润自然。破墨是水破墨、墨破水，更是以浓墨淡墨在将干未干时互相渗破，利用水分自然渗化，获得物象的阴阳向背、轻重厚薄之感，而且墨色新鲜灵活，如见雨露滋润，在纸上似乎永远不干。他还特别喜欢用新安画派程邃擅用的焦墨渴笔，古人称“干裂秋风，润含春雨”，看似枯燥，实则以润出之，墨法华滋。积墨法与渍墨法更有淋漓滋润之妙：

积墨之法，用笔用墨，尤当着于“落”，则墨泽中浓丽而四边淡开，得自然之圆晕，笔迹墨痕，跃然纸上。如此层层积染，物象可以浑厚滋润，且墨华鲜美，亦如永远不见其干者。[①]

渍墨须见用笔痕，如中浓边淡，浓处是笔，淡处是墨。[②]

黄宾虹1940年发表了《画谈》一文，墨法已成了浓、淡、泼、破、焦、渍、宿七字，以渍墨代替积墨。他晚年确实有时渍墨、积墨不分，后来研究者关于其墨法的争论分歧也多集中于此，有以为两种墨法，有以为同一墨法、渍墨从积墨发展而来，还有以为诸墨要以积墨或渍墨手法运用。研究者王鲁湘以为积墨强调层层深厚、点染的层次，即“浑厚”，渍墨强调水墨神化、墨华鲜美，即“华滋”。李达《论黄宾虹的渍墨法》认为渍墨是妙于用水的墨法之要，以渍墨运用七墨，墨法才大成。有争论才可见黄宾虹笔墨法的博大丰富。

在《笔法图》注释中，还有“画先笔笔断，而须以气联贯之”等话。黄宾虹作画的一点或说一勾一勒，都能形成一笔“～”，笔断而气不断、意相连。他的弟子们说，他晚年作画必然一勾一勒，然后又是一勾一勒，一笔如此，千万笔无不如此，笔断意连。黄宾虹曾用“拨镫法”来说明，这是包世臣在《艺舟双楫》中说的书法执笔手法，他借来比喻绘画笔法和章法。善于骑马的他结合古人理论和自身践行经验说：

笔墨之妙，尤在疏密。密不容针，疏可行舟。然要密中能疏，疏中有密，密不相犯，疏而不离，不黏不脱。是书家拨镫法。[③]

书家拨镫法，言骑马两足跨镫，不即不离。若足黏马腹，则马不舒；而离开则足乏力。古人又谓担夫争道，争中有让，隘路彼此相让而行，自无拥挤之患。

---

① 朱金楼：《近代山水画大家——黄宾虹先生（上）》，《美术研究》1957年第2期。

② 上海书画出版社、浙江省博物馆编：《黄宾虹文集·书画编（下）·墨法图释文》，上海书画出版社1999年版，第445页。

③ 转引自王鲁湘：《黄宾虹研究》，人民美术出版社2014年版，第70页。

“拨镫法”“担夫争道”都是指画中笔墨布局的不黏不脱、不即不离、争中有让、疏密有致的状态，是对每一笔乃至整体章法的要求，也就是他一直思考的来自清末“小四王”之一王蓬心和郑珊的“实处易，虚处难”和《道德经》中的“知白守黑”。

拨镫法也与太极图有密切关系，每一勾勒都隐成太极两仪之象，布局章法的黑白疏密虚实暗合太极图之势，更由太极的回环往复、变化无穷、生生不息给人以灵动丰富的气韵联想。太极图的一阴一阳、一黑一白，黑中白子、白中黑子的互相包含，可演化为画中的疏密虚实。画的笔墨是密处实处，布白是疏处虚处。

黄宾虹早年得郑珊授“实处易，虚处难”，知晓古人作画于无笔墨处、空白处尤用心，了悟虚处最难学步。他后来承前贤董其昌的“虚白”、邓石如的“计白当黑”说，还吸收西方画学的合理成分，提出“白光”说，以为画有气韵流动是由力而生，光（虚处）是从气（韵）而生。气膨胀、收敛，就是西方物理学说的离心力和向心力，两力取得动态平衡，呈现张力，有大开阖、有小争让，连绵不断的气潜行于画间，成为活泼自然的生命脉络，和太极图有无尽相似之处。

晚年黄宾虹的画有疏密两体，在北平时，两种迥异面目都已可见。疏体画从勾古画法演化而来，他用来写生，即使途中车行、船行迅速，也方便勾勒实景之概。他游山的记游速写，都只勾勒骨架而无皴染，近于倪、黄简笔画。北平时他又受北宋画阴面山的影响，多作密体画，在勾勒的骨架轮廓上加以几十、几百次点染，无数一波三折的点和短皴、曲线攒簇一处，各种墨法、水、颜色层层积染，却能“密而不犯”，融洽中得分明。他更在画的至密极实处留下许多小空白、“白光”，让人在深黑中见虚灵，求疏中密、实中虚、繁中简，从而成就他苦心孤诣的惨淡经营。

北平后期的黄宾虹在极繁极密画风达到极致时又开始追求简、疏的另一层面复归，直至在生命最后几年看似回旋实则再次进化，写出线条拙朴疏朗却有极强内敛“力”、有丰富“气”（韵味或内蕴）的简笔画，完成他一直致力的从宋回归元的努力。北平时期是非常重要的积淀期。

北上故都时，黄宾虹在行箧里随身携带了近年积存画稿，多是未竣工的写生速写或临古草稿。先前在上海时，熟知历史、生性谨慎、惯于未雨绸缪的黄宾虹为防战火忽起，曾择留千余张近年较惬心的画作，托四弟晋新携带到金华山寺寄存收藏，是藏诸名山之意。他以为僧寺虽偏僻，僧徒朴讷不识字，但在这个世外之地，自己的画作应该能保存不失。后因时局不靖，寺院遭遇寇警，四弟将画稿交还于他。除了将部分寄存他所，黄宾虹将其余大部分随身携来北平。黄宾虹一直主张少应酬、多练习是画学真诀，此时伏居北平，少有交往，更无一日不练习笔法。

黄宾虹也一直认为多见古人真迹是绘画进步的重要基础和前提，此时的他也无一日不观古人真迹。他早年就觉得19世纪末中国旧家还多有古画收藏，当时画家对古画法还多有研究，后来真迹多流失国外，画者无缘见古画，画学不振。因此黄宾虹自从扬州游学以来，这几十年的收入盈余都买了金石书画，时时摩挲、体会、临摹。黄宾虹在上海时，多有辛亥革命后来到沪上成为寓公的清代遗老们出让名家真迹，他也多见真迹。后来他还因故宫鉴画多见真迹。到北平之后，因为抗日战争以来的数年兵乱，他在北平书画店中又多见本来秘藏于齐鲁晋豫各地富家巨室的金石书画真迹。这些经历也是黄宾虹以为乱世易出绘画大家的原因之一，乱世虽是家国不幸，但于画者，不但能使其多历沧桑，襟怀更为广阔，而且名家收藏不再藏诸密室而可多见真迹，这是一种机缘。此时的北平书画店除了可多见元末明初佳品，甚至六朝唐宋名画真迹也还或可一见，遇有异品，黄宾虹即使不能购得，也务必借来观摩临写，静观细玩其一点一画，领悟揣摩笔墨章法。如此久而久之，心中领会各家画法，心摹手追，腕底变化自现。所以在北平的黄宾虹自觉笔墨时时变易，画论也需要修改。

黄宾虹重视临摹古迹，除了想要提升笔墨法，也意在从真迹中探寻画史源流、辨明画学正轨。他在北平时，多见宋画，如五代北宋董源、巨然、范宽、“二米”及南宋李唐、马远等人真迹，尤其着意画中的阴面山，取法其中笔力沉着、墨彩浑厚的莽莽苍苍之趣，不但摩仿笔意墨法，而且领会画趣而常有所得。1946年他还曾购得敦煌出唐人贾至（和王维同时的唐代诗人）开元十三年（725）画人马一册真迹，惊叹其笔法有锥沙印泥之妙、胜过王维，将其视为至宝。他还得到敦煌唐人写经残片，对笔法也反复摹写并引之入画。他此时作画还涉及唐人作画的青绿设色法。黄宾虹此时多见并摹仿唐宋真迹，细玩古人笔法，多悟得失传的画家真诀，还解开了他思考很久的一个画学之谜，那就是他常提及的吴道子三百里山水一日而成。

唐人作画常称是十年、千遍而成，如杜甫《戏题王宰画山水图歌》诗里就说王宰作画是“十日画一水，五日画一石”，但吴道子写三百里嘉陵山水却是一日而成。对于这看似矛盾的说法，黄宾虹加以合理解释，说吴画一日而成只是头一遍勾勒，而王画是由点积叠千百遍而成，所以费时。他感叹从看真迹可知，宋画还要点染一两百遍，元画也要数十遍，明代后点染笔法已失，所以画多薄弱。

王宰和吴道子的渲染、勾勒两种倾向，还和黄宾虹此时疏密两体探索暗合。他以为吴的粉本白描类似西画速写，只以笔法勾勒轮廓而不渲染设色，简笔画就是线条画的开端。但作简笔画其实并不简单，要先练好繁笔画再减其笔数，再求一挥而就，极简处有极繁之意行乎其间，才能精神宛然、气韵生动。黄宾虹少年时就练白描，可作时事画、插图、速写，也学《芥子园画传》，到此时已有几十年功力。当然密体画也不简单，黄宾虹以为点染至少要像元画的五六十次，还要像王宰写画一样，需五六日之力才可确定大致布局，点染皴渲还要十多天补缀，不然难以浑厚融合。笔法是骨，墨法是肌肉，设色如皮肤，都不可偏废。

黄宾虹并不讳言自己是因为渐入老景、目力不济，作细笔、工笔眼睛会酸痛，所以多作简笔画，这是客观存在，但也强调粗笔、简笔不易，要笔简而意工。他大约是从1930年开始左眼有些不清楚，因一向近视，以为只是近视加深，到1939年才知是患了白内障。老年性白内障发展较缓慢，一般要经历十几年的时间，初期症状并不严重。经医生诊治，当时对白内障的认识是要等白内障长熟后再开刀，他就先听之任之。到20世纪40年代后黄宾虹左目还有咫尺之明，早晨有数十分钟明晰，可握笔写画，但日出之后尤其近中午就昏翳不明如雾中，只能凭感觉下笔写字，作画则不能，所以他每日的作画时间，只有早晨的一两个小时。他还常感作画时手臂酸痛。这一切局限，并没有让个性强韧的黄宾虹沮丧，他反而更努力，也更渴望新境界。

黄宾虹经过几十年临摹古今真迹，还悟得名家优劣都依赖用笔功力，力不足便不能自然，是一点也不能勉强的，所以他将作画和练习拳术相比，说方法之外，还贵于勤、贵于坚持。他每日要趁早晨在粗麻纸上练习作草，这个习惯是从20世纪20年代在上海开始的，因为粗麻纸纸性涩笔，比起宣纸的光滑、不留笔，更容易入手。黄宾虹这时已年届八十，仍抱着练习心态，在粗纸上练腕力、笔法，如折钗股的圆、屋漏痕的留，求笔力强劲而无剑拔弩张之气、有舒和之致。他平时练习积成的画稿粉本，在北平时已达万余页，有铅笔速写，也有墨笔勾勒的。这些高高堆积在书桌或用蓝粗布随意包着放在书房里的“三担稿”，有的只存一轮廓，有的除了署名，和成品已无不同。他仍朝夕加以点染，自以为用笔未工。在每日日课练习中，他渐渐将近10年游闽粤、巴蜀诸山的写生稿与临摹古画融合无际，采古代各家皴法之长，又综合变幻无穷的自然山水，使古法全活，符合释家所说的“不参死禅”，跳出前人窠臼，出以自己意思。到1947年，他终于对弟子朱砚英说自己的融合已渐自成面目。这就是临近破茧时。

黄宾虹在北平期间画作的“黑”，其苦涩的味道、深厚的意蕴、繁复的笔墨，是摹写唐宋画的痕迹，也是他不能从现实忧患里求脱的心灵印痕：

> 近来拟法唐敦煌发见，及宋元西北收藏名迹，稍稍受其缚束，兼时事不宁，胸臆郁塞，每作一画，竣工之后总觉不够，愈加愈多，什居其九。……
>
> 近检历年拙笔日课所作，大半未成完全尺幅居多。又以北来搜求唐宋画迹，窃以北宋人多画阴面山，且用重墨，如夜行岩壑间，层层渲润，必待多次点染，须待岁月而后了，虽未免沾滞重浊，然于实后求虚，亦习画必由之径。[①]

---

① 上海书画出版社、浙江省博物馆编：《黄宾虹文集·书信编·与傅雷》，上海书画出版社1999年版，第222、224页。

黄宾虹说自己因时事不宁难免心情郁闷，此时又多摹写唐敦煌和宋元名画，宋画多写阴面山，浓黑如“夜行岩壑”，要重重点染，于是便愈加愈多，不免沾滞重浊（即执着沉重不通达）。他也知道此时还是欲简不能简，要到达“实后求虚”，只能“待岁月而后了”。

黄宾虹甚至认为自己近10年还难以脱去摹拟宋画痕迹。摹宋画是他画学关键，正如北宋是画史上的关键时期，宋画师法自然却一变唐人的写实，求神似而非貌似，得实中之虚，还开始由博返约、由繁趋简、由实求虚，向元画的概括、抽象、空灵过渡。黄宾虹重虚实，所以重宋元。在他眼中，中国画自五代北宋董、巨等大家得虚实兼备，而后“元四家”尤其倪、黄的极简逸的简笔山水，都从唐宋画来，由李、范、荆、关、董、巨等人繁密绚烂、苦心孤诣处脱出。因此，他强调：元画的离象取神、野逸简淡虽是画中最高法则，但必须由唐宋写实脱化而来，渐入写意逸品，变实为虚，变繁为简，寓实于虚，才不流于空疏，作画切不可过早求脱。这告诫真可谓苦口良药。

黄宾虹说学元画一定要从北宋或唐起步，还因为从画史看，绘画在唐宋发展到生机萌发、健康活泼的青春时期，充满各种可能性。正如发展较早的书法在魏晋六朝时千姿百媚，到了唐代虽臻于圆熟，却失去活力生机。绘画也是发展到元代时虽然成就了高峰，却失去草创气势。黄宾虹以为近代的尊元薄宋是误区，有唐宋骨力才可学元人气韵，以几十年浸淫唐宋之功，发而为写意之作，才能元气充沛，得刚健婀娜、纯全内美。黄宾虹坚定遵循这条正途，虽然走得慢，但他走得比很多人想象的都更远，终于看到更辽阔的新世界。

黄宾虹虽是文化保守者，但画史观并不褊狭。他推崇作为中国画高峰的宋元时代，也认可明末和清道咸年间同样是中国画的特彩奇光，虽仍在含苞蕴蓄中，留待后人发扬光大。他以为明末启祯年间嘉兴、常州、新安画派学人都是画中之龙、国画正传，学倪、黄“得其神”“师其意”而不袭其貌，还上窥北宋精神。他也认为道咸诸家近法启祯、远师北宋，以实的金石文字学学识为基础达到翔虚境界。他的画学画史观是丰富多元的，恰如他的绘画面貌。

予　向

北平十年困居，黄宾虹在北平刊物发表画作著述时款识多用“予向”，寄给南方和港澳友人的书信和画卷仍署名“宾虹”“虹叟”，寓意他的民族情怀。

“予向”曾是黄宾虹清末初来沪上的别号，有两种含义：一是他以为明末恽向的画“浑厚华滋”，心向往之。二是东汉的向长在乱世里隐居不仕，喜读《周易》，后与不仕王莽的禽庆共游五岳名山。而黄宾虹喜欢游山，更倾慕向、禽为人处世之道。他重用这个旧笔名，有在困居中向往自由生活之意，也表明了其闭门做学问、不与当道者和日本人合作的坚决态度。这个笔名包含了他在北平的生活内涵。

北平沦陷之初，黄宾虹就深居简出，谢绝应酬，不谈时事，不拜谒要人。1937年底安徽人江朝宗出任伪北平市长，想力邀他这个乡贤出山，被他坚拒。在石驸马巷的陋室里，黄宾虹对历史上各乱世的士夫学者如春秋老子、庄子，南北朝庾信，中唐杜甫，南宋陆游，明末清初程邃，还有以身殉国的忠义气节之士如抗清名将黄道周等人的诗文与画作倾注了更多关切。他还购得无款宋人山水画，常对此作卧游，吟诵陆游《金错刀行》诗句“呜呼！楚虽三户能亡秦，岂有堂堂中国空无人”。他还多写梅竹等寓意志向气节的花卉草木，也以黝黑深沉的墨色写祖国故土山水的风雨如晦、秋色萧瑟。1938年冬，他写了水墨山水《宋故行宫图》寄赠陈柱尊，回忆了1935年途经香港凭吊九龙海边的宋代古行宫遗址“宋皇台”，借昔日国难含蓄表达黍离秋思。不过他此时的画中山水仍多气象浑厚、韵致华滋，不写南宋画的一角边隅、残山剩水，显示了他对中华大地山水所象征的传统文化未来命运的信心。

当此国家命运危亡之际，传统文化艺术也面临皮之不存、毛将焉附的考验，黄宾虹这个追求世界艺术大同的老人，也直面了艺术和现实政治近乎残酷的分裂。北平沦陷后，北平艺术专科学校沦入日本人之手，文化侵略攻势强大、无处不在，甚至渗透入课堂讲义。然而，据《黄宾虹文集·书信篇》附录之六王中秀《1946：故都文物研究会》里提到，在黄宾虹遗物里找到一段写在北平艺专日文讲义背后的论画草稿，这个遗存是历史见证，也是意义鲜明的象征，寓意老人及他心底中国传统文化的坚韧生命力。黄宾虹继续画学与古诗文教学，心里坚信历史终将证明在中国如此深厚广博的文化面前，外来军事武力的征服从来都是短暂的，只要传统文化一日不消亡，薪火传承不竭，中国就一日不会灭亡。

随后的1939年，发生了黄宾虹将慕名前来拜访的日本画家拒之门外一事，这个特殊历史背景下的必然抉择和先前他对待上海小报说他已入日籍消息的慎重态度一样，反映了士夫对民族大义和爱国气节操守的看重。日本画家、画史学家中村不折和桥本关雪都是黄宾虹早年通信认识的老友，1929年、1930年在上海中日画家联谊活动画展上见过面，此时他们因年纪大了，委托画家荒木石亩趁来中国之便看望黄宾虹。荒木来到北平，下请帖设宴招待文艺界同行，却失望地没见到黄宾虹。他听说黄宾虹现在不轻易出来，就想在宴席散后前往黄宅拜访，后经人劝告说黄宾虹曾有“宴会我不去，也不想见他”之言，便辗转让黄的学生石谷风前往告知。黄宾虹以为虽和日本友人有多年情谊，但“私人交情再好，也没有国家民族的事体大”，让学生回话说自己不在家以示婉拒。但荒木仍执意要见，黄宾虹于是写了张告示贴在门上：“黄宾虹因头疼病复发，遵医生所嘱需静养，概不会客，请予见谅。”次日，荒木一身汉服来到黄宅门口求见，石谷风立于门前挡驾，手指告示示意，荒木只好向门内鞠躬而退。临走前他请石谷风转交中村不折的信，内容是邀请黄宾虹赴日本举办画展，黄宾虹对此一笑置之。[①]荒木的遗憾是历史的遗憾，却是黄宾虹一生无憾的重要片段。

1940年初春，黄宾虹有诗寄给远方老友陈邦直：“旧交历历谈天宝，劫灰沉沉又义熙。苦忆长安陈季子，怆怀可有少陵诗？”[②]他以隐者陶渊明身处东晋末年义熙年间、诗圣杜甫身处唐天宝年间安史之乱中的境遇隐喻当下，含蓄地抒发了艰难乱世中的怆然情怀。陈邦直也回赠以诗，对他这个隐身闹市、在故都局促冷寂氛围中有如冬青抱岁寒之心的老画师发出“真好汉”的赞赏，还表

---

① 王鲁湘编著：《黄宾虹》，河北教育出版社2000年版，第26页。

② 上海书画出版社、浙江省博物馆编：《黄宾虹文集·诗词编·怀陈邦直》，上海书画出版社1999年版，第214页。

示对他“忧中乐”心态的认同。

黄宾虹在乱世韬光养晦，但在1941年发生了他被日军拘捕到警察局之事。他被审问了很长时间，幸亏没有拘押过夜，因年事高迈得到两枚面包充饥，后被释放。关于这一无妄之灾的起因，有多种说法。他的一个北平朋友说可能是因为他常与南方有联系，引起敌伪注意。他在南京的弟子段无染则据别的朋友传言，说是黄宾虹在腊月携带爱犬和古画二轴，乘人力车到别处去，中途遇到一个外籍无赖拦车强行夺取，老人与之理论，反被无赖逼迫到“巡警阁子”（北京人旧称警察派出所）。日伪警察不分是非，竟将黄宾虹强留所中，狗被无赖带走，画也丢失了。黄宾虹此时有《失犬诗》，说因自己的陋室多鼠患，鼠常啃啮书籍纸张，为免鼠害，友人送了他一只狼犬。一天，他携犬上街，却被外国无赖夺去，而警察媚外，居然助纣为虐。1942年3月，黄宾虹给段的信里也提到此案近已破获，但失物尽去，感慨“行路难”。这个评语让人联想更多，是暗喻时局险恶，也见国运维艰下普通民众的危机感。

1943年黄宾虹八十寿辰，北平艺术专科学校的日本负责人“辅佐官”伊东哲计划以全校师生名义为他举行庆寿会和画展，委托学校职员专程到黄寓所邀请，说届时派汽车来接。黄宾虹坚决拒绝了，对来者说：“我不愿参加，不用派汽车来。”①但艺专还是为他举行了仪式。

1944年春，黄宾虹经长安街时目睹了日本侵略军结队于新华门前。异国军人在故都文化重地耀武扬威的行为给了他极大刺激，黄宾虹回去后不能平静，写了一幅《黍离图》并题诗：“太虚蠓蠛几经过，瞥眼桑田海又波。玉黍离离旧宫阙，不堪斜照伴铜驼。”②诗中用《诗经·黍离》这首周人经过故国宫殿宗室时怀念故国、抒发兴亡之思的诗篇，借黍离麦秀、宫阙、斜阳、铜驼等典故抒发国家、文化存亡之忧，但首两句时空开阔的视野还是显示了他一贯着眼历史的乐观展望。

在北平，在文化侵略的精神阴影下，黄宾虹时时以少年时代深受浸淫的浙

① 转引自裘柱常：《黄宾虹传记年谱合编》，人民美术出版社1985年版，第86页。

② 上海书画出版社、浙江省博物馆编：《黄宾虹文集·诗词编·题黍离图》，上海书画出版社1999年版，第210页。

东学派黄宗羲等遗民思想家、新安画派诸前贤的民族大义自勉。在他眼中，明末清初是历史也是画史的关键时期，此时的著名遗民隐逸画者如石溪、龚贤、程正揆、石涛、八大山人多为一代大家，其中也包括新安画派的渐江、程邃、郑遗甦、程嘉燧、黄生、黄吕等。这些士夫学人多是东林党、复社、几社中人和遗民，由于忌讳，记载在画传里的只寥寥数人，且语焉不详。而与东林党人世代有仇的虞山画派王时敏在清代三百年间被供奉为山水画宗师，立"四王"门户，门下香火不绝、教徒众多，画学因此衰落。黄宾虹将这段认识见解作为自己画学画史体系中民学与君学的重要例子。

黄宾虹有志于搜求辑录明末遗民画家逸事，在隐居潭渡时已开始。来上海后，《国粹学报》同人多借遗民诗文画作来宣传反清思想，有了志同道合的友人，这成为黄宾虹终生的爱好。这些明清画人由于时代不远，手泽犹存，散落家乡民间的逸闻也不少，黄宾虹经几十年搜集，积攒了数十位画家的资料，又考证他们的生平、交往、著述，再将每人画传交织组合，努力重现明末清初画史。

此时的陋巷，寂静如居深山，黄宾虹潜心编著渐江、石溪、程邃等人的传记。这些画人都是过去200多年未有人加以表彰的，在20世纪40年代的北平研究这些遗民画家，有历史意义，更有深远的现实意义。这些遗民身为中国文化传统里志行操守坚贞的典范，诞生在天崩地裂的动荡时代，一生坎坷造就绝艺。大时代里个人是渺小的，他们却在民族忧患命运中凸现了文化与精神的力量。后人不能也不应令其磨灭。

黄宾虹首先编成了《渐江大师事迹佚闻》，1940年以予向之名发表于《中和月刊》。这是他根据积累了三四十年的资料，以写于1909年的旧作《梅花古衲传》为基础，并对前人著作和传说增扩纠误而成的画家传记。文章约10万字，分氏族、身世、游踪、画迹、师友、收藏、诗文、画偈、朋友名贤题赠等。资料充分全面，考据严密，对渐江传奇脱俗的一生叙述生动，加之他对渐江思想行为真切的理解与景仰之情，这篇文章可谓论述公允，情韵委婉，文采斐然，是一部渐江和黄宾虹自己的心灵史。

渐江和许多新安画家一样嗜好游山，壮游过武夷山、庐山，回乡后在黄山莲花峰下结庐，隐居云海松石间，去世后葬于此，和黄山有不解之缘。住在黄山的10多年里，他的山水烟霞之癖未改，常往来云谷、慈光之间，多至山中猿鸟不至、风色绝佳之地。黄宾虹以钦慕之情描写了渐江在黄山间的身影，凸现了他奇逸雅正的气质。如一次渐江和侄子江允凝等同游，夜宿文殊院。黄昏时渐江坐在山顶石台上，入眼是左天都、右莲花苍然遮蔽天空，周围群峰如在两峰腋下侍立，远处千层万叠的山峰更似罗拜在前。直到暮色已合，明月高悬，他还卧文殊石上吹笛不忍离去：

> 渐师登峰之夜，值秋月圆明，山山可数，坐文殊石上吹笛，江允凝倚歌和之，发音嘹亮，上彻云表，俯视下界千万山，山中峭绝，惟莲花峰顶老猿，亦作数声奇啸。①

透过时空直视渐江如其画作和黄山山水般清逸幽寂的历史背影，黄宾虹也以自己同处乱世的感同身受，体察前贤的沉痛、伤感与惘然，说渐江是寄身世丧乱之痛于画，以画为心史，凭借高超学力、清高气节，达高妙之境：

> （渐江）洎乎世事沧桑，黍离麦秀之慨，至不获已，遁入空门，歌泣声沉，寄之于画，偶然挥洒，无非写其心史，不必求工而已无不工者。由于名节砥砺，学术磋磨，朝夕熏陶，取法乎上，如渐师者，俯仰古今，士大夫中，曾不多觏。②

渐江作山水多以真山水为粉本，画武夷、黄山、白岳、庐山的真面目。他归黄山山中，寝食变幻烟云，作画千百幅，写的是黄山，也是他一生胸襟里所藏丘壑。他还工于梅花竹石，取象淡雅萧疏。渐江初学北宋，后学元倪瓒，由

---

① 上海书画出版社、浙江省博物馆编：《黄宾虹文集·书画编（下）·渐江大师事迹佚闻》，上海书画出版社1999年版，第191页。

② 上海书画出版社、浙江省博物馆编：《黄宾虹文集·书画编（下）·渐江大师事迹佚闻》，上海书画出版社1999年版，第187页。

宋画上溯到唐画然后蜕变，所以笔意沉雄简劲，墨法腴润，而不只是清雅。新安画派崇尚“元四家”的倪、黄就是从渐江开始的，他是新安画派宗师。程邃说歙地的画学正脉，以文心开辟，渐江为独步。渐江能成为大师，除了遗民气节，还在于他一生无时无地不在学中，一日舍弃书画书籍不读就有内疚之感。他自称“渐江学人”，以积蓄几十年的蕴异含真的学术成就寄意书画，画之外，小诗、画偈也清雅绝俗，文有魏晋之风。黄宾虹时时刻刻、方方面面都以渐江为师，尊称其为“渐师”。人有异代知己，渐江就是黄宾虹在生命里立下的楷模，很多时候他提渐江就是夫子自道。

黄宾虹收藏有《渐江水墨山水轴》《枯木竹石》《梅松双清》《渐江山水扇面》等渐江真迹，时时摩挲，说以渐江为对照，自己才走了第一步。

《渐江大师事迹佚闻》的结论部分写到明末三位高僧画家（加上八大山人就是明末四画僧），说渐江清逸、石溪整严、石涛放纵。在接着的《释石溪事迹汇编》序中，黄宾虹说渐江由唐宋筑基，取神倪、黄，意多简逸。石溪从元人入手，力追北宋，气尚遒炼。这一对比流露出其对石涛过于放纵、神气不够高古的颇有微词。

《释石溪事迹汇编》其实是《石溪石涛画说》一文的附录。篇首是前人的石溪小传、逸事，接着列出石溪画作，并录出每幅画的原题诗跋，还搜集了石溪与朋友来往的信札、互赠的诗文画卷，资料齐全，为后人了解性情乖僻、身世奇异的石溪生平打下基础。虽然《释石溪事迹汇编》偏重资料汇集，和《渐江大师事迹佚闻》的感情色彩浓烈不同，但材料取舍自带评价。

《释石溪事迹汇编》一文署名陆元同，只是序言署名黄山予向。可从黄宾虹此时给段无染信件等处知晓，此时黄宾虹因为忙，身体也不好，就让国画研究院的一位学生、因爱好绘画常来黄寓请教的陆元同在暑假里帮着在北京图书馆辑录石溪资料，陆将资料交给老师后，黄宾虹将之与自己以前搜集的资料一起辑成石溪逸事并以陆的名字刊登。可见黄宾虹对名利的淡泊，以及学人道德自律之严。

黄宾虹在《石溪石涛画说》中提到明末气节不仕之士多隐居奇山灵水，更以佛理参画理，所谓“笔法从蒲团上来”。石溪一生和渐江相似，渐江和黄山亲近，他与南京牛首山关系也特别，而多历山川磨砺、苦行僧般的经历使他更容易从自然中领悟佛性与画理。石溪也和渐江一样出入宋元，他宗尚五代画僧巨然，以“元四家”逸品为归。黄宾虹一生深受巨然、石溪影响，甚至超过他最推崇的董源与渐江。明末四画僧中，黄宾虹常诟病石涛、八大山人，而相比渐江的清雅，石溪谨严生辣而不失幽逸古雅的画风，写山水境界的夭矫奇僻、缅邈幽深，笔墨的苍茫高古，设色的清湛，以沉着痛快之笔写胸中一段孤高秀逸之气，都与黄的气味更相近。

黄宾虹又在1943年发表《垢道人佚事》，记录另一位明末乡贤垢道人程邃的金石书画、品行文字。文中考证了程邃的生卒年，还据前人记载说他是方颐广额、双眸炯炯、高八九尺的修然伟丈夫。程邃与另一位遗民画家龚贤在南京常聚首饮酒，醉了就慷慨悲歌、目空一世，给人仙道剑侠中人的错觉，但接触其人其学，可知他是有道之士，他的不仕王侯、高尚其志，更和古贤人所去不远。明末东林党人等清流势力遭遇党锢之灾，程邃以布衣身份被列入党狱，虽幸免于难，却经历了明末时局的艰危、明朝灭亡的苦涩，一生流离。黄宾虹以为程邃因经历过东林思想洗礼和苦难时世磨砺，画才写得痛快。如果看黄宾虹参与黄社、南社的相似点，可以说《垢道人佚事》也是他的夫子自道。

程邃的故乡离潭渡只有10多里路，黄宾虹自1900年始就在家乡搜罗他的遗物，相隔200多年，世事沧桑屡变，所以他得到片纸只字都珍若拱璧。他多年霜抄雪纂，汇编成帙，个中甘苦，都在这篇《垢道人佚事》中。他早年在家乡得到程邃《千岩竞秀图》等真迹，一直带在身边未离身。每当摩挲这些遗民学人画作时，黄宾虹都觉一种荒寒岑寂之气扑面而来，心中多有感慨。

程邃于书画篆刻都精深独造。他的画有金石气，他更是著名印人，多识奇字，如三代遗文、漆画竹简、钟鼎彝器石鼓、秦汉碑碣上的铭文都曾深入研究，并摹入篆刻，融会其中，形成古拙朴茂的风格。徽派金石篆刻天下独步，程邃开学周秦古玺印风气是一大关键，自此能自成宗派，其后程瑶田、巴予藉、黄吕等人都跟从他。黄宾虹作为深受影响者，以为程邃功不可没。在结论中，黄宾虹自叙编辑垢道人生平的艰辛，也表达了其坚定信念：人纵厄其才于生前，天将昌其学于后世。

黄宾虹收集金石上的战国文字，关注明季书画，为了画学，也是为了“考证当时形势风俗，参合近时如何采择之方”①，想寻求应对当下民族危机、延续中华文化传承的途径方法。诸子学说在战国乱世中应运而生，山水画发源于六朝乱世、发展于五代乱世，五代北宋董、巨、荆、关、李成、范宽共同构筑了以中华南北山川浑厚、草木华滋为形态的浑朴自然的绘画审美典范，成为民族性象征，被后人永远向往。元末、明末乱世里的画家都曾上溯回归北宋山水正宗来汲取灵感与养分。黄宾虹在致敬明末遗民画家回归宋元的艺术追求外，也继承了渐江、石溪、程邃对复兴民族文化理想的努力。

黄宾虹在北平的画作题跋、画论中多次提到绘画的理想化状态是“浑厚华滋”，这是继承了董其昌《画旨》里引用元人评黄公望画作的“峰峦浑厚，草木华滋”，也是他长期践行与研究思考的结果。黄宾虹较早地提出“浑厚华滋”是在1934年《国画非无益》的“士夫之画，华滋浑厚”中，较明确地将民族性与之联系的是在1943年冬他的题画诗“唐画刻划如缂丝，宋画黝黑如椎碑。力挽万牛要健笔，所以浑厚能华滋。粗而不犷细不纤，优入唐宋元之师”中。②1947年他又自题画：“笔苍墨润，浑厚华滋，是董巨之正传，为学者之矩（薙）[矱]。”③在写于北平的《论道咸画学》文里，他更指出明末、清道咸时的中国画复兴就是复兴五代北宋笔墨法：“国画民族性，非笔墨之中无所见，北宋画，‘浑厚华滋’四字可以该之。”④他说中国画的民族性体现在笔墨中，最有民族性的画是北宋画，“浑厚华滋”最能概括其特点。黄宾虹的“浑厚华滋”，指笔力浑厚、墨法华滋，也指山川浑厚、草木华滋。这一观点在北平时趋于成熟，也得益于他这个江南人见到北地山水、金石古迹，眼界豁然，南北山水在他笔下

---

① 上海书画出版社、浙江省博物馆编：《黄宾虹文集·书信编·与汪聪》，上海书画出版社1999年版，第45页。

② 上海书画出版社、浙江省博物馆编：《黄宾虹文集·诗词编·题赠旧友》，上海书画出版社1999年版，第179页。

③ 上海书画出版社、浙江省博物馆编：《黄宾虹文集·题跋编·题翠峰溪桥图》，上海书画出版社1999年版，第68页。

④ 上海书画出版社、浙江省博物馆编：《黄宾虹文集·书画编（下）·论道咸画学》，上海书画出版社1999年版，第400页。

交融而触发灵机。

黄宾虹也在北平开展了对“江南画系”的研究。他将自己对黄山（新安）画派的研究，逐渐扩展到黄山余脉以及新安水脉延伸开去的一片江南地带的画者。他一直以五代北宋董、巨、“二米”家法为国画的雅正正宗，东晋到南宋期间，由于文化重心南迁，画家多出江南，自董、巨开始多画江南山水，平远构图和淡雅墨色中内涵不改。在黄宾虹“浑厚华滋”的国画理想、民族性精神里，既有荆、关、范宽山岭莽苍雄健的北方气象，也有董、巨、李水木清华丰茂的南方韵致，两者融合，以山的质朴厚重、水的顽强柔韧共同塑造中华艺术精神。对艺术民族性的探索是在清末国家衰亡、外来文化威胁之下，逐渐提倡、形成并明确的，是文化复兴的必然要求，也是绘画复兴的必经之路。而在中华民族再一次面临最危险时刻的抗日战争期间，黄宾虹致力求索理想化的民族精神，很有历史意义。他始终坚信文化有决定性力量，中华民族如山水般刚柔相济的生命力是不会衰竭的，中国也永不会亡国。

黄宾虹在1945年抗日战争胜利前夕，正在作一幅写北国山水的两米长卷《黄河冰封图》，以冰冻黄河寓意祖国人民的苦难和坚强，还有“还我河山”之意。草稿已成，适逢佳音传来，漫卷画幅喜欲狂，他对家人朋友说“黄河解冻，来日再写黄河清”，还说自己“无异脱阶下之囚”，喜悦心情“自难笔墨形容”。[①]此时他在兴奋的心情下作画特多，款署重新用“宾虹”，还重拾雕刀，奏刀刻了一方“冰上鸿飞馆”朱文长方印，和歙县“鸿飞馆”同名，却有不同含义。黄宾虹说这是他的名字谐音“冰鸿”，还可寓意为在这个春暖冰融季节，他像大雁般自由南飞，回到故乡。但现实中南归并不顺利，一开始由于时局不稳、道路未通，后又因战乱道路阻隔，只有航空与海路畅通，屡被延搁，更被书籍等身外之物所累，黄宾虹只能滞留北平，差不多三年后才得以南归。

① 王伯敏：《黄宾虹》，上海人民美术出版社1979年版，第14页。

不能拔身归黄山为恨

抗日战争胜利时，黄宾虹困居故都已七八年，他取号“竹北簃”就是始终觉得北方风土人情不适合自己，南返之念无时或忘。他想念家乡的黄山毛峰茶，托故乡朋友寄来，说北平茶叶贵还非上等。1946年他在给陆丹林的信里说自己“但老且病，不能拔身归黄山为恨耳”①，这里的黄山代指歙县潭渡，但应该还有更多含义。就像1938年黄宾虹在一幅设色山水上题七绝说：“约看西湖十月红，掉头归计又成空。年光如水心如梦，人在西楼暮雨中。”②后来他在与朱砚英的信里也说自己读写江南的诗词就会想起故乡，“诵江南词，尚难忘情于故居”③，说的就是几乎成为人们集体无意识的“西风莼鲈之思”。1942年，他在全家合像《家庆图》上题诗抒怀，人在晚年更容易思念故乡，所以西湖、黄山作为有象征意义的江南意象，在滞留北方多年的黄宾虹心里，代表着他印象中的江南、故乡等一切美好所在，还包括潭渡、金华、杭州、池州等他曾列入南归目的地的地方。

1942年，黄宾虹写了12幅包括西湖、太湖、池州、桂林、漓江等他曾游过的南国山水的册页，并在画上题跋提到在池州隐居的生涯：

> 齐山、秋浦之间，余为垦荒成田，筑舍湖上。南还近复不易，目送飞鸿，图此寄意。曩余垦荒池阳湖上，春日泛舟，颇有风恬浪静之乐，披图如在梦中。池阳坐雨湖舍，漫兴写此，留箧笥中，忽忽将十年矣。④

---

① 上海书画出版社、浙江省博物馆编：《黄宾虹文集·书信编·与陆丹林》，上海书画出版社1999年版，第182页。

② 上海书画出版社、浙江省博物馆编：《黄宾虹文集·诗词编·题画西湖》，上海书画出版社1999年版，第187页。

③ 上海书画出版社、浙江省博物馆编：《黄宾虹文集·书信编·与朱砚英》，上海书画出版社1999年版，第26页。

④ 上海书画出版社、浙江省博物馆编：《黄宾虹文集·题跋编·题赠顾飞山水册》，上海书画出版社1999年版，第43页。

心早已随大雁南归，但阻隔重重，昔日泛舟坐雨之乐，如梦中画里，一时还不能成真。抗日战争结束后，他又和顾飞谈起自己30年前买山于池州长江之滨，有近两顷的田地和自筑的湖舍，经离乱后，因战事阻隔，久不得归，不知近况，见报纸上登载夏日到处水灾，想来池州膏腴田地早已荒废。后来他才知道战火里屋宇被焚毁了，田地也被人霸占。池州是回不去了，只能是个隐逸梦。而故乡也回不去了，他听说潭渡的怀德堂（虹庐）因年久及战时驻军而残损。此时他还考虑过幼时曾住的金华山中为将来居地。

黄宾虹虽多年南北奔走、流寓异乡，心里仍希望眼下难关过去后，可以返江南家乡，优游山林。1945年，歙县弟子鲍君白在黄山近处筑房舍“高斋”，邀他返黄山一游。黄宾虹回信说如能返故里同旧友游赏黄山、话旧谈心，人生快事当无以逾此，能归黄山借一茅屋栖居，看山读画，更是素来深愿。他为鲍君白写了一幅《高斋图》，想象高斋落成后鲍能朝夕望天都、云门诸峰，参合画趣的人生至乐，还建议高斋画楼旁可移种梧桐，夏日浓荫清凉，北窗临风，尤有隐逸意韵，表达了诗意栖居的理想。黄宾虹给自己在歙县、上海、北平等地的书斋都起了美丽的名字如鸿飞馆、竹北簃、虹庐、冰上鸿飞馆，可惜和文徵明等前贤的斋堂馆阁之名一样大多是虚有。他此时在北平陋室里向往故乡山水而不得，只好在纸上起楼台，所以他不失幽默地自嘲说：

> 拙笔日日营造屋舍，俄顷数十椽。所居小屋，房东视为奇货。回忆丰溪一水，到处皆仙境，遥遥不能至，兹写小帧以志欣羡而已。①

他说自己天天纸上造屋，一会儿就几十座，可惜是假的不能住。而他自己在北平住的小屋，房东奇货可居，租金很高。他想起家乡丰乐溪一带风光如仙境，无奈回不去，只能写画聊以慰藉。

此时和平虽到，但国难未已，国事蜩螗沸羹，不减战时。1946年1月，傅

---

① 上海书画出版社、浙江省博物馆编：《黄宾虹文集·书信编·与鲍君白》，上海书画出版社1999年版，第354页。

雷在上海《大公报》上看见北平政况混乱消息，有感时局险恶，国是日非，内外多故，百物飞腾，民不聊生，给黄宾虹的信里不禁表露了瞻望来兹、忧心如焚的心情，说种种黑暗触目惊心甚至比敌伪盘踞时更可怖，作为与世无忤、与人无争的文士也有难以立足之感，还有上海老一辈文化人与国故一起先后凋零，种种怆痛惶恐之情难以言语，只能日日书空咄咄、徒呼奈何，只有在展开欣赏黄宾虹画作时神游化境，才略忘尘扰。黄宾虹回信也说民间疾苦、人心彷徨到处相同。抗日战争结束后，大众生活景况并未好转，北平和各地一样百货物价都腾涨不已，住房尤成问题，多发生与房东诉讼的住房纠葛。黄宾虹也遇到了。

黄宾虹到北平后，一直租住在石驸马胡同7号甲，当时房价还很低廉，黄宾虹因无长居之意，并没有买房。但1945年后生活费用高涨到前两年的百倍以上，1946年后1万元只相当于10年前的1元，每月租金10万元还不够，买房则要花几千万元。世事变迁可骇，人事更是不测，黄宾虹在给朋友的信里气愤地称房东是“吃瓦片饭”的，多以房屋贩卖为业，他们常假意说自己要住，使房客不能安居，趁机抬高房价，像做投机生意，吃亏的是租房者。1944年前后，黄宾虹因研究金石引起北平一些“小儒”妒忌，造谣他卖古物书画发了大财。他的房东听信谣言，联络律师，说要将房屋租赁他人，施逐客之计，实则要挟欺诈。黄宾虹据理力争，在给房东的信里说自己不商不宦，但知艺术救国。事情拖了3年，其间他遭受房东无赖侮辱挑衅，到1946年还在纠纷中，寻找迁移处也不易，终因房东倚仗律师之势，诉讼到法庭，以从前1元值现在1万元为理由，索取房子历年增值款项，赔偿竟达190万元之多。黄宾虹不得已在年中迁移到同一胡同的35号乙①，房东住正房，黄家住两边小厢房。搬家后历年收购的书籍字画存放无着落，被窃的金石书画有百多件，遗失书籍文具也不少，衰年不能安居更是苦楚。

此时在北平，房子如此，其他也可类推，每月家常俭约也要一大笔钱。黄

① 石驸马大街后宅35号今为北京市西城区文华胡同24号，是全国重点文保单位李大钊旧居。1920—1924年，李大钊曾在此居住近4年。这可以算是近代名人行迹交错的生动例子。

宾虹因年纪大了，不能奔走四方任教，只能守一方砚田自食其力，幸有朋友为他介绍作画换润。1946年后由于抗日战争胜利，文化事业复兴，求画者极多，北平各画家都忙碌之至，润格随物价水涨船高，连学徒辈都自抬身价，收入源源不断。而黄宾虹仍恪守不与人争名利的原则，尤不愿以画润比高低，此时仍对不识画的外行索画一概谢绝。

黄宾虹的谢绝还另有两个原因。

一个原因是身体限制。他此时在家不戴眼镜虽可写字作画，但每日早晨作画时间只有一两个小时，久视眼睛会痛，手臂也酸痛。且他作画是很慢的，一幅画无论尺寸大小，他以为总需四五十次点染才能深厚，又须隔数十天或数月等其墨色渗入纸质后再加笔才合画法，那种匆匆应酬、草率而成的速成是江湖乱道，不入雅道。在北平十年，他写画无数，也积存了比较得意的作品几十件，怕日后力衰不能再画了，这是他能抛开那种为衣食而谋的短视动机、比一般画者思虑更深远的地方，也是他以古人十年成一卷为楷模的结果。他的画中确有十年而成的，甚至是负载了永远在完成中的哲学意义。同时，对于这些画他并不求高价，只愿意择有识者赠送收藏，求流传永久而非一时获利。

另一个是现实原因。在北平后期，物价的无理性飞涨使得画润甚至抵不上纸钱，这是当时畸形社会的怪现象。“七七事变”前黄宾虹每月能得几百元画润购买古书画，还能买最好的故宫旧藏乾隆纸供作画之用，他作画虽然不太择纸，但得好纸作画还是快事。而此时物价飞涨，百货缺乏，笔、纸、颜料都匮乏，古墨尤不易购买。甚至邮资也加价，有时画作件数多了，画润连邮费都不够。此时黄宾虹的信里也提及作画赔了纸钱的无奈。

艰难时世，人性也更难测。1946年黄宾虹迁居35号乙后，邮件常出错，后来才知住在35号甲的邻居也姓黄，邮差误送邮件，各地电报信件常耽搁在门房。除了疏忽，雇的佣工也常延误收发函件，数次换人，却积弊难改。一次黄宾虹将许多答复友人的信件交佣工付邮，此人竟将寄费邮资花去，信件抛入垃圾箱，黄宾虹亲手捡出才知晓。1946年新春，潭渡邻村一对父子来京谋事，虽然自己生活也不易，黄宾虹还是念在乡人份上予以收留，因出版著述需要抄写者，就试用其子抄写。但两人不领情，嫌伙食不好，父子都发恶言。黄宾虹一直生活简朴，后来才知他们是听乡人说黄宾虹卖画发财了，特来打秋风的。他还和陈柱尊谈到被纸铺狡猾伎俩欺骗的事，说是求画却转手倒卖。他后来对上海九华、荣宝斋等相熟书画铺也多加谢绝，至于北京书画铺连未完之稿也购取，他更是敬谢不敏。1942年，在南京的段无染就曾发现有人收购黄宾虹的单款书画，北来转售获利。还有冒充他名字在古画赝品上题跋，利用他的鉴赏名气获高价的。黄宾虹在回信中说敝藏书画从不盖印，偶尔有题跋也是发一些未经前人所道的感慨，还说自己的画因一加落款就会被索画者取去，于是都托词没完成而不署年月名款，一是的确还要再补笔再修改，二是也怕落入匪人之手。

乱世衰年虽苦，但人间还是多温暖。黄宾虹此时担负北平、歙县两个家的生计，所喜身体还康健，更幸得粤地、沪上、歙地各友人体恤他年事已高，远羁朔北，值此时局不免困顿，都热心介绍作画换润，尤其港澳地区、新加坡等生活水平较高之地的朋友更多以较高值求画。北平也有朋友关心照拂，如铁路上工作的张海清，懂书法也好金石，素来仰慕黄宾虹，常登门求画。抗日战争期间，北平人一度只有混合粮吃，黄家一家南方人吃不到以前吃惯了的大米。张海清就以铁路之便设法到从外地弄米送上门，黄宾虹认为是雪中送炭，很是感激，让他任选喜欢的画拿去。一年后张手中的画竟达百幅，自题其居“百黄斋”，也是雅事。

黄宾虹已渐年老，但除三子映容外其他两子一女都还年轻，他很是牵挂。1947年春，儿女的婚嫁都完毕，两个儿子到外地供职。1946年黄用明因商务印书馆复业，返回香港，这时已将歙县妻儿接走。前些年黄宾虹常深感生活劳心，百债激增，暮年甚苦，此时子女都已成家立业，负担减轻，他越发希望能如向子平一样在儿女婚事完毕后南归遍游山水。

1946年7月，黄宾虹久未通音信的旧交徐悲鸿，北来再任北平艺术专科学校校长。1928年徐悲鸿归国接掌北平艺专时，曾慕名南来聘请黄宾虹任国画系主任，当时黄因忙于神州国光社事务，婉拒未去。抗日战争结束后北平艺专有许多欧美学者和外国学生来学中国画、研求画理，徐悲鸿再次邀请黄宾虹任艺专教授，教授国画理论。出于宣扬中国画的信念，也是故人之邀不能辞，黄宾虹答应了。

北平艺专任教期间，黄宾虹与齐白石多有来往并畅谈画法。“南黄北齐”聚首谈画，两位八旬白头老翁都精神矍铄，几乎是当时中国画的具象象征。此年值得一书的还有同在艺专任教的李可染（1907—1989）来从黄宾虹学山水，李可染曾从齐白石为师，日后也在绘画上承黄宾虹衣钵，更以对西画的理解融通，在积墨法以及光影等方面有很多开拓。次年冬天，黄宾虹还收下一位日后继承他在画论和绘画史上求索的弟子。

浙江温岭人王伯敏（1924—2013）少年时就知黄宾虹名字，后来在上海美术专科学校读书时更多见黄的画作，许多人以为黑乎乎的不好看，他却极喜欢那种“黑”极了的样子。他还从黄的友人俞剑华等老师那里加深了对黄画作内涵的理解，认识到其画是厚重大家画，和齐白石用减法、纯真明了的画不同，黄宾虹是用加法、“浑厚华滋”的画。王伯敏自上海美专毕业后一心要来北平艺专，想亲眼看看老先生作画。1947年初冬，刚到北平的王伯敏初谒黄门，当时黄宾虹迁居不久，一进屋就是画室，大画桌上堆满书稿，桌旁老先生正戴着眼镜在作画。王伯敏请先生继续作画，他自己在旁看着就满足了。后来登门看画次数多了，一次黄宾虹正查书检阅资料，问在旁的他，王伯敏马上给予回答。黄宾虹很高兴，又问王伯敏有没有在他当年编的《美术丛书》里发现印错的字，王伯敏回答说自己相信老先生，黄宾虹却正色说做学问要有自己的主张，不可盲从。黄又问《美术丛书》还有什么缺点，王伯敏就直言问丛书为什么不选张彦远的《历代名画记》。黄宾虹点头说他问得好，年轻人有眼力。黄还对宋若婴说这个在艺专读书的浙江学生懂画史，这就很难得了，时下青年做不到。黄师母对王伯敏说他和老先生有缘了，以后可常来问学，还说老先生没架子，只不过肚皮里装了几本书，手上画点山山水水，他只要同老先生谈学问，老先生就开心了。

此后王伯敏有时间就上黄家请教，同学都说他是黄宾虹的信徒，这使他萌生了拜师的念头。他先向师母提起，又请艺专另一位先生出面约定拜师时间。那天他带着红毯子和大红烛去登门拜师，艺专的印度同学锡拉克听说后也要跟去见场面。他们来到黄寓，黄先生面带笑容地坐着，因为老先生说不要跪拜，王伯敏就向宾师深深鞠了三个躬。这时锡拉克也跟着鞠躬，大家都笑了，后来黄宾虹常说他有个印度学生，就是锡拉克。

1947年，黄宾虹比他的学生大60岁，那天的拜师仪式虽简单，意义却不简单。不久后黄宾虹将写成的《中国画学史大纲》赠王伯敏，以衣钵相授。

那是个严寒天气，故都街巷密布军警岗哨，正处在战前的紧张氛围中。王伯敏多年后清楚记着的却是书斋墙上挂着的查士标山水、巴予藉对联，还有画桌旁窗边挂着的宾师山水，墨墨铁黑中点着朱砂与石绿，可见老人北平后期变法的痕迹。当然最难忘的是宾师这天说的话：

> 读书的人，要甘于寂寞。寂寞能安定，定则心静，静则心清，清则心明，明则明白一切事理。作画，墨是黑的，只要眼明心清，便能悟出知白守黑的道理，画便猛进。①

黄宾虹确是将悟得的“知白守黑”画理践行于人生，做甘于寂寞的学人。

1946年3月在北平成立故都文物研究会，当时的故宫博物院副院长张继任会长，宗旨是修复、保存、清查文物，并联络文人学者，成立各种艺术民众团体，共同研究、弘扬艺术，以求文化建设。研究会分设文献馆、书画研究组、乐曲研究组、围棋组等。出于对研究会宗旨和战后筹备美术馆的赞同，黄宾虹受聘为研究会襄理，还写了《美术馆之我见》《拟设历代图画美术馆意见书》等文。

对成立国立美术馆，黄宾虹一直是执着的。他以为国家盛衰要看文化，文物是最直接的表现，所以各国无不设立宏大规模的美术馆、博物馆，供民众参观研究，以提高国民素质。中国是文明古国，公私收藏文物历史很悠久，现在又是文物出土前所未有的高峰时期，可惜美术馆、博物馆还很匮乏。他早已对此深思熟虑，并有了很实在的意见，还曾反驳文物难以搜集、兵戎后民生凋敝之际不应将巨款用在不急之务上、有学校普及教育则美术馆就不必要等错误见

① 拜师一事引自本书作者2001年拜访王伯敏教授时的记录和获得的王伯敏自传手稿未成稿片段复印件。

解。他还强调故宫古物南迁后，留在北平的绘画以皇帝御笔、朝臣应制和院体画居多，其他历代古物名迹也只可陈设不足研究，为免学子盲从、艺事沦丧，开设美术馆是迫切需求。

黄宾虹对研究会工作很热心，并为刊物《故都旬刊》写稿。1946年9月，研究会在北平举行文物展览，他将收藏的几十件古画真迹借出。10月，研究会携北平当时名家作品到南京、上海展览，号“齐白石、溥心畬画展”，是抗日战争胜利后的第一个大型画展，也有黄宾虹山水画参展。但不久后，他就对主事者以研究会为政治资本追逐名利而不是诚实研究学术感到失望，道不同不相为谋，当会员推举他为美术馆馆长时，他毅然坚拒。他不惯与宦途中的肉食者周旋，更不愿受名利牵羁。

1947年黄宾虹已应国立杭州艺术专科学校之聘，起因是上海美术专科学校老同事、浙工宁海人、杭州艺专校长潘天寿请他去担任国画教授。后来奉化人汪日章（1905—1992）接掌杭州艺专，也对学生说以“南黄北齐”声望，毕业出去说一声自己是黄宾虹弟子也高人一等。经黄家世交、黄宾虹早年弟子汪孔祁之子、杭州艺专教师汪勖予受命函请，黄宾虹终将南归之地定在杭州。

汪孔祁与黄宾虹北平一别，于1940年在歙县逝世。黄宾虹听闻噩耗后，与北平艺专同人为这个6岁就跟从自己读书的弟子举办了遗作展，所得画资尽数寄给他自己的少年好友、汪孔祁父汪福熙。汪福熙卒于1943年，而汪孔祁的叔父汪鞠友早已于1931年去世。

汪勖予（1905—1955），名克劭，汪孔祁长子，北京京华美术专科学校西画系毕业，人物、花鸟、山水兼长，得到黄宾虹赞许。

国立杭州艺术专科学校（曾名国立艺术院）是由1928年离开北平艺专的林风眠在蔡元培支持下创办的，位于哈同花园罗苑旧址上，傍依风景美秀的西湖。对极看重他的徐悲鸿的盛意挽留，黄宾虹笑言：“徐校长只有帅府园（北平艺专校址），没有西子湖，如果你能在帅府园挖出个西湖来，我就留下了。”[①]这当然只是风趣话，但也可见他和以前选择来北平一样，对所居地自然风景与人文气

① 卢炘：《潘天寿》，中国青年出版社1997年版，第269页。

息的看重。

1947年底，当黄宾虹摆脱各种俗务准备南归时，面临的大问题就是数量很多的书籍古物。除携带北来的精品，他在北平又置书几万卷，得古画也有百轴。他想将普通书籍寄存亲友处，将可观精品转运南方。他还想出让部分书籍作南迁费用，但急售不易找到受主，会有损失。虽然这些年南北流离，他早说过所有都是身外之物、可散则散之的话，但书籍毕竟难舍。收藏竟成为负担，留之不易，弃之可惜，迟迟未能决议。他自嘲日渐衰老迂缓，不如以前精神气力猛勇有决断。

转眼到了1948年，气候渐暖，海路恢复。黄宾虹预备经天津从海路到上海再转去杭州，这样适合带上众多行李。但查了北京与上海之间的海航往来，最早要到夏日。在黄宾虹此时的意向里，上海、杭州都只是中转地。他有过回皖地归老故乡的想法。但后来终究没有回去，他将脚步停留在杭州，这是西湖六桥三竺山水之幸，也是黄宾虹之幸，山水人文与精神的契合使他在晚年获得宁静自在的心境，也使他画学终成。

1948年5月，傅雷夫妇来北平观光。傅雷早想着来北平看望黄宾虹和他的画与收藏，这对知己终于有机会聚首谈艺。接着黄宾虹也南归有期，新旧朋友纷纷过往道别。临行前黄宾虹偕弟子王伯敏游览故宫，登景山远眺，一瞰伏居十载的北平湖山宫阙，心下多感慨，途中邂逅徐悲鸿，谈画甚欢。临行前几日，徐悲鸿等人前来送行，黄宾虹正画成一块大石，徐悲鸿在石上添一欲飞之鹰，寓意祝福。

1948年7月23日，黄宾虹离开北平。因他年事已高，恐海上长途旅程太劳顿，他先行乘飞机回上海，宋若婴和子女随后携行李经天津乘船南归，同他在上海会合，等行李齐了再去杭州。因航空规定随身携带行李重量有限，黄宾虹只带了内有900多枚古印和去了木轴的古画的一袋行李，其余托运，包括多年积累的10多书箧六国古印文字证、古籀文字证稿子，还有北平后期每日拂晓而兴、勤习无间得来的500余张画稿。后来他的画在沪上被窃大半，而10年前带到北平的画早已被朋友分取尽了，有失才有得，有弃才能成，这样的空白，也许反而成为他从画学之茧中蜕化的契机。

在北平的10年是黄宾虹集大成的10年，“集大成”有出入百家也有开拓新疆域的意思。当他离开他认为因专制压迫太久而思想迟钝的北平，再次回到思想和文化更接近“民学”、学术艺术气氛更自由滋润的南方新境遇中，他终于破茧了。

第六章　破　茧

愿做西湖老画人

黄宾虹重回沪上，虽只是经过，停留期间，阔别十年的上海故知陈叔通、秦曼青、高吹万、姚石子及美术界众同人多过往探望，设宴为他洗尘。他与老友座中畅谈，诗画唱和，精神矍铄，兴趣盎然，经久不倦。上海《申报》等报报道了他来沪小住的消息，以为他清健犹昔，也刊登了雅集宴饮的友人赠诗。这些诗多赞赏他隐居北平时融会南北宗画法集大成，并表示对他南归故里的祝贺和归隐西湖、栖息青山秀水中研求墨法的羡慕。

中国画会和沪上画家艺术界在大观社举行欢迎会时，因黄宾虹身体康健一如昔日，要他讲一讲养生之道。黄宾虹即席讲话，由个人养生切入，以小见大，畅谈了他思考已久的中华文化艺术可救治人心精神、救国的见解，深入浅出、旁征博引。

这次演讲被记录整理成名为“养生之道”的文章，黄宾虹指出有两种长生：“一种是个人的生命，一种是民族与国家的生命”，“世界国族的生命最长者，莫过于中华。这在后进国家自然是不可及，即与中国同时立国者亦多衰颓灭亡，不如中华之繁衍与永久。这原因是在于中华民族所遗教训与德泽，都极其朴厚，而其表现的事实，即为艺术”。

在抗日战争胜利的鼓励下，黄宾虹再次说中华古国、中华民族的生命最永久，得益于醇正厚重的文化传承，表现为书画等艺术。

他还说，中华文化艺术包括古贤先哲典籍中的思想，也包括出土金石陶器等，最有代表性的是具有文化精神特征的中国画，可医治人心，还能防止国家民族在政治与思想上的病症，堪称“良药”。

黄宾虹还再次阐发乱世文化史观，以为史上世乱道衰之时，也是文艺家努力济世的机会。如东周六国从变乱中产生诸子百家，清道光年间产生了兴盛的晚清学术文艺，更产生了民主与革命思潮，形成文化的革新。文化是最终的力量，抗日战争的胜利也印证了这个道理。因此，他乐观地表达了艺术能救国也是最高养生法的观点：

> 现在，多少人均抱悲观，实在正可乐观，尤其在文化艺术上大有努力的余地……其实惟艺术方能救国。今日各国均知注重艺术与文化。我国文化自有特长，开门迎客，主客均乐，以此可以免去战争，不必残杀了。所以说，艺术是最高的养生法，不但足以养中华民族，且能养成全人类的福祉寿考也。[①]

黄家人于8月12日抵杭，住在西湖岳坟旁栖霞岭杭州艺专宿舍。

8月15日，杭州美术界在西湖之滨举行欢迎茶会。黄宾虹即席作演讲，阐述了他多年深思的另一个创见，说中国绘画历史上君学、民学交替，朝臣院体就是君学，真正代表民族性的是有民学精神的画，当今尤其应提倡民学。他以为民学最早滥觞于春秋，“人民乃有自由学习和自由发挥言论的机会权力。这种精神，便是民学的精神，其结果遂造成中国文化史上最光辉灿烂的一页”，师法自然的老子就是讲民学的，中国画受老子影响很大。他还说“艺术便是精神文明的结晶，现时世界所染的病症，也正是精神文明衰落的原因”，所以要提倡艺术救国。而民学画讲求内在精神。他说一位欧洲女士研究中国画，到北京看故

① 上海书画出版社、浙江省博物馆编：《黄宾虹文集·书画编（下）·养生之道》，上海书画出版社1999年版，第447页。

宫收藏，到上海看名家收藏，都不满意，她要看的是民学的画。黄宾虹认为民学的画是这样的："君学重在外表，在于迎合人。民学重在精神，在于发挥自己。所以，君学的美术，只讲外表整齐好看，民学则在骨子里求精神的美，涵而不露，才有深长的意味。"以书法为例，他以为他最喜欢、研究最深的春秋六国大篆外表不齐，齐在精神骨子，同样常被绘画引入的西汉无波隶、六朝字也有内在美。秦统一后的小篆、东汉有波隶和唐字是君学奴书。黄宾虹认为绘画的真本质是重个性、精神自由的民学，这也是他早年鼓吹革命民主、反对专制思想在画学领域的历史投影。所以他在演说最后热情展望："现在我们应该自己站起来，发扬我们民学的精神，向世界伸开臂膀，准备着和任何来者握手！"①

黄宾虹在上海、杭州的这两次演讲有许多思想上的连贯点，是他对中国绘画、画学集大成式的理解和总结。

在杭州西湖演讲中，黄宾虹还提到他在北平时有个欧美人来访和他谈美术，说"不齐弧三角"最美，他很赞成，因为三角的变化、不确定最多。他说《周易》早有"可观莫如木"之说，树木的花叶枝干等自然天生之物都不齐，可分解成许多弧三角，有"不齐之齐"之美。这是除了点线（短皴）观念外黄宾虹对照西方绘画悟到的另一绘画理念，解构中国画的点、线、面（包括空白）也都可成三角形。黄宾虹对构成中国画的基本元素一直很关注，这构成他至大至博画学中至微至细的部分。如他注意到近几十年的出土文物如带钩、铜镜、古玺印上都有极美极复杂的图案，日本艺术家从中分析出几何图形有助绘画，他也吸收了这一发现。

西湖演讲也是黄宾虹对自己画学深入浅出的阐述，被整理成名为"国画之民学"的文章。黄宾虹对两篇用白话整理的文章很感兴趣。他惯用文言写作，在白话文渐通行的时代，未免显得与民众、年轻人有隔阂，有违他向大众普及画学的初衷。他已年过八旬，还有意像小学生一样向新风气学习，想将自己著作改写成白话文。可惜这一计划后因身体等原因未成。在生命最后两年，黄宾

① 上海书画出版社、浙江省博物馆编：《黄宾虹文集·书画编（下）·国画之民学——八月十五日在上海美术茶会讲词》，上海书画出版社1999年版，第449—451页。

虹在眼睛不便的情况下，经口述将凝聚心血的《画学篇》译成白话文，也算了了心愿。

10月6日，国立杭州艺专国画科教授在杏花村为黄宾虹举行欢迎宴会，在座有吴茀之、潘天寿、诸乐三等人。席间谈艺甚欢，多有问答，黄宾虹在答疑时畅谈了画理。他的金华老乡吴茀之谈起时下国画界的两种倾向：一是用西洋画法、国画纸笔画成的新中国画，取景设色很像西洋画，不讲笔法，以颜色光彩取胜，以为推陈出新；二是专事摹拟、专讲笔墨，却缺乏时代性的画作。他问黄宾虹何优何劣，黄宾虹答笔墨、布局设色不可偏废，不讲笔墨只以光暗色彩取媚，像没有灵魂气血的木偶。只讲笔墨却缺乏生趣气韵的，也不足取。他还谈到西方人曾误以为日本是东方艺术代表，经国人多年向外开画展、宣传，他们才开始领悟中国画的伟大精深。讲求神似、象征是中国艺术的独特精神，首先在于剪裁，达到理想化的境界与画面空灵的效果。但中国画也重视写生以求笔墨超脱、境界新奇，因此他一到杭州就登遍西湖边诸山写杭州丘壑。在座各人都感佩他年已上寿还有研摩精神，是国画界罕见的，绘画理论丰富精深更非时辈可及。大家见他在席间精神矍铄，都祝其寿可逾百龄。

老友金息侯、余绍宋等人也在西湖刘庄设宴欢迎他，席中以黄宾虹年纪最大又身体最健，健谈也健饮。他在酒会后弃车舍舟徒步沿湖走回栖霞岭寓所，同行者都追随不及。次日他还乘兴作画制诗记录这次游宴。在西湖山水间，黄宾虹焕发了活力与兴致。

金梁（1878—1962），号息侯，杭县（今杭州）人，曾寓居北京；满洲正白旗瓜尔佳氏，清光绪三十年（1904）进士；曾任京师大学堂提调、清史馆校对，工书法，擅篆、籀。

10月9日、10日，国立杭州艺专展出黄宾虹所藏部分名画，包括宋画40幅。这次展览不收门票，任公众观赏，不以黄宾虹私人名义而是以艺观学会藏画名义。黄宾虹虽是高龄，仍亲手撰写说明文字，并始终亲自参与接待、讲解，详尽答复问题，不厌其烦。这次展览充分体现了他保存国粹、启蒙美育的一贯主张。

黄宾虹来杭州后，学校里新旧同人都投合相得。他住在距艺专不远的栖霞岭19号，这是一幢老式平房，画室兼卧室不大，除了书籍古物，目之所及都是画，有的钉在墙上，有的晾在绳上，却不感局促，纵目四望郁郁苍苍的画作，令人胸怀豁达，消去尘念。此处近西湖，山水风景如画，附近还多古迹，远胜北平市井陋巷的面壁，黄宾虹自谓住在山水窟中。他每日仍作画、著述，寓所离城区较远，杂客不多，常有国学文艺同道中人及学校同事来往，如住西湖畔的绍兴人、学贯中西的学人马一浮（1883—1967）等，还有各地友好来求画。黄宾虹晚年性情更为宽和，面对熟人知己索画无不答应。

居杭后，黄宾虹更关注浙江、杭州本土历史文化。他特别留意浙地出土的上古文物，对杭州附近良渚、安溪等处发现的古玉器、陶器深感兴趣，称其为“异品”即特别珍贵的古物。他尽力搜求碎玉残陶及拓片，描画或加以摄影，再加以研究考释。他以为即使不能得古器物，拓片也佳，没有原拓，摹画古物上的文字（图形）也可参考。他本还想搜求古器分赠友人以求共同研究、互相启发，后来因文物保护不能邮寄交流了。

黄宾虹此时还对定都杭州的南宋王朝的画院画作在画史上的地位作了中肯评价。他对弟子说，他曾多学“南宋四家”中的马远、夏圭，在北平多摹李唐画作，还以为刘松年画作奇伟古厚、不落纤谨之迹。他特别对李、刘、马、夏等人年已耄耋还为求变化，突破临古，在晨昏夜晚观察飞鸟出林、走兔出没的写实画风给予赞赏。后在《画学篇释文》中他还特别提到工于墨花墨禽、人物的元代杭州画家王若水。黄宾虹以为浙江人文历史悠远，可惜一直缺乏深入的系统研究，以致多混淆芜杂，如能像歙故研究一样，广泛全面综合典籍、宗谱家传、新旧郡邑乡里志乘，就能穷流溯源，求得其中或升或降、若断若续的历史文脉。

来杭后黄宾虹以教书著述为业，靠薪水过简单生活。到1948年下半年，物价陡涨，民生困苦继续恶化，也影响到他的日常生活。他的薪水原有500多元，当下只能得100元左右，他只好以画润敷衍度日，不得已要将千里迢迢带回的书画文物贬值斥卖，甚至到了要卖仅存的几十件徽歙先哲书画的地步。更难的是食物缺乏，杭州的情况比北方还糟糕，有钱也无货可购。杭州夏天酷热，冬日湿冷，在这物资匮乏、节衣缩食之际更是雪上加霜。黄宾虹年老畏寒，但他还是乐观地觉得南来总是比朔北的苦冷安逸些。

时局不靖让许多人感到迷惘，但多经乱世的老画家只如常在西湖畔日日写生作画。冬天终于过去了，西湖格外明媚的春天来了，1949年5月3日杭州解放了，黄宾虹仍为杭州艺专教授。

黄宾虹虽因年迈深居简出，仍感到身边的许多新变化。中华人民共和国成立后的变化最初是以一种崭新的气象、氛围，感染了书斋里深感乱世暮年之苦的老人，激起他未曾衰竭的童心、热情。黄宾虹在1949年冬天画了一幅潭渡村景，不再是荒寒之景，他还在画上题诗“丰溪萦带黄潭上，德泽棠阴载口碑。瞻望东山云再出，万方草木雨华滋”①，借对故土潭渡的思念赞美中华大地南北山水因风调雨顺而草木华滋。“东山”借《诗经·豳风》典故，用随周公东征战士回到家乡的期盼喜悦来表达自己的心境。

接着新变化又以各种具体形式出现，给老人带来惊喜：中国美协成立了，徐悲鸿为主席，黄宾虹也当选委员。国立杭州艺术专科学校改称中央美术学院华东分院（简称“华东美院”），和徐悲鸿在北京新办的中央美术学院遥相呼应，中央美院就由他曾任教的北平艺术专科学校改名而来。黄宾虹还当选全国政协委员、浙江省人大代表，出席浙江省第一届人民代表大会。

1951年10月，黄宾虹作为著名社会人士被邀出席全国政协会议，他在疾驰的北上火车上仍不忘对沿途山川景物写生。他在北京逗留数旬，在新环境下见到许多老朋友。只离开3年，昔日衰老的燕都已焕然一新，让重游故地的他有盛世之感，而新中国给予他的艺术家新定位更使他有知遇之感。中华人民共和国成立之初，黄宾虹和许多经历过数十年乱世的人都极为珍惜这来之不易的和平统一，新中国的许多政策也特别符合他一贯的爱国主义理想。他把新中国成立看作民族复兴的绝好契机，心中更为期待中华文化的复兴，对新中国和共产主义学说给予真诚拥护，说“今观最高共产主义学说，大公无私，坐言力行，上下一致，同心协力，诚人民之福，百世之利也”②。他还勉励弟子当此民族复

① 上海书画出版社、浙江省博物馆编：《黄宾虹文集·诗词编·己丑冬日作潭渡图并题》，上海书画出版社1999年版，第209页。

② 王伯敏：《黄宾虹》，上海人民美术出版社1979年版，第15页。

兴时机，要加意向人民学习，研究国画为工农兵服务。他在大会上也如此表态，还作《耕获图》和《渔乐图》。这想法和他一贯主张的美术启蒙、画学民学的确是一脉相承的。

1952年，黄宾虹迁居到栖霞岭32号的一处新式楼房，离原来住所不远，更宽敞些。房前是庭院，本有花木、竹子，他又手植了两株青苍梧桐。从画室窗子里望出去，可见栖霞岭满目的松柏青苍翠碧，山岚明灭辉照，掩映几案间，宛若天然图画。黄宾虹自从离开潭渡虹庐、池州湖舍，居住上海、北平市井，虽然也努力在陋室穷巷里营造诗意庭院，但他仍非常向往拥有一处有真山水的画室书斋，还常表现出对友人的羡慕，如鲍君白的黄山高斋，再如他的一位澳门画友在海边山上有画室，中藏名画，松�郁茂荔蕉红的南国风光可入画而来，他以为盘桓其间是人生至乐。幸好他自己现在的居所也毫不逊色，所以这年黄宾虹作《栖霞岭园居图》，上题“西湖栖霞岭旧有桃花溪，今已堙塞，筑为园居，余休息其中”[①]。

“余休息其中”很有自得自在之意。黄宾虹称新寓所为“园居”，取隐逸诗人陶渊明《归园田居》诗意，古代很多画家也有《园居图》。黄宾虹说自己现在的住所就是诗意栖居所在，奔波大半生的他可以休憩山水园林中了。“桃花溪”又寓意陶渊明笔下的“桃花源”，也对应当年黄宾虹老师汪宗沂在黄山桃花峰下所买的隐居地“桃花源”。画了一辈子纸上桃花源的黄宾虹，寻寻觅觅，也终于找到自己的真实世外桃源。

回头看，一切都似乎有历史呼应。杭州是黄宾虹的旧游之地，70多年前他随父亲初游西湖山水，惊艳之余还在父亲友人家第一次见到“元四家”之一王蒙的画中山水，再次惊艳。到晚年，元画山水成为黄宾虹一生画学发展由繁入简、出宋返元的最后关键，杭州又是重要见证地。

而与黄宾虹此时住所隔着西泠桥遥遥相对的孤山旁俞楼，是他青少年授业师汪宗沂的友人、经学大家俞樾的曾住之处，俞樾见证了打下黄宾虹学术根基的清代中后期的经学复兴。孤山也是黄宾虹成年后壮游常经之地。这里是他的

① 录自原画。

早年友人，安徽公学、国学保存会和南社旧友苏曼殊的埋骨处，1918年他在此埋葬了这位传奇诗人。孤山、西泠桥畔还有西泠印社，里面有皖派篆刻大师邓石如的石像，也记录了清代金石学的繁荣。清光绪二十年（1894）春，黄宾虹曾在杭州请篆刻名家赵穆为自己刻“黄质之印”“朴丞翰墨”等印章。他初到上海结交了金石画家中的浙籍印人吴昌硕、丁辅之、经亨颐、李叔同还有赵穆弟子童大年等人，这些人都与西泠印社有关。吴昌硕是西泠印社首任社长，黄宾虹也是早期社员。经历大江南北后，“黄山归客滞西湖”，黄宾虹选择停留西湖，“愿作西湖老画人”，长归湖山、终老于斯，是心灵选择也是文化缘定。

黄宾虹居栖霞岭下，走几步路就是西湖。他每日晨起照旧在书斋作画后，就到山下湖边走走，优游水云间，西泠桥、栖霞岭下湖舍小景成为他晚年最爱的题材，频频入画。他还常常登临西湖边的群山，去过栖霞岭及附近的葛岭、孤山、玉泉、六桥、三天竺、灵隐等地游览写生山水，也去过和西湖表里湖山的西溪一带。西湖、西溪一隅多有历代诗人画客留下的人文景致和风雅生活痕迹，正合黄宾虹爱寻古探幽的癖好，此时他就多在画中摹写表述白居易、苏轼等著名西湖诗人的山水诗意。

黄宾虹爱家乡的黄山但他不是偏狭的地域主义者，他爱所有具有理想化美的山水，包括他童年时就很熟悉的金华山，也有此时的西湖山水。当来寓所拜访的一个青年问他画的“为什么不是黄山”时，黄宾虹笑着说“为什么只画黄山呢？我要画所有的好山好水”，还说：“我过去有一个时期——大约是五六十岁之前，多半是师法古人，从书本里学；近三四十年来才师法造化，到各地跑跑，黄山只是我跑到的一个地方。如果跑得动，我还想到全国各地走走。”[①]在1948年所作的《雁荡二灵图卷》画稿上他也题“中华大地，无山不美，无水不秀”[②]。这也就是他说的“万方草木雨华滋”，写潭渡而寓意万方（各地）山水。

和在北平结交铁路工人张海清一样，此时黄宾虹还结识了住在他家附近栖霞岭半山的一位老农，这位老友原是私塾先生，粗通文墨，喜爱绘画，常常来

---

① 张林岚：《黄宾虹送我两幅画》，《艺术世界》1980年第3期。

② 上海书画出版社、浙江省博物馆编：《黄宾虹文集·题跋编·题雁荡二灵图卷》，上海书画出版社1999年版，第43页。

话桑麻，说说杭州掌故，有时送来他自己种的瓜豆，还帮黄宾虹寄信函、代取汇款，两人来往颇密，解了许多寂寞。如此生活，也恰好印证黄宾虹画学上对民学的追求、绘画上对桃花源的求索。

家在湖山中，黄宾虹与自然更亲近了。1952年春，他在一幅《山水小品》上题诗："爱好溪山为写真，泼将墨水见精神。兴来木鹿亭中坐，着意西湖万柳春。"[①]"木鹿"似应为"木麓"，即山脚下的树林。黄宾虹说自己喜爱为真山实水写生，研求墨法使山水精神显现，兴之所至来到栖霞岭下的林中亭子坐着，着意（仔细）欣赏西湖边垂柳万株的新绿。黄宾虹在西湖山水草木中感受到心灵家园般的平静、安宁，得到人与湖山的和谐合一。这是他晚年画学完备的必要前提。

1951年后黄宾虹也多写花鸟。和他在上海、北平乱世中所作花卉多用淡墨淡色、笔墨设色简单、致力追求淡雅古静韵味不同，彼时他和寒之友社画友一样多写孤傲"寒之花"，而此时身处盛世中的他多作宋人所擅的"水墨丹青合体"，大多是墨色淡逸、偏重用色，富贵与野逸兼得，但仍是章法简单、用笔简扼、气韵朴拙，呈现自然天成面目。黄宾虹并不像吴昌硕、齐白石以花鸟见长，但他的许多至交知音特别欣赏他此时的花卉，认为比他的山水画更胜一筹。黄宾虹有时还写些昆虫，和花卉一样，都流露出毫无机心、活泼泼的风情真趣。1952年暮春的一天，黄宾虹的"小孙子和另外一个小孩，捉到了一只螳螂，就送到黄宾虹的画室中。黄宾虹正在伏案作画，但当他看到孩子们送小虫来时，立即放下画笔，与孩子们玩了起来。黄宾虹张开无牙的嘴巴，非常天真地微笑着，他要孩子把螳螂放在自己手背上。当螳螂爬行时，一个孩子问：'爷爷，咬你没有?'黄宾虹爽朗地回答：'没有。'孩子又问：'爷爷痛不痛？痒不痒?'黄宾虹笑着回答：'不痛，有点痒。'于是孩子们笑开了，老人也笑出了声。一只小虫，居然把一位年近九旬的老人的童心复苏了"[②]。难怪善花鸟的潘天寿要赞美黄宾虹的花鸟"妙在自自然然"。也许是他画山水太过认真，寄托太多，闲笔

---

① 上海书画出版社、浙江省博物馆编：《黄宾虹文集·诗词编·题山水小品》，上海书画出版社1999年版，第187页。

② 肖放文：《黄宾虹》，上海人民美术出版社1998年版，第32页。

为之的花鸟画反而更具天机。

黄宾虹的老友、浙江海宁人、学者书法家张宗祥（1882—1965）更认为黄的花卉从笔法、设色、布局看都与画史上的大家不同，另辟一世界。张宗祥是很有眼光的。花鸟画传统，晚唐五代后分两派，黄筌等的双勾花卉富贵华美，徐熙所创清淡野逸的没骨花一派更得后来的文人画家崇尚，到元明时两派融合为勾花点叶。黄宾虹早年学明代花鸟大家陈淳的双勾花卉，还曾拜也学陈淳的扬州画者陈炤学花卉，后又学元人花卉的笔意简劲古厚、理法严密却超逸有致，还取明清沈周、孙雪居、陈洪绶、徐渭等人通诗意于画、取神遗貌的写意，融汇变化，更将在山水中悟得的点法、渍墨法引入花卉，提出前人未尝试的“点染法”“渍色法”，从而脱去花鸟画最容易沾染的程式化习气，熟中求生，自成一派。黄宾虹花卉和他此时的山水一样，看似逸笔草草、似而不似，却有浑厚华滋气象，就像他在《自题花卉》上的题跋说的“减笔非衰易，当如铁铸成”，寥寥几笔写出花的璀璨，不见简陋衰败，反而银钩铁画，别有一番含刚健于婀娜的韵味，有若不经意，天趣反而多。无怪潘天寿赞叹：“间作梅竹杂卉，其意境每得之于荒村穷谷间，风致妍雅，有水流花放之妙，与所绘之山水，了不相似，白阳耶？复堂耶？新罗耶？其或颠道人之仲伯欤？”①他说黄宾虹此时只是偶尔画“岁寒四君子”的梅、竹和山间的不知名野卉，但意境散淡高逸，有身处荒寒山水之间感，而花卉的姿态美丽高雅，有王维诗“行到水穷处”“纷纷开且落”的安相自在感和禅学理趣意味，比黄宾虹的山水画另有一番面目。最后还将他的花卉与明清花鸟大家陈淳、陈洪绶、华新罗相比。“颠道人”也许是指黄宾虹的书画启蒙师金华倪翁的子侄倪淦，倪淦号颠道人，善花卉。

学到老

中国画一度不被特别重视，华东美院中国画教授潘天寿等无法教国画，只

---

① 潘天寿：《黄宾虹先生简介》，载《黄宾虹画集·序》，浙江人民美术出版社、上海人民美术出版社1985年版。

被允许讲点书法，也不被允许画山水、花鸟，要改画人物。后来中国画系取消，和西画系合并成立绘画系。因中国画不讲透视，在表现人物上不如油画，美院课程中只有很少几个钟点的白描人物画课。潘天寿等没有课上，离开绘画系，和吴茀之、汪勖予等在1953年成立了“民族美术研究组”，任务是整理民族遗产，即整理古代绘画资料，收藏古代书画，后来开始编写古代画家小丛书。潘天寿有些迷惘，常去也算是研究组成员的黄宾虹家看他作画。

来杭州后，黄宾虹仍于绘画与著述中自得其乐。他不办个人画展，也不卖画。有人向他索要一张画，他画两张给他。有人拿了画转手出售，还有此时他的一部册页（含10幅画）只要两块钱，知者仍不多，他都淡然处之。他只是每日点染、加深加厚他的画作，相信以后总会有人看得懂。在比他小30多岁的潘天寿眼中，此时的黄宾虹几乎是传统文化、绘画的化身，可从他的平和态度中汲取精神力量。

此时的黄宾虹由于年纪大，相对较自由，受时代影响也小，他依然是一身长衫，也不用经常到学校开会学习。他也感到文艺风向的转换，但内心志向始终不改。他给弟子朱砚英写信就说希望绘画要以保存国学精神为要，不是仅仅以教育大众、普及为要。他在公开发言中也说“中国千百年过去绘画，虽未尽美善，取长舍短，尤在后来创造，特过前人，非可全弃原有，而别寻蹊径”，“惟研究金石文词，为士大夫画，可入雅观”[①]。一直以来，黄宾虹虽以“民学”总括期待国画传统，但还是强调士夫学人是文化传统的传承者，再如中国画特点是从书法篆隶笔法而出不能抛弃，这些观念在当时都是颇显落伍、不合时宜的见解。

不过当时仍有很多和黄、潘一样恪守传统文化信念的知识分子，此时傅雷写信给黄宾虹说自己仍以译书糊口，日夜忙于译著，但他并不因生计原因放松要求，以为旧译文字生硬、风格不够浑成，正在校勘重译百余万字的法国文学巨著，“常以艺术之境界无穷而个人之生命有限为恨”[②]。在这一点上，黄宾虹

① 上海书画出版社、浙江省博物馆编：《在浙江省第一届各界人民代表会议上的发言》，《黄宾虹文集・杂著编》，上海书画出版社1999年版，第568—569页。

② 傅敏编：《傅雷书简・致黄宾虹》，当代世界出版社2005年版，第119页。

与他深有共鸣。

时代巨轮向前不停。1951年春，高剑父逝世。不久，黄宾虹又从傅雷信里知道《国粹学报》老友邓实在沪上作古。1952年他忽闻四弟在金华溘然长逝，手足中的最后一人也成隔世。1953年8月，在全国第二次文代会期间，徐悲鸿突然病逝。黄宾虹的旧交、同时代人都已渐渐淡出历史，他在寂寞惆怅外也不能不感到格外重的传承文化的责任感与压力。但深受传统文化濡染、谙熟太极易学的他同时也将年龄压力转化为动力，凸显老而弥坚如金石、老而弥辣如笔墨的性情。

1937年在北平时，黄宾虹就对弟子石谷风说：

> 我也正在笔墨上下功夫，我现在74岁，除去60转甲子，仅有14岁，正是开始用功的时候，练笔法三年、练墨法三年补前人未做过的功夫，然后作画十余年不算迟。[①]

“转甲子”就是减去60年一甲子岁月，正如他此时在绘画上的出繁入简、出宋返元是画学减法，文化上的蜕化破茧是思想减法，转甲子是他为自己做的人生减法。

黄宾虹曾作诗说“龄增老马成何用”，问出了老骥伏枥是否还能志在千里的内心疑惑，他还说过自恨返老还童无八公术（“淮南八公”，古代能变童子的仙人），生命流逝带来的焦虑感是千古难题，尤其对黄宾虹这样对自己有学术成就期许的学人来说。但他也在《八十感言》诗里说“八十学无成，炳烛心未已”，他说自己虽然无所大成但仍秉烛夜学，虽老不弃。黄宾虹曾自谦不聪明，还认为作画是七分学力三分天才，有天资鲁钝者经努力成大家的，也有聪明之士终身在门外的，所以他最看重士夫学人画和文人画的区别。他以为以扬州八怪、石涛为代表的文人画家是聪明反被聪明误，蹈求脱太早的误区。学人画则沉静致远，不矜不躁，不单纯依靠天赋才气，既有宏识恒心意志，又能内省反观，

---

① 云雪梅编著：《黄宾虹画论》，河南人民出版社1999年版，第23页。

所以才能不断上进。

20世纪50年代黄宾虹已将90岁，仍身心健康，但1949年后的日新月异，新时代绘画等学术领域的知之无涯，不免令他感到老之将至，心思目力渐不如前，但他一直是个老而弥坚的性子，所以新知识新氛围反而再次激发了他的好学不怠，如同欧阳修晚年怕后生耻笑的学人心态，也和他当年从山中歙县来到海边沪上时一样。中国传统哲人都有知其不可为而为之的雅量，黄宾虹最看重的春秋时代有圣人孔子在《论语·述而》里说“发愤忘食，乐以忘忧，不知老之将至”，他同样关注的唐代也有诗圣杜甫在写给画家曹霸的《丹青引赠曹将军霸》中说“丹青不知老将至”，黄宾虹就是秉承了他们的心性襟怀。

1951年，黄宾虹在一幅画上重加题跋，说当年游青城山途中遇到樵夫卖从山中采来的大如李子的黄连，大家都没见过，后有游客以重金购去，说这是珍贵的鸡血黄连。黄宾虹感慨说：“生有涯而知无涯，不诚然哉。”[①]他是化用了古哲人庄子《养生主》里的“吾生也有涯，而知也无涯”，却变豁达为积极之意，道出自己要以有限生命追求无限知识。1952年，黄宾虹在给南社老友高吹万的信里说自己惧怕被以后的时代改革淘汰，“近年仅从识字入手，举从前所作，弃而不留”[②]，但仍没有放弃深入研求古文字，仍希望由此旧途径获得新认知，在绘画和学术上开新境。1953年，他应同样定居西湖畔（今赵公堤附近）“燕南寄庐”的京剧艺术家盖叫天（1888—1971）之请，为他书写寿墓横额“学到老”三字，这是盖叫天做人从艺的信条。傅雷就说过盖叫天自述的自传《粉墨春秋》对艺术、人生、伦理阐述极深刻，从事任何艺术都必须有他说的热爱和苦功。“学到老”也可借为黄宾虹座右铭，之后他题的三个字留在西湖边（今杨公堤旁），记录见证了这两位不同领域真正艺术家的惺惺相惜。1954年，黄宾虹又对来访的上海美协客人说：“俗语以六十转甲子，我九十多岁，也可说只有三十多岁，正可努力。我要师今人，师古人，师造化。”这段话正好对应他74岁在

① 上海书画出版社、浙江省博物馆编：《黄宾虹文集·题跋编·题青城樵者图》，上海书画出版社1999年版，第48页。

② 上海书画出版社、浙江省博物馆编：《黄宾虹文集·书信编·与高燮》，上海书画出版社1999年版，第106页。

北平和石谷风说的转甲子他才14岁要练三年笔法、三年墨法再作画十余年，当时的愿望他已实现。所以此时90多岁仍不算迟，他还有新愿望。

黄宾虹作画喜用老而秃的笔，他曾说“我有秃颖如屈铁，清刚健劲无其匹”[①]，以为新笔要先多写字，去其浮毫，毫端有力，才能写出“屈铁盘丝”的“折钗股”圆中有方笔法。他还喜欢用故宫旧纸。他作画最讲究用墨，外出要自己带墨，不肯凑合用别人的墨，而且只用徽墨上品松烟古墨。秃笔、旧纸、古墨，这些国粹遗产，涵载着传统文化深厚意蕴，也象征着学者型画人的人格化力量，此刻更在黄宾虹这位耄耋老人手里开出异常璀璨的新花，和黄宾虹此时笔下不再一味清雅也不再一味沉郁、更多自然活泼意味的山水、花鸟一样，是他绘画师今人到师古人到师造化演变轨迹的外化。

南归后由于更多浸淫于江南风物的华滋秀润，也再次感染江南文化的灵性与创造力，黄宾虹深化了在北平已开始的水墨色实验，实现更多变化与可能性，这和他的江南画史研究相呼应。黄宾虹一向“喜看晨昏或云雾中的山，因为山川在此时有更多更妙的变化”[②]，因为此时的山岚水色特别能营造微妙诗意之境，他写金华山、黄山、池阳湖、桂林、香港、四川等地山水都特别注重水天光影。重回江南后，黄宾虹最爱看和写的就是西湖、西溪还有附近富春江等山水的草木繁茂华润，尤其是其中水光潋滟、水汽充沛、多雨雾烟岚的景致特色。他于1950年写的《栖霞岭下晓望》《西溪纪胜》，1951年写的《富春江》《溪山深处》《湖山清晓》等画都是。他在《西泠远眺》画上说“西泠桥上望南北高峰，出没云际，特饶画趣”，是在家附近的西泠桥上写生，远远眺望湖那边南高峰、北高峰双峰插云，云山相照共明灭，像北宋的“米氏云山”，的确特别富有画的意境。再如《湖舍晴初》题跋说“湖舍阴晴殊有烟霏云绕之致”，不管这湖舍是池阳湖舍还是栖霞湖舍，雨后初晴的湖畔山水的确特别有五代北宋董源画的烟霭弥漫飘散、云雾萦绕不散的韵味。写于此时的《遂宁道中》虽然看题目是蜀地山水写生得来，但他的画都经多年层层点染，所以题跋说“宿雨初收，

---

① 上海书画出版社、浙江省博物馆编：《黄宾虹文集·诗词编·题画二首》，上海书画出版社1999年版，第136页。

② 王伯敏编：《黄宾虹画语录》，上海人民美术出版社1961年版，第62页。

晓烟未泮，湖山胜境，处处灵活”，应是带入了此时西湖山水面貌，雨下了一夜，清晨的烟云还未融解消散，显得湖山美丽风光处处灵动鲜活。[①]从以上几幅画作，可窥见黄宾虹此时用水法参合墨法描摹江南真实多水地貌、多雨气候的成功典范，他在家旁西泠桥清晨观察西湖山水的《西泠晓望》里更明确指出“古人墨法，妙用于水，水墨神化，为之絪缊”[②]，说宋元名家水墨出神入化，可真实写出江南山水的氤氲即烟云浓郁，而“氤氲”还有文化或哲学上的意义，隐喻天地万物互动而变化成长，即《周易》中的“天地氤氲，万物化醇”，黄宾虹的山水借烟云达到诗意和哲学意味上的高远境界。

除了江南清澈柔和的山光水色影子，这时黄宾虹画中还有另一个值得注意的倾向，他继续自己的周秦六国古器文字图案研究而持续上溯，对杭州良渚一带近代以来多出土的上古原始玉器产生深刻兴趣爱好，他以为这是夏商周时期夏代的器物，所以称为“夏玉”。他不但关注玉器上的图案刻纹，还欣赏玉器上玉质的文采浓淡疏密和新出土“土花”形状色泽，将之引入自己的上古金石研究，如同六国古印、古陶器文字图纹研究，他也期待这对自己的画学进化和绘画笔墨进益有作用。土花指古金石器物因长埋地下被泥土水流剥蚀而在表面留下的天然痕迹。

1953年，黄宾虹在给上海友人、书法家白蕉（1907—1969）的信里说良渚玉器的玉质、土花如大理石而彩色过之。1954年他在一幅山水画中更明确指出：“近代良渚夏玉出土，五色斑驳。因悟北宋画中点染之法，一洗华亭派兼皴带染陋习，此道咸人之进步。”[③]他说看到近代新出土的良渚玉器，玉色斑斓，自然天成，把玩之后觉得和宋画点染笔墨法有相通处，清道咸年间金石学者就是从上古出土器物中悟得宋画奥妙，从而洗去明清华亭派末流兼皴带染的鄙陋笔法，成就画史上的画学中兴。所以他相信此时良渚玉器给予的画学启示，也

---

① 上海书画出版社、浙江省博物馆编：《黄宾虹文集·题跋编·题遂宁道中图》，上海书画出版社1999年版，第71页。

② 上海书画出版社、浙江省博物馆编：《黄宾虹文集·题跋编·题西泠晓望图》，上海书画出版社1999年版，第46页。

③ 王鲁湘编著：《黄宾虹》，河北教育出版社2000年版，第170—171页。

能引发绘画新变。

黄宾虹一生融通学古人古物与学自然，他说自己爱古印、古陶、古玉等金石古物的古意盎然，也爱自然奇石（包括黄山、桂林等地奇岩怪石以及歙县石芝、北平文石等庭院之石）的兼得天然、人文之美。石芝奇石本就是黄氏家族祖藏古物。“文石”指有纹理的石头，典出《山海经》，有时也可指上有古文字的石头或石碑也就是古金石。苏轼为表兄文同（文与可）的画题词说梅寒而秀，竹瘦而寿，石丑而文，是为三益之友，说梅、竹、石都是孔子说的直、谅、多闻良友。黄宾虹观摩或摩挲“文石”，也能常有所悟。因此，他不但在天地自然间的山川浑厚、草木华滋里窥见绘画真意，也将古印古陶上的文字笔意墨法引进绘画，还有云南大理石上的自然图案即文石纹理、桂林漓江画山上似天然也像原始绘画的“马画”、良渚玉器的玉色土花等也给他以笔法、墨法、设色的启发，他认为文石、马画、夏玉上的天成斑斓色彩就与北宋大家画者范宽、郭熙画中遗意相通，无论是自然原始上古的意味还是前贤典范留下的旨趣都能给当下画者以深刻启示。黄宾虹曾在《题湖山即兴册》里认为前贤画家的《秋山图》是“秾古类商周彝鼎，斑斓中有静穆之气”[①]，说写秋日山水的水墨设色画色彩斑斓，秾艳如上古商周青铜器上的青绿斑驳深浅，富于自然之美，“秾”有花木繁盛之意，又内含绚烂之极归于平淡的古雅之美、返璞归真的理想艺术境界。“静穆”就是黄宾虹曾提倡的画学“静”“和”最高意境，而现代美学家朱光潜也曾以陶渊明诗为例说艺术的最高境界是静穆，可见黄宾虹对绘画艺术美学、哲学意味的感悟有古典性也有现代性。

黄宾虹常常提及道咸金石书画家就是从周秦汉魏金石古物上的文字中参悟到钗股漏痕、枯藤坠石的笔法之妙，由师古人进而师造化天工之美。他也是追随前贤脚步，为了更好地表现江南山水的草木华滋、光影色彩，不但借助金石古物文字图案，更进一步借鉴金石古器材质的天然肌理花纹、因岁月生长的斑驳土花，重新发现宋元后渐渐失去的点染墨法并使之完整和改善，一并纳入他

① 上海书画出版社、浙江省博物馆编：《黄宾虹文集・题跋编・题湖山即兴册》，上海书画出版社1999年版，第77页。

日益完善的笔墨点染、色墨秾厚的绘画变革，以求得到更多天然之美和诗意哲理之妙。

黄宾虹的北平画作已有“水墨丹青合体”试验，山水、花卉都有，此时更为深入。他曾回溯画史经典时刻说“至宋始肆意水墨，破笔粗皴，设色颇见秾古”[①]，这个粗粗点就、水墨丹青兼备的画法，就是五代北宋名家荆浩、关仝等人融合唐人王维水墨山水和李思训父子金碧青绿山水南北宗两大体系成就的绘画正宗，水墨笔法蜕变是画史的关键时刻，也是绘画的重要成就、审美突破，可惜元代后罕见，所幸到清道咸年间又复兴。黄宾虹曾见包世臣等道咸学人的水墨丹青山水真迹，水墨笔法有所突破。可惜前人真迹多湮没，黄宾虹只能多师法造化，沿着前贤思路来领悟画法，晚年综合多方机缘，感悟、总结得到渍墨、点彩、铺水三法归一的笔墨法。丹指红色朱砂，青指青色石青，古人以丹青代指绘画就是因为古人多以这些颜料作画。元人虽崇尚素淡，但也多用花青、浅绛等简淡色彩补墨色不足，黄宾虹早年也多作浅绛山水。他在桂游尤其蜀游后有感南国、川蜀山水的奇秀浓烈，不但墨法用点，也用点彩，在浓重淋漓的水墨背景上以矿物质类的石青、石绿还有朱砂、赭石等有一定厚度的重色（深浓的颜色）打点写青山红树，不再是新安画派的幽淡，也不像传统金碧青绿山水的涂抹勾勒，而是笔触渐放渐肆意，点的层次很多、很厚，格外秾古自然、精彩夺目。

黄宾虹晚年在颜色中用得最多的是石青、石绿，这是他早年栖居、漫游于淳安（富春）、金华等地的一脉山水留在他记忆深处的影子，也是他此刻栖息的江南的湖山底色。傅雷在看到他1952年的一些画作时就敏锐指出“墨色之妙，直追襄阳房山，而青绿之生动多逸趣”[②]，说他此时画的墨法比宋元米芾、高房山的更为精妙，而用的青绿之色不但意态灵活有变化能感人，显现江南自然之韵，也多超逸不俗的趣味，体现画学民学隐逸的意旨。深浓厚重的墨黑色使黄宾虹获得“黑宾虹”的雅号，而他画中秾烈的青绿色也不可忽视。除了石青、

① 上海书画出版社、浙江省博物馆编：《黄宾虹文集·题跋编·题山水》，上海书画出版社1999年版，第56页。

② 傅敏编：《傅雷书简·致黄宾虹》，当代世界出版社2005年版，第119页。

石绿，黄宾虹晚年常学渐江将脱胶的松烟古墨浸在墨盒里当宿墨用，形成异常黑亮的“亮墨”，而且宿墨中有渣滓留存，能形成青绿色清亮宝光，重厚处视之恍如青绿设色，令人只觉古厚而忘其石质粗粝。他还用石青、石绿等矿物质颜料和宿墨层层点染，水墨画就有一定厚度，呈现出斑驳肌理，难怪会令人觉得和水粉画、油画有相似处。

黄宾虹对近代西洋绘画里的印象派、野兽派较为熟悉，一次有朋友来访，就见他在看印象派画册，还颇赞许，可见他对印象派确有了解。黄宾虹曾说：“画无中西之分，有笔有墨，纯任自然，由形似进于神似，即西法之印象抽象，近言野兽派。”①他说中西画有相通处，都曾经历从形似进化到神似的阶段，比如西方绘画的印象派，后又发展为野兽派。虽有年代与国度的差异，中国北宋画和西方印象派对自然色彩光影的追求确有外观相似性。

傅雷也曾指出黄宾虹在北平学宋人董源画有点像印象派画，更在1954年即黄宾虹去世前一年时多次说黄宾虹此时一些画“纯用粗线，不见物象，似近于西欧立体、野兽二派”，说他“破笔粗皴”学北宋的画全是点染，近看不见具体物象，和西欧近代的立体派、野兽派貌似。

有这样印象的人不只傅雷一人，旧学背景深厚的黄宾虹友人、书法理论家林志钧也以为黄宾虹早年多写寻常江南平远浅绛山水，形成学元明的“白宾虹”面貌。70岁蜀游后他画风一变，近似五代北宋画的浓墨巨山如“积铁”，厚重有立体感。林说这种风格很像米芾《画史》说范宽用墨浓黑“土石不分”，分不出石头泥土，就是傅雷说的近看“不见物象”，也像明人茅一相《绘妙》引用前人评价范宽的画“远望不离座外”，是远景却浓黑巨大如在眼前，也就是林志钧接着说明的“远而望之，乃得其趣”，远看才能知晓画意。林志钧认为黄此时的水墨画可与油画相通。他也注意到黄宾虹北平后期已经喜欢用“青绿与浓墨”相衬托，色墨秾古，说这一面目更为出色：

① 上海书画出版社、浙江省博物馆编：《黄宾虹文集·书信编·与苏乾英》，上海书画出版社1999年版，第371页。

宾虹先生早年画多作浅绛山水，山峦错落，不以突兀峻拔取胜；七十以后，作风一变，浓墨巨幛如积铁。米老《画史》谓范宽晚年用墨，多土石不分，殆为似之。茅康伯《绘妙》云，“范宽之墨，远望不离座外”。以是知水墨可与油画相通者。油画宜远观，范宽用墨，土石不分，亦惟远而望之，乃得其趣耳。

宾虹晚年画卷即用油画法。喜用青绿与浓墨相衬托，弥见光彩。①

林志钧（1878—1961），字宰平，号北云，福建闽县（今属福州）人。他曾留学日本，后为清华研究院导师，1949年后为国务院参事室参事。林是著名诗人，对画的感触很敏锐。当然由于受西画强势时代风气影响，他的“宾虹晚年画卷即用油画法”说法需分辨性看待。

黄宾虹的另一位友人、也是林志钧好友的陈叔通后来在《歙县黄宾虹画集》简介里也说黄是“晚年善水墨作法，加浅绛青绿，与油画合于一炉”，还说他：

晚年多作阴面山，状氤氲难写之景，杂以赭、绿，层层加染，脉络仍复分明，正如范宽用墨亦远望，论者谓已融水墨与油画为一炉。余曾与宾虹论及之，微笑未作答，或已默韪余言，是诚翻陈出新，古为今用创格，有待来者继承其绪，发扬光大。②

陈叔通的说法显然受到林志钧的影响。他说黄宾虹晚年多写北宋阴面山即背光的山，深黑厚重，也善于描写江南山的水汽烟云浓郁、缥缈空灵的面貌，还在水墨间加以赭石、石绿，并层层加以点染，但墨色也是山石草木的肌理，脉络仍很清晰，远看更格外分明，很像范宽的墨法。他说当时人都觉得黄宾虹已将水墨和油画融为一体，他也以此问过黄，黄却“微笑未作答”。陈叔通说黄宾虹“或（也许的意思）”已经默认他的说法。于是与时俱进的文化老人陈叔

---

① 转引自叶子：《山高水长——黄宾虹山水画艺术论》，上海人民美术出版社2005年版，第168页。

② 转引自叶子编著：《现代名家翰墨鉴藏丛书·黄宾虹》，西泠印社出版社2009年版，第41页。

通以为老友的画是翻陈出新、古为今用的创格即新风格新法式，还期待有后来者继承黄宾虹的革新开端并发扬光大。其实陈的看法未必合黄宾虹心意。

“融水墨与油画为一炉”这种见解貌似很吸引人，但不可否认这一认识有时代影响的痕迹，融合中西绘画是20世纪的时代追求。但黄宾虹平生虽认同中西画理相通，也说过自己作画“与欧画符合”，却一直坚决反对泯灭中西绘画技法差异，他坚守笔墨，也未明确提及汲取采纳油画技术。这大概就是他为何笑而不答的原因吧。

同为中国画画者的潘天寿也注意到晚年黄宾虹画的这一特点，但没说黄画像油画，比傅雷等人的说法更传统更严谨：

> 写其游历之晓山、晚山、夜山与雨后初晴之阴山，使满纸乌墨如旧拓三老碑版，不堪向迩。然远视之，则峰峦阴翳，林木蓊郁，淋漓磅礴，绚烂纷披，层次分明，万象毕现，只觉青翠与遥天相接，水光与云气交辉，杳然深远，无所抵止。①

潘天寿说黄宾虹多写爱写善写晓山、晚山、夜山与雨后初晴的阴面山，墨色深浓，像旧拓的西泠印社东汉三老碑版，近看尤其满纸乌黑不知为何物，就是傅雷说的“不见物象”。但从远处看，一纸墨黑里不但可清晰看见峰峦阴翳、林木蓊郁，能感受到淋漓磅礴的水墨、绚烂纷披的色彩、层次分明的笔法章法，更可触摸到万象毕现的自然，还可感觉到画里的山色青翠、水光氤氲，得杳然深远的诗意意蕴。值得注意的是，并不反对传统出新的潘天寿在20世纪50年代黄宾虹变法时，针对有人说黄学油画，他率直明确发言“黄宾虹先生了不起，他是中国画创新，怎么是学油画，这是从传统基础上变出来的，不是学洋画而画的”②。

黄宾虹的绘画变法是取径回归北宋，终于写出他少年时在金华北山、永康

---

① 潘天寿：《黄宾虹先生简介》，载于《黄宾虹画集·序》，浙江人民美术出版社、上海人民美术出版社1985年版。

② 王伯敏：《黑墨团中天地宽——论黄宾虹晚年的变法》，《新美术》1982年第4期。

方岩中看出北宋画阴面山的感觉，却和西画新创笔触暗合，是中西画理相通、同受自然启发的殊途同归。他熔铸历代皴法，到晚年用笔日趋自由，打点作皴、兼点带皴，短笔触越来越多，积万千短笔，层层积染，的确会让人联想到油画的点。他也提过中国画的墨分五彩和西画的用色因光而变有相似处。印象派的基本技法是将未调配的原色点到画上，颜色看起来特别通透、明亮、自然。黄宾虹用宿墨以石青、石绿色打点，积点、积彩，效果和印象派相似，却是不折不扣的国画手法。

黄宾虹在晚年变法中其实特别注意保持中国画重精神文明、求神似的传统与特色，这是他在20世纪之初身为国粹学人时就一直坚持笃定的文化信念，他在授法弟子王伯敏、朱砚英等人时都曾深入阐述、反复强调。他和弟子们说写山水不能像摄影只取形似，要“夺”即努力巧妙设法得到山水的内涵神韵。江山虽如画却永难企及绘画所营造的理想化之美，要以画坛前贤发明的各种笔墨法、人工剪裁妙思来巧夺天工，并由实入虚、虚实结合，求真内美。如他写北宋阴面山，用重墨重色，山峦几乎全部浓黑，是为探究真山形态。但当王伯敏问他为何正午阳光灿烂而山顶反是浓黑的，他回答说：“作为画，一切为了悦目。”这个悦目不是浅薄的美、低级的媚俗，而是为了得到虚实兼备的理想真内美。

黄宾虹晚年山水已是虚实兼得，实处是浓黑墨点与青绿斑驳色点的融合无际，斑斓秾古如商周彝鼎、良渚古玉，写出真山实水。笔墨之外还体现自然浓郁的生机和文化历史的厚重感、静穆和谐的诗意精神情韵，这就是画的实中虚，也就是陈叔通说的“状氤氲难写之景”，郑雪湖说的“虚处难”，他已做到。在画中黄宾虹是借白光、用水等形式表现虚处。

中国传统画最讲求布白，天空、水面、云气往往就是虚白。北宋画多写深黑晦暝的夜山却不显沉闷窒塞，如董源就在山顶画矾头（明亮石块）使画面有光的表现。黄宾虹也常提到“北宋云中山顶”①，“巨然画山中云气，常于空白

---

① 上海书画出版社、浙江省博物馆编：《黄宾虹文集・题跋编・题天目山西图》，上海书画出版社1999年版，第33页。

处浮现纸上，突过前人”[1]。明末龚贤、清吴历在用浓墨外，用光也有突破。黄宾虹继承前人用光法和传统画学知白守黑、计白当黑的虚实之旨，在无数个静看夜山的日子里观察月光照在夜山上所勾勒出的轮廓，体味山中房屋灯光在万壑深黑中明灭，在蜀地瞿塘峡晚上看到“月移壁”景象使他觉得整座山就像一堵月下墙壁，从而顿悟了神秘白色灵光的妙处。他后来作画总在山顶、石头、树木、房屋、小桥流水、人物等画中主要实体周围留出一些空白，那整体密实、墨色浓黑画面中的白色亮光，使画中处处透出空灵通透。黄宾虹以为这就是所求的“无虚非实”之境：

> 岩岫杳冥，一炬之光，如眼有点，通体皆虚，虚中有实，可悟此境。[2]
> 宋画多晦冥，荆关粲一灯。夜行山尽处，开朗最高层。[3]

春秋韩非子说虚处成龙蛇，北宋黄庭坚论书法说虚处如虫啮木，元代赵孟頫说“石如飞白木如籀”，都指出虚实源出自然。黄宾虹也从四山围合为实、萦绕烟云为虚，还有山脉水源道路的虚实变化中悟得画理。他综合一生的苦功和妙悟，把中国山水画的造型规律概括抽象为“齐而不齐三角觚”，三角形既稳定又灵变，有丰富的不确定性。他的画里常有其有意做成的空白，远观通观全画因此活透空灵，这些空白虚处多是三角形，自然成文，参差离合，王伯敏就以为这“至密之体”中的通灵处如围棋中的活眼，也如深居中的天窗。黄宾虹画中虚处还包括以淡淡水墨写成的烟岚细雨，他以独特墨法水法写江南多水底色，即使是北方山水也有江南华滋的精魂在。

黄宾虹在写给老友许承尧的信里说“人文如烟霞，可增峦岫姿媚”，他是将画中山水之上的虚灵云烟雾霭作为中华传统文化精神、诗意气韵的象征意象，

---

① 上海书画出版社、浙江省博物馆编：《黄宾虹文集·题跋编·题山水》，上海书画出版社1999年版，第75页。

② 上海书画出版社、浙江省博物馆编：《黄宾虹文集·题跋编·题山水册》，上海书画出版社1999年版，第33页。

③ 上海书画出版社、浙江省博物馆编：《黄宾虹文集·诗词编·题画山水》，上海书画出版社1999年版，第178页。

认为可增添山水及山水画的理想美。在1951年的《题山水》题跋里，黄宾虹更明确指出山川浑厚、草木华滋的中国山水画体现民族精神，是文化学术典范，评价甚高：

董北苑从唐王维、李思训、吴道玄诸家筑基，以华滋浑厚为功，发扬中国民族精神，为文化最高学术……①

黄宾虹在1953年的《题霖雨图》里也说：

北宋人画云中山顶，寓有及时霖雨之意，民物关怀，于此可见。②

黄宾虹更进一步说北宋画家的“云山”虚灵山顶烟云，寓意久旱霖雨，寄托儒家思想对民生万物的关怀，体现人文精神之美，这就是他的画学民学要义。

黄宾虹一生不倦地反复说：中国绘画由书法、金石文字奠基，是实处；最高处可通于诗意美、人文精神，是虚处。他晚年山水画常多摹古人画意诗意，尤其传统贤哲典籍警句、典范意象，如山川、河流大江表征江山自豪，乡关、家国体现故土依恋，扁舟、隐士、茅屋显现隐逸情怀，烟雨云霞岚气蕴藉意味也与山水精神相通，显示丰富的隐喻意义。潘天寿把黄宾虹画中的空白虚灵之处看成中国画中直指顿悟的要诀（空际见神是中国传统文化艺术如与画相通的诗、书、印的精神妙谛），王伯敏把空白、白光称为“诗路”，符合黄宾虹也常常写入画跋的“画是无声诗”“无画处为诗境”“无声诗人有言中”之意，深得宾虹画心。

此外，黄宾虹晚年的画除了以水墨营造虚灵多变的诗意传统模式，也兼得色墨堆积出的坚实厚重建筑之美。坚持纯粹中国画的画家在艺术探索中从诗意

① 上海书画出版社、浙江省博物馆编：《黄宾虹文集·题跋编·题山水》，上海书画出版社1999年版，第51页。

② 上海书画出版社、浙江省博物馆编：《黄宾虹文集·题跋编·题霖雨图》，上海书画出版社1999年版，第65页。

意境旁及建筑构架，从诗意家园窥见造型领域，是意外也是必然，从他少年时游金华山静观山水看出宋画阴面山时就开始了。历史总充满惊喜礼物，但只馈赠给柔韧坚忍的人。

东方民学

到杭州后黄宾虹也开始总结画学。他一生建立的中国画学集大成系统，一面是分析，至细至微到点；一面是综合，将画学融会贯通传统文化的各种专门学术。可以说他借构筑画学体系，也构建了另一角度的国学史（东方文化学术史）。这就是他成为画之大者的重要根基。

1950年由黄宾虹口述、经人用白话文整理成的《中国绘画的点和线》，反映的是画学中的微观世界。中国画讲究线条表现，线是积点而来，绘画起源于点，点从何处来？黄宾虹以扎实的文字学功底和金石学积淀，以现实中的火光、人手、雨丝，以及传统徽派民居粉墙上的屋漏痕、“水”的象形文字和偏旁写法等例子推定画中的点发生于原始生活，由象形而会意、从写实到抽象而成。他还说远古玉器、陶器、商周铜器上常见的云雷纹是积点而来，如良渚玉器上也有，如果简化就会成为两个半圆，然后他悟出积点成线的一勾一勒是构成太极图的基本形态，也是中国绘画的基本特点。

1952年春，朱砚英来到栖霞岭黄寓住了三周。此时是黄宾虹目疾最重时，当几乎失明的老师每晚在灯下谈画法不倦时，朱砚英都认真笔录，作成《虹庐画谈》。她离杭时把稿子留在老师处，希望他眼睛痊愈后能加以修改。后来黄宾虹目疾减轻，但视力仍未完全恢复，加之事务纷繁，没来得及修改文章，成为遗憾。黄宾虹谈的是绘画的变易与不变，就是同年他给高吹万信里说的“画学有民族性，为遗传法；有时代性，为变易法”①。变易就是画史流变，黄宾虹一直特别着眼其中几个关键时期及其间的人，包括上古、周秦（春秋）六国、汉

① 上海书画出版社、浙江省博物馆编：《黄宾虹文集·书信编·与高燮》，上海书画出版社1999年版，第105页。

魏六朝、五代北宋、元末等，尤注重与自己时代较近的明末清初时期的常州、嘉兴、新安画派画家以及清道咸年间的金石画家。不变易指源于民族性的中国画学精神不变。在当下这个文化变革新时代，黄宾虹作为国画传人，尤其希望能传承发扬国画的优秀传统和民族精神，追求文艺复兴。就像同年他在画跋说的：

竭力追古，遗貌取神，成一家法，传无尽灯……①

“传灯”是借佛家语，指传承法度。他说要尽力回溯探究古典传统正宗，但并不保守守旧，而要“遗貌取神”。这个说法很巧妙，借中国传统绘画特有的舍形似取神似特点，表明黄宾虹对文化遗产尤其画学遗产的合理态度。他还说自己要努力达成画学的个人学术理论和治学方法，并将之传于后世。在此前和此时都曾出现过的轻视传统文化遗产和中国画的思潮里，当20世纪中叶之际，在西子湖畔，这个年将九旬的老人发出预言：

以艺术进步将由改变专门科学。……纯粹民族性创造绘画为二十世纪开一纪元。②

黄宾虹坚信中国画学是国学一部分，也是民族文化一部分，即他一直提倡坚守的“东方民学”，所以认为画学会顺应为民众的新时代，在20世纪焕发新生开新纪元。

黄宾虹的“民学”画学，可谓境界深广阔大，精神更与时俱进。他在1952年给高吹万的信里提到近年长沙发掘的周秦西汉文物、浙江良渚等处发现的上古玉器上都有文字图画，从中可找到日趋衰落枯竭国故复兴的新途径。黄宾虹

① 上海书画出版社、浙江省博物馆编：《黄宾虹文集·题跋编·题浅绛山水》，上海书画出版社1999年版，第36页。

② 上海书画出版社、浙江省博物馆编：《黄宾虹文集·书信编·与郑铁甫》，上海书画出版社1999年版，第334页。

一直关注中华古代文明两大发源地黄河、长江流域新出土的上古古物，如延安竹简、绥远与甘肃古物、良渚玉器、长沙周缯、滇南石画、淮河古铜等，以为其中有些古物上的文字、图画甚至在殷墟甲骨文、周代青铜器金文（钟鼎文）之前，可追溯到远古原始先民时代，所以可从中寻找到失落的健康绚烂的民族艺术精神。他画学中的东方民学，起点就在不朽金石古物上的原始文字图画，体现中国书画基本的空间法则与线条构成，也蕴含根本的国族性情。他还认为比起体现君学的青铜器钟鼎文，体现民学精神、自由书写的民间古印古陶春秋六国文字应得到更多关注，民族精神文化的根本在春秋诸子学说提倡的道法自然。

黄宾虹也屡次说近世西方学者极重视东方的中国学。他也认识到周秦诸子百家争鸣学术，恰和西方希腊学派同时兴起，可以媲美希腊、拉丁、埃及等古老文化，近世又有清道咸年间以来文化学术复兴，中国画也于此际复兴，又与西方绘画在近代的发展相契合。就在这一基础上他以为画学终将大同，前提是承认中国画的独特民族性。中国画精神源于文字，中国文字特色在于形，与外国以音为重的文字迥异，这是黄宾虹和《国粹学报》同人章太炎、刘师培等人自20世纪初以来就坚持的观点。在20世纪50年代初的文字改革中，黄宾虹仍提议要形声并重，不能失去中国文字特征。正是因为坚信、扎根传统文化本源，他才能坦然地以西学为参照系，寻找中西画学的契合点，但还是以国画与传统文化的固有元素在新的历史时期重建复兴中国画体系。

黄宾虹曾说："中华民族文化，永远不会灭亡。"[①]就像他在《养生之道》文里以为乱世里文化使得国族生命延续，如果将个人生命融入国故之学中，也可和国族、文化的生命一样永久。黄宾虹这位幼时病弱却享高寿的老人，他最高的养生之道就是忘我沉潜于作为国学一部分的山水画、古文字考证、歙故中。参见他对汪宗沂师的回忆可明了他悟得的养生长寿之道，那个传统文化滋养出的兼具仙风道骨和济世情怀的老人正是他的楷模。黄宾虹晚年"常常以太极图

---

① 转引自张放：《黄宾虹的文化观与笔墨观》，载于《墨海烟云·黄宾虹研究论文集》，安徽美术出版社1989年版，第75页。

教人”，也以太极来“践行”，圆通无碍、包孕无尽的太极图可成为他人生与学术的背景和象征。

太极图是中国传统文化包罗万象、兼收并蓄的象征。黄宾虹也以为中国绘画本原在于综合，傅雷也以为他的绘画综合本领是石涛后最强的。历代画学的集大成者张彦远、董其昌等人多是相加融合，而黄宾虹能在中西文化交会的背景下，以画理为纲，融合极广，并创造发挥。他以为画学之成，包涵广大，绘画与各类艺术、科学、学术都可贯通，如书画精神可通道家等诸子学理还有佛学，书画与琴棋诗文是同源异流，书法绘画更是理法一贯。他以画为百艺之母，可通百艺，他的讲演《国画之民学》也提到中国艺术无不相通。

黄宾虹沉潜绘画，将画学处处融入真实人生，也以为画理无处不在，所以常触类旁通，并邈然不经意得之。作为传统学者，黄宾虹除了日常治学、作书画印，也善诗文、武术、下棋、奏琴等。他也曾指出，古琴、围棋、京戏、诗文、拳棒、烹调和医学等传统国技可与画学相通。

黄宾虹早年受教于善音乐的金华赵经田、歙县汪宗沂，通音律、能奏琴。他常在诗与画跋中借伯牙子期高山流水等典故，由音乐与绘画的相通道出自己画作的曲高和寡，以及画作的隐逸脱俗意蕴。他与通西洋音乐的傅雷交好，两人也确是“知音”。

黄宾虹与歙县老乡、围棋国手过旭初（1903—1992）是忘年交，也常将围棋与绘画做颇具哲理趣味的比较。在他眼里，围棋棋盘以周天360度为方格，棋子圆形，和画纸用方、笔用圆一致。棋子黑白二色，和水墨画取天地阴阳本色一致。棋局虚处多为弧三角形成活眼，也和书画虚处的布白互通，同取法于自然。20世纪50年代黄宾虹曾得到明人棋书，还将古人见解删繁就简，参合己见，将围棋与绘画进行比较，写成小册《弈通》寄赠过旭初。在书中，他指出棋的布局和画的章法疏密相似。下棋先点子，力争扼要，落落清疏，不数十着，胜负即定，就像作画先勾勒，一开一合，形势高下，层次已显。他还说学棋谱要善变，就像绘画学古人师造化求变化。他以为棋中有气势，有联络，有却有补，有双关、硬断等法，都和画理虚实呼应处处相关。此外，在给朱砚英、王伯敏信中和赠燕山棋社画题跋中，黄宾虹也说作画之理正如下棋，要善于做活眼，活眼多，子子皆活，棋即取胜，活眼就是画中虚处。

黄宾虹平时虽不大看电影、看戏，但常以京剧与画学作比，并时有妙喻。他以为京剧表情诸多神会，就像中国画写意画的不在意外表而着意表现神态、抒发内在意趣，就是画学的“默契神会”重在领会内在蕴含的精神气韵。他还说京戏比昆曲通俗，让不识字者也一望而知，是为雅俗共赏。他还在给顾飞信里说如将学画者比作学戏者，如果不先从手、口等下苦功，仅于衣冠形式得其外观，难成名角。他与盖叫天有共鸣，大概就来于此。1951年秋黄宾虹去北京开会，观看了新改编京戏《打渔杀家》。对整理修改传统剧本，对文化遗产去芜存菁，他表露了严肃谨慎态度，指出流传多年形成的传统剧本原词像北宋山水，繁复浑厚，修改后则难免如清代虞山、娄东画派删略宋元精细处，虽明朗却觉平凡，失去了艺术微妙深厚之感。他还以为无论绘画、戏曲都要先习一艺，然后以通众工，要借鉴类推，融会贯通，才能成大家，如果只专守一家，孤陋寡闻，不可与言画。[①]这些观点都很能体现他诚恳的艺术态度，显示融达的艺术妙理，值得细细体味。

黄宾虹成长于以新安医学闻名的徽州。他少时的老师汪宗沂就深谙养生之道，对传统医书《素问》《灵枢》有研究，这也影响了他。黄宾虹在上海时的西医友人柯士是个中国通，向他说起《素问》所论人体五运六气很受欧美人赞赏，还说国画上的气运也相同。也许并非巧合，后人论黄宾虹画作常联想到中医，如说他像“一个高明大夫，能开攻补兼施的良方，别人不敢用的药，他敢用，别人不敢用的分量，他敢用”[②]，或说他像高明的针灸医生，画中虚处的灰白阔线能打通人体脉络的淤滞。

黄宾虹少年时从歙县汪师与金华李国樑（灼先）师学古代兵法，壮年时在歙县练兵习武，还投身革命，颇有豪侠风采。后来他虽退隐治学，但也许这就是有人从他的画看出如“老将用兵，出入穷奇。有时单骑上阵，奔驰疆场，叱

---

① 上海书画出版社、浙江省博物馆编：《黄宾虹文集·书画编（下）·京剧偶谈》，上海书画出版社1999年版，第468页。

② 王伯敏：《黑墨团中天地宽——论黄宾虹晚年的变法》，《新美术》1982年第4期。

咤风云。有时调集大军，背水而战，万炮齐轰”[①]的原因了。黄宾虹还曾从族人学拳术、从汪师学剑术以强健身体，所以他对弟子黄居素和朱砚英都提及作画如习拳术，既得方法，尤贵勤力。他还因善骑马，从中领悟精进了拨镫法。

黄宾虹特别看重周秦诸子学说，也常引用诸子善用的譬喻，除了画理方面的，他还学老子、孔子喜欢以饮食比喻治国修身，以饮食来比绘画。一次他指着乡贤程嘉燧晚年山水，说其“笔法苍劲，柔中含刚，好似酒席上每根鱼鳍一样，工力很深”[②]。逝世前不久他还说“最近我在想，对于中国画法，有些可以从烹调上去理会，如画写意的山水小品，好像爆鳝片，若要味道好，应该油多、火烈、手快”，都风趣而颇得真意。他不吸烟，但善饮酒，也常以酒喻画，如他曾说画的气韵如酿酒，一旦功力成熟就精华上浮。

因中国画富于诗意理趣，尤其与古典文学相通，山水画的隐逸趣味更与山水诗相通。黄宾虹于散文、骈文、诗词皆长，尤其善写六朝骈文，他常以写诗文来比作画，说作画如诗人赋诗，同是吟咏性情，诗中不能表现，画中或能明之。所以他常在画上写诗、题跋，而且很多诗文与画相互对照，也互相补全。他还以王维、杜甫等古代诗人的诗意入画，也从古诗人诗意领悟画学之妙。

黄宾虹正是将传统文化、国学各方面丰厚素养都融会贯通，都倾注在绘画创作和研究中，才得以总结传统画学并开创绘画新境。他的画被称为“黑墨团中天地宽”，虚实之间看似平淡无奇却妥帖完备且难以摹仿，其奥秘不止在笔墨方寸、章法咫尺，更在从未停顿又从容不迫的真实一生的锻造酝酿中。和他推崇的画史大家一样，他将丰富人生阅历和宽广爱国情怀都纳入画中，凝聚成中国画新的精神典范，才成为百年一遇的大家。

蜕 变

1949年后，随着社会建设发展，国力蒸蒸日上，国家的文艺政策也有转

① 王伯敏：《黑墨团中天地宽——论黄宾虹晚年的变法》，《新美术》1982年第4期。

② 石谷风：《古风堂艺谈》，天津古籍出版社1994年版，第28页。

变，注意到了提高民族文化的重要性，认识到了文化遗产是建设基础，从而开始大规模开展了发展古今文化的运动。1953年新年，黄宾虹迎来他的九十生辰，也迎来了三件大事：祝寿受奖、复明后画风大变、被新成立的中央美院民族美术研究所聘为所长。

画坛风向转变，是从一位画家的生日开始的。这年元旦是齐白石93岁寿辰，中央人民政府在北京为这位毛泽东主席的湘潭同乡举办了庆寿会，周恩来总理亲临祝贺，齐白石被认为是卓越的人民美术家，他还号召美术家学习中国美术遗产，发扬优秀传统。《人民日报》《人民画报》都刊登了齐的画作。这是个信号，标志着纠偏初期简单否定国画的风气，美术界重新开始重视国画。次年华东美院绘画系分设彩墨画、油画、版画三科，虽然还不谈历史传承，仍提倡人物、工笔、写生为主，彩墨画也不是纯粹中国画，写生也不同于师造化，但中国画复归趋向已明了。

黄宾虹的九十大寿，和七十、八十寿辰一样，受到许多朋友的关注。马一浮有一首七言古风诗祝寿，着眼的是黄宾虹的能识古文字、养生之道和“再使风俗淳”即以文致治的画学民族精神。温州书画家马公愚（1890—1969）借“神州国光”一语双关赞美黄宾虹几十年不变的提倡美术的情怀，也说他是国画界的鲁灵光殿。黄宾虹的这一次寿辰还有与以往不同的地方，马公愚贺诗最后一联“艺苑更谁推并长，燕京近报寿齐黄”说的就是“南黄北齐”这对寿翁画家得到的礼遇，确立了他们于国画之重要地位。1953年2月28日，正值春节前后，天气严寒，中国美协浙江分会和华东美院联合为黄宾虹举行的九十寿辰庆祝会却融暖如春，浙江省委宣传部、华东与上海文联、中国美协都来祝寿献礼，对他在绘画创作和金石、考古、学术上的成就，80年来严肃刻苦从事学术研究、艺术创作和教育工作的精神，给予高度肯定并推崇。华东行政委员会文化局授予黄宾虹“中国人民优秀的画家”称号。这个称号可谓实至名归，虽然这时的他不作人物画，作品也没有直接为现实服务，仍有些游离时代和不合时宜，但就他画学张扬民学的实质和高超造诣，黄宾虹配得上这个称号。庆祝会上还展出了他的画作、文稿及珍藏的文物。

在这年的春分日，黄宾虹作画并题《九十自寿》诗说，“和合乾坤人不老，平分昼夜日初长。写将浑厚华滋意，民物欣欣见阜康”[①]，以“浑厚华滋”山水表达了对健康淳朴民族精神的向往和欣欣向荣国运人生的祝愿，他从未改变或放弃过“文以致治”的理想。正如他在祝寿会上说的：“我经过三个朝代。清朝是腐败，民国是混乱，万事只有今朝好。”1953年春，和煦的阳光温暖了许多知识分子的心，此后是文化繁荣时期，也包括画学的昌盛。后来有人评说“50年代，是中国画的春天，是众彩缤纷、繁花似锦的时代，很有一点像晚明、清初一时人才辈出的时期”[②]，这应该也是黄宾虹的感受。1953年是黄宾虹晚年时期很重要的一年，他经历了生理与艺术上的双重蜕变。

1952年壬辰年秋后，黄宾虹的白内障加剧，右目几近失明，到1953年春夏手术复明，这近一年时间，是一生踏实不苟循规蹈矩的老画家生命里的一大变数。

手术前黄宾虹仍坚持作画写信，有的画画了正反两面，一些画上题跋和信中字大小悬殊，有时把两三个字重叠写在一处，字迹错乱模糊，个别字几不可辨。后来他已伸手难辨五指，难以书写，但一生作画著述不懈的他以为写字不胜，作画还可以，仍坚持借助放大镜在纸上摸索作画不息，还对客人说：“古来音乐家有耳聋不闻锣声音，犹调琴不辍。何况我的眼睛还有光亮，怎么可以不动笔?”从小学《周易》的黄宾虹向来以为变者生、不变者淘汰，他一生画学经历数次变化，这一次是一大变，由死局而活，成就了他一生里的凤凰涅槃传奇、蝴蝶破茧故事，后来被称为“壬辰之变”。

黄宾虹这时的画作，和心灵的关系要比与眼睛的关联更多一些。就像春秋乐圣师旷虽是盲人却有极强的乐感一样，80年的笔墨功力和几十年游历写生纳入胸中的万千丘壑，使黄宾虹虽目不能视也能挥洒成画。这些画多是粗笔、简笔，线条纵横，去了外在章法的规整，更突出了随心所欲而不逾矩的笔墨和无不自在的布局，得乱中不乱、不齐之齐、不似之似之意，彰显了脱化蜕变的无限可能。

---

① 上海书画出版社、浙江省博物馆编：《黄宾虹文集·诗词编·九十自寿》，上海书画出版社1999年版，第210页。

② 黄苗子：《画坛师友录》，生活·读书·新知三联书店2000版，第440页。

回杭后黄宾虹仍继续自己的简笔画探索。1948年他的《减笔山水》《阳朔山水以元人简笔写之》都明显可见粗笔简略写神的痕迹。到1952年，他的画作无论写生的山水《西溪芦花》《烟江叠嶂》《峨眉山色》《湖上晴帆》《江上渔舟》和花卉《芙蓉》等，还是几幅摹拟北宋董源、范宽和清道咸何绍基、包世臣的拟古之作，都是简笔勾勒。到了1953年秋天，黄宾虹的《西泠桥上远望对江诸峰写此》《溪桥烟雨》《溪桥烟霭》《江行》《拟董其昌法》及两幅《桃花溪》都是以乱而不乱的粗笔触、水墨点写成的线条画，只见笔墨、色墨交错疏落，生命直跃缣素之外，给看惯寻常国画的人们以审美和认知的冲击。

如黄宾虹失明前的水墨《桃花溪》有题跋“西湖栖霞岭下旧有桃花溪”，和早几年写的《栖霞岭园居图》“西湖栖霞岭旧有桃花溪，今已堙塞，筑为园居，余休息其中”面貌已很不同，粗笔、墨色点染写出上下两处山峦，远山高峻，近山绵延，有乱石，多杂树，深邃幽远，却也苍翠华滋，应是江南气象。画的中间有一抹空白，如溪流似雾霭，和画面上部的水墨远峰和留白所寓意的山岚呼应。画下方的近山中藏一小屋，是画中焦点、深浓山色中的一处亮色，屋顶三角，房子四方，里有一人衣着不辨古今，其状若在读书，给人一种超越时空的宁静感。这幅《桃花溪》有更多的心灵精神意味，突出一种跳出具体时间空间的永恒文化感。“旧有桃花溪”几字有了更多内涵意趣。不过这幅画并不平淡死板，有力度的短皴（短线条）、墨点还有流荡灵动的水墨、留白，以及提亮的读书屋和读书人重心，都使得整体画面的安详静谧中又蕴含生机活力，全画有了真正太极图的包蕴和流转之意。

而失明带来的焦灼苦闷也使得此时黄宾虹的画在他以往画作追求的较传统“静”“和”意境外更多显露出鲜明个性和丰富情绪，也给画添了动感、感染力。

黄宾虹10岁左右就在金华得邻居倪翁以宋人恢复古人的“张素败壁”法即打腹稿相授，说古人将作画的素绢（白纸）张挂于墙上，朝夕视之，默对多日，可透过白纸素绢看到绢（纸）上高下曲折皆成山水之象，然后才落笔，是用心不用眼。这一说法对他影响很深，他又经过几十年的练习，已是手随心动。此时的他就以心代眼，作画无碍。

黄宾虹还一直喜欢看夜山，从黄山、白岳、九华到后来的雁荡、峨眉、青城，都于夜深人静中启户独立领其趣，是受道家、佛教思想影响，默想存神、应目会心，“内美静中参”[①]，也是以心代眼的另一种途径形式。1935年他在与友人信里就说只有看山入骨髓，才能写山之真，才能心手相应，益臻化境。1948年他也说“写生只能得山川之骨，欲得山川之气，还得闭目沉思，非领略其精神不可”，同年对王伯敏说看景的步骤包括“登山临水，坐望苦不足，山水我所有，三思而后行”，也着重于用心得山川神韵。

此时黄宾虹绘画的诸多变化既源自他长期有意识的积累、追求，也得益于他的坚持学习、创造力始终没有衰竭。此外，目疾是磨难劫数也是机缘契机，这个变数带来逸出旧有格局的意想不到，是因失而得。就像杭州金石书画家丁敬评价“扬州八怪”中的歙县画家汪士慎晚年失明而仍能作画是“肉眼已无天眼在，好看万象又更新”，黄宾虹此时近乎失明的状态也可以让他像《庄子·庖丁解牛》里说的“以神遇而不以目视，官知止而神欲行”、韩愈《原道》里的“足乎己无待于外”，以天眼补肉眼，以心力补目力，进入一种少有人体验过的境界，让一生格律严整的他不再束缚于学一家笔法或融合几家笔法，也无复拘泥于具体某处山水的外在形态，使他破了知识障，达到率意解脱的境界。黄宾虹此时在《自题山水》里就说“古人画境渊源不同，到微妙处，无有差别”，和范宽画“土石不分”一样是去掉外在章法，力求精神神似。失明又复明，一生理智的黄宾虹终于有机会从理智的必然境界到达真正的“道法自然”，从传统厚重的茧里蜕化而出，达到心手相忘、撒手飞翔的境界，触摸到他一直追求的中国画的精神内美。

黄宾虹90岁那年，1953年的6月间，因白内障成熟，他进入杭州市第一人民医院割治调理，为他主治的大夫恰是他少年时在金华的业师李国枑的孙子李挺宜。手术后他目力恢复，但毕竟年纪大了，身体一度有些虚弱。

眼睛初愈，医生嘱咐黄宾虹减少工作，他却照常早晨作画，只希望绘画有所精进。手术后他形容自己是近视一下子变成老花，眼镜还未配成，他就开始

---

① 上海书画出版社、浙江省博物馆编：《黄宾虹文集·诗词编·题山水十首》，上海书画出版社1999年版，第139页。

以放大镜写字作画。后来他配了一副眼镜戴上，能看报纸五号、六号小字，虽然眼睛用久了还觉吃力，但较以前朝夕在黑暗里摸索已经胜过许多，题画作书，字迹分明，和未患目疾前一样能写接近蝇头小楷的小字。

能重新看山读画，这快乐是难以言喻的，黄宾虹的心情从苦闷变得舒畅。眼睛重明宛如新生象征，他以前说自己六十转甲子，这次是九十重生为零岁，更为无障无碍。张宗祥写诗祝贺："九十高龄眼再明，天为艺苑佑耆英。湖山湖水真多福，喜得先生挥洒成。……闻君双目重明后，界画楼台云树中。"[①]这位老友祝福他得天地湖山之助而脱茧重明，还对他复明后绘画将要出现的新面貌寄予期望。

此时黄宾虹因为人生苦短而产生紧迫感，格外珍惜时光，自订了《宾虹画学日课节目》，对每一天都作出计划。日课节目分"广收图籍、考证器物、师友渊源、自修加密、游览写实、山水杂著"，他要做的事很多。在"自修"部分，初稿是"以力学、深思、守常、达变为旨"，阐释了他的一生为学宗旨是努力学习、深入思考、固守常法、通晓变化并适应，"守常、达变"就是《周易》的核心观点：处经守常、通权达变。"自修"后改为"惟以画事为休息娱乐……虽目疾中未尝间断，积纸累箧，自求进步，不敢言成就也"[②]，他说自己喜爱的绘画是休息与娱乐，又说一生作画不辍只想看自己的进步，不敢说自己成功了，是只问耕耘不问收获，可见他一生如一的严谨、努力、谦和和不功利。

因此，双目复明后黄宾虹作画特多，是基于"壬辰之变"后再次变法带来的新思、灵感。画作呈现各种面目，有极繁极满，也有极简略的，有水墨，也有设色，有拟古临古、对传统的延续与改造，也有对造化自由的表达，充满各种可能性和不确定性，到了著手成春、水到渠成的境界。黄宾虹这时说书画之道如戴眼镜，近视老花，深浅各别，是由此时失明到复明变法亲身经历所得的妙悟。

正如日课节目中提到"广收图籍、考证器物"，变法后的黄宾虹虽有创新，

---

① 黄宾虹撰，赵志钧辑注：《宾虹题画诗集》，中国美术学院出版社2009年版，第242页。

② 上海书画出版社、浙江省博物馆编：《黄宾虹文集·书画编（下）·宾虹画学日课节目》，上海书画出版社1999年版，第478页。

仍摹古不倦，无论他眼中的画史正脉或奇兵，从五代北宋的董、巨等人到南宋另辟蹊径的李唐、刘松年、夏圭到元明直至清道咸的包世臣、何绍基等，他不拘一格学他们的笔墨并领悟融合，如有一幅就是由明代王铎仿范宽之作再拟范。他在1954年91岁时有《仿垢道人笔意》《仿宋人笔意》等画作，此外《仿邹衣白山水》是由邹衣白上溯晋魏六朝名家，《设色山水》是由道咸上追巨然墨法，《水墨山水》是摹拟包世臣沉雄浑厚的山水，已是另一层次的摹拟，难分何为师古人、何为师造化。黄宾虹已故老友宣古愚曾说黄的画是真画，就是说他的笔墨能综合、混成一气而不是拼凑的。潘天寿题黄的画作也说他上自北宋，下至同光，无不浸渍弥厚，晚年陶熔变化，不可方物，草草着笔，均是天机。潘天寿对黄画是“陶熔变化”的这一概括非常精到，黄宾虹通过与古人思想、技法对话，将山水传统向现代推进，他一生未曾舍弃摹古。

日课节目也提到“游览写实”，也是“陶熔变化”，黄宾虹的笔墨就是先学古人从自然归纳抽象出来的书法金石，又再借读山、写生自然山水，再次具象丰富起来。他在1953年冬复明之初写的《溪山深处》《方岩悬溜》和次年春写的《九华秋色》，还有此时创作的大量设色、水墨山水如《西泠烟云》《栖霞岭上晓望》《严子陵钓台》《万壑松风》《山居图》《九华山》《黄山白岳》，包括两幅面目色彩完全不同，一赭黄、一蓝绿的《溪山访友》，笔法恢复得比较严整工致但还隐含失明时自由纷乱的影子，于是呈现自然天成的工整。色彩也特别自然、明亮、丰富，有复明后豁然开朗的痕迹。光、色、影富于自然气息，也显现富于想象的理想美意味，如一幅画的青绿背景中有一处红色房子，异常美丽却不显突兀。再如一幅设色山水加了大量石绿，鲜艳欲滴，也给人留下深刻印象。还有就是画面较为疏朗舒展，虚处较多，没了失明时的局促与紧张感，显示出宁静平和的情绪和悠远的情思。

此时黄宾虹也仍延续了失明前两种对比鲜明的风格：一是极繁满的画作，一是极简的简笔线条画。

黄宾虹此时的简笔山水，是由繁而简、由博而约、由实而虚之后的返璞归真之作，他90岁才说自己近年略从北宋人画中脱出，积有得意之作。到91岁一幅《宿雨初收》竣工时，他更是欣喜地感慨说“或许我可以成功了”，从北宋的繁复谨严脱化复归到元人的疏秀灵动。

傅雷1954年见到黄宾虹“纯用粗线，不见物象”的一小册画作，不禁惊喜，在信里追问“不知吾公意想中又在追求何等境界”。在接着的另一封信里，傅雷赞扬黄画是“去尽华彩而不失柔和滋润，笔触恣肆而景色分明”，并指出：

> 此种画品原为吾国数百年传统，元代以后，惟明代隐逸之士一脉相传，但在泰西至近八十年方始悟到，故前函所言立体、野兽二派在外形上大似吾公近作，以言精神，犹逊一筹，此盖哲理思想未及吾国之悠久成熟，根基不厚，尚不易达到超然象外之境。[①]

傅雷开首就指出这个逸品是“吾国数百年传统”，并不认为黄宾虹是学西洋现代艺术的立体派、野兽派，更指出黄画具有内美、民族精神性、超然象外之境，更胜国外艺术。他还认为黄的简笔也迥异于那些只学八大山人、石涛皮相，以为潦草乱涂就是简笔，以犷野为雄肆、以不似为藏拙的画作。

傅雷此时还见到黄宾虹画作面目颜色都浓密深厚的一面。他提到自己收到黄宾虹的画作，他才一展卷，上面的石青、石绿就纷纷脱落。曾有人这样评论黄宾虹大概88岁时的一幅写杭州山岚的画作，大概就是这个样子：

> 全幅都是他晚年常用的短皴，赭石花青石绿斑驳交叉，画到淋漓痛快处真不知是笔是墨是色，满纸苍翠，由于石绿和赭石挤出的深山阳光气氛，如果说是塞尚或凡·高的作品，那么还多了些中国勾皴所独有的顿挫和节奏感。而气韵的表现，又是中国笔墨特点的尽量发挥。……这一幅如果说是山水，不如说是贝多芬的乐章，米芾的行草，公孙大娘舞剑器，人见绢枝走索，宜僚弄丸，柳麻子说武松，曹雪芹写黛玉，……完全夺得了神韵这个“内美”……[②]

---

① 傅敏编：《傅雷书简·致黄宾虹》，当代世界出版社2005年版，第120页。

② 黄苗子：《画坛师友录》，生活·读书·新知三联书店2000版，第75页。

这个评论虽然比较主观夸张，但基本还是符合情况的。“宜僚弄丸”典故出自《左传》和《庄子·徐无鬼》，宜僚指春秋楚国勇士，弄丸指抛接弹丸不落地，“人见绢枝走索”指日本女运动员人见绢枝善跑步（走索），以上都形容技巧高妙且能呈现自由境界和自在意境。

黄宾虹90岁后的画作，尤多以石绿、石青的青绿色和赭石的黄褐色等浓郁墨彩营造的真实山水。他写的是草木繁茂的江南山水，不再是传统山水里用各种经典皴法勾勒出的、人们看惯了的画中的山水，而是传统山水未写过的生动鲜明的山与水，仿佛刚刚从自然中移入画纸，似乎可以感触到树木、草叶、泥土、岩石的真实质地，给人熟悉又陌生的印象感触。而光影也在画中无处不在地变幻明灭，幻化出丰富微妙氛围，使画面充溢着郁郁勃勃的自然气息和静谧安详的生命感。他此时的画作有一定厚度、凹凸感。南宋邓椿《画继》写到“张素败壁”时还提到唐代有画家杨惠之和画圣吴道子同一师门，日后因吴道子太出名，杨惠之便将自己的打草稿法改为“塑山水壁”，也成天下第一。后来北宋著名画家、画论家郭熙学之又出新意，将泥糊在墙壁上构成凹凸，干了以后用墨随着形迹晕成峰峦林壑，加上楼阁、人物，宛然天成，称之为“影壁”。这就是典型的革新、另辟蹊径。黄宾虹也可以说是继续了郭熙的变革。

1953年秋，黄宾虹又能携纸笔走向自然写生。他在飞来峰遇到一群在野外欢快嬉戏的儿童，正如他此时在画作中融入的重生童真和处处悟得的造化天趣。他60多岁游雁荡已体验到“万壑奔腾”的感觉，他在八九十岁写黄山的画上又题道：

> 石起如云，松撑似兽，笔歌墨舞，诗中有画，黄山奇特忽在手。①

他说黄山的山石崛起涌动如云，松树张开好像巨兽，活泼生动的笔墨可以真实写出石与松的形貌，还可以突出山水萦绕的诗意，他终于将黄山奇秀面貌

① 上海书画出版社、浙江省博物馆编：《黄宾虹文集·题跋编·题山水》，上海书画出版社1999年版，第47页。

掌握在手。他师古人也师造化，终于获得对自然生命律动的真切深刻体验。黄宾虹摹古不倦，也写生不懈，他最后一次外出写生是1954年11月在灵隐飞来峰，和画家诸乐三、洪世清（1929—2008），距离他去世只有5个月。

此时在给顾飞的长札中，黄宾虹又一次以庄子蝴蝶的妙喻来比拟画者学习绘画、苦于被画理画法束缚、脱胎换骨脱颖而出的三个阶段。历代大家成功都要经此蜕变，近代大家也不例外，就像与他同时代的画家吴昌硕说的苦、严、乐三境，以及他国粹时代旧识王国维说的学术三境："望尽天涯路"的博学多识，"衣带渐宽终不悔"的苦功不懈，还有"众里寻他千百度"的得机顿悟。黄宾虹从画学的传统大山里破茧而出，他的眼睛复明，就仿佛破茧的契机。

黄宾虹此时画中的点或短皴也已如太极图一勾一勒，成为一种有象征意义的符号，深具他理想中的绘画内美。所以他在给弟子苏乾英的信里说自己的画虽然向来知者不多，但期待以后会有激赏的知音来传承传播：

> 他时遇好而有力者同嗜此，或荷传播，胜大痴哥（黄公望）待五百年后期赏音也。一笑。[①]

如果真能有幸遇到，这比黄公望说他自己要过五百年才能获得后人赏识要好一些。最后，黄宾虹的"一笑"，也许是不羁自嘲，但更应该是与弟子的会心一笑。

苏乾英（1910—1996），广东潮州人；早年游学新加坡、印度尼西亚，1934年在上海向黄宾虹学书画；长于书法、历史、诗词。

这时的黄宾虹，高瘦清癯，银须飘洒，戴一副圆眼镜，穿长衫，是后人熟悉的宾虹老人形象。虽然沉湎丹青，他也渐觉老之将至，于是自撰年谱，并写作《九十杂述》及《画学篇》长诗和释文，构建解读自己心目中的中国画史及画学体系。他自己的漫长生平也是近代画史的一部分和直接见证。

---

① 上海书画出版社、浙江省博物馆编：《黄宾虹文集·书信编·与苏乾英》，上海书画出版社1999年版，第371页。

1951年夏黄宾虹就想自撰年谱，已开始编排年次。这本是传统士人学者的人生惯例，在晚年回顾一生经历和治学所成。黄宾虹和许多同代人一样，还是老式做派，平时以学问为重，谈论画学、国学永无倦意，却不是很愿意谈自己，如他说要编年谱“不过以此追念故交，亦为勉人勉己”，是为了记录历史、纪念故人，达到勉励自己、教诲他人之用。可惜年谱因他忙于作画和整理著述而进展不快，后更因他目力不济而作罢，只留存出生至17岁的简略年表三页，大多与金华有关，虽然中间一页散逸，且字迹潦草，多有不明之处，也未核对，但其中对童年生活细节、对后来的影响有难得的生动回忆。眼疾治愈后，黄宾虹又忙着作画，一时无暇再顾及年谱。所幸他在1952年应朱金楼（1913—1992）之请又写了一些自述生平往事的杂忆片段，包括师友授受、渊源教益、游历山川记游见闻、艺林掌故，还有画史、画理、画法及金石碑帖卷轴整理，古今名迹评价，古文字、诗文著述等内容。后因范围甚大，又由弟子汪孝文、王伯敏等将之汇集整理为《九十杂述》，虽是未及复阅的草稿，但一些生平记叙多是前所未言之事，于画学也多有真知灼见，弥足珍贵。

1953年新春即黄宾虹九十生辰前后，他很有仪式感地写作了长篇论画七言古风诗《画学篇》，阐述了中国上古、中古、近代画学的升降，夹叙对历代画家、画派优劣得失的评价，诗末尾说“画学复兴思救国，特健药可百病苏”“变易人间阅桑海，不变民族性特殊”[①]，再次总结中国画不变的坚定内核是民族性，复兴中国画学是爱国，画学是特健药，可治文化社会百病。这首长诗是黄宾虹晚年画学思想和绘画史观的重要体现，在此时手术前目力极差情况下，他仍手书了未定草稿数份，分赠陈叔通等知交，望其斧削指正。他还让人转抄付印，分赠参观生日典礼的宾客及各地朋友。1954年2月，复明后的黄宾虹还撰写了《画学篇释文》，对诗中的典故、轶事一一阐释，并口授由诸乐三、王伯敏各写成白话文一份，各有侧重和增加的地方，以求能更好阐发《画学篇》丰富内涵。其中特别再次阐述他对画史的认识：西周前中国上古文明和西方没实质

① 上海书画出版社、浙江省博物馆编：《黄宾虹文集·诗词编·画学篇》，上海书画出版社1999年版，第141页。

性区别，可相通。宋元时文化成熟，画学有法，形成民族性，但也开始进入保守阶段，至清初到了极端。清道咸年间画学复兴回归，在近代延续发展。最后他再次提倡经由师古人真迹和出土古物上的精神文明，进而师法造化，坚持两者不可偏废，求民族性的真善美。

4月，中国美协华东分会在上海正式成立，黄宾虹当选为副主席。他又在9月往上海参加美协会议，并参与同时举行的黄宾虹先生作品观摩会即他的九十山水画展。中共中央华东局宣传部在展览会揭幕时致辞：黄宾虹先生绘画，不媚古人，不落俗套，有革新精神，遍历名山大川，对自然有深刻研究，因此胸有丘壑，勤劳谦虚，品质高尚。先生热爱自然，热爱祖国河山，充分表现爱国主义。从中可见其对老画家的人品画格都有切实的高度评价。画展展出黄宾虹的近作及旧作109件，多为山水，有黄山、九华、庐山、峨眉、青城、天台、雁荡、富春江、池阳湖、太湖、西湖等地风光，是当时上海很盛大的一次个人展；并从黄宾虹的八十画展陈列中，选取16幅画作由上海人民美术出版社印成《黄宾虹山水画集》，单页彩印，这是他1949年后出版的第一本画册，展后他将画展全部作品捐献国家。

1954年6月，中华人民共和国宪法草案公布，黄宾虹欣然作《苍松图》和《宪法使我这老人生活得更有意义了》一文，表达了得逢其盛的心情。他说古贤哲有感于真理的难以得闻和施行，曾说“朝闻道，夕死可矣”，他此时既闻其道，又目睹其道行，加倍庆幸。他庆幸的是民学的大行其道，还有社会对艺术家的尊重。为了回报国家与人民，他加紧整理已积累了几十年、因南北流离而一再延搁仍在完善中的《宣歙书画家传》《道咸画家传》《玺印考释》《画学琐谈》《古文字蜕》等文稿。91岁的黄宾虹也不免常感人生苦短、学问无涯，有不及完成的担忧，所以希望能在美院招生规模扩充时留心罗致对国学有兴趣的学生，可惜因各种原因不果。幸而有弟子王伯敏等人整理画家传记与画史。他同时招同乡世交后学汪孝文代为整理一生收藏的金石书画古物和乡邦文献，编制目录，准备捐献国家公共博物馆以供民众参观。他写信给朋友说在杭州也常发现古画古印，但只希望得一二拓片来考证古代逸字异同和篆法用笔，不想再收购了。他收集了一辈子古玺印，本来就着意文字学研究，此时更到了“散”

收藏的时候，这也是另一种破茧。

1953年11月，中央美院民族美术研究所成立，因黄宾虹在东方艺术和中国民族绘画研究上的成就，聘请他为所长，虚位以待他北上。黄宾虹有个多年宏愿，就是从搜集中国画学资料着手，再博览、采择、考证，将历来有关绘画论述提要钩玄，作为民族美术研究的基础，这体现了他重塑东方民族画学、画史的构思，其实也与他近半个世纪前编辑《美术丛书》的心愿一脉相承。九旬老人期待再次北上有所作为，但也许是还留有几十年流寓生活和1948年艰难南归的不快记忆印象，也出于对此时安然栖居江南山水的留恋，他有些犹豫。中央美院专门派人南来拜访询问他的意见，并约同敦促他同行北上。

黄宾虹已筹备即日束装北行，不料医生来检查发现他的脚有些肿胀，以为与心脏有关，要他去医院验血治疗，并告诫他不要轻易走动，要等痊愈后再北行。这一留终使他永远留在了西湖。

有待于来者

1954年，黄宾虹仍身材笔挺，背不驼、腰不弯，走路也不用拐杖，读书作画、接待客人如常。他常称书画是特健药，可使有病者无病、无病者不病。此年夏天，弟子李可染从北京来，还见他一个晚上就在灯下一口气勾勒了8张山水轮廓。10月，印度、罗马尼亚、匈牙利、波兰等国的画家来访，他畅谈中国画理画法，并对客挥毫。中外主客以画作谈，并无滞碍。11月，傅雷又自上海来看望他，在他家连看了两天画，黄宾虹还对他说自己的旧作近年都被各方来友全数携去，想以后加意写成精品，不知是否可以如愿。他的这一问应当不是对自己没信心，只是不知老天会再给他多少时日。这是傅雷和他的最后一面。

眼睛手术后，黄宾虹的身体不如以前了。1955年1月，还是农历甲午年冬，他偶然受寒。2月初他感觉胃部不适，开始以为是患肠胃炎，未去医院，在家服药。过了一阵，他饮食减少，中西医兼治也不见效果，终至卧床不起。此时他的床头仍放着纸笔，借助放大镜作小幅山水、写诗，他说诗可解病，画可驱魔。一位美院教师拍下他一生最后的照片，定格的仍是他勤奋作画的样子。到

3月初黄宾虹的病情加剧，时常昏迷，因不愿麻烦公家，仍未住进医院。

黄宾虹虽卧床不起，但喜欢与人谈画的习惯未改。他还常在清醒时对来探视者回忆生平往事，谈起谭嗣同的牺牲和为其写的挽诗，嘴中喃喃念着“千年蒿里颂，不愧道中人”。他又痛斥易培基盗卖文物给外国人，说易可恶、该杀头。这是与他一生理想关系颇深的两件事，一是有关国家前途，一是关于保护民族文化遗产，也显示了他至老不改的爱憎分明性情。在他此时字迹模糊的诗稿里还有“和平世界得来难”的句子，他还说有件心事未了，想以和平二字作一百副对子，在乱世度过几乎一生的老人很珍惜眼下这来之不易的和平。

黄宾虹最惦记的仍是画学，在病床上还不忘写生山水，并鼓励年轻人、学生：“我们中华大地，有三山五岳，既是无处不美，我们就要有无处不游的打算。你们去游罢！”有时他处于半睡半醒间，还在被子上勾勒、点画，自谓在画山水、梅花。不知他是像北宋画家李公麟去世前卧床不起仍以手画被，是积习未除，笃好不觉至此，还是因为他在孩提时就曾熟看父亲，少年业师黄济川、黄秉钧兄弟画梅，他第一次在纸上作画也是父亲把着他的手写梅花，他青年时的绘画老师郑珊和陈炤也都善画梅，也许这些他的最初画学记忆在这时都回来了。

2月25日上午，黄宾虹勉强起身，和前来陪伴的弟子王伯敏谈画理，并作一幅山水小品赠之，是为绝笔，无日不作画的老人终于不得不放下手中画笔。3月16日，他因病情危急，被送到杭州市第一人民医院并确诊为胃癌晚期，住院治疗。

24日，黄宾虹病情恶化，在最后的弥留期间，他断续念出：“呸！何物羡人？二月杏花八月桂。噫！有谁催我？三更灯火五更鸡。”这源自清代乾隆年间学者、《四库全书》副总纂之一彭元瑞的自我励志联语，也是黄氏先祖的家训对联，这是在劝人自觉读书上进。“羡人”一作“动人”，应该是由于黄宾虹小时候看到的版本不同。旧时科举乡试在二月，会试在八月，唐代科举得中可参与杏园探花宴，而蟾宫折桂也寓意高中，所以二月杏、八月桂都意为科举登科。在这生命最后时刻，也许黄宾虹的记忆回到当年为了家族荣誉、为了父亲期待努力科举的时候，他想起潭渡宗族的课耕楼，想起催他“三更灯火五更鸡”起来读书的父母师长。虽然他后来放弃了科举，但勤勉习惯、扎实学问的培养，才有了他作为大学者的后来。一如黄宾虹崇敬的明末四画僧的渐江、石溪临终吟出的偈语，这联语也是他一生勤学的诗意哲理写照。

1955年3月25日晨，黄宾虹病逝，享年92岁。他在生命最后一年的初春里还写有《六桥三竺》《黄山汤口》《栖霞雨霁图》等画作，写晚年栖息地、栖霞岭、西湖，还有心中思念的另一处桃源之地黄山。他本还想在此年办一次花鸟画展，终成未遂遗愿。正是杭州最美的暮春落花时节，这位毕生追求绘画理想美的中国画大师永别了他热爱的湖山。

次日，中国美协上海分会发表讣告，赞誉黄宾虹所作山水画有独创精神。黄先生自十岁学画，至临终之前，数十年如一日，从未间断；先生收集美术史料，著有劳绩；对古文字与文物也有研究，并曾从事新闻出版事业多年；一生勤劳谦虚，诲人不倦，热爱祖国。这是对他一生较全面的高度评价。27日，浙江省人民政府为老画家举行追悼会，当日中午安葬他于南山公墓，与栖霞、西湖遥遥相望，钱塘江在墓前不舍昼夜流过。

傅雷在沪上惊悉噩耗，哀恸不能成寐。他本以为以黄宾虹的精神矍铄、老当益壮，一定可寿享百龄，继续为中国画坛增光，不料杭州小叙竟成永诀，尤其听说黄病中还记挂他，常跟不认识的人提到他，更深深感触。许久后他还痛惜地说以艺术家论，希望黄宾虹能活到100岁，更以为黄的逝去不但是自己失一敬爱师友，而且是中国艺术界的重大损失。1963年他还谈起黄宾虹的画和学养是大师级的，是最不肯媚世随俗的，可惜了解的人不多。

追悼会公祭时，黄宾虹三子黄用明代表家属宣布按老画家遗志，将所遗作品和所藏书画、书籍、玉、铜、瓷、砖石等文物及手稿共一万多件捐献国家，捐赠本旨是要文物、本人画作能常与大众见面，并能得到更妥善保存和发挥更大作用。黄宾虹逝后三周年，举行了捐献遗物仪式，此后宋若婴又两次将留作纪念的古书画和黄宾虹自作书画精品、古陶瓷、遗物等捐献国家，包括伴随他一生的明末新安乡贤程邃、渐江、李流芳、巴慰祖及明末遗民画家恽向等人书画。

捐献是黄宾虹由来已久的想法，是他一生秉承爱国为民、文化启蒙思想的必然结果。黄宾虹生前写的画，除了赠送知己，晚年精品多自己留存，最后也几乎全部捐出。他捐赠的书画、古物、著述日后虽因历史原因在库房里沉睡多年，却也因此仿佛藏诸深山，逃过劫难。想起当年他曾将画作藏在家乡金华古寺的举动，不由让人敬畏、感激冥冥中的天意公正。更让人猜想这位九旬老人是否曾凭他的历史智慧，由中国数千年乱世从秦火到清咸丰年间战争对文物的摧毁，隐隐预感到什么，于是做了睿智决定，保全了自己的作品和藏品。一如陈叔通问黄宾虹是否融合水墨、油画时老人含蓄的微笑，还有黄宾虹与苏乾英说必会遇到知音时的一笑，他坚韧的文化信心穿越时空仍能感染今人。

黄宾虹去世周年的1956年3月，位于栖霞岭32号旧居的画家黄宾虹先生纪念室开放供人参观，画室陈设如昔，庭中的老梅修篁也一如主人在时旧貌。1957年秋，南山之墓建成，放置了其墓碑、雕像，墓碑上是潘天寿的题字。1988年，黄宾虹逝世33年后，栖霞岭纪念室经修复重新开放，歙县潭渡虹庐故居也成为歙县名胜，还有金华故居也颇受重视。再后来，在西湖边、离栖霞岭不远的西泠桥附近也竖起黄宾虹正在写生、以造化为师的铜像，老人凝望湖山，似沉思打腹稿，又似欲落笔勾勒山水。铸铜为像，长伴湖山，是老人夙愿也是湖山幸事。

黄宾虹是中国传统画学的集大成者，也是国画、国学的传承守望者。他熟悉画派源流，笔墨无一笔无来历，更把书印诗文等国粹都纳入绘画，以书画、金石篆印、古文字考证、金石古物考订、诗文、美术理论、乡土文献等方面的完备成就，在画中彰显内美即中华民族性、文化理想，所以他的画中墨华清韵不会朝开夕萎，是历久弥新。而且他晚年的蜕变也不由让人设想如果他在西湖边的日子再长久几年，不知他的画会走到何种境界（傅雷之问），这一悬念令人悠然神往。他一生的画学、国学学问，有待更多来者了解、研究、传承、弘扬。

黄宾虹的弟子、友人里，林散之承继他的书法并自成风格。李可染转益多师，先后又从林风眠、齐白石等大师，也成大家。傅雷论画极严。还有一位林风眠，他的画、艺术理念看似和黄宾虹不同却有微妙的内在相似性，实则殊途同归，还因为蔡元培、杭州艺专、北平艺专等因素有了历史交汇点。黄、林两人生平性情和绘画都在不偕俗上有可相比较处，也在追求绘画的民族性、文化性和诗意上有可相通处。他们都与杭州西湖缘分匪浅，他们的旧居静静坐落在西湖畔的栖霞岭和玉泉，相去不远。他们的金石之像分别立于西泠桥旁和孤山杭州艺专旧址旁（今西湖美术馆附近），也离得不远。黄宾虹与林风眠仿佛中国现代绘画的两个坐标，一中一西，为杭州湖山增辉。而将他们连在一起思考似乎更有历史象征意义和深远意味，预示更多发展与可能性。

黄宾虹和同时代许多学者早已认识到上古三代金石古物、敦煌艺术等新出土新发现文化遗产给艺术创造带来的无限灵极哲思，他在晚年对此仍给予关注。他在1954年给傅雷的最后一封信中也提到敦煌莫高窟古迹。他在关注士夫画正统外也越来越注重民间大众的“另半部画史”。他的弟子王伯敏后来在《中国绘画史》中就兼顾两条线索，突出了以前被忽视的民间绘画这一隐线，更多弘扬了他的绘画民学。

黄宾虹被公认为近代学者识古字最多的人之一。他曾对傅雷说自己的著述以古印文字证最自信，尤以六国文字最多，是一生精力所萃。20世纪20年代他的《古印文字证》初成，后经不断修订、积累。他在80岁左右写的《识字一首》诗记叙了自己终其一生和文字包括古文字学、书画金石篆印的因缘，从在父亲怀里认得第一个字后来又认知“掌”字和手有关，从此开始了与文字有缘的一生。1945年他的《古文字释》（《六国文字证》）脱稿初成，有100多篇，每篇几千字，此后仍在增加、改正中。1951—1952年，他将历年珍藏的古玺印、玉器、陶器上有文字的都加以注释，《古籀论证》一书脱稿。他逝世后，宋若婴整理他手写的全部古玺印释文六本，还有未编订成册、尚待整理的《六国文字学》手稿及大量古文字遗稿，将这些都捐献给国家。陈叔通追念亡友，私人出资印行了《歙县黄宾虹画集》《宾虹诗草》。宋若婴拿出自己保存的一份古玺印释文未定稿，因多芜杂、脱漏，由古文字学家、上虞人罗振玉之子罗福颐（1905—1981）审定，杭州人、“西泠四君子”之一王福庵（1880—1960）复校，王福庵还嘱门人、绍兴人吴朴堂（1922—1966）重新编定，从原稿700多方古印中取239方，历时一年整理编成《滨虹草堂玺印释文》，以石印本在1958年出版。王福庵在序里说，自古古玺印释文皆散见而无专书，黄宾虹实为首创。斯人虽往，手泽犹新，摩挲抄写，令人百感交集。

黄宾虹的绘画和书法篆刻艺术都博大精深，如他的花卉画不逊于山水画，书法、篆刻也都可卓然成一大家。他的学术如六国文字证、古印文字证、陶玺文字合证，亦超逸群伦，还有晚年的良渚玉器文字图案研究，都不可忽视。

大事年表

1865年（清同治四年）

1月27日凌晨（农历乙丑年正月初一子时），黄宾虹生于浙江省金华府城西铁岭头（今浙江省金华市），因生于传统农历“元旦”元月初一，取名元吉。23岁前他都用这个名字。

黄宾虹祖籍安徽省徽州歙县潭渡村（今安徽省黄山市歙县郑村镇潭渡村），为潭渡黄氏春晖堂一支，按族谱排行“泰玉修其德，崧懋映高怀，传道斯达本”，族谱名为懋质，后改名质，字朴存。1917年后在上海改字宾虹，并以之为世所知。

父亲黄定华，经商金华，此年36岁，开设广达布总号。母亲方氏，金华人，此年23岁，娘家在金华子城酒坊巷。黄宾虹是长子，后有弟三人，妹三人（大妹早夭）。

侨居金华、住黄家附近的萧山画家倪逸甫来家中瀫玉堂作花卉《松菊图》，祝贺黄宾虹出生。

时年画家湖州吴昌硕21岁，齐白石1岁。

黄宾虹出生后，谭嗣同出生。

1866年（清同治五年）

父亲常以饼饵逗襁褓里的黄宾虹并教他识字，这是他识字之始。黄宾虹《自撰年谱稿片断》：“余三岁，受庭诏。”

1867年（清同治六年）

黄宾虹悟得掌字从手，父亲开始教他《说文》的六书之学。黄宾虹有《识字一首》诗，“曩余秉庭诏，爪掌识会意。赐赍襁负中，嬉笑得饼饵”记录了此事。

父亲把着他的手画梅竹，以为他有悟性，可习绘画。

1869年（清同治八年）

父亲聘金华经师邵赋清在家塾教黄宾虹兄弟读“四书”。邵师能画。

黄宾虹常观家藏绘画并临摹清宣城画家沈廷瑞山水画。

也有说此年金华有乱，黄宾虹随父母至金华山避乱，父亲延请金华罗店儒生李国柽、李国棠兄弟为举业师，黄宾虹从两位李师在金华山中读书，学诗文。李国棠能山水画。

余杭章太炎生。绍兴蔡元培1岁。

1870年（清同治九年）

家塾藏有《字汇》等书，黄宾虹能自己检阅，渐知字有形声之谊，已识字千余个。

听邻居倪翁兄弟的弟弟倪逸甫论画，得知宋人“张素败壁”和打腹稿等画法，并得作画“当如作字法，笔笔分明，方不致为画匠也”之法。又从兄长倪谦甫得写字用力要平之法。与倪逸甫之子倪淦交往，倪淦大黄宾虹1岁，7岁能画，有金华小画家之誉。

从金华通儒黄济川习举业。黄师能画。

1871年（清同治十年）

潭渡族人黄崇惺中进士为庶吉士，来金华。同游八咏楼。因文字学悟性受茨孙赏识。（一说茨孙为黄宾虹从伯父，“从”一般指同曾祖父的亲属，而同祖父的称“堂”，有时也混用。一说茨孙是黄宾虹年纪较大的族侄，存疑。）

1872年（清同治十一年）

家里迁居金华城玉泉庵后兴让坊（尊贤坊巷西蒋氏宅前通街）等地。与蒋莲芝将议婚，蒋大1岁。蒋殇，议婚未果。

黄崇惺去福建任职，经金华，为黄宾虹兄弟制订课程；推荐歙县经师程健行来教授黄宾虹兄弟“四书五经”，时间约5年；抵闽地后以重订的明末族贤黄吕写的家族史《潭滨杂志》和他自己的《劝学赘言》寄赠黄宾虹。

此年前后，黄宾虹临摹倪翁《松菊图》，抄得《逸甫画论》，摹写家藏明四家沈周山水画册。

1873年（清同治十二年）

随父亲游杭州，写生西湖、吴山。

在父亲杭州朋友应芷宾处见“元四家”之一王蒙山水画册。留应家看画月余。

1874年（清同治十三年）

读明末族祖、黄吕之父黄生的《字诂》及黄承吉的《梦陔堂文说》《经说》等文字学著作。黄生、黄承吉为清代徽州学派重要成员。

摹写皖浙篆刻名家邓石如、丁敬印，临刻邓石如印10多方。

1875年（清光绪元年）

黄宾虹从黄济川弟子赵宗忭、应芹生（与应芷宾有无关系待考）、李国柽、李国棠等问学，“五经”毕业，习为诗。赵宗忭能画。

学习清初嘉兴画家张庚的画论《国朝画徵录》。

1876年（清光绪二年）

春随父亲第一次返回原籍歙县，应科举童生试第一关县试，得中，名列前茅。

在潭渡村多见古人书画真迹，尤喜明代大家董其昌、新安画派四家查士标画作的墨法温润，以为可破明人枯硬。

观看族祖黄柱的真迹、潭渡村对岸圣僧庵两庑的明代万历年间佛像壁画渡海十八罗汉、后壁侧坐观音、碧柏图。壁画今存。

游村中滨虹亭、课耕楼等形胜。日后号滨虹由此而来。

日后友人、坚持传统文人画的画家陈师曾出生。

1877 年（清光绪三年）

与二弟懋庚再赴歙县。应童生试第二关院试，又列高等，成为童生。

歙县西溪汪福熙也列高等，是徽州大儒、西溪汪氏汪宗沂长子。两人结交。汪宗沂后为黄宾虹师。

1878 年（清光绪四年）

留潭渡，住二伯家，从族人读书学画并练习拳术。自幼体弱，以此健身。看祖贤黄熙画。

返金华，父亲五十大寿，请工人物画的义乌画家陈春帆画全家福《家庆图》，画中八人。黄宾虹一直珍藏此画。画今藏浙江省博物馆。

1879 年（清光绪五年）

考取金华丽正、长山两书院值课，以值课费自购文具，习画更勤。

和同学蒋莲僧一起学山水画。得《芥子园画谱》反复临摹，尤其其中歙县李流芳写山水部分，始有“小画家”之誉。

仍就学于金华名士黄济川及其弟子赵宗忭。

日后友人、主张融合中西的“折中画派”（新中国画派）主将高剑父诞生。

1880 年（清光绪六年）

回歙县应院试的岁试，又获隽，成为生员。清朝院试是每三年两试，一为岁试，一为科试，逢丑、未、戌、辰年举行岁试，逢寅、申、巳、亥年举行科试。此年是庚辰年，为岁试年。

因名字元吉犯黄氏新安十世祖元吉名讳，功名未能写入族谱。

父亲办成昌钱号被人侵蚀，连累布业同时休业，家境大变，全家迁居金华城东三元坊，弟弟都辍学而学经商，成为学徒，黄宾虹独得以继续读书。

仍跟从黄济川弟弟黄秉钧、李国柽、李国棠等金华名儒习举业。黄秉钧善书画。

随两位李师再游金华山，得悟与北宋阴面山相似，再住李师在金华西郊狮子山麓的读书处“憩园”。

仿五代画家荆浩画论《笔法记》体裁，作《笔法散记》稿一卷，请丽正书院师长陈钦甫业师审正修改。稿子后丢失。

1881 年（清光绪七年）

从义乌陈春帆习人物写真。陈授以画理，指教至详。

此年是辛巳年，为科试年。他应在此年应科试通过获得廪生和乡试资格。

1882 年（清光绪八年）

随方家舅舅游历了金华附近山水如永康方岩，悟真山水有超出画卷之奇。

与同学蒋莲僧再游金华山，再次拜访憩园。游赤松宫、智者寺、金华三洞。

游缙云。

赴福建汀州探望病中的黄崇惺。所经各地都对山水写生记游。

1883 年（清光绪九年）

春返歙县再应科试，不中，还未能成为贡生。此年是癸未年，为岁试年。

研读乡人所藏古籍，并求观世家旧藏古书画真迹。见族贤黄吕设色折枝花卉。得见并临摹石涛真迹《黄山图》。

初游黄山、齐云山，以书画记游。

学会骑马。

1884年（清光绪十年）

因家庭原因暂时中断学业举业，馆谷扬州、南京等地，即教书游学。

作山水画《过新岭图》。

在扬州先后客居何姓姻戚及族兄黄昌辅处，观览临摹其收藏古书画。岁终回歙县。

绍兴金石画人赵之谦逝世。日后友人苏曼殊、刘师培生。

父亲去世，常往来南京、扬州等地。去过南京钟山、敬业书院听课，知古文、今文学说，拜会了晚清佛学家出版家、刻经弘佛法的安徽石埭人杨文会，问佛学、地理学。

1886年（清光绪十二年）

此年是丙戌岁试年，返歙县岁试，更名为“质”，字朴存，为廪贡生。

黄宾虹与黄崇惺故交、歙县洪坑村洪莀臣的长女四果（四姑）成婚。此年洪夫人19岁。洪氏为北江之族裔，即原籍歙县的著名经学文学家洪亮吉一族。妻舅（妻子兄弟）洪秋潭也参与院试。另一位妻舅为洪印潭。

黄宾虹问业于潭渡邻近西溪汪宗沂先生，随之学经史、骈文等，也习弹琴、剑术。汪师国学深厚，对徽学、歙故尤多研究，对黄宾虹影响至深。此前他曾从汪师于徽州紫阳学院。同学有邻村唐模许承尧。日后刘师培也是汪师弟子。

租住族人怀德堂。在乡多见新安画派真迹。并学清歙人、徽州学者程瑶田的《通艺录》、董其昌的《画禅室随笔》，以及清初书画家笪重光《画筌》《书筏》等书画理论著作。

受汪师影响注意清乾隆年间歙县藏印家汪启淑，得观汪启淑散落歙县乡间的飞鸿堂旧藏印谱、古印。开始收藏古印、刻印章，打下一生金石学、文字学考证根基。撰《印述》《画谈》，此为以后自述论画、研金石初稿。

1887年（清光绪十三年）

春赴扬州。任两淮盐运使司衙署的录事，盐运使程桓生是歙县人、汪师朋友同学，好收藏。和程的三子程夔多看扬州书画。后因不惯官衙习气辞职。

在扬州族兄黄昌辅处见到安徽怀宁人、老画家郑珊，从之学山水，学其积墨法。

得以从扬州陈炤学花卉山水。陈炤虽已有疯疾，仍是扬州最著名画者。至此在人物、山水、花鸟得三位老师陈春帆、郑珊、陈炤家法，完成师今人历程。

以廉价在扬州购得旧书画近300件，以明画为多，继续师古人进程。

1888年（清光绪十四年）

与同乡去扬州，游平山堂。

前一年因浙地遭遇严重水灾，父亲商业又遭亏累，于是清理结束全部店务，留三弟、四弟在金华习商，送二妹、三妹为金华郑姓、金姓童养媳。

在金华协助父亲清理账务。为父亲办事而来往各地时曾游书画圣地绍兴兰亭、青藤书屋，得徐渭书画各一反复临摹。

长女映宝生。

1889年（清光绪十五年）

春举家迁回潭渡。其父带着妻子、两个儿子回歙县，黄宾虹仍租住怀德堂，写字作画外还学习徽墨鼻祖五代南唐李廷珪的易水法制墨法，协助父亲研求制墨法。

继续问业汪师，与其子汪福熙、汪律本研习书画。后一年，黄宾虹和汪律本合作绢本《梅竹图》床额一幅并题诗，这是他较早的有纪年的诗画作品。

向汪师学篆籀，一两年间有基础，以此为基础开始收集古玺印。此后在乡间多得汪启淑所藏古玺印。

1891年（清光绪十七年）

为汪宗沂孙、汪福熙长子汪孔祁启蒙师，教其“四书”及书画。汪孔祁后为新安派画家。

此年前后曾去钟山下凭吊明孝陵，并寻访明末遗民故迹，如明末画僧石溪住过的牛首山。

次年仍到南京坐馆教书。

1893年（清光绪十九年）

居乡里，已决心放弃举业。

应已故黄崇惺的家人之请为黄崇惺祖父黄熙“画舫斋”旧藏书画古书整理编目，多见名画。得见他日后最推崇的新安四子、明末四画僧之一渐江的仿“元四家”的吴镇、倪瓒水墨长画卷和《枯木竹石立轴》，加以临摹。

1894年（清光绪二十年）

春，赴扬州谋生。经杭州时，请篆刻名家赵穆刻“黄质之印”“朴丞”“朴丞翰墨”诸印。

6月，父病逝，自扬州奔丧返歙归里。家居读礼守丧三年（一般为27个月）。研习画艺，研究金石。

收集乡里家族旧闻，开始编写《歙潭渡黄氏先德录》。

发生中日甲午战争。

1895年（清光绪二十一年）

4月，《马关条约》签订，康有为公车上书，黄宾虹居丧中致函康有为、梁启超，认为“政事不图革新，国家将有灭亡之祸”。

夏，由湖南籍朋友萧辰介绍，赴贵池，与谭嗣同会晤并订交。此后与谭保持书信联系，多探讨国事及学术。

1896年（清光绪二十二年）

此年前后，与友人约往日本留学，因故未赴。

化名撰文投寄给梁启超在上海创办的维新报纸《时务报》。

日后友人、西画家刘海粟、徐悲鸿生。

约此年前后，次女映班出生。

1897年（清光绪二十三年）

5月，丧期满。

安庆敬敷书院新舍落成，以高材生被荐入院。秋赴安庆就读书院。

冬归歙，经宛陵，游敬亭山。经白岳，雪中游山。经怀宁，携自作山水去天柱山拜谒郑珊请教画法，郑以老师、“小四王”王蓬心相授的“实处易，虚处难”六字诀教之。初以为仅指章法，遍求唐宋古画临摹印证，后知虚实为画学大旨。

回乡，与乡绅朋友洪佩泉、汪佐臣商议农闲聚徒教练拳术、一雪东亚病夫之耻，纵论国事。

日后友人、画家、宁海人潘天寿生。

1898年（清光绪二十四年）

戊戌变法（百日维新）失败，康、梁流亡国外，谭嗣同等“六君子”同日殉难。

敬敷书院肄业。

馆歙县许氏。

夏，与友人在潭渡岳营滩驰马试剑。

霜降后才知谭嗣同噩耗，有挽诗：“千里蒿里颂，不愧道中人!”

先前艰辛蓄资购入（一说典居）黄氏族人的怀德堂，于此年搬入。辟后院为画室，即虹庐，又名之石芝阁。

此年前后，又因陆续得到“印癖先生”汪启淑所藏秦汉古印谱及印谱里的一部分印，在虹庐后院开辟一处收藏、研究古印的修学之所，名为“鸿飞馆”，以纪念汪启淑的“飞鸿堂”，也寓意自己的别号。

约此年长子映烽生。此后次子映灼和三子映容生。

1899年（清光绪二十五年）

被人以“维新派同谋者”“叛国”和革命嫌疑的名义密告省城。幸事先得知连夜出走，经杭州赴上海，并去开封，曾路过金华。冬，潜回歙县。这是他首次去上海。

画家张大千生。

1900年（清光绪二十六年）

春，欲北上远游学公羊学维新思想，途中闻八国联军入侵北京，庚子之变发生，郁郁而归。

途中畅游黄山、九华，写生赋诗。

秋，受歙县知县许崇贵之荐托，与姻亲郑播书自筹款项重修歙东失修多年的庆丰堨水利、垦荒堨田。

邻县黟县告警，黄宾虹前去协同其乡人守卫，与寓居粤地而此时回乡的著名印人黄牧甫结识会晤，得见其所治印。

画家林风眠生。

1901年（清光绪二十七年）

开始修堨垦田。修复庆丰堨及附近垦荒近8年，该事迹后来都被记入《歙县志》。

9月，清政府被迫签订《辛丑条约》。

1902年（清光绪二十八年）

新年，郑播书到南京任职，自此独力承担堨务。

垦成堨田，此年丰收。

查出黄氏宗族仁德庄义田200多亩，禀请州、县复兴义田。

在乡8年，堨务之暇，每年探黄山及歙附近山水名胜如岑山等丘壑之奇。

1903年（清光绪二十九年）

赴芜湖参办陈独秀提倡的安徽公学。经南京访清凉山明末遗民画家龚贤扫叶楼，观赏其写黄山的10多幅巨幅山水。

编《滨虹集印存》，此为迄今所见最早有关印学的著述。为《印存》作序，署名黄贽（质），此为现存最早著述。

1904年（清光绪三十年）

秋，安徽公学迁往芜湖，应邀辅佐办学。同事有陈独秀、刘师培、苏曼殊、柏文蔚等。与“元四家”后代、诗人陈去病交好。

于家中辟地，聘师为族中子女和村中学童启蒙。

傅抱石生。

1905年（清光绪三十一年）

春，再赴芜湖任教公学。

4月，许承尧改旧试院紫阳书院为校舍，创办歙县第一所新式学堂新安中学堂，免费教育，招黄宾虹为国文教授，并请他代聘教师。黄宾虹约陈去病等前往任教。

同盟会在日本成立。

一说曾在10月赴上海。

1906年（清光绪三十二年）

与许承尧、陈去病、汪律本、江彤侯等新安中学堂同事组织成立黄社，明为探讨诗文，暗取黄宗羲非君论思想，即当时同盟会宣扬的民族民权思想。此时其思想渐由维新变为革命倾向。但未见他参加同盟会证据。

见村众贫乏、儿童失学，聘师范毕业生在怀德堂大厅创立敦愫小学。

1906年6月，歙东庆丰堨田突发虫灾，断定是结叶虫，以清代徽学前贤包世臣所著《齐民四术》中的水田灌桐油法防治，村民叹服“朴存公”手段。后著有《任耕感言》记录治堨往事。

《国粹学报》在上海创办，主办者为邓实、黄节，主要撰稿人有章太炎、刘师培、陈去病等，旨在救亡存学，这是国学保存会的主要刊物。国学保存会以研究国学、发扬国光、兴起人的爱国心为宗旨。

受刘师培影响，为《国粹学报》撰文，并与黄节、邓实订交。

1907年（清光绪三十三年）

再次被人告发为革命党，避祸去了上海。黄社社友星散。

加入黄节、邓实创办的国学保存会。

不久恩铭被刺死，得继任安徽为官的学人嘉兴沈曾植、冯煦庇护，事态安息。回歙县。

在《国粹学报》上发表《滨虹孱抹·叙摹印》，是他最早发表的杂文，也是金石著述之始。

1908年（清光绪三十四年）

此年前后，黄宾虹被沈曾植邀往安庆襄办存古学堂，后受邓实邀请同编《国粹学报》《国学丛书》《神州国光集》，决定留在上海。

住会中藏书楼“风雨楼”，与邓实开始合编《美术丛书》。

主编大型画册《神州国光集》，为我国以珂罗版、铜版印刷介绍古代绘画第一人。

与《国粹学报》友人高吹万、高天梅叔侄、神州国光社同事蔡守等订交。

与蔡守一起加入豫园书画善会。与画家、美术活动家、湖州王一亭订交。

与诗人柳亚子订交。

在《国粹学报》上发表《叙村居》《叙造墨》等。《滨虹论画》是最早画论。

1909年（清宣统元年）

与章太炎等著名学人订交。成为《国粹学报》主笔。

11月，来到苏州，和陈去病一起赴虎丘参与南社成立的雅集，成为最早的17位南社社友之一。南社社名取《春秋左传》的“操南音不忘其旧”之意，寓意反对清廷，以研究文学、提倡气节、反抗清廷为宗旨，鼓吹民主革命，欲与同盟会互为掎角，共图革命大业。

邓实代订的首个润格“滨虹草堂画山水例”登载于《国粹学报》。

来沪后继续收藏古印，开始辑录刊行以“滨虹草堂”为名的多种古印谱录。

不忘歙故，《四巧工传》《梅花古衲传》（即《浙江传》前身）刊载于《国粹学报》。

1910年（清宣统二年）

参加中国书画研究会。次年研究会改名“海上题襟馆书画会”，为上海重要书画会。

应南京两江师范监督李瑞清、蒯光典等人约请，协同王云五襄助办理绍兴蔡元培主持校务的闸北上海留美预备学堂事务，任监学，并兼任国文教习，讲授骈文。

9月，母亲方太夫人病逝。黄宾虹返歙营葬，声明放弃祖宗所遗产业，此后佣力自给。

1911年（清宣统三年）

春，合家迁往沪上。

辛亥革命爆发，上海光复，参与外线工作并悬白旗庆祝。

《美术丛书》出版发行，到1913年共出线装本3集120册。1915年再版发行，增补1集40册。1928年三版印行，改为洋装20册。

1912年

安徽公学旧友柏文蔚任安徽都督，电召他赴皖襄理政事，未去。

与宣古愚创办金石书画团体贞社，志在研究与鉴赏中国历代书画文物。邀王秋湄、高剑父、陈树人、黄节、蔡守等粤友成立贞社广州分社。

任《神州日报》编辑。

《神州国光集》改名为《神州大观》，黄宾虹继续任主编。

襄助高剑父、奇峰昆仲编纂《真相画报》，为之撰文、插图，并撰文发表画史文章。

参与柳亚子、平湖李叔同发起的文美会，与湖州吴昌硕、陈师曾订交。

1913年

与宣古愚共同创办“宙合斋”古玩店，以画会友，多见古物。

癸丑报灾发生，《真相画报》被停刊。

1914年

仍任《神州日报》主笔。

在为纪念秋瑾而创办的竞雄女学文艺科任教职。

为英国人史德匿编印的《中华名画集》作序，并撰玉器、瓷器、铜器总论三篇。

为陈树人译著《新画法》作序。

1915年

袁世凯称帝，《神州日报》被收买，黄宾虹愤而离开报社。

刘师培沦为“筹安会六君子”，黄节把《与刘师培书》寄给黄宾虹，他将信交柳亚子在《南社丛刻》上发表。黄宾虹坚拒筹安会引诱。

这时期观览古画真迹，多勾勒其概，于设色、皴法不甚留意，是为勾古画法。

应康有为邀请，任《国是报》副刊编辑，曾向陈独秀约稿。

次女映班夭折，年约20岁。

此年前后，自订润格。

1916年

与词学家、金石家郑文焯订交。

冬，绍兴人鲁迅过宙合斋，晤谈。

1917年

与通过《国粹学报》结交的嘉兴人王国维在沪上有会晤或书信来往，切磋商榷金石学。王国维《观堂集林》提及皖中黄氏即黄宾虹与其家族所藏先秦古玺印的文字。王国维提倡的以地下古物和古籍互证的“两重证据法”对黄宾虹的文字、金石研究影响很深。

绩溪胡适留学归国，黄宾虹与之相晤。

脱离《国是报》。

易字宾虹，后以字行。

1918年

应狄平子有正书局之邀，编审《中国名画集》，并任《时报》编辑，1921年离开。

6月，与黄节、绍兴诸贞壮到杭州孤山，葬苏曼殊。撰《优昙花影序》。

秋，返歙，游黄山。

1919年

二弟、三弟病逝。

《滨虹杂著》（包括《歙潭渡黄氏先德录》《任耕感言》《仁德庄义田旧闻》）付印，是对乡土生涯的总结。

在《时报》上创办《美术周刊》，任主编。

改写编译陈树人《新画法》为《新画训》一文并连载，比较中西画学。

1920年

洪夫人因身体不好，子女去世，不适应都市生活，不常居沪，无法尽心照拂，劝其另纳。安徽无为人宋氏来归，名之“若婴”。

冬，拟各家法作山水小品百帧。

1921年

秋，由任商务印书馆董事的杭州友人陈叔通和早先在留美预备学堂结识的王云五等举荐介绍，黄宾虹入上海商务印书馆编译所事务部，被聘为美术部主任。同事中有胡适等。

1922年

5月，邻家失火，慌乱中一箱珍异古玺印被窃，失去精品数十钮。失印后，黄宾虹惆怅难释。

浙江水灾严重，以山水画参加题襟馆书画会义卖赈灾。

1923年

为《民国日报》《国学周刊》撰《增辑古印一隅缘起》，并作《中国画史馨香录》连载其上，并有《宾虹画话》连载于《小说世界》。

因军阀混战、物价飞涨，应汪律本约请，黄宾虹到安徽贵池池阳湖养鱼垦田，并筑屋欲卜居于此。后因连年水患无奈返沪。

加入任伯年长子、山阴画家任堇叔创建的停云书画会。

自订山水画润例。

1925年

画史著作《古画微》由商务印书馆出版，是文人画史。另有画史著作《鉴古名画论略》。

筹办上海艺观学会，附设在神州国光社内。

1926年

艺观学会正式成立，并主编出版《艺观》《艺观画刊》杂志，在其上发表《国画分期画法》《黄山画苑论略》《篆刻新论》《古印谱谈》等。

与上虞人、古文字学家、金石考古学家罗振玉有交往，请罗为《艺观》杂志撰稿，后与其子罗福颐也以金石为交。

古文字学家容庚道经上海，前来拜访。其舅父邓尔雅是黄宾虹老友。

和陈师曾门生、美术史家、济南人俞剑华（琨）一起去太仓拜访南社诗人俞剑华（锷），作《俞访俞记》，二俞订交，传为文化界佳话。

重回神州国光社，继续负责主编《神州大观》。

1928年

夏，应广西教育厅邀请赴桂讲学，乘暇畅游桂林漓江等地。自此多师造化，基本摆脱古人粉本，写生多用勾古画法。回程经广州，得黄吕画作。初游香港。

《美术丛书》三版重刊印行，为其作序。

与画家曾熙、张善孖、张大千、俞剑华等组织烂漫社，黄宾虹为社长。

参加上虞人、金石书画家经亨颐创办的寒之友社。

参与胡朴安等人组织成立的中国学会。

兼任上海国立暨南大学艺术系教授。

粤友黄居素等加入神州国光社。任美术部编辑主任。

徐悲鸿邀黄宾虹任北平美术专科学校国画系主任，遭黄婉拒。

1929年

与叶恭绰等创办中国文艺学院，黄宾虹被推为院长，一学期后即辞职专任教授。兼任新华、昌明艺术专科学校教职。

神州国光社成立25周年纪念，邀集上海文艺界人士庆祝。

主编《神州大观》续编。所编《文徵明汇稿》由神州国光社出版。

艺观学会改名为中华艺术学会，黄宾虹在《艺观》上撰《美展国画谈》《明代画家沈石田先生》，并在美展汇刊上发表《画家品格之区分》。

来沪后多次搬迁。那时租住西门路西成里张善孖楼上。

教育部第一届全国美术展览会开幕，以近年游山水画作《桂林叠彩山》《虞山》等参展。

与金石书画家、龙游余绍宋订交。

1930年

《陶玺文字合证》由神州国光社出版，开拓了古文字研究新领域。

撰《近数十年画者评》《古印概论》。

刘海粟携黄宾虹画作参加比利时国际博览会，获得“珍品特别奖”。

与叶恭绰、陆丹林筹备中国画会。

林散之从之学画，助理编纂《画史编年表》。此前后黄宾虹还收女弟子朱砚英、顾飞等。

1931年

兼任上海美术专科学校国画理论与诗文教授，又兼新华艺术大学教席。

中国画会成立，黄宾虹被选为监察委员。

夏，赴雁荡、天台写生。和温州友人、旅行家蒋叔南同游雁荡山，体验万壑奔腾之感。此年前后进入师造化阶段。

参加蔡元培为留学归国的刘海粟、傅雷举行的欢迎会。

1932年

6月，与经亨颐、张善孖、张大千、王一亭等画友重组寒之友社。游上虞白马湖、长松山房。

秋，应四川艺术专科学校之请入川讲学。船上遇到通过徐悲鸿认识的画家陶冷月，结伴同行。陶冷月善摄影，两人多有交流。

沿长江西上，因为蜀地军阀内战，道路不畅，初冬才到成都。中途登峨眉，一览山色。

任四川艺术专科学校中国画系主任。

冬至日，在川友林山腴霜柑阁作劫余岁寒雅集。

1933年

春，仍留成都讲学。春夏之交，往游青城山，宿常道观。坐雨青城，有诗“米家难点万千重”，悟得“雨淋墙头”。

夏，离开成都，经重庆乘船东归，从嘉陵江东下时有诗“沿皴作点三千点，点到山头气韵来”。在奉节见“月移壁”景象。

秋天回到上海。此次蜀游，历时几乎一年，图巴山蜀水真面目而归，得写生稿近千帧，自谓画近倪、黄简笔。诗编成《蜀游杂咏》，其中一首《题画嘉陵山水》云“我从何处得粉本？雨淋墙头月移壁”，悟得以点为本的笔墨法和“知白守黑”的虚实之旨。

4月，徐悲鸿携古画与当代名家画去法国巴黎美术馆开展，当代名家有王一亭、陈树人等71人，也包括黄宾虹。

初秋，上海暨南大学中国画研究会会长等聘黄宾虹为研究会山水画导师。文学院助教苏乾英为黄宾虹弟子。

10月，与西画家王济远、吴梦非、刘抗等发起创立百川书画会，寓意中西画家共同研究、昌明艺学。

歙县续修民国县志，许承尧任总编纂，邀黄宾虹分纂文艺（增补遗佚）、方技两部分，历时三年而成。

1934年

春，被邀参加“东南交通周览会”到黄山游览，返歙探亲，扫渐江墓。

任上海市博物馆临时董事会董事。后任理事。

4月，由门生顾飞等发起的中国女子书画会开成立大会。6月，第一届女子书画展览会开幕。黄宾虹很支持，撰文誉其为亘古未有之举，并让妻子宋若婴也参加。

8月，和俞剑华、孙辭公三人合编的《中国画家人名大辞典》由神州国光社出版，仅署孙辭公名，留下一段公案。

11月，中国画会的《国画月刊》创刊，黄宾虹为编辑，撰《画法要旨》《致治以文说》《国画非无益》刊载其上。

在寓所设立文艺研究班招收学生。

普鲁士美术院在柏林举办现代中国画展，并刊印《中国现代名画》画册。黄宾虹的《峨眉山水》一帧入选。次年美术院更特辟中国现代名画厅永久陈列选定中国现代名画17幅，他与吴昌硕、任伯年、刘海粟、王一亭等入选。

11月，沪上友人和弟子木刻刊印《滨虹纪游画册》，祝贺他的七十寿辰。

此年，与金华籍摄影家郎静山有交往。

1935年

与张善孖等被推举负责宣传黄山名胜。3月，为“东南交通周览会”编辑出版的《东南揽胜》撰写《黄山析览》一文，此为当时全面系统介绍黄山的文章。

5月，出版发行珂罗版《黄宾虹画册》，收入画作12帧。

夏，应广西教育厅之邀赴南宁讲学，重游桂林、粤西。归途经香港，畅游香港、九龙，写生香港山水。与香港画家在沙田商榷绘事，有所问答，后由张谷雏整理为《宾虹画语录》（《沙田问答》）。

12月，因易培基故宫文物盗窃案之故，南京首都法院聘请黄宾虹为故宫文物鉴定委员。

在《国画月刊》上发表《新安派论略》《中国山水画今昔之变迁》《论画宜取所长》《精神重于物质说》等文。在陈柱尊主编的《学术世界》任编辑，连载金石随笔《虹庐笔乘》。

1936年

来往北平、南京、上海，鉴定故宫南迁书画和存于故宫博物院的书画，审画记录后整理为《故宫审画录》。

参加中国现代名画展览会，蔡元培在画展序中赞扬刘海粟、王一亭、黄宾虹、王济远复兴中国现代艺术的贡献。

3月，上海《金刚钻》报纸报道“黄宾虹入日籍”，黄宾虹坚决给予否定。

4月，神州国光社印行珂罗版《黄宾虹纪游画册》2辑20帧。

9月，洪夫人在潭渡去世，黄宾虹作《洪孺人行状略述》。赴歙营葬，谒渐江墓于披云峰。

1934—1936年，多游山，多见名画，渐融合摹古、写生，着意北宋阴面山研究。

1937年

元旦起，到南京继续鉴定书画。

4月，应北平古物陈列所之邀，赴北平兼任古物陈列所国画研究院、北平艺术专科学校教职。迁居北平。家属在途中遇“七七事变”，受阻天津，8月才到北平。平津沪相继沦陷，南归无计。

伏居燕市静巷陋室，沉湎古物书画，杜门谢绝酬应，著述绘画，自称“闲忙”。冬，安徽人江朝宗出任伪北平市长，力请他出山佐助，他坚辞不允。

在北平刊物上发表著述、作画多署“予向”，寄往南方、港澳友人书画仍款署“宾虹”，笔名还有“竹北簃”“蝶居士”等。多写风格雅正的花卉，别有寓意。

着意收集明末遗民画家如渐江、程邃、郑遗甦等人资料。

1938年

撰《宾虹论画》《梁元帝松石格诠解》等文。

20世纪30年代末期，左目开始不明，后诊断为白内障。北平后期只有早晨数小时能作画，仍坚持每日点染不倦。

以化蝶喻画学的师今人、师古人、师造化过程。

1939年

日本画家荒木石亩受日本画友之托登门拜谒。黄宾虹以为时局如此，最好不见，婉拒，并说“私人交情再好，也没有国家民族的事体大”。

撰《书画之道》《画学南北宗之辨似》《古玺印中之三代图画》等文。

1940年

在《中和月刊》上撰《渐江大师事迹佚闻》《庚辰降生之书画家》《龙凤印谈》《周秦印谈》《画谈》等文。

早年学生、曾任职于北平艺术专科学校的汪孔祁在歙县逝世，黄宾虹与在京友人同事为之办遗作展。得款汇寄汪孔祁之父、老友汪福熙。

1941年

在《中和月刊》上发表《古印文字证》等文。

冬，外出遭一外国无赖，被日伪警所拘留。

1942年

思乡之情难抑，在《家庆图》上题诗。

学生陆元同帮助辑录部分石溪资料，黄宾虹汇成《释石溪事迹汇编》以陆的名义发表。

1943年

八十寿辰，北平及外地友人弟子、书画界人士多以诗画祝贺。

北平艺术专科学校的日本人想以学校师生名义为他举办祝寿会，遭黄宾虹坚拒。

11月，傅雷以及顾飞、裘柱常伉俪等在上海发起举办“黄宾虹八秩书画展”，并印行珂罗版《黄宾虹山水画册》。傅雷撰《观画答客问》并刊于《黄宾虹书画展特刊》。

撰写了《八十自叙》《八十感言》诗。

在《中和月刊》上撰《垢道人佚事》。

1946年

7月，徐悲鸿接掌北平艺术专科学校，黄宾虹复任国画理论教授。

编撰歙故、古印文字、六国文字等方面的稿子。

李可染从之学画。次年以《中国画学史大纲》赠弟子王伯敏，以衣钵相授。

1948年

5月，傅雷夫妇来北京拜访黄宾虹，观画畅谈。

7月，应国立杭州艺术专科学校之聘，南归，途经上海小住。8月到杭州，寓西湖畔栖霞岭19号。

在沪、杭分别发表《养生之道》《画学之民学》演讲，演讲内容被整理成白话文稿子。在杭州艺术专科学校国画科教授欢迎宴会上畅谈画艺、多有问答。

10月9日、10日，以艺观学会藏画名义展出其收藏的40幅名画，不收门票，任人参观，还亲自参加接待、讲解。

1949年

5月3日，杭州解放。仍为杭州艺术专科学校教授。

中国美协成立，当选为委员。

1950年

被选为全国政协委员、浙江省人大代表。

8月，出席浙江省第一届人民代表大会并发言。

杭州艺术专科学校更名为中央美术学院华东分院。

主要画迹：《栖霞岭下晓望》《西溪纪胜》《湖舍晴初》《西泠远眺》。

1951年

山水画一度被认为不能为工农兵服务，黄宾虹依然埋头作画著述。

10月，赴北京列席全国政协会议。与老友陈叔通、何香凝、金息侯、卞孝萱等相见。经过上海，与老友冒鹤亭、傅雷相见。

继续编纂《宣歙书画家传》《道咸画家传》《玺印考释》《古籀论稿》。

主要画迹：《富春江》《溪山深处》《遂宁道中》《湖山清晓》《青城樵者》《湖山胜境》。

1952年

春，门生朱砚英来杭小住，谈画理，笔录成文，可惜尚未审定。

秋，白内障加剧，双眼视力减退，右目还有微明，仍摸索作画。达到心手相忘境界，画作蜕变，多为粗笔线条画，因为是农历壬辰年，所以被称为“壬辰之变”。

主要画迹：《设色山水》《拟古山水》《拟何绍基意》《西溪芦花》《烟江叠嶂》《峨眉山色》《湖上晴帆》《江上渔舟》《拟笔山水》《水墨山水》《浅绛山水》《芙蓉》。

1953年

2月，中国美协浙江分会与华东美院联合举办“画家黄宾虹先生九十寿辰庆祝会”，华东行政委员会文化局授予他“中国人民优秀的画家”称号。

作论画史的七言长诗《画学篇》分赠友人。

夏，九十高龄的他在杭州市第一人民医院做白内障手术，医院院长是少年时金华业师李国柽孙子李挺宜。手术后他复明了，配眼镜能看山读画写画，心情大快。他画了《狮山图》送给恩师之孙，画了金华当年憩园旁的狮子山，还在题跋中回忆80多年前的游山读书之乐。

11月，被聘为中央美院民族美术研究所所长，因病未成行。

复明后作画更勤，自订《宾虹画学日课节目》。此年方自谓近年略从北宋人画中脱出，积有得意之作。作《九十杂述》。

主要画迹：《溪山深处》《方岩悬溜》《西泠桥上远望对江诸峰写此》《溪桥烟雨》《溪桥烟霭》《江行》《拟董其昌法》《桃花溪》。

1954年

2月，撰写《画学篇释文》，并译为白话文。

4月，赴上海出席中国美协华东分会成立大会，当选为副主席。

9月，中国美协华东分会主办黄宾虹先生作品观摩会，黄宾虹赴沪参加开幕式，出席座谈，将展览作品全部捐赠。《黄宾虹山水画集》由上海人民美术出版社彩印发行，是他在新中国成立后出版的第一本画册。

11月，傅雷、朱梅馥夫妇来杭拜会，观看藏画并谈论画理。

主要画迹：《九华秋色》《西泠烟云》《栖霞岭上晓望》《严子陵钓台》《万壑松风》《山居图》《九华山》《黄山白岳》《溪山访友》《宿雨初收》《仿宋人笔意》《仿垢道人笔意》《仿邹衣白山水》《设色山水》《水墨山水》。

1955年

2月，患肠胃病，饮食陡减，病情日重。

3月入杭州市第一人民医院，经诊断为胃癌。3月25日晨，与世长辞。

3月27日，由浙江省人民政府举行追悼会，午时移灵杭州南山公墓。

家属遵照遗嘱捐赠了其书画作品、收藏、手稿等一万多件。

他去世前最后的画作之一是《黄山汤口》，以此表达对祖籍故土、心里理想山水的热爱。

主要画迹：《六桥三竺》《黄山汤口》《栖霞雨霁图》。

参考文献

上海书画出版社、浙江省博物馆编：《黄宾虹文集·书画编（上）》，上海书画出版社1999年版。

上海书画出版社、浙江省博物馆编：《黄宾虹文集·书画编（下）》，上海书画出版社1999年版。

上海书画出版社、浙江省博物馆编：《黄宾虹文集·书信编》，上海书画出版社1999年版。

上海书画出版社、浙江省博物馆编：《黄宾虹文集·诗词编》，上海书画出版社1999年版。

上海书画出版社、浙江省博物馆编：《黄宾虹文集·题跋编》，上海书画出版社1999年版。

上海书画出版社、浙江省博物馆编：《黄宾虹文集·杂著编》，上海书画出版社1999年版。

洪再新：《黄宾虹的世界意义：中国现代艺术史研究文集》，中国美术学院出版社2022年版。

王中秀主编：《黄宾虹文集全编》，荣宝斋出版社2019年版。

王中秀编著：《黄宾虹年谱》，上海书画出版社2005年版。

王中秀主编：《黄宾虹年谱长编》，荣宝斋出版社2021年版。

王伯敏：《黄宾虹》，上海人民美术出版社1979年版。

裘柱常：《黄宾虹传记年谱合编》，人民美术出版社1985年版。

赵志钧编著：《画家黄宾虹年谱》，人民美术出版社1992年版。

汪己文编著：《黄宾虹先生年谱初稿》，香港艺林轩1961年版。

王鲁湘编著：《黄宾虹》，河北教育出版社2000年版。

《世纪经典——黄宾虹》（2000年中国美术大师系列作品特展），浙江省博物馆、浙江西湖美术馆合编，2000年。

骆坚群编：《黄宾虹》，湖北美术出版社2003年版。

王伯敏、钱学文编：《黄宾虹画语录图释》，西泠印社出版社1993年版。

黄宾虹研究会编：《墨海青山·黄宾虹研究论文集》，山东教育出版社1988年版。

《墨海烟云·黄宾虹研究论文集》，安徽美术出版社1989年版。

赵志钧编：《黄宾虹金石篆印丛编》，人民美术出版社1998版。

叶子：《黄宾虹山水画艺术论》，浙江人民美术出版社1998年版。

卢辅圣编选：《黄宾虹艺术随笔》，上海文艺出版社2001年版。

傅敏编：《傅雷书简》，当代世界出版社2005年版。

傅雷：《傅雷经典作品选》，当代世界出版社2002年版。

王伯敏：《中国绘画通史》（上册、下册），生活·读书·新知三联书店2000年版。

水中天、刘曦林：《20世纪中国著名画家踪影》，青岛出版社1992年版。

杜滋龄主编：《林风眠全集》（上卷、下卷），天津人民美术出版社1994年版。

徐虹：《潘天寿传》，中国美术学院出版社1997年版。

卢炘：《潘天寿》，中国青年出版社1997年版。

郑逸梅、徐卓呆编著：《上海旧话》，上海文化出版社1986年版。

俞剑华：《中国绘画史》，上海书店1992年版。

俞剑华编：《中国美术家人名辞典》，上海人民美术出版社1981年版。

林吕建主编：《浙江民国人物大辞典》，浙江大学出版社2013年版。

黄美真、郝盛潮主编：《中华民国史事件人物录》，上海人民出版社1987年版。

后　记

经过近两年时间的写作，在距黄宾虹晚年变法50周年之际，《画之大者：黄宾虹传》终于成稿了。写这本传记之初，我首先拜谒了位于栖霞岭下的黄宾虹纪念室，此后也多去浙江省博物馆看宾虹先生的画。搜集来的资料堆满了书桌，6本《黄宾虹文集》已被翻旧。我写成了40万字的草稿，又几度进行删削修改。

这是一个艰辛而孤寂的过程，我常在电脑前坐到深夜。但也许这样的心境和氛围正适合读宾虹先生的文章和画作，我能更深切地感受到这位真画者的“大”与“深”。一年前我还只是一个黄宾虹画作的普通爱好者，对他本人有一些浮光掠影的了解。由于喜爱，我接下这个课题，宾虹先生的学问博大精深，深入他在绘画和学问上沉郁而灿烂的境界，我学到的也很多。

宾虹先生为人为学至大至博至真，我唯一的自信只能是认真。一年多时间太短，我自身有许多知识结构的欠缺，画学知识的不足也难以恶补。还有，由于带着刚刚一岁的女儿不能远行，我没能到宾虹先生的祖籍地，亲身感受徽州文化，也是遗憾，希望以后能有机会弥补。如果读者有耐心来读这本书，吸引他们的当是宾虹先生人生经历和性情学问本身的魅力。

首先要感谢宾虹先生在杭州的女儿黄映家女士允许我为她的父亲写传。其次要感谢在写作过程中我所拜访的两位黄宾虹专家：我到王伯敏先生的“半唐斋”拜访了这位黄门弟子，他的宽容给了我莫大的鼓励，交谈中他不仅解决了我在写作中遇到的许多疑惑，还允许我引用他在自传中拜宾虹先生为师的部分。

我还乘赴上海之便拜访了上海书画出版社的卢辅圣先生，拜读过他为《黄宾虹文集》写的序。此外，还要感谢浙江省博物馆的黄宾虹研究专家骆坚群女士提供了许多资料，她也认真地提出了中肯有益的意见。最后还要感谢浙江省社会科学院、浙江人民出版社提供了写作与出版的机会。

我在写作这本传记时接触了许多宾虹先生的崇敬者，值得欣喜的是，这样的人越来越多了。

吴　晶

2003年5月